权威·前沿·原创

**皮书系列为
"十二五"国家重点图书出版规划项目**

中国社会科学院创新工程学术出版资助项目

金融监管蓝皮书
BLUE BOOK OF FINANCIAL REGULATION

中国金融监管报告
（2016）

ANNUAL REPORT ON CHINA'S FINANCIAL SUPERVISION AND REGULATION (2016)

主　编/胡　滨
副主编/尹振涛　郑联盛

社会科学文献出版社
SOCIAL SCIENCES ACADEMIC PRESS (CHINA)

图书在版编目(CIP)数据

中国金融监管报告.2016/胡滨主编.--北京：
社会科学文献出版社，2016.6
（金融监管蓝皮书）
ISBN 978-7-5097-9149-3

Ⅰ.①中… Ⅱ.①胡… Ⅲ.①金融监管-研究报告-
中国-2016 Ⅳ.①F832.1

中国版本图书馆CIP数据核字（2016）第102326号

金融监管蓝皮书
中国金融监管报告（2016）

主　　编／胡　滨
副 主 编／尹振涛　郑联盛

出 版 人／谢寿光
项目统筹／周　丽　王楠楠
责任编辑／王楠楠

出　　版／社会科学文献出版社·经济与管理出版分社（010）59367226
　　　　　地址：北京市北三环中路甲29号院华龙大厦　邮编：100029
　　　　　网址：www.ssap.com.cn
发　　行／市场营销中心（010）59367081　59367018
印　　装／北京季蜂印刷有限公司

规　　格／开本：787mm×1092mm　1/16
　　　　　印张：20.25　字数：305千字
版　　次／2016年6月第1版　2016年6月第1次印刷
书　　号／ISBN 978-7-5097-9149-3
定　　价／89.00元

皮书序列号／B-2012-254

本书如有印装质量问题，请与读者服务中心（010-59367028）联系

▲ 版权所有 翻印必究

《中国金融监管报告（2016）》
编 委 会

主　编　胡　滨

副主编　尹振涛　郑联盛

撰稿人　（以姓氏拼音为序）

安邦坤	巴劲松	曹顺明	丁　丁	费文颖
胡　滨	蒋　鹏	匡可可	李育峰	栗沛沛
刘　亮	吕志成	马雪滢	孙才华	汤　柳
王　刚	王　化	王　宇	吴　亮	星　焱
徐　超	杨　光	杨　楷	尹　亭	尹振涛
喻华峰	袁增霆	张　坤	郑联盛	朱元倩

主编单位及主要编撰者简介

中国社会科学院金融法律与金融监管研究基地是由中国社会科学院批准设立的院级非实体性研究单位,是首批国家高端智库——国家金融与发展实验室下属的研究机构,专门从事金融法律、金融监管及金融政策等领域的重要理论和实务问题研究。研究基地主任为中国社会科学院金融研究所副所长胡滨研究员。

研究基地自成立始,即整合了中国社会科学院内外多学科专家、学者的研究力量,并与我国金融监管部门、相关金融机构及研究机构建立了稳定的合作关系。研究基地致力于金融法律和金融监管相关理论、政策及实务研究,为政府部门、监管机构以及国内外企业和单位提供咨询服务,努力成为金融法律和金融监管领域的理论研究基地、政策咨询基地和学术交流基地。研究基地每年组织编写《中国金融监管报告》,作为中国金融监管领域的年度出版物。

研究基地主页:金融监管网 http://www.flr-cass.org

研究基地订阅号:FLR 金融监管(flr-cass)

胡　滨　男,1971 年出生,安徽六安人,法学博士,研究员。现任中国社会科学院金融研究所副所长、中国社会科学院金融法律与金融监管研究基地主任。主要研究领域为金融监管、法与金融理论、结构金融(资产证券化)等。

尹振涛　男,1980 年出生,山东青岛人,经济学博士,副研究员。现任中国社会科学院金融研究所法与金融研究室副主任、中国社会科学院金融法律与金融监管研究基地副主任兼秘书长。主要研究领域为金融监管、金融制度与金融史等。

郑联盛 男，1980年出生，福建泉州人，经济学博士，副研究员。现任中国社会科学院金融法律与金融监管研究基地副主任。主要研究领域为金融监管、金融创新与宏观经济等。

About the Compilers

Research Center for Financial Laws and Regulations (FLR), Chinese Academy of Social Sciences (CASS) is a research institution focusing on the theoretical and practical topics in law and finance, financial regulation and financial policies. The Director of FLR is professor Hu Bin, Deputy Director General of Institute of Finance and Banking, CASS.

Since establishment, FLR has acted as a coordinator by unifying the academic and research capabilities of the scholars and experts, both within and outside the CASS with the objective of building a strong and stable partnership and cooperation in the fields of law and finance with other Chinese regulatory and supervisory commissions and agencies, related legal and financial institutions and research organizations. FLR is dedicated to the study and research, from a legal perspective, into all aspects of the financial development in China's modern economy with a view to announcing/publishing the results of its research thereby, promoting innovation in the theory of law and finance and promoting a healthy growth in the financial sector. FLR publishes "China Financial Supervision and Regulation Report", a yearly publication which reflects in a systematic, comprehensive, persistent and authoritative manner, the current status, the development and reformation of financial regulation in China.

Homepage of FLR: http://www.flr-cass.org

WeChat of FLR: flr-cass

Hu Bin, Ph. D in law, is Professor at CASS. He is Deputy Director General of Institute of Finance and Banking, CASS and the Director of FLR. His main research areas include financial regulation, law and finance, and structured finance (asset securitization).

Yin Zhentao, Ph. D in economics, is Associate Professor at Institute of Finance and Banking, CASS and the Deputy Director and Secretary-general of FLR.

Zheng Liansheng, Ph. D in economics, is Associate Professor at Institute of Finance and Banking, CASS and the Deputy Director of FLR.

前　言

《中国金融监管报告（2016）》作为中国社会科学院金融法律与金融监管研究基地的系列年度报告，秉承"记载事实"、"客观评论"以及"金融和法律交叉研究"的理念，系统、全面、集中、持续地反映中国金融监管体系的现状、发展和改革历程，为金融机构经营决策提供参考，为金融理论工作者提供素材，为金融监管当局制定政策提供依据。

《中国金融监管报告（2016）》主要由"总报告"、"分报告"和"专题研究"三部分组成。"总报告"为两篇：第一篇为"新三板市场的发展与监管"，在总结新三板市场发展历程的基础上，分析了新三板市场的发展现状及其存在的主要问题，更进一步的，提出了完善新三板市场监管体系的政策建议。第二篇为"中国金融监管：2015年重大事件述评"，对2015年中国金融监管发生的重大事件进行系统总结、分析和评论，并对2016年中国金融监管发展态势进行预测。"分报告"为分行业的监管年度报告，具体剖析了2015年中国银行业、证券业、保险业、信托业以及外汇领域监管的年度进展，呈现给读者一幅中国金融监管全景路线图。"专题研究"部分是对当前中国金融监管领域重大问题的深度分析，主要涉及商业银行同业业务监管、程序化交易监管、区块链技术应用监管、证券质押困境解决和金融账户实名制实施方法等方面。

《中国金融监管报告（2016）》由胡滨担任主编，负责报告的组织、撰写和审定工作；尹振涛和郑联盛担任副主编，负责报告的统编和撰写工作。感谢社会科学文献出版社的周丽、恽薇老师，以及为本书赐稿的所有专家和学者。中国社会科学院金融监管与金融法律研究基地期待着以《中国金融监管报告》为媒介和平台，与学术界、实业界以及政策界等进行全方位的合作和交流，致力于共同推动中国金融监管改革与发展。

Preface

As the annual report of the Research Center for Financial Laws and Regulations (FLR), *China Financial Supervision and Regulation Report: 2015* seeks to reflect the current status, development and reform progress of China's financial supervision and regulation in a systematic, comprehensive, persistent and authoritative manner. With the philosophy of "factually recording, objectively reviewing, and comprehensively analyzing", we hope this report can provide reliable and useful references for financial institutions, academic researchers, and regulatory authorities.

The Report 2015 consists of three parts: General Reports, Sub-reports, and Special Topics. The first general report is *Development and Regulation of the National Equities Exchange and Quotations System*, on the basis of analyzing development process of the NEEQ system, this paper researches the development status and main problems of the NEEQ system. What's more, some policy suggestions are put forward to complete the regulatory system of NEEQ. The second general report is *Financial Supervision of China: Significant Events in* 2015, which surveys the major reform and policy issues of China's financial supervision and regulation in 2015 and gives an outlook of 2016. The sub-reports provide the details of development in regulation of banking, securities, insurance, trust and foreign exchange administration. The Special Topics deliver deeper analysis on selected important issues in China's financial supervision and regulation, including regulation of interbank business, program trading, block chain technology, pledge of securities and financial accounts with real identity, and so on.

Preface

Professor Hu Bin, as the chief editor of the Report 2016, is responsible for the organization and final approval of the compilation. Dr. Yin Zhentao and Dr. Zheng Liansheng, as deputy chief editors, are responsible for the editing work. We would like to thank the authors for their brilliant work. We would also like to thank Ms. Zhou Li and Ms. Yun Wei who work in the Social Sciences Academic Press (China) for their invaluable help and support. We expect the *Annual Report on China's Financial Supervision and Regulation* to become an important platform for the communication and cooperation between FLR and all sectors of the society, thus promoting the reform and development of China's financial supervision and regulation.

目 录

Ⅰ 主报告

B.1 新三板市场的发展与监管 …………………… 胡 滨 郑联盛 / 001
  一 新三板市场的发展历程 ……………………………… / 002
  二 新三板市场发展的现状 ……………………………… / 005
  三 新三板市场发展的问题 ……………………………… / 010
  四 完善新三板监管体系的政策建议 …………………… / 024

B.2 中国金融监管：2015年重大事件述评 ……… 尹振涛 杨 楷 / 027
  一 存款保险制度正式实施 ……………………………… / 028
  二 利率市场化取得突破性进展 ………………………… / 029
  三 人民币汇率中间价报价调整 ………………………… / 031
  四 存贷比监管指标取消 ………………………………… / 033
  五 偿二代监管体系基本建立 …………………………… / 034
  六 金融监管应对股市波动大考 ………………………… / 035
  七 金融监管框架改革引起瞩目 ………………………… / 036
  八 民营银行发展意见出台 ……………………………… / 038
  九 互联网金融监管框架成形 …………………………… / 040
  十 2016年金融监管展望 ……………………………… / 042

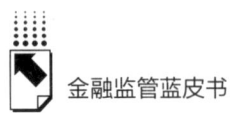

Ⅱ 分报告

- B.3 银行业监管年度报告 ………… 李育峰 巴劲松 匡可可 / 044
- B.4 证券业监管年度报告 …… 栗沛沛 吴 亮 杨 光 安邦坤 / 063
- B.5 保险业监管年度报告 ………………… 孙才华 张 坤 / 091
- B.6 信托业监管年度报告 ………………………… 袁增霆 / 122
- B.7 外汇管理年度报告 …………………………… 汤 柳 / 136

Ⅲ 专题研究

- B.8 商业银行同业业务的发展及监管 ………… 朱元倩 徐 超 / 154
- B.9 明确监管制度框架 促进投贷联动业务发展
  ………………… 王 刚 尹 亭 丁 丁 王 宇 / 171
- B.10 程序化交易的监管与风控机制研究
  ………………………… 王 化 马雪滢 蒋 鹏 / 180
- B.11 加密货币与区块链技术：相关应用及监管 ………… 刘 亮 / 206
- B.12 证券质押的制度困境与解决路径 ………………… 杨 光 / 223
- B.13 全面落实金融账户实名制
  ——一项推进金融监管的基础性工程 ………… 吴 亮 / 240
- B.14 私募基金管理机构新三板挂牌融资的监管问题研究
  ……………………………………………… 费文颖 / 253
- B.15 论将"保证业务"列入保险公司业务范围的
  合理性基础 ………………………… 喻华峰 曹顺明 / 267

Ⅳ 附录

B.16 2015年金融监管大事记 …………………… 星 焱 吕志成 / 279

Contents …………………………………………………… / 293

主 报 告

General Reports

B.1
新三板市场的发展与监管

胡 滨 郑联盛*

摘 要： 新三板已经成为我国多层次资本市场的重要组成部分，已经成为国内挂牌企业数量最多的全国统一性场内证券交易市场。新三板市场较为充分地发挥了服务中小微企业发展转型、资金融通和股份转让等职能，为服务实体经济提供了重要的支撑。当然，由于发展时间短、微观结构尚不健全、配套机制有待完善，新三板市场在功能定位、流动性、做市商、转板以及投资者适当性等方面尚存在问题。作为发展中的问题，以备案制为支撑的新三板市场应坚持服务中小微企业的业务发展、筹资融资和股份转让等基本职能，注重体系定位、企业需求、流动性提振、退出机制以及统筹协调，以规范监管，

---

* 胡滨，法学博士，研究员，中国社会科学院金融研究所副所长，金融法律与金融监管研究基地主任；郑联盛，经济学博士，副研究员，中国社会科学院金融法律与金融监管研究基地副主任。

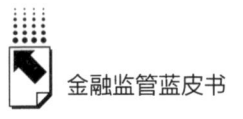
金融监管蓝皮书

提升新三板市场自我发展和服务中小微企业的能力，提高金融服务实体经济的效率。

关键词： 新三板　融资　股份转让　流动性　监管

过去2~3年来，新三板市场发展得如火如荼，在短时间内已经成为国内挂牌企业数量最多的全国统一性场内证券交易市场，截至2015年底，其挂牌企业达到了5129家，预计2016年中期前后可能达到1万家。过去三年，致力于服务中小微企业融资发展、股份转让和跨越发展的新三板市场成为中国资本市场发展中最为靓丽的风景线，2015年新三板融资额已超过了创业板市场。

以备案制为核心机制的新三板市场，在快速发展的过程中也存在很多问题。市场参与人士发现，新三板市场的定位有偏离服务中小微企业的基本功能而一味地扩大市场规模的倾向，新三板市场挂牌企业数量和投资需求增长异质化趋势明显而出现供求错配，同时，新三板市场的流动性及其微观结构较不合理，做市商制度受制于供求和微观机制而没有发挥流动性供给的功能，分层制度改革初衷是正确的，但能否成为改变流动性差、促进新三板长期可持续发展的新机制仍有待观察。另外，新三板的监管体制机制仍有待进一步完善。对于新三板来说，服务中小微企业、服务结构转型、服务实体经济仍然任重道远。

一　新三板市场的发展历程

（一）2001~2005年：老三板市场的发展

目前，作为国内拥有最多挂牌企业的交易市场，三板市场已经发展了约15年的时间。2001年7月16日，代办股份转让系统正式启动，被称为三板市场。三板市场是一个以证券公司及相关当事人的契约为基础，依托证券交易所、登记结算公司的技术系统和证券公司的服务网络，以代理客户买卖挂牌公司股份为核心业务的股份转让平台,其主要功能是为非上市股份有限公司提供股份转让服务。这时系统最大的特征是备案制,即交易系统交易标的的决定不是金融监管机构而是主办券商,证监会及其派出机构不对公司进入该交易系统进行审核[①]。2002年8月29日,退市公司的交易流通被纳入三板市场。至此,这个市场的作用基本可以分为两类:一是为退市之后的上市公司的股份转让继续提供市场服务,保证退市后上市公司的股份转让得以顺利进行;二是致力于解决原来中国证券交易自动报价系统(STAQ系统)和中国人民银行所属中国证券交易系统有限公司(NET系统)遗留的公司法人股的转让流通。

(二)2006~2012年:新三板试点阶段

但是,三板市场一直处在市场的边缘地带,其发展没有得到实质性的推进。三板市场的转折点是2006年1月23日,在多层次资本市场建设、经济结构转型深化以及利用资本市场促进高新技术企业发展的要求下,中国证监会与北京中关村科技园区管委会启动了中关村科技园区非上市公司代办股份转让系统,中关村股份报价转让试点开始实施。在试点园区中,进入代办股份转让系统的企业都是高新技术企业,而不是之前STAQ、NET等系统下的老企业以及退市企业,因此,中关村股份报价转让系统被称为新三板市场。

该试点致力于通过资本市场引领及促进中关村园区创新型企业的发展,一是为创新型企业股份转让提供基础设施;二是为中小微创新型企业提供融资支持,助其实现跨越式发展;三是建立一个全国性的场外股份转让系统。经过长达近6年的试点,2011年底,监管当局提出要"扩大中关村试点范围、建设统一监管的全国性场外市场"。2012年,股份报价转让系统试点园区扩大至上海张江、武汉东湖以及天津滨海三个园区。四个园区的股份报价转让系统初步形成了全国统一的市场体系。

(三)2013~2015年:高速发展阶段

2013年以来,新三板的基础设施和体制机制建设取得了重大的进展。

---

① 新华网:《证监会批准完善中关村代办股份转让系统》,2009年6月12日。

一是明确了监管的主体。新三板监管的主体由证券业协会转为证监会。二是构建了新三板的交易体系和制度,2013年1月,全国中小企业股份转让系统正式上线,2月8日出台并实施了《全国中小企业股份转让系统业务规则》,同时将新三板股份转让标的公司扩展至全国。三是引入了适应新三板市场的交易制度,即做市商制度,形成了以主办券商为主的做市商制度,股份转让可以采取协议方式、做市方式、竞价方式或其他中国证监会批准的转让方式。四是强化了备案制,以主办券商的尽职调查和推荐为支撑,证监会不审核新三板公司挂牌,证券业协会实行自律管理。五是实行了投资者适当性管理制度,要求只有具备一定资格和风险识别管理能力的投资者才可以进入新三板市场。六是对与新三板相关的配套制度进行了完善,特别是制定了非上市公众公司管理办法以及股东人数超过200人的未上市股份有限公司行政许可的审核指引。

(四)2015年以来:场外市场转为场内市场

2013年底以来,新三板市场呈现爆发式增长的态势,日益成长为国内上市企业数量最多的交易市场。2013年底,新三板挂牌公司为356家,2014年暴增至1572家,2015年又继续爆发式增长至5129家。同时,新三板市场从一个统一的场外市场转为场内市场。2015年7月31日,中国证监会发布的《场外证券业务备案管理办法》中明确指出,全国中小企业股份转让系统为场内交易市场。由此,所有新三板挂牌公司旋即转为上市公司。

新三板市场发展历程大事记见表1。

表1 新三板发展历程大事记

时间	重大事件	重要内容
2001年7月16日	代办股份转让系统正式启动,三板市场建立	为非上市股份有限公司提供股份转让服务;交易系统交易标的的决定采用备案制

续表

时间	重大事件	重要内容
2002年8月29日	退市公司的交易流通被纳入三板市场	为退市之后的上市公司的股份转让继续提供市场服务;解决STAQ系统和NET系统遗留的公司法人股的转让流通
2006年1月23日	中国证监会与中关村园区管委会启动了中关村科技园区非上市公司代办股份转让系统,新三板启动	通过资本市场引领及促进中关村园区创新型企业的发展;股份转让、融资、场外市场;采取备案制
2012年8月3日	股份报价转让系统试点园区扩大,全国统一市场体系初具雏形	北京中关村、上海张江、武汉东湖及天津滨海四个园区股份报价转让系统初步形成了全国统一的市场体系
2013年2月8日	出台并实施了《全国中小企业股份转让系统业务规则》	全国中小企业股份转让系统运行;新三板股份转让标的公司扩展至全国;引入做市商制度;强化备案制;实施投资者适当性标准
2015年7月31日	中国证监会发布的《场外证券业务备案管理办法》	全国中小企业股份转让系统为场内交易市场

资料来源:作者整理。

二 新三板市场发展的现状

(一)新三板市场的发展定位

从2006年新三板试点以来,新三板的发展就有其特定的历史任务,其定位主要是服务于中小微企业特别是创新型企业的股份转让以及融资发展。根据国务院《关于全国中小企业股份转让系统有关问题的决定》和中国证监会《关于进一步推进全国中小企业股份转让系统发展的若干意见》,新三板市场的目标可以总结为四个方面。一是完善直接融资体系,更好地发挥金融对经济结构调整、经济转型升级的支持作用,提高金融服务实体经济的效率。二是进一步拓展资金融通,缓解中小微企业的融资难问题,通过新三板市场为中小微企业的直接融资开辟新的市场渠道,可以实行首发融资、定向增发、优先股以及债券融资等。三是构建中小微企业的股权投资和股份转让系统,以全国股份转让系统为支撑,促进中小微企业的股份转让,进行股权融资、债权融资和资产重组。四是资本市场体系的建设和完善,通过备案制、做市商制度以及投资者适当性管理制度,将新三板市场建设成为一个以服务中小微企业为目标、以备案制为基础机制、以多种转让方式为渠道、以机构投资者为主体的证券交易体系。

根据上述四个目标,其市场定位相应地体现在以下四个方面。一是组织定位,即要建立一个全国性证券交易场所和相对独立、具有自身特色的市场制度体系,促进挂牌企业的股份在全国范围内转让交易,致力于发展多层次的资本市场、促进金融交易所的竞争、完善金融市场体系。二是服务对象定位,主要为创新型、创业型、成长型中小微企业发展服务,促进大众创业、万众创新。企业挂牌的条件相对较低,适应于企业发展初期的特征,致力于解决中小微企业在初步发展阶段的融资难题。三是交易定位,坚持和完善主办券商制度和多元化交易机制,主要包括公司挂牌、股份转让,并进行股权融资、债券融资以及资产重组等,也涉及一级市场、二级市场以及一级半市场。四是规范定位,主要是强化信息披露制度,通过事中的动态信息披露和监管,防止新三板备案制和事前监管较弱可能导致的重大投资风险。

(二)新三板市场的功能

2013年以来,随着新三板市场扩容至全国,其发展迅猛,已经成为上市企业最多的场内交易市场。从2006年试点至今,新三板市场发展已近10年,逐步成为我国多层次资本市场的一个重要组成部分,提高了金融服务实体经济的效率。新三板市场的功能不断完善且日益强化。

一是新三板市场的融资功能日益凸显。新三板市场为中小微企业的融资提供了新的渠道,在过去几年的发展中,利用新三板市场的融资机制,不断强化其为中小微企业融资的功能。2013年1月至2016年1月,新三板市场新增预案增发拟募集资金为3641亿元,其间实施完成募集金额为1555亿元。新三板市场的融资功能逐步凸显。2015年,新三板市场的融资规模超过了创业板市场。

二是新三板市场为中小微企业上市及股份转让提供了新的市场机制。长期以来，国内长期股权投资市场的发展不温不火，2009年之后随着创业板的开市，长期股权投资的退出更加顺畅，2013年新三板市场拓展至全国之后，长期股权投资的股份转让、交易及退出有了新的渠道。股权投资退出机制的不断完善，使得中小微企业的融资空间逐步打开，股权投资的发展进入一个新的历史阶段，这相当于是给长期股权投资、股份转让交易以及整个股权市场的发展开辟了新的市场机制。2013年以来，私募股权基金（含风险投资）的募集数量和资金规模呈现高速增长的态势，2015年新募集基金数量高达2970只，新募集金额达到7849亿元（见图1），预计2016年新募集金额将超过1万亿元，这与新三板市场发展及其新的股权退出机制是紧密相关的。

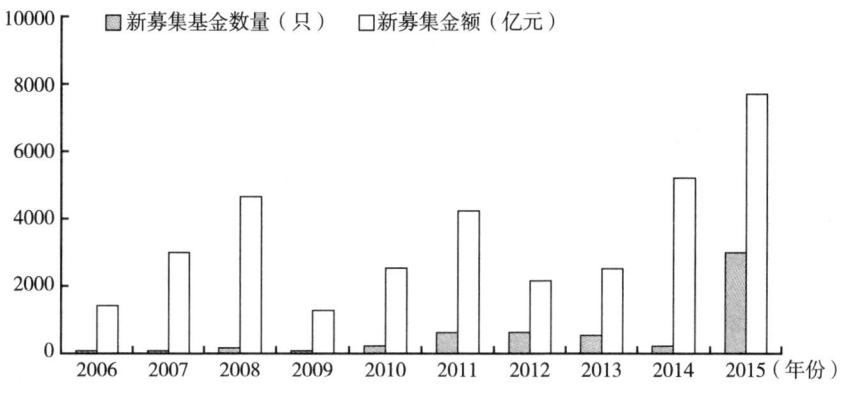

图1 私募股权基金募集状况

资料来源：清科研究。

三是新三板市场为中小微企业的成长与发展提供了新的动力。虽然新三板市场的挂牌标准相对较低，但是新三板对于公司发展的可持续性、业务发展模式、公司治理、信息披露等仍然具有较高的要求。公司为了满足新三板挂牌要求以及后续的发展、治理和信息披露等标准，将不断地强化业务发展、规范内部经营、完善治理体系、满足会计准则，这为中小微企业的发展壮大打下了坚实的基础。新三板试点以来，11家新三板挂牌公司成为创业板上市公司或中小板上市公司。

四是新三板市场促进了我国多层次资本市场的发展。长期以来，国内直接融资占比较低、结构性问题凸显和未来发展机制性约束较多,使得资本市场在适应和引领经济新常态中缺乏应有的能动性。在经济新常态下,为了发挥市场在资源配置中的决定性作用,更好地配置要素资源特别是金融要素资源,应该健全多层次资本市场体系,特别是债权和股权市场。股权市场上有两个核心的问题:一是中小微企业的股权投资缺乏;二是股权转让市场不发达。新三板市场的蓬勃发展正好解决了中小微企业的股权投资和股权转让问题,使得我国股票市场能够从之前的"倒三角"架构逐步转变为以中小微企业为基础的"正三角"结构,并促进长期股权投资市场的发展。2015年底,新三板市场挂牌企业达到5129家,成为全国挂牌企业数量最多的交易所,其市值高达2.46万亿元。

(三)新三板市场的规模

2013年以来,新三板市场发展迅猛,该市场已经成为我国挂牌企业数量最多的市场。截至2016年1月底,新三板市场上市公司高达5623家,2015年12月单月挂牌公司数量首次超过1000家至1115家,2016年1月单月挂牌公司数量达到了1280家(见图2)。

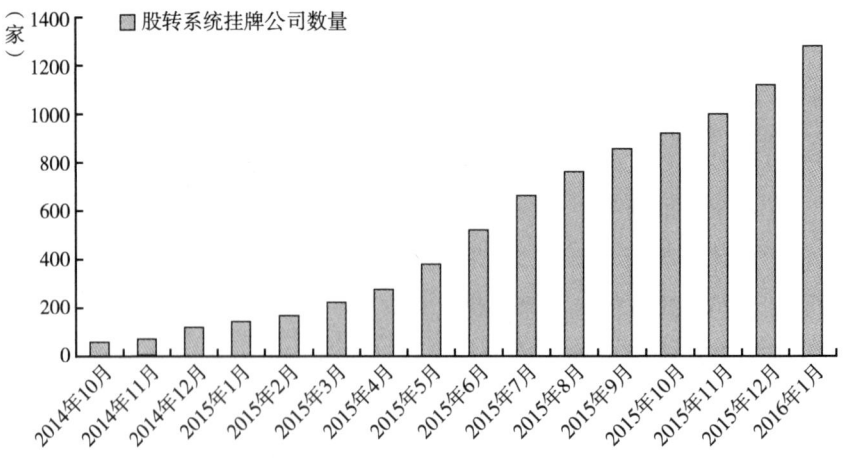

图2 股转系统单月挂牌公司数量

资料来源:Choice数据库。

（四）新三板市场的融资情况

新三板市场为中小微企业的融资提供了新的市场基础。此前，中小微企业融资难、融资贵问题是我国经济转型和中小微企业壮大发展的重大制约，而新三板市场为中小微企业的融资提供了新的渠道。2013年1月至2016年1月，新三板市场新增预案增发次数达4916次，发行股数高达602亿股，拟募集资金为3641亿元；其间实施完成的发行次数3284次，发行股数为311亿股，实施完成募集金额为1555亿元。新三板市场的融资功能逐步凸显，特别是2014年以来，其融资功能逐步增强。

在资金筹集上，新三板市场中金融类企业的融资能力独大，其他行业挂牌企业的融资能力并不凸显，整个体系的融资功能需要强化，特别是需要向新三板的定位回归。2013年新三板融资规模仅10亿元，2014年就达到了132亿元，2015年暴增至1213亿元，一举超过了创业板市场，但是，新三板融资的结构问题一直饱受市场质疑。其中，2014年4月九鼎投资登陆新三板，融资规模超过35亿元，占当年融资总规模的26.5%。过去2年内，九鼎投资、中科招商、硅谷天堂、同创伟业、浙商创投等私募股权基金在新三板市场的融资规模超过了300亿元，大约为新三板扩展至全国之后融资总规模的25%。另外，诸如南京证券、联讯证券等的单次融资规模也是数十亿元之巨，2015年10月南京证券融资34.44亿元，2015年4月，联讯证券融资27.91亿元。金融板块在新三板市场的融资规模巨大，导致其他行业的融资空间相对受限，使得新三板整个市场体系对于中小微企业的融资支持功能被弱化，也没有发挥新三板市场支持实体经济发展、经济结构转型的有效作用。

（五）新三板市场的行业结构

在挂牌企业属性上，新三板市场片面追求挂牌企业数量和规模，对于企业的行业属性及其对经济结构转型的潜在影响关注较少。新三板的目标是服务中小微企业，促进经济结构转型，对中小微企业的行业属性及其对经济结构转型的潜在影响进行考察具有重大的意义。从目前看，新三板上市公司中，创新型企业较少，而传统行业的挂牌企业数量占比较大。从长期发展的角度看，如果新三板的融资功能和股权交易功能日益完善，传统行业依靠新三板继续扩张产能，那么新三板市场对于经济结构转型的意义就会存疑。比如，新三板挂牌企业中，制造业企业数量仍然最多，截至2016年2月20日，新三板挂牌企业为5742家，其中制造业企业为3044家；从总市值方面看，制造业挂牌企业市值为7476亿元，金融业挂牌企业（113家）市值为3532亿元，金融业在新三板市值中占比近20%，这与新三板服务中小微企业的职能定位是有差异的，这使得新三板市场的宏观意义有所弱化。

在股份转让方面，新三板市场中创业型、创新型和成长型企业的股份转让和交易规模较小，交投不活跃，没有充分发挥新三板市场的股份转让交易功能，在强化新三板市场定位和功能上仍然具有较大的空间。截至2016年2月20日，新三板公司平均每日换手率为0.095%，其中，金融业换手率最高，为0.176%，证券期货业为0.388%，而其他实体经济领域行业挂牌公司的换手率极低。从成交量上看，证券期货业交易量日均超过3000万股，而消费服务领域的挂牌公司交易不活跃，这对于消费类企业的转型发展以及经济发展模式向内需、消费转型而言，新三板的促进作用相对有限。

图3以2016年2月19日的数据为例展示了新三板市场交易股份的行业分布结构。

三 新三板市场发展的问题

新三板市场扩容至全国之后，其发展进入了一个新阶段，为中小微企业融资、发展，经济结构转型，长期股权投资、交易，以及多层次资本市场体系发展提供了新的机制，其未来发展空间巨大。但是，由于扩容后的发展历程较短，市场核心机制整体处在初步发展阶段，同时，这是一个以备案制为核心的市场体系，监管有效性相对较低，新三板市场的长期可持续发展仍面临着诸多重大的问题。

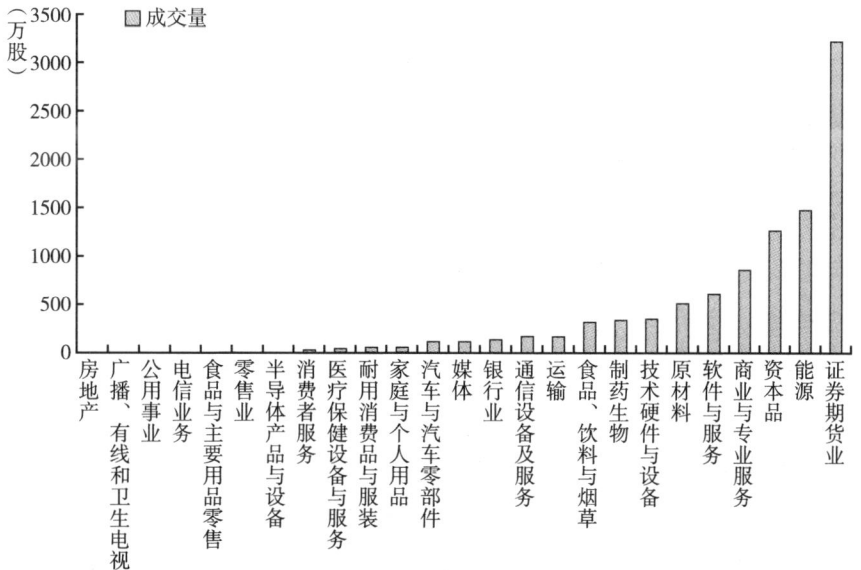

图3 新三板市场2016年2月19日交易股份的行业分布结构

资料来源：Choice数据库。

（一）新三板市场的五大问题

一是新三板市场的发展定位问题。新三板市场的服务对象是中小微企业，目标是促进经济结构转型，但是，在实践中，从事大额融资的主体很多并非中小微企业，而是私募股权基金，大部分中小微挂牌企业在新三板上的融资渠道并未真正打开，新三板服务中小微企业和促进经济结构转型的定位并未真正体现。这个问题在上文介绍融资情况及行业结构等时已经做了具体的说明。

二是新三板市场的流动性问题。作为一个全国性场内交易市场，新三板市场的流动性一直没有充裕起来，大部分挂牌企业的股份转让甚至为零，很大一部分挂牌企业前十大股东的股份占比达到了100%，只有个别挂牌企业的交易相对活跃。即使是引入了做市商制度，整个市场的流动性仍然匮乏，股份转让功能完善的空间巨大。做市商制度具有进一步完善的空间，如做市商的资质要求和做市规范等。

三是新三板的分层制度问题。2015年,新三板分层制度征求意见稿已经发布,引入分层制度本质上是为了解决流动性问题,同时孵化培育具有巨大发展空间的创新型企业,将新三板市场建设成为可与美国纳斯达克市场比肩的证券交易市场。2016年5月27日,全国中小企业股份转让系统挂牌公司分层管理办法(试行)正式发布。但是,分层制度的引入能否真正解决流动性问题,能否真正培育伟大的创新型企业,能否进一步完善新三板微观结构,仍然值得探讨。

四是新三板市场的转板问题。《关于全国中小企业股份转让系统有关问题的决定》提出,在全国股份转让系统挂牌的公司,达到股票上市条件的,可以直接向证券交易所申请上市交易。2015年11月,证监会在《关于进一步推进全国中小企业股份转让系统发展的若干意见》中强调,应该"坚持新三板独立市场地位""新三板挂牌不是上市的过渡安排,要建立多层次的资本市场体系,推进向创业板转板试点,探索与区域股权市场的对接机制"。在注册制还没有实施之前,创业板上市是需要中国证监会发行审核委员会审核的,那么,新三板挂牌向创业板转板是一个什么样的过程?而在注册制实施之后,创业板、新三板是什么关系,创业板与新三板之间的转板机制又是如何?

五是投资者适当性问题。新三板是中小微企业的融资、股份转让平台,定位是一个以机构投资者为主导的市场,对个人投资者设置了500万元的门槛,将大部分中小投资者排除在市场之外,这主要是出于投资者保护的考虑,符合中国资本市场上个人投资者专业水平较低、从众心理较重以及风险控制能力较弱的现实情况。从目前的发展看,机构投资者对新三板并不是特别感兴趣,新三板投资在其资产配置中的占比非常小,而很多个人投资者对新三板又极有兴趣,如何在机构投资者、个人投资者以及投资者适当性、市场流动性等之间保持一个有效的平衡,是新三板未来发展的一个重要任务。

(二)股份转让系统的流动性问题

1. 股份转让系统的流动性状况

虽然新三板市场扩容至全国后,在短短的2~3年时间内已经发展成为国内挂牌公司最多的证券交易市场,但是,相对于创业板和主板市场而言,新三板市场最大的问题就是市场的流动性问题,挂牌企业的股份转让交易寡淡,使得市场的价格发现以及后续的股份转让、融资等功能没能有效凸显。

具体而言,新三板市场的流动性问题主要表现为三个方面。一是从股份转让看,股份转让成交的挂牌企业数量占比较小,截至2016年2月20日,新三板市场成交个股数量为899家,占挂牌企业总数(5742家)的15.66%,其中,居民服务、教育、住宿和餐饮业、房地产业等领域成交的挂牌企业数量都没有超过2家,制造业3044家挂牌企业中只有450家股份转让成交,信息及技术服务业1132家挂牌企业中只有188家股份转让成交(见图4)。

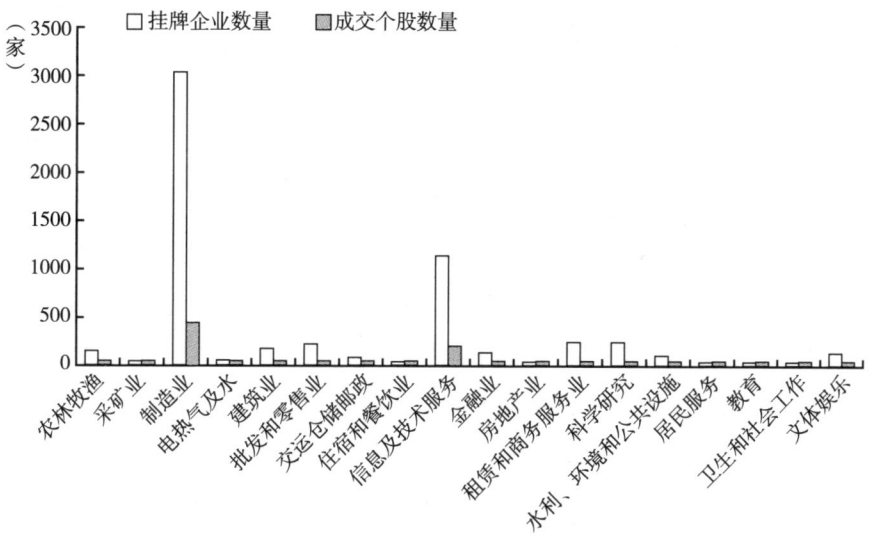

图4 新三板市场成交个股及挂牌企业数量的行业公布

资料来源:Choice数据库。

二是新三板市场整体的换手率较低且存在较为明显的结构问题。一方面,新三板市场的股份转让交投较不活跃,整体换手率较低,2013年、2014年和2015年新三板市场的换手率分别为4.47%、16.67%和53.88%。虽然过去三年整体呈现换手率走高的趋势,但是,2015年换手率高是因为交易结构的原因，即市值占比较大的金融领域挂牌企业的交投较为活跃，使得整体换手率走高，其中九鼎集团、中科招商、东海证券、联讯证券等金融类挂牌企业交投较为活跃。

三是新三板市场股份转让价格波动巨大，其定价功能尚未健全。新三板交易中，由于不设置涨跌幅限制，经常出现交易价格巨幅调整的情况，使得市场的价格发现和定价功能存在较大的不确定性。2015年4月10日，九鼎集团开盘价格为12.37元，盘中飙升至123.92元，全日振幅为1103.7%。2016年2月19日，海积信息涨幅为2400%，追日电气涨幅为900%，当日，海积信息和追日电气分别成交5手和1手，成交价格为12.5万元和1万元。当日，成大生物和西恩科技跌幅分别为89.25%和81.13%，其中，西恩科技成交1手，成交额仅100元。可见，新三板市场由于流动性较差，小额小量的交易就能使得挂牌企业的价格发生巨幅的波动，这对于市场的价格发现功能以及交易功能的发挥是极其不利的。同时，还可能存在利益输送等经济问题。

2. 股份转让系统的做市商制度

考虑到新三板市场挂牌企业绝大部分都是中小微企业，股本较小，股份转让的交易量有限，市场流动性较差，新三板市场在交易制度中引入了做市商制度。做市商制度是维系市场流动性的重要制度选择之一，其核心功能是向市场提供双向报价，投资者根据报价选择是否与做市商成交。

为了充分发挥做市商的功能，全国股转系统对做市商的资质及做市提出了要求：一是挂牌公司的做市报价服务至少需要由两家做市商提供，且其中一家做市商为主办券商或主办券商的母公司或子公司，二是做市商合计取得不低于申请挂牌公司总股本的5%或100万股（以孰低为准），且每家做市商做市库存股票不低于10万股。同时，对于做市企业也有一定的遴选标准，公司的规模、股本、质量以及财务状况等综合评价应是股转系统中较好的。2014年8月25日，新三板市场正式引入做市商制度，首批做市商为42家，首批采用做市转让的挂牌企业为43家。2015年1月19日，证券投资咨询公司备案后可在新三板开展挂牌推荐、做市业务，进一步扩大了做市商的范围。截至 2016 年 2 月 20 日，新三板市场中，可以做市转让的挂牌公司达到了 1320 家。广州证券、中泰证券、上海证券、光大证券和兴业证券均为超过 200 家新三板挂牌公司提供做市服务，还有 25 家券商为 100 家及以上挂牌公司提供做市服务。新三板市场前 15 大做市商见表 2。

表2 新三板市场前15大做市商

做市商	做市股票数量（家）	做市股票流通市值（亿元）	主办股票数量（家）
广州证券	286	1417	57
中泰证券	263	1155	268
上海证券	238	1438	49
光大证券	226	1077	142
兴业证券	206	805	113
天风证券	192	1528	78
申万宏源	184	528	458
国泰君安	183	896	176
长江证券	156	468	182
招商证券	154	846	179
广发证券	153	541	214
中山证券	146	1173	62
海通证券	146	662	99
国信证券	145	610	211
万联证券	137	437	26

资料来源：Choice 数据库。

在低层次股票市场引入做市商制度是一种较好的制度安排，有利于增加市场流动性，有利于提高交易价格稳定性，有利于发现交易标的的价值。在运行 1 年多的基础上，做市商制度为新三板市场的流动性维系、价格发现以及股份转让交易等提供了制度性支撑，为新三板市场的发展提供了重要的保障。但是，做市商制度存在的一些问题也逐步显现出来。

一是自有资金。做市商做市服务占用的自有资金、做市服务的供给能力受到自有资金规模的影响。作为一种报价驱动机制，做市商要持续地向投资者报出所做市证券的买卖价格，并在此价格上接受公众投资者的买卖要求，

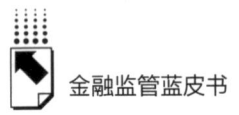

但是,该机制要求做市商以自有资金与挂牌公司和投资者进行交易。如果做市商给挂牌公司股份的价格过低,则做市商难以拿到足够的股份并满足监管的要求;如果在买入价格上出价过高,在卖价不确定且波动巨大的情况下,则可能面临账面损失甚至是真实损失。从市场实践看,做市商获得做市股票的成本大致是市场价格的50%,表面上看,做市商的盈利空间较大,但是,根据市场人士的介绍,2015年做市商资金占用成本达到7%~8%,加上股份的库存成本,如果没有较强的资金实力和做市服务水平,那么做市商的利益驱动就较为不足。更为重要的是,新三板挂牌公司的价格波动巨大,50%的空间在行情不好的情况下很容易就被跌透,甚至出现账面亏损。这直接导致挂牌首日股份转让高溢价问题,溢价率超过100%的企业数量占比超过40%。

二是价差的恰当性。在新三板做市商制度中,做市商的利益来自两个方面:一是资本利得;二是买进报价和卖出报价的差额。由于整个市场的流动性较差,做市商的做市成本较高,做市商恰当的选择就是降低股份买进的成本并保持较大的价差水平。在价差确定上,如果价差太小,那么做市商的收益就受到限制,其做市动力就不足;但是,如果价差太大,那么投资者就会不愿意进入,流动性变差。新三板规定买卖价差不得超过5%,2015年较多的月份中价差基本保持在4%以上,这说明市场流动性较差。做市商制度在价差和收益的束缚下,整体呈现流动性不足的格局,而且将会形成一个自我循环的流动性枯竭机制,这也使得价格发现功能难以完善。

三是微观结构。第一,在新三板市场中,做市转让挂牌公司的数量占比仍然较低。截至2016年2月20日,新三板中可以做市转让的公司为1320家,占所有挂牌公司的比重为24%。第二,虽然做市转让成交金额相对于协议转让成交金额整体要高,但是,由于做市转让存在双向交易,而且在大部分时间内做市转让都比协议转让的公司数量少很多,因此,做市转让的主导性在新三板股份转让中并未凸显。第三,挂牌公司比较倾向于协议转让。一方面,协议转让规模较大,交易简单,另一方面,做市转让存在股份占用的问题。第四,做市报价规则对于做市商制度也有技术性影响。现在对于做市商做市的规定是需要同时满足两个条件:一是做市商报价需满足5%的买卖价差,二是双向报价同时满足撮合时间至少为交易时间的 75%,但是,对于在该价格上是否成功交易则没有规定,这样就会出现做市商消极报价而导致股份转让无法成交的情况。另一种情况是,在特定价格上股份转让成交频繁,做市商没有足够时间来更新报价,最后使得总撮合时间不到 75%(或 3 个小时)。此外,做市商在最小报价单位上没有差异性,这使得高价股和低价股面临不同的流动性境况,市场整体活跃度和流动性也受到影响。

新三板做市转让与协议转让成交金额对比见图 5。

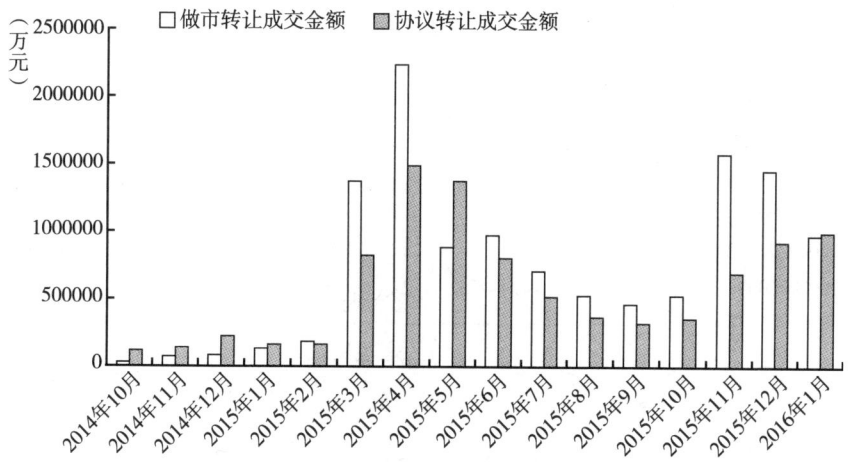

图 5　新三板做市转让与协议转让成交金额对比

资料来源:Choice 数据库。

四是市场行情对于做市商制度的影响巨大。如果新三板市场一路向好,那么做市商最为理性的选择是持有股份,获得资本利得,这比做市服务所获得的收入要高。以 2014 年四季度为例,资本利得是价差收入的 130 倍;2015 年一季度,该比例仍然高达 78 倍。如果入新三板市场面临调整或大幅下跌,那么做市商的理性选择就是消极报价或降低报价频率。这也使得新三板做市机制的作用没有得以充分发挥。

简而言之,自 2014 年 8 月新三板引入做市商制度以来,该机制对于新三板市场的发展、流动性维持和价格发现等提供了基础性的支撑作用,但是，整体而言，做市商制度的功能并没有得到充分的发挥，其作用也没有得到充分的体现。新三板做市指数于2015年4月初暴涨150%至2500点创出历史高点，之后一路下行，至2016年2月19日仅有1055点。值得注意的是，成交量由于新三板挂牌公司数量的暴涨并没有出现下降，但是2015年底以来，成交量从2015年11月底每天近8亿手暴跌至2016年2月19日仅略高于2亿手（见图6）。整体而言，做市商机制所维持的流动性并不好。

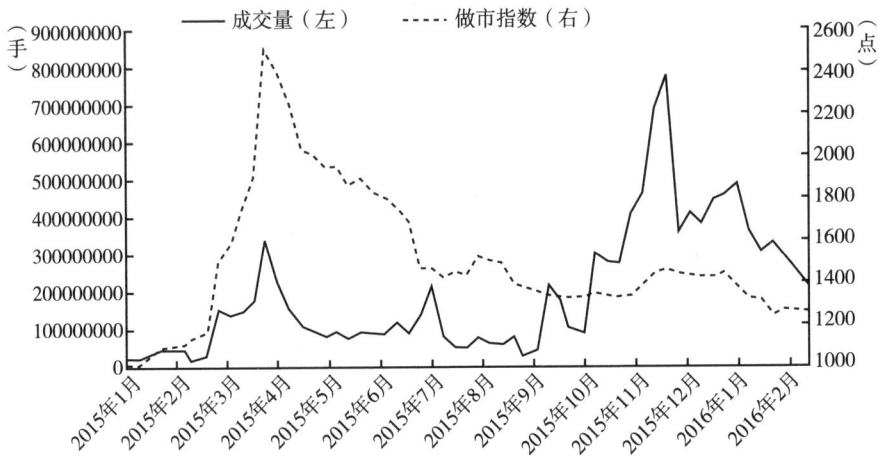

图6　新三板做市指数及做市成交量

资料来源：Choice 数据库。

（三）新三板的分层机制

1. 新三板分层的改革方案

新三板快速发展3～4年来，流动性问题一直是制约其发展以及职能发挥的核心问题。围绕流动性改善的政策建议层出不穷，最为重大的改革建议就是新三板的分层机制。2015年11月24日，中国证监会针对《全国股转系统挂牌公司分层方案》公开征求意见，提出了"多层次、分步走"的基本原则，在刚开始阶段将新三板挂牌公司分为两个层次：创新层和基础层。

对于创新层的挂牌公司，其标准有三套，符合三套标准之一就可以被划入创新层。第一套标准以净利润、净资产收益率和股东人数为核心指标，三个指标的要求是挂牌公司最近两年连续盈利，且平均净利润不少于2000万元、最近两年平均净资产收益率不低于10%、最近3个月日均股东人数不少于200人。第二套标准以营业收入复合增长率、营业收入和股本为遴选指标，其具体要求是挂牌公司最近两年营业收入连续增长，且复合增长率不低于50%、最近两年平均营业收入不低于4000万元、股本不少于2000万元。第三套标准以市值、股东权益和做市商数量为基础，要求是挂牌公司最近3个月日均市值不少于6亿元、最近一年年末股东权益不少于5000万元、做市商数量不少于6家。

2016年5月底正式发布的《分层管理办法》坚持创新层和基础层的两层设计，但是，部分调整了三套指标的要求：标准一去掉了"最近3个月日均股东人数不少于200人"的规定［第六条第（一）款］，标准三增加了"合格投资者不少于50人"的要求［第六条第（三）款］，"最近3个月内实际成交天数占可成交天数的比例不低于50%"修改为"最近60个可转让日实际成交天数占比不低于50%"［第七条第（一）款］。

2. 新三板分层与流动性

新三板分层机制的设计及未来的实施最主要的目标是提高新三板市场的流动性。政策的设计意图是好的。理论上，新三板市场企业多、增长快、类型杂，投资人信息收集成本高。通过市场分层机制的建设，相当于建立了一种遴选机制，对不同发展阶段、不同风险特征的公司进行分类管理，实现制度的差异化安排。分层制度实施以后，创新层和基础层可能会适用差异化的制度安排，对创新层公司在治理结构、信息披露、业务发展以及股东股本结构等方面会提出相对较高的要求。针对治理和信息披露相对规范、盈利规模较大、发展阶段相对成熟、股东相对分散的优先层级的公司，将根据市场发展情况适时推出降低投资人门槛、集合竞价、转板等措施，以提高其融资能力和股票流动性。

但是，新三板分层机制对于提高市场流动性、培育创新创业成长型企业、发展多层次资本市场以及解决中小微企业的融资难问题能否真正起到主导性作用，仍然值得探讨。

从机制设计上看，新三板分层机制是一种自上而下的制度安排。但是，对此分层机制最为成熟的纳斯达克市场，其分层机制是市场自下而上引致的。纳斯达克市场于2006年创立全球精选市场层，其中很多企业已经在过去20多年中发展成为优秀企业。同时，该层的创立也是为了吸引大型创新企业到纳斯达克上市，与纽约证券交易所竞争。这个交易层的设计不是为了培育创新型、创业型和成长型中小微企业。

从流动性改善看，分层机制对于整个市场流动性改善的效果有待观察。如果新三板市场供求关系匹配、定价机制合理、交易机制完善、退出机制有效、融资功能完善、投资者适当，那么挂牌企业就能在市场的帮助下有效成长起来，在市场力量的作用下自然形成好的企业和不好的企业，交易量也会逐步体现出来。但是，如果新三板市场的供求匹配存在巨大错配，交易定价机制不合理，市场融资及服务实体经济的功能不凸显，那么，处于创新层的挂牌企业慢慢也会被市场的体制机制问题所影响，其流动性也会慢慢被销蚀，而处于基础层的挂牌企业甚至会慢慢滑入无人问津的底部，那么，新三板市场服务中小微企业融资、股份转让和经济结构转型的意义就被逐步淡化。因此，分层机制是一个相对较好的制度安排，但是，要想有效解决流动性问题，发挥新三板的融资功能，还需要匹配更多的体制机制建设和制度安排。

从市场选择上看，并非所有符合创新层标准的挂牌企业都愿意被划入创新层，也并非所有符合创新层标准的企业都应该被划入创新层。如果一个企业的业务模式良好，可持续发展能力较强，股份交投活跃，价格相对稳定，融资活动顺利，但是该企业并不愿意进入创新层，那么要不要设置一个进入创新层的选择权安排呢？另一种情况是，一个企业资质一般，其到新三板挂牌是因为不满足主板或创业板的标准，其进入创新层的目的是利用转板机制曲线上市或利用创新层的制度优势获得更多的融资以进行野蛮式的兼并重组，那么，这类企业进入创新层又是否与新三板市场的定位相符合呢？

从交易机制设计上看，新三板分层之后是否能够在创新层引入竞价交易体系？如果还是延续做市商制度，那么需要加快解决做市商制度的诸多问题,不然,做市商制度的问题及其对流动性的影响必然在创新层重现。但是,如果引入竞价交易体系,那么就要求创新层的挂牌企业有很大的投资需求,这个巨大的投资需求应该来自哪里?机构投资者对于风险实际上是更加厌恶,如果在中小板、创业板和新三板创新层中选择,那么大部分机构投资者不会将资产配置在新三板创新层。创业板在风险暴露时刻的流动性较差,新三板创新层的流动性整体来看可能不比创业板更好。而大幅降低投资者适当性标准,不利于保护中小投资者的权益,不是合适的政策选择,因此,为了适应创新层的发展,交易机制的设计仍然是一个重大的难题。

(四)新三板股票的转板问题

构建新三板创新层的另外一个相关问题就是挂牌企业的转板问题。转板的可能性是众多新三板挂牌企业挂牌的重大动力,特别是在 IPO 暂停或者 IPO 排队现象严重的情况下,新三板挂牌再转板至创业板、中小板或主板是很多挂牌企业的"迂回"战略。在转板的"诱惑"下,新三板成为中小企业拥抱资本市场的"热土"。

转板的可能性并不是空穴来风,在新三板市场的制度设计上,一直就存在新三板转板的潜在渠道。2013 年国务院出台的《关于全国中小企业股份转让系统有关问题的决定》强调,挂牌公司达到股票上市条件的,可以直接向证券交易所申请上市交易。这个规定甚至被解读为,新三板公司不用再走 IPO 程序而直接登陆创业板、中小板或主板。2015 年 11 月中国证监会《关于进一步推进全国中小企业股份转让系统发展的若干意见》虽然提及要坚持新三板独立的市场地位,公司挂牌不是转板上市的过渡安排,但是,同时又强调研究推出全国股权系统挂牌公司向创业板转板的试点。2015 年 12 月 23 日,国务院常务会议要求增加全国中小企业股份转让系统挂牌公司数量,研究推出向创业板转板试点。国务院常务会议释放的信号被市场解读为新三板市场挂牌公司向创业板转板或将在 2016 年开始试点。

由于我国股票发行和上市是分离的,公司股票通过证监会审核公开发行之后,还需要获得交易所的批准才可进行上市交易,但一般而言,绝大部分公司都是发行和上市同步推进的，一些市场人士并没感觉到发行与上市的分离。如果挂牌公司在新三板退市再到创业板发行及上市，那么这能算转板吗？这本质上是企业公开发行及上市的正常申报和审核。在市场的预期中，转板的机制不是简单地在新三板退市再到创业板或其他板块发行并上市，而是在新三板挂牌发行之后，在符合一定条件和通过交易所审核之后，直接在交易所上市交易，即新三板挂牌公司在新三板市场实现发行进而到交易所上市。但是，目前监管机构对于转板的机制并没有明确，国务院和证监会都是笼统地说明要进行股转系统的挂牌公司向创业板转板试点的研究，但对于具体的机制、模式和标准并未提及。

对于转板的模糊性，证监会和全国股转系统有限公司并没有足够的认识。有市场评论人士认为，全国股转系统有限公司对此甚至采取善意忽视的态度，因为转板的可能性是吸引大量企业在新三板挂牌的根本动力之一。特别是新三板中资产规模、业务收入和股本规模较大的企业，实际上很大一部分都是基于转板而去新三板挂牌的，希望在新三板挂牌、进入创新层后能够进入转板绿色通道，走入公开发行上市的"快车道"。2015年底，在上海和深圳两地等待审核发行上市的企业超过700家，预计需要2~3年才能消化完毕。有研究认为，新三板挂牌企业中符合创业板上市标准的企业有望在试点中获得先机，总数或不少于300家[①]。那么，有一个问题随之而来，这么多企业是一起试点进入创业板，还是继续走IPO程序？如果能够直接到创业板上市交易，那么创业板的IPO审核程序就形同虚设，新三板将成为创业板上市的中转站。这将给创业板和新三板的市场定位、经济功能和层次区分带来更多的不确定性。

（五）新三板的投资者适当性

新三板扩容至全国之后，投资者适当性就一直是一个广受争论的话题。由于新三板公司整体资质较差，公司业务模式不成熟，大部分公司财务状况

---

① 《新三板转板试点制度将出，符合条件公司不少于300家》，财经网，2015年11月20日。

不好甚至亏损，投资新三板公司存在巨大的投资风险。在投资者适当性管理上，通过设置较高的门槛来限制中小投资者，新三板市场成为一个以机构投资者为主的市场。在过去2~3年的发展中，新三板投资者账户数也呈现爆发式增长，机构投资者账户数从2013年的1088户飙升至2015年的22717户；个人投资者从7436户狂涨至近20万户（见表3）。相对于主板、中小板、创业板而言，新三板个人投资者占比相对小很多，新三板仍然是一个以机构投资者为主的市场。

表3 全国股份转让系统投资者结构

单位：户

项目	2015年	2014年	2013年
机构投资者	22717	4695	1088
个人投资者	198625	43980	7436

资料来源：全国股份转让系统。

虽然新三板投资者的账户数在过去2~3年中快速增长，但是并没有带来新三板市场流动性的改善，股份转让以及相应的融资功能也没有充分体现出来。在股东集中度上，截至2016年2月20日，新三板5742家挂牌公司中，前十大股东股份占比低于20%的仅有23家，前十大股东股份占比低于50%的仅有253家，而前十大股东股份占比达到100%的竟有2612家。

在反思新三板流动性问题时，投资者适当性一直是个重要议题。即投资者及其资金的供给无法跟上新三板挂牌公司数量扩张的速度，造成整个市场供给与需求的错配，从而使得新三板的流动性较差。倘若以2015年底和2016年初的扩张速度发展，那么，在2016年中期前，新三板挂牌公司数量将超过1万家，到时，市场供给和需求的错配问题将更加凸显，市场整体的流动性将更差。

随之而来的问题是，降低投资者门槛是不是能够为新三板市场带来新的资金和流动性。答案是肯定的，如果能够降低投资者适当性的标准，那么更多投资者和资金的进入将会改善新三板市场的需求和流动性状况。但是，投

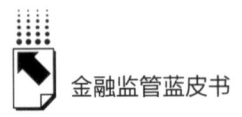

资者适当性标准仍然必须坚持,否则,没有专业能力、缺乏投资经验、缺乏风险管控能力的中小投资者将有可能遭遇巨大的损失,新三板将成为一个财富销蚀的场所。根据 Wind 数据库的统计,2015 年底,全国 1351 只新三板基金理财产品中,只有 400 多只取得了正收益。投资的风险本质上限制了投资需求的实质性扩张。在需求难以有效大幅提升的情况下,新三板市场应该考虑供给的问题。如果一味采用野蛮扩张的模式,不注重挂牌企业的业务模式是否可持续、盈利能力是否能提高、股东回报是否能兑现,而只注重增加挂牌企业数量,那么,不管是个人投资者还是机构投资者都会对挂牌企业失去投资兴趣,新三板市场的功能将由于供求错配问题而逐步弱化。

投资者适当性标准是可以小幅降低的,但是,通过大幅降低投资者适当性标准来改善供求关系和提高市场流动性是一个错误的想法。新三板流动性问题的根源不在于投资者适当性标准,而在于新三板的供求失衡以及挂牌企业的投资价值。

四 完善新三板监管体系的政策建议

从试点以来,新三板市场发展历经 10 年左右的时间,新三板扩大至全国仅有 3 年左右的时间,目前,新三板已经成为挂牌公司数量最多的交易市场,预计 2016 年上半年可达到 1 万家的挂牌数量。新三板市场的蓬勃发展有利于中小微企业的融资发展、股份转让、业务升级,有利于经济结构转型升级和经济发展模式转变,有利于发展多层次资本市场,并提高金融服务实体经济的效率。新三板市场的发展空间巨大,功能强大,作用凸显。

但是,新三板市场出现了诸多发展中的问题。一是新三板的定位在规模迅速膨胀中有所模糊,对于中小微企业发展问题的关注有所淡化。二是新三板市场的股份转让交易不活跃,市场整体流动性不足,结构问题凸显。三是新三板的做市商制度有待进一步完善,如何通过做市商机制发挥其流动性创造和股份价格发现等功能仍然需要继续探讨。四是新三板的投资者适当性问题,降低投资者门槛需要与投资者权益保护、流动性改善等取得动态平衡。

五是新三板的转板问题，新三板转板机制尚未明确，使得挂牌企业存在重大的期待，这本质上不利于新三板的健康可持续发展。为了促进新三板市场的进一步发展，着力解决新三板存在的诸多问题，我们提出相关建议如下。

一是注重体系定位。回归新三板创立的初衷，致力于服务中小微企业发展，提高金融服务实体经济的效率。十八届三中全会和"十三五"规划建议中都提到金融与实体经济的内在关系，要求提高金融服务实体经济的效率。新三板市场作为服务中小微企业的证券市场，更需要注重服务实体经济、服务结构转型和服务中小微企业发展的定位。新三板市场要避免成为被部分公司所利用的圈钱市场、避免成为存在资产泡沫的市场、避免成为利益输送市场、避免成为损害众多中小微企业和投资者的市场。

二是注重企业需求。以新三板为支撑力量之一的中小微企业直接融资能力的提升将会降低企业的成本，符合"十三五"规划建议中的"三去一降一补"原则，是需要大力发展的。但是，企业间情况差异巨大、行业属性迥异，不能以扩大规模为目标而忽视企业的真实需求，新三板应该以企业发展为基础，尊重企业自主选择权。

三是注重流动性提振。缺乏足够的流动性是新三板长期可持续发展的核心问题，全国股转系统应以分层制度和做市商制度为切入点，完善新三板微观交易机制，形成创新层和基础层互动、多重交易方式并存的局面，甚至可采用竞价交易来提升新三板的流动性。同时，更要注重新三板市场的供给和需求匹配性建设，分层机制和做市商等制度发挥流动性促进作用是需要扎实的供需匹配基础的，如果一味扩大供给，那么流动性改善将很难达成。此外，完善新三板微观结构和交易机制，如可以适度放低投资者适当性标准、继续完善做市商交易机制、进一步改革报价频率和最小价差等。

四是注重退市制度。国内证券市场一直存在饱受诟病的退市制度问题，A股存在一大批僵尸上市公司，但是由于其壳资源的稀缺性，经常受到市场的关注甚至爆炒，极大地影响了市场的稳定性和投资者的预期。新三板实行的备案制，更应该强化退出机制建设，否则其挂牌公司的规模将迅速膨胀，在分层之后，可能会在基础层形成更大规模的僵尸挂牌公司。新三板市场应该强化市场化规律，以信息披露制度为基础，强化新三板退出机制建设。

五是注重统筹协调。多层次资本市场建设是提升直接融资比例、降低企业综合成本、降低企业杠杆率的有效途径。国内存在着主板、中小板、创业板、新三板和四板市场，上海证券交易所此前还计划推出战略新兴板，较多的板块是多层次资本市场发展的基础，但是，多层次资本市场不是以板块多寡来区分的，而是以市场规则、交易机制、投资主体等制度安排的差异性来体现的。金融监管当局应该注重顶层设计，注重统筹协调，以主板、创业板和新三板的统筹为目标，完善多层次长期股权市场，提升金融服务实体经济的效率。

B.2
中国金融监管：2015年重大事件述评

尹振涛 杨 楷*

摘　要： 本报告首先梳理了2015年我国在利率市场化改革和汇率市场化形成机制建设两个方面的重要突破，并对其影响加以分析。同时从银行业存贷比监管取消和保险业偿二代体制建设两个方面考察了金融监管的优化及其对银行与保险机构的作用。而股市波动中的监管层应对和由此引发的关于金融监管框架改革的讨论也是本报告的重点。此外，本报告还对金融监管在民营银行与互联网两个领域的完善进行了分析，并在最后提出了对2016年金融监管重点工作的展望。

关键词： 市场化改革　基础制度　金融监管框架

提到2015年的中国金融市场，最令人印象深刻的无疑是股市波动，市场震荡之剧、护盘行动之浩大对股票市场产生了巨大影响。由此引发的政府和社会对于金融监管的思考更是将推动中国金融监管改革本身的结构调整和前进步伐。通过更进一步的考察可以发现，在股票市场所产生的新问题之外，2015年还是中国金融监管取得众多重大改革成效的一年。比如，存款保险的实施和大额存单的推出，以及存款利率的上限放开意味着利率市场化

---

* 尹振涛，经济学博士，副研究员，中国社会科学院金融研究所法与金融研究室副主任，中国社会科学院金融法律与金融监管研究基地副主任、秘书长。杨楷，中国社会科学院研究生院博士研究生。

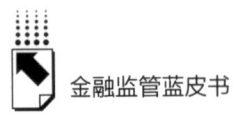

理论上的基本实现；2015年8月11日推出的汇改作为人民币汇率市场化形成机制的实质步骤，对人民币国际化产生了重要的推动作用；偿二代体系的基本建立，为保险业监管做出了细致安排；等等。这些改革可谓是金融体系基础制度的重大突破，为推进金融体系深化改革，维护市场健康稳定发展奠定了坚实基础。

一 存款保险制度正式实施

2015年3月，国务院公布《存款保险条例》（以下简称《条例》），自5月1日起正式施行。《条例》对存款保险的实施运作以及存款保险基金管理机构等进行了明确规定。从参与主体看，《条例》规定存款保险具有强制性，在我国境内设立的吸收存款的银行业金融机构都需参加，被保险对象是投保机构吸收的人民币和外币存款。在具体实施方面，存款保险实行限额偿付，最高偿付限额为人民币50万元，可以为我国99.63%的存款人提供全额保护。由投保的银行业金融机构交纳的保费费率主要由基准费率和风险差别费率构成。同时，《条例》还对保险存款的偿付情形进行了详细规定。在存款保险基金的层面，《条例》明确了存款保险资金运用的安全、流动、保值增值原则以及具体的运用形式，并进一步对存款保险基金管理机构的职责提出了相应要求。《存款保险条例》的实施为建立和规范存款保险制度提供了明确依据，是市场经济条件下保护存款人利益的重要举措。

存款保险制度本身是金融体系的一项基本制度，对于存款类金融机构的市场化运行具有重要意义，因此存款保险制度的建立也被赋予了金融体系市场化改革的重任。从1993年我国提出建立存款保险制度至2015年正式建立经历了22个年头，侧面反映出市场化改革的不易以及当下市场运行状况的变化。

单从存款保险制度的重要作用看，第一，存款保险制度首要发挥的是金融稳定作用。一是存款保险对应的是风险处置，是在银行业发生危机时化解市场风险、维护金融稳定的市场化手段。二是存款保险机构被赋予了监测市场、风险预警和采取纠正措施等职责，有利于对金融风险的防范。三是体现出对存款人利益的保护,作为存款保险发挥作用的根本出发点和立足点,存款人保护贯穿于《条例》内容始终,《条例》本身即表明,国家将为居民的存款安全提供明确的法律保障[1]。

第二,对银行业发展的影响巨大。商业银行的经营行为和经营环境发生转变,一方面,金融机构的市场化退出有了保障,政府隐性担保的道德风险也得到了部分缓解,加之实行风险差别费率,迫使银行机构自主承担风险。另一方面,有序的风险处置机制不但减轻了市场准入的压力,有助于丰富市场主体和层次,而且为中小银行、民营银行与大型商业银行提供了更公平的市场竞争环境。同时,有利于推动银行业实施服务差异化战略布局,并促进银行业内竞争格局的形成[2]。

第三,促进利率市场化改革。利率市场化的实现增大了银行等金融机构的经营压力和市场风险,而存款保险制度的设立正是有效应对银行风险发生的制度安排,有利于利率市场化改革的平稳推进。

理论上讲,道德风险和逆向选择问题是存款保险制度本身的弊端,尽管在此次的制度设计中已经注意到了这一点,但加强政府监管以及令市场更多地发挥监督作用还是十分必要的。然而,在具体的实施过程中,要使存款保险制度真正发挥作用,还要重视解决一些问题,包括存款类金融机构的破产清算制度、内外金融机构有别可能产生的监管套利行为、保费差别在不同规模金融机构间造成的不平衡问题、显性存款保险与政府隐性担保之间的界线,以及银行内部的委托代理问题[3]。

二 利率市场化取得突破性进展

随着金融市场的创新和发展,以及宏观调控的需要,2015 年,利率市

---

[1] 陈雨露:《加强存款人保护,完善现代金融安全网》,中国政府法制信息网,2015 年 4 月 1 日。
[2] 胡滨:《存保制度若干问题思考》,《中国金融》2015 年第 9 期。
[3] 彭兴韵:《存款保险制度尚待政策配套护航》,《中国证券报》2015 年 4 月 8 日。

场化改革在前期成果的基础上又取得了两项重要突破。第一，2015年6月2日，《大额存单管理暂行办法》（以下简称《办法》）正式由央行公布实施，标志着利率市场化形成机制的进一步健全。《办法》的主要内容包括：一是，大额存单的发行主体为银行业存款类金融机构，投资人包括个人、非金融企业、机关团体等非金融机构，以及保险公司、社保基金；二是，发行采用电子化的方式，以Shibor为大额存单的计息基准；三是，大额存单采用标准期限的产品形式，个人和机构认购起点分别不低于30万元和1000万元；四是，大额存单可以转让、提前支取、赎回和办理质押，作为一般性存款，将被纳入存款保险的保障范围；五是，规定了大额存单的发行，以及在信息披露和登记托管制度等方面的管理。第二，2015年8月26日，在年内第四次降息的同时，央行宣布放开一年期以上（不含一年期）定期存款的利率浮动上限，活期存款以及一年期以下定期存款的利率浮动上限不变。紧接着，在10月24日第五次降息之时，央行又决定对商业银行和农村合作金融机构等不再设置存款利率浮动上限。并抓紧完善利率的市场化形成和调控机制，加强央行对利率体系的调控和监督指导，提高货币政策传导效率。至此，我国对存贷款利率的管制基本放开，利率市场化改革迎来新的阶段。我国利率市场化步骤见表1。

表1 我国利率市场化步骤

时间	1999年	2004年10月	2013年7月	2015年8月
措施	基本实现货币和债券市场利率市场化	取消贷款利率上浮封顶	取消贷款利率下限	取消存款利率上限

首先，大额存单作为货币市场工具，对以商业银行为主体的市场参与者具有重要影响。一方面，大额存单作为标准化的工具，具有流动性强、市场化程度高、期限品种全等特点，大大加强了银行资产的流动性，且强化了商业银行的市场化定价能力，对商业银行的资产负债管理意义重大。另一方面，由于存款是商业银行的主要负债来源，是商业银行经营的根本，大额存单在增加流动性的同时，也提高了市场的竞争程度。更进一步的，如何利用

好大额存单市场成为各家商业银行需要重视的问题，从利率的定价到产品的流通转让交易以及产品创新，都对银行的经营管理、风险控制等提出了较高的要求。

其次，放开存款利率上限是我国利率市场化改革的重要标志。就其推出的时机而言，宏观经济正处在利率下行的周期当中，在有效对冲可能产生的利率上涨风险的同时，有利于商业银行在服务实体经济的定价过程中更加符合市场规律。从其产生的影响看，利率市场化改革事关我国资源配置合理性、微观主体自主性、金融经济改革和货币政策有效性以及金融稳定性，但也加大了商业银行的利率风险和流动性风险管理难度[1]。此外，市场的反应并不像想象中的强烈，这与市场的实际运行状况密切相关，一是市场的流动性相对充裕，各家银行的存款压力不同，上调存款利率并未成为市场的一致行为；二是在金融产品不断创新的情况下，银行表外资产增加，存款利率的管制效果受到一定削弱；三是，目前还存在过渡期，央行仍将在一段时期内公布存贷款基准利率。

最后，大额存单可以直接实现一部分存款利率市场化，既能够推进存款利率市场化程度的提高，也可以避免存款利率一下子放开对银行乃至实体经济的过猛冲击[2]。再加上利率管制的放开使得市场利率定价自律机制不断健全，以及存款保险制度顺利推出，都为实现真正的利率市场化奠定了坚实基础。

三 人民币汇率中间价报价调整

自2005年7月21日，人民银行宣布进行汇率机制改革，实行以市场为基础的、参考一篮子货币进行调节的、有管理的浮动汇率制度以来，人民币汇率市场化形成机制改革已经进行了10多年的时间。2015年8月11日，人民银行发布了关于完善人民币兑美元汇率中间价报价的声明，提出做市商在

---

[1] 中银协利率工作委员会：《完全放开存款利率上限对商业银行的影响及应对》，《中国银行业》2015年第11期。
[2] 纪敏、张翔：《大额存单重启与利率市场化》，《中国金融》2015年第12期。

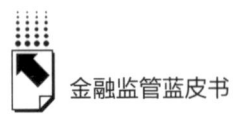

每日银行间外汇市场开盘前，参考银行间外汇市场上一日的收盘汇率，综合考虑外汇市场供求关系以及一篮子国际主要货币的汇率变化向中国外汇交易中心提供中间价报价。市场普遍认为，这是继2005年后的又一次重要汇改行动。

与2005年汇改不同的是，人民币兑美元的汇率在央行的声明发布后没有上升反而应声下降，而这也是本次汇改最受关注的问题。从汇改的机制上看，声明发表当时的贬值部分代表了市场的意图，但人民币并不存在长期的贬值基础，从宏观经济来看，我国的经济增速虽有下滑，但在国际上仍处于较高水平，且我国的经常项目还长期保持着顺差。再者，随着人民币国际化的推进，国际市场对人民币的需求也在增加，况且我国还拥有充足的外汇储备。而美元加息预期也在客观上助推了人民币汇率的波动[1]。

此次调整做市商报价，使中间价形成更加参考外汇市场总体供求关系，从机制上防止中间价与市场汇率持续大幅偏离，提高了中间价报价的合理性，对于人民币汇率的市场化形成机制改革具有重要意义。目前，人民币兑美元汇率日内波动幅度是中间价上下2%，对做市商中间价报价的调整，突显了央行管理的放宽，市场的作用进一步强化。但为保持汇改在平稳中进行，央行仍可以通过间接的市场化干预手段进行管理，最终逐渐放开对汇率的管制。而后，2015年12月，IMF宣布将人民币纳入SDR，这被认为是对前期我国人民币汇率改革和资本项目开放等金融体系改革效果的肯定，人民币国际化地位有所提高。同时，人民币市场化后增大了汇率风险，对于无论是进出口企业还是整个金融体系面临的外部风险都必须给予重视，做好风险的防范和应对。此外，在美元走强的背景下，人民币的贬值无疑会增加资本外流，对于人民币汇率和金融稳定都有一定的负面影响。更何况按照"三元悖论"的原理，今后在协调汇率、货币政策和资本项目可兑换等方面的宏观管理也将面临新的挑战。

---

[1] 《中国人民银行新闻发言人就人民币汇率有关问题进一步答记者问》，央行网站，2015年8月12日。

四 存贷比监管指标取消

1995年的《商业银行法》中规定了贷款余额与存款余额的比例不得超过75%,10年后的2015年6月24日,国务院常务会议通过《中华人民共和国商业银行法修正案(草案)》,删除了该存贷比规定,将存贷比由法定监管指标转为流动性监测指标。存贷比本身是计划经济时代的产物,当时,这项规定控制了银行的放款行为,遏制贷款增长冲动,可以达到降低银行贷款风险的作用,并且在历次金融危机和经济下滑阶段,都发挥出了稳定金融秩序的威力[①]。但在市场化改革逐渐深入的情况下,随着银行业监管手段的调整和优化,以及实体经济的发展需要,存贷比限制的实际效果不断受到争议。这次银行法的修订算是为长期存在的存贷比存废之争画上了句号。

存贷比的取消部分释放了商业银行在负债端的成本,增加了其对资产运用的自主权,整体上对银行增加信贷供给起到了促进作用。另外,存贷比的取消还能刺激银行创新。以往为规避存贷比指标的限制,所产生的监管套利产品,如同业资产和负债、理财产品等表外资产不断扩张,增加了金融监管的隐患,而所谓的高息揽存和存款冲时点等现象事实上是对商业银行的拖累。更进一步地看,由监管套利所产生的通道业务受到压力表明对此存在依赖的信托和券商资管等势必也要受到影响。

取消存贷比监管指标的另一个重要考虑是进一步增加金融机构对"三农"、小微企业的信贷支持。一方面,相对于大型商业银行,中小银行受到的存贷比约束更强,部分股份制银行和城商行的存贷比指标已经接近甚至超过了75%。相应的,取消存贷比更利好这些中小银行,而它们的信贷主要面向"三农"和小微企业[②]。另一方面,解除商业银行的硬性限制,长期来看能够满足社会总体信贷需求旺盛时的流动性要求。值得注意的是,此次虽

[①] 江德斌:《取消存贷比助力经济转型稳增长》,中国政府网,2015年6月25日。
[②] 《取消银行存贷比经济影响几何》,《人民日报》2015年6月26日。

然取消了存贷比监管指标，但又引入了新的流动性风险管理指标——流动性覆盖率，但仍将存贷比作为流动性风险监测指标之一，因此存贷比的取消并不意味着监管的放松，反而更加优化，更加与国际接轨。

五　偿二代监管体系基本建立

2015年2月，保监会正式发布中国风险导向的偿付能力体系（简称偿二代）17项监管规则，以及《关于中国风险导向的偿付能力体系过渡期有关事项的通知》，决定自文发之日起，进入偿二代过渡期。偿二代有三个主要支柱，第一个是对保险公司资本的定量监管要求，主要防范能够用资本量化的保险风险、市场风险和信用风险三大类风险，通过科学地识别和量化上述风险提出资本要求。第二个支柱是定性监管要求，在第一支柱基础上，防范难以量化的操作风险、战略风险、声誉风险和流动性风险，要求保险公司展开检查和评估等。第三个支柱是市场约束机制，在第一和第二支柱的基础上，利用公开信息披露等提高透明度手段，发挥市场的监督约束作用，防范依靠常规监管工具难以防范的风险[①]。与偿一代侧重定量监管和规模导向的特征相比，偿二代的制度框架体现出了风险导向、行业实际和国际可比的特征，开启了中国保险监管的新局面。

近年来，金融市场发展迅速，保险业规模不断扩大，保险产品日益丰富，随之而来的是市场风险的变化。为适应这种变化，坚守不发生系统性风险的底线，保监会正推进从事前监管向事中、事后监管的转变，而保险公司的偿付能力建设正是事中、事后监管的主要方面。从国际环境看，发达国家和新兴市场都在进行保险业监管的改革，但并未形成全球统一的监管规则。因此，中国适时推出自身的保险业监管规则从内外部两个角度看都具有重要的现实意义。

受偿二代新规影响最大的是保险公司。首先，偿二代的资本计量方法有

---

① 陈文辉：《中国偿二代的制度框架和实施路径》，《中国金融》2015年第5期。

利于减少资本占用。偿二代在资本的分级管理、最低资本要求等资本计量方式上充分考虑了各保险公司间不同的业务结构和风险管理能力,相较于偿一代,可以为保险公司释放大量资本。有关测算显示,在偿二代体系下,产险业可释放约 500 亿元资本溢额,寿险业可释放约 5000 亿元资本溢额①。这些资本的有效利用将会是资本市场上的一支重要力量。其次,偿二代的实施不但影响保险公司的偿付能力、业务开展的范围和种类,还直接影响资产与负债的匹配,影响保险公司法定最低偿付能力的额度,从而影响保险资金运用的数量与渠道②,并进一步推动保险公司自主经营能力的提高,尤其是保险资金运用方面的管理和创新。而后,保险公司的风险管理能力也将由此得到强化。偿二代以风险为导向,对保险风险、市场风险、信用风险、流动性风险、操作风险、声誉风险、战略风险这些可量化或难以量化的具体风险类别提出了要求,促使保险公司全面考虑风险要求,及时调整自身经营行为,合理管控风险。最后,偿二代在设计时就体现出了国际性的特征。我国的偿二代与保险业实际紧密结合,突出保险业监管的中国特色,既不同于欧洲的 Solvency II 监管标准,也不同于美国的 RBC 体系,强化了我国在全球保险业监管规则制定中的国际地位,有助于提高我国保险业的国际竞争力。

六 金融监管应对股市波动大考

自 2014 年 7 月份开始,中国股市迎来了一波大牛市,上证综指从 2000 点附近上涨至 2015 年 6 月的 5178 点,上涨幅度超过 150%,而创业板指数从 1300 点附近上涨至 4038 点,上涨幅度超过 200%。然而就在市场憧憬 6000 点高位的时候,6 月 15 日股市出现暴跌。随后在 6 月到 8 月的两个月时间里,上证综指下跌超过 40%,千股跌停,大量停牌的景象再现。为维定市场,防止系统性风险发生,在金融监管层、政府相关职能和执法部门、

---

① 朱南军、郭楠:《偿二代的监管架构,建设理念与影响》,《中国保险》2015 第 11 期。
② 王国军:《"偿二代"一拉一推为资本市场发展提供强劲动力》,《证券日报》2015 年 2 月 28 日。

行业自律组织以及部分金融机构的参与下，一场声势浩大的托市护盘行动吸引了全社会乃至全球的目光。证监会在微博等媒体上连续与市场沟通以稳定市场预期；同时，以证金公司为主要平台参与股市交易；并且出台了多项有针对性的政策措施，对部分市场交易当中的违法违规行为进行严厉打击；还会同公安机关和媒体网络主管部门，对编造、传播股市谣言的行为进行查处。此外，人民银行和银监会也做出实际行动，表达对稳定资本市场的支持。

首先，面对如此快速的股市波动，市场纷纷寻找股市大幅波动的原因。除了暴涨之后必有暴跌的市场经验，金融监管也被认为负有一定程度的责任。一是证监会对股市杠杆的监管成为股市暴跌的诱发因素之一，对融资融券和场外配资业务的限制加剧了投资者情绪的波动，而监管部门却没有预估到政策的影响或是有充分的应对措施预案。二是以伞形信托为代表的金融创新暴露出分业监管的局限性，监管协调机制的不顺畅既产生了监管真空也对及时有效的救市形成了掣肘。其次，救市的对与错并无定论。就国际经验而言，日本、中国香港和台湾地区都在股市暴跌阶段采取了直接或是间接的干预措施，即便是奉行不干预的自由主义经济政策的美国也在危机之后不断调整政策。而且在 2007 年的金融危机中，美国政府还是迅速采取了一些措施。关键在于，政府的托市行为实质是为了防止系统性风险的爆发，以免影响整个金融体系的稳定。但也有观点，尤其是国外学者的观点认为，政府的救市行为不但会对市场产生负面影响，还会影响政府的信誉。最后，在具体的方式上，政府救市应该减少或避免干预市场规则，否则将会影响投资者对于金融市场的制度信心，对金融市场长期健康发展产生不利影响①。

七　金融监管框架改革引起瞩目

金融混业经营等市场变化迅速，监管体制改革需要长期进行，然而金融

---

①　管涛、邓海清：《走出股市暴涨暴跌循环之路》，《财经》2015 年第 36 期。

监管理论中并没有给出最优的监管设计。从世界范围看，各国的金融监管不但没有统一的形式，而且都在不断的调整中，尤其是金融危机之后，金融监管在立法、组织形式和监管协调等方面都做出了改革。事实上，在2015年年中股市出现大幅波动后，市场关于金融监管有效性尤其是金融监管协调效率的讨论就迅速展开，学者普遍建议应该按照机构监管与功能监管相结合的原则和宏观审慎管理相协调的原则构建与现代金融市场相适应的监管框架①，但在关于金融监管如何协调、金融监管架构如何调整等方面众说纷纭。到了2015年11月，在"十三五"规划的建议中专门有一段文字强调了金融监管改革："加强金融宏观审慎管理制度建设，加强统筹协调，改革并完善适应现代金融市场发展的金融监管框架，健全符合我国国情和国际标准的监管规则，实现金融风险监管全覆盖。完善国有金融资本和外汇储备管理制度，建立安全高效的金融基础设施，有效运用和发展金融风险管理工具，防止发生系统性区域性金融风险。"

近年来，随着国际经济低迷，国内经济增速调整，经济结构转型以及金融体系市场化改革深入，对内对外开放进程加快，加之互联网科技与金融迅速融合，金融体系的风险部分开始显性化，不断调整的金融监管因此而面临重重挑战，此次股市波动则成了金融监管改革争论升温的直接导火索。关于金融监管改革的讨论，最核心的内容就是有关中国金融监管模式和框架的调整和确立。目前，理论界和学术界对此有多种不同的观点。第一种观点，建议将现有的"一行三会"进行合并，建立"大一统"的国家金融监管总局，实现货币政策与金融监管功能的协调与配合。第二种观点，建议在现有"一行三会"的基础上，建立一个由国务院领导直接主持的"国家金融稳定委员会"，而这个委员会不是简单的协调单位，而是一个实体性的决策机构。第三种观点，建议将"三会"进行合并，形成一个能够适应混业经营发展的综合性金融监管部门，与央行一起构建中国金融稳定的"双峰"管

---

① 吴晓灵、李剑阁、王忠民等：《完善制度设计，提升市场信心——建设长期健康稳定发展的资本市场》，清华大学国家金融研究院工作论文。

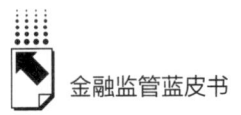

理框架。第四种观点，建议完全打破现有的分业监管体制，将现有"三会"监管职能中涉及宏观审慎管理及系统重要性机构监管的部分转入央行，由央行统筹宏观审慎管理；将涉及微观审慎管理的部分统一归入新成立的"审慎监管局"，负责对各金融机构或行业进行具体的监管；将涉及投资者和金融消费者保护等方面的部分归入新成立的"行为监管局"。第五种观点，建议维持现有的"一行三会"的分业监管框架，但需要对现存的"金融监管协调部际联席会议制度"进行进一步的完善，特别是在具体的工作机制、运作模式和职能分工等方面进行明确。

以上几种方案可谓各有利弊，但鉴于当前我国经济金融形势及所处发展阶段的特点，我们建议采取更加保守和循序渐进的方式推进监管框架的改革和调整，不宜动作过大。第一步，在坚持分业监管体制的前提下，进一步加强金融监管机构之间及与央行之间的协调，逐步将协调机制进行巩固与完善，并形成法律约束机制；第二步，依托金融监管协调机制建立"国家金融稳定委员会"，形成实体性的主管部门，进一步明确监管协调的部门分工与责权利；第三步，授权"国家金融稳定委员会"统筹中国金融监管组织框架调整，理顺宏观审慎和微观审慎之间的边界，由央行负责货币政策、宏观审慎管理、系统重要性机构及统计和金融基础设施建设，以"三会"为班底组建一个或两个新的监管部门，负责微观审慎监管和行为监管工作，并逐步明确地方政府部门的责任；第四步，最终形成"三层"+"双峰"的监管框架。其中，"三层"是指顶层为"国家金融稳定委员会"（或由央行负责），中间层为具体的金融监管机构，底层为相应的地方政府及监管部门；"双峰"是指在具体的监管职能方面分为审慎监管机构和行为监管机构。

八　民营银行发展意见出台

继 2014 年民营银行试点建立之后，为进一步鼓励和引导民间资本进入银行业，向中小微企业、"三农"和社区，以及大众创业、万众创新提供更有针对性、更加便捷、成本合理的金融服务，银监会又于 2015 年 6 月制定了《关于促进民营银行发展的指导意见》(以下简称《意见》)。《意见》对民营银行的设立许可、全程监管和发展环境进行了全面的规定。首先，在市场准入方面，《意见》强调积极支持民间资本与其他资本按同等条件进入银行业，但要在依法合规、防范风险、良好公司治理的基础上遵守五项原则。同时，还从筹建和开业程序两个方面对准入的行政服务进行了规定。其次，加强监管是保障民营银行稳健发展的关键，既要制定民营银行监管制度框架，强化审慎监管，又要坚持"鼓励与规范并重，创新与防险并举"的监管原则，进一步促进不同部门和不同层级地方政府的监管协调。最后，民营银行尚处于引导发展的阶段，营造良好的改革、信用、经营和竞争、舆论环境也是各级监管机构的工作重点。

正如《意见》所强调的服务中小微企业、"三农"、社区金融，以及大众创业、万众创新，民营银行的定位或者说是立身之本正在于服务实体经济。民营银行鲜明的特色并不全是差异化经营，还包括民营银行相对清晰的产权结构、现代化治理和灵活多样的经营模式，且随着民间资本的逐渐进入，银行间的有序竞争将会进一步促进金融服务产品的创新，以及价格的市场化形成，从而在满足实体经济多层次需求的同时降低融资成本，在一定程度上缓解融资难、融资贵的问题。再者，市场普遍认为，民间资本天然具有贴近实际的特点，在贷款的前段管理中更贴合企业实际需求和信用状况，能够形成对大银行的有效补充。

民营银行的设立客观上也反映了市场的诉求。一是，民间资本设立银行的条件基本成熟。截至2015年5月末，我国已新设1263家村镇银行，其中93%的村镇银行引入了民间资本，民间资本占比为73.4%；民间资本参与组建的农村商业银行也已达758家，民间资本占比达85%；参股城市商业银行134家，民间资本占比达56%。民间资本已经成为银行业的重要力量[1]。二是民间借贷的活跃反映出民间资本有进入银行业的强烈愿望和巨大

---

[1] 《尚福林主席解读〈关于促进民营银行发展的指导意见〉并答记者问》，银监会官网，2015年6月29日。

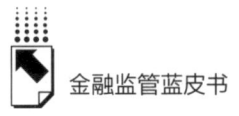

空间,设立民营银行合理引导了民间资本向金融业流动,有利于疏通游离资本的投资渠道,解决民间资本借贷存在的问题①。

民营银行在发展之初,同国有商业银行和股份制银行相比,在资本充足、风险防范、经营管理以及市场份额方面并不占优势,如何在保证金融稳定的同时,发挥出民营银行应有的作用,除了明确定位、差异化经营,政府的扶持和管理十分必要。因此,《意见》不但在市场准入方面对民营银行的资质和经营模式等提出了明确要求,而且强调了监管的引导,以及制度环境的打造。然而,真正决定民营银行稳健发展的还在于民营银行自身的经营管理,包括市场定位、差异化经营、"生前遗嘱"等方方面面。

九 互联网金融监管框架成形

互联网金融作为金融体系的新生力量促进了整个金融业的改革变化,对于传统业务即构成了挑战也带来了机遇,同时,随之而来的监管呼声也越来越高。2015年7月,中国人民银行、工信部、公安部、财政部、国家工商总局、国务院法制办、银监会、证监会、保监会、国家网信办十部门联合印发了《关于促进互联网金融健康发展的指导意见》(以下简称《意见》)。《意见》指出,第一,鼓励互联网金融的平台、产品和服务创新,从业机构相互合作和融资环境改善,并积极完善在工商、财税等方面的服务和信用体系等基础设施的建设;第二,按照互联网金融的业态分类,明确了互联网金融监管职责(见表2);第三,对于客户资金第三方存管制度,信息披露、风险提示和合格投资者制度,消费者权益保护,网络与信息安全,反洗钱和防范金融犯罪,加强互联网金融行业自律以及监管协调与数据统计监测等方面的市场秩序及制度建设。紧接着,《互联网保险业务监管暂行办法》正式出台,成为《意见》首个落实的分类监管细则。12月,央行又公布了《非银行支付机构网络支付业务管理办法》,建立了支付机构网络支付业务分类

---

① 凌涛:《民营银行发展之路》,《中国金融》2015年第18期。

监管机制,防范支付风险。与此同时,《网络借贷信息中介机构业务活动管理暂行办法(征求意见稿)》也开始面向大众公开征求意见。

表 2　监管机构的互联网金融监管职责

机构	职能
央行	监督管理互联网支付业务
银监会	监督管理个体网络借贷、网络小额贷款等网络借贷,以及互联网信托、互联网消费金融
证监会	监督管理股权众筹融资和互联网基金销售
保监会	监督管理互联网保险

资料来源:《关于促进互联网金融健康发展的指导意见》。

从互联网金融发展的指导意见看,总体的互联网金融监管理念是鼓励创新与防范风险并重,重点是发挥互联网金融创新的积极影响,促进金融改革,提升金融服务的质量和效率,加强对实体经济的支持,以及普惠金融的深入。同时主动管控创新中可能产生的风险,主要的做法是规范经营行为和市场秩序,营造良好的市场环境,优化行政服务,加强消费者权益保护和行业自律建设。在整个的监管过程中体现出依法监管、适度监管、分类监管、协同监管、创新监管的原则。从配套实施的细则看,网络支付、P2P 和互联网保险的相应规范已经建立,市场秩序将逐渐走向规范,为互联网金融监管形成立体的全方位监管体系奠定了基础。

具体而言,首先,网络支付规定针对前期支付市场暴露出的问题,进行了全面的覆盖并进行分类,提出第三方托管和实名制账户,建立起了风险隔离机制,促使网络支付回归本来职能[①]。其次,网络借贷信息中介机构业务规范对 P2P 行业业务管理和风险控制提出了具体要求,由于 P2P 市场本身存在机构众多、管理杂乱的现象,市场普遍认为,管理办法的出台将使市场重新洗牌,运用规范、风险管理能力强的合规平台将进一步发展,而一些不规范的中小平台将会退出市场。最后,互联网保险业务新规重在保险中介机

---

① 尹振涛:《对第三方支付管理办法解读的再解读》,新华网,2015 年 8 月 3 日。

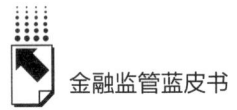

构的稳健经营,从经营主体、经营方式到险种范围等进行了详细规定,推动互联网保险机构规范自身经营行为,但同时也有人担心这些规定提高了市场的门槛。针对互联网金融监管,金融监管机构之间的协调配合以及对金融消费者的保护也是必须高度关注的问题[①]。

十 2016年金融监管展望

实体经济是金融体系运行的基础,经济发展的状况会对金融监管产生直接影响。国家统计局的数据显示,2015年一季度GDP同比增长7.0%,二季度增长7.0%,三季度增长6.9%,年内经济增速"保7"的压力较大。2015年12月,制造业PMI为49.7%,比上月提高0.1个百分点,但仍在荣枯线以下。宏观经济增长的放缓将会使金融体系前期积累的不稳定因素逐渐暴露出来,进而加大金融监管的工作压力。加之市场化改革和服务实体经济的需要,无论是金融市场经营主体还是金融监管机构,在未来的时间内都需要更加关注改革中的创新和平衡关系。

整体上看,改革和完善金融监管框架基本是监管层和市场的共识,基础性或过渡性的行动有可能在2016年就部分展开,具体如何实施需要依据中国金融市场的发展变化进行动态调整。首先,加强宏观审慎监管是金融危机后全球金融监管改革的主要内容,我国同样需要加强宏观审慎监管框架的建设,确保不发生区域性和系统性金融风险。其次,应该形成一个怎样的监管格局,或者说具体采用怎样的监管组织形式,不但是政府与市场关系的重大调整,也是政府内部协调一致的重要方面。需要紧密结合国际市场变动,国内市场主体、市场结构、投资者行为,以及金融基础设施的发展变化情况等,对监管理念、监管工具、监管方法、监管机构和监管协调各个方面进行不断调整。再次,信息不对称是市场失灵的重要原因,而监管机构如不能掌握相应的市场信息无疑会大大降低监管的有效性。因此,金融基础设施的统

---

① 胡滨、郑联盛:《第三种金融融资模式监管之问》,《上海证券报》,2015年5月8日。

筹监管和金融统计的完善，以及信息的共享和运用机制的建设必须得到重视。且相对来说，健全这些领域面对的阻力较小，而效果将会比较明显。最后，现有监管体制还在不断完善中，同时又对其进行改造，既可能增加监管成本，也不利于市场秩序的稳定，需要顶层设计的综合考虑。

就具体的市场而言。第一，信贷市场目前仍然是企业融资的主要市场，但2016年应针对不同的实体经济类型着重差异化监管。一方面，随着去产能、去杠杆、去库存的逐步深入，房地产贷款、制造业贷款都会有所下降，尤其是产能过剩行业造成的不良贷款增多更是巨大的潜在系统性风险所在，因此在这些领域应着重强调风险防范和不良贷款处置。另一方面，中小企业、三农和创业创新又迫切需要信贷支持，所以银行业监管又要在保证金融稳定的条件下强化引导和鼓励创新。第二，资本市场的监管相对更加强调市场制度的建设。股票和债券市场是企业直接融资的渠道，对于降杠杆、降成本具有重要作用，但长期缺乏完善的市场制度。对于股票市场来说，2015年的剧烈波动已经激发了市场对股票市场基本制度和监管制度改革的要求，而新三板的挂牌热情与交易低迷之间的矛盾也对分层等制度提出了需求。债券市场虽有高杠杆之忧，但真正面临的问题是刚性兑付，随着债券市场违约事件的增加，市场对政府兜底的预期也应得到缓解。第三，保险市场相对运行平稳，但随着保险资金运用规模和范围的扩展，强化对保险机构自身风险管理能力的评估有助于降低资金运用风险对保险业造成的负面影响。第四，随着人民币汇率的市场化程度进一步加深，国际资本流动和汇率风险正成为外汇监管的新主题，无论是货币政策还是国内外市场的联动都将受到相应影响，需要引起监管层的关注。第五，民营银行和互联网金融相应的监管规则都已出台，接下来的重点在于这些中介机构的规范化经营，需要金融监管发挥监督管理、有效执法和消费者保护的作用。

分 报 告
Sub-reports

B.3
银行业监管年度报告

李育峰 巴劲松 匡可可*

摘　要： 2015年，银行业监管紧扣夯实监管基础、提高监管有效性的主线，引导银行业有力支持实体经济发展，切实防范系统性、区域性金融风险。同时，稳步推进银行业改革，金融市场主体的多元化趋势明显，政策法规密集出台，杠杆率、流动性风险覆盖比率等监管工具不断完善，银行监管的法规制度建设加速推进。2016年，面对经济环境变化、互联网金融发展、金融要素市场化和经济金融全球化的不断深化，银行业必然面临着新的经营环境和挑战，银行业监管也势必要适应新常态，不断调整和优化监管思路，完善监管框架，有效防范金融风险、支持实体经济

---

* 李育峰，中国社会科学院金融研究所博士后研究人员；巴劲松，中国社会科学院金融研究所博士后研究人员；匡可可，中国社会科学院世界政治与经济研究所博士后研究人员。

发展。

关键词： 银行业　有效监管　制度建设　风险防范

一　监管回顾与银行业发展状况

（一）2015年银行业监管回顾

1. 夯实银行业监管

一是完善监管法规制度。2015年，银监会继续进行监管法规建设，修订或新出台了银行业金融机构行政许可、现场检查、风险管理、资本、流动性等方面的监管法规制度，目前已初步形成比较完善的审慎监管法规体系。二是调整、优化、完善监管工具。不断优化和完善监管工具箱，将"存贷比"由法定监管指标调整为流动性风险监测指标，修改完善了杠杆率管理办法，完善了流动性风险监测工具。三是构建更加科学有效的监管架构。2015年初进行了银监会内部门设置的改革，将规则制定与监管执行职责分离，将审慎监管职责与行为监管职责分离，将现场检查的执行与后续监管处罚的实施分离。四是监管合作更加深入。银监会加强与相关国家金融监管当局的交流合作，积极参与高层级双边和多边会议，深度参与国际金融监管体系改革。

2. 防范和化解金融风险

银行监管紧紧抓住风险防控的底线，加强风险防控制度建设，督促银行业不断加强风险防控长效机制建设，切实有效地防范银行业金融风险。一是银行公司治理进一步健全。商业银行的公司治理进一步规范有效，"三会一层"有序运转，内部控制制度规则不断健全完善，公司治理的组织架构、激励约束机制和内部控制机制日渐完善。二是全面风险管理框架初步建立。引导银行业金融机构结合自身特点科学制定和实施风险偏好、管控策略及处置机制，全面风险管理能力明显提升。三是重点领域风险得

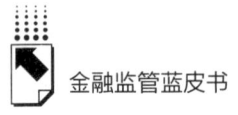

到有效防控。银行业金融机构积极防范平台贷款违约风险,严防房地产贷款、产能过剩贷款、同业和理财业务以及表外业务风险,防止外部风险传染,目前风险总体可控。四是发布并购贷款风险、柜面业务风险防范指引和流动性覆盖率信息披露指引,修订完善商业银行杠杆率管理办法,提高银行风险管理水平。

3. 推动银行业改革

一是银行业机构改革有序推进。银行监管机构积极推动政策性银行机构改革、交通银行混合所有制改革、商业银行公司治理机制改革、事业部制和专营机制改革,各项改革工作有序推进,不断提高我国银行业金融机构的经营水平和整体竞争力。二是金融业综合经营试点效应显现。允许商业银行设立基金管理公司、消费金融公司,入股保险公司、金融租赁公司、信托公司和汽车金融公司等。截至2015年9月末,9家商业银行获准入股保险公司,13家商业银行获准设立基金管理公司,30家商业银行获准设立或入股金融租赁公司,5家商业银行获准入股信托公司,10家商业银行获准设立消费金融公司,4家商业银行获准入股汽车金融公司。三是银行业对外开放水平不断提升。一方面,我国商业银行"走出去"的步伐加快,另一方面境外金融机构在国内设立机构的数量持续增加,银行业服务"走出去"战略的能力得到显著提升。

4. 推动银行业服务实体经济

银行监管实践始终坚持金融服务实体经济的本质要求,督促银行业将更好地服务实体经济作为工作出发点,不断创新金融产品,创新体制机制,优化服务理念,改善服务流程,实现了服务质量和效率的稳步提升。一是对实体经济重点领域的信贷支持力度加大。2015年,银行业金融机构新增信贷资金11.2万亿元、债券投资6.1万亿元、理财资金8.5万亿元、信托资金2.3万亿元,通过多种方式盘活存量贷款1万多亿元。持续加大对重点领域、重大工程和小微、"三农"等薄弱环节的金融支持力度。截至2015年末,基础设施行业、战略性新兴产业、保障性安居工程贷款同比分别增长9.4%、8.8%、58.8%。二是普惠金融满足度进一步提高。制定普惠金融发展规划，健全普惠金融发展总体政策框架，加强对"三农"、小微等薄弱领域的金融服务，小微企业贷款实现了"三个不低于"目标。

（二）2015年银行业发展情况

1. 业务发展状况

资产负债规模增长。截至 2015 年 12 月末，我国银行业金融机构境内外本外币资产总额和负债总额分别达到 199.3 万亿元和 184.1 万亿元，分别同比增长 15.7% 和 15.1%。

资本水平保持稳定。2015 年末，我国商业银行（不含外国银行分行）加权平均核心一级资本充足率为 10.91%；加权平均一级资本充足率为 11.31%；加权平均资本充足率为 13.45%。

银行业利润增长减缓。截至 2015 年末，我国商业银行当年累计实现净利润 15926 亿元，同比增长 2.43%，增速比上年下降 7.22 个百分点。

2. 风险状况

银行业信用风险有所上升。截至 2015 年四季度末，我国商业银行（法人口径，下同）不良贷款余额为 12744 亿元，不良贷款率为 1.67%。不良贷款余额和不良贷款率呈现"双升"态势，其中，不良贷款余额比三季度末增加 881 亿元，不良贷款率比三季度末提高 0.08 个百分点。但总体来看，我国商业银行不良贷款率水平不高，信贷资产质量仍总体可控。

银行业风险抵补能力基本保持稳定。在商业银行信用风险水平有所提高的背景下，我国商业银行对信用风险计提的减值准备比较充足。截至 2015 年四季度末，贷款损失准备余额为 23089 亿元，比三季度末增加 455 亿元；拨备覆盖率为 181.18%，比三季度末下降 9.62 个百分点；贷款拨备率为 3.03%，与三季度末基本持平。

流动性水平比较充裕。截至 2015 年四季度末，我国商业银行流动性比例为 48.01%，比三季度末上升 1.86 个百分点；人民币超额备付金率为 2.10%，比三季度末上升 0.19 个百分点；人民币存贷比为 67.24%，比三季度末上升 0.85 个百分点。

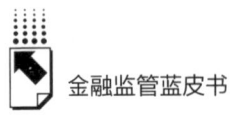
金融监管蓝皮书

二 2015年主要监管措施与监管行动

（一）金融市场主体的多元化努力

1. 实现民营银行设立常态化

2015年6月22日，国务院办公厅以国办发〔2015〕49号文印发了《国务院办公厅转发银监会关于促进民营银行发展指导意见的通知》（以下简称《指导意见》），标志着我国民营银行业金融机构发展步入改革发展机遇期。《指导意见》的出台，意味着民营银行从试点走向常态化，为民间资本进入银行业提供了制度保障，这将进一步丰富和完善我国银行业金融机构体系，有利于增强对小微企业、"三农"和社区等领域的金融支持力度，更好地服务实体经济。

在加强监管的前提下，推动具备条件的民间资本依法发起设立中小型银行等金融机构，能够进一步丰富和完善银行业金融机构体系，激发民营经济活力。鼓励民营银行确立科学的发展方向，实行差异化发展战略，制定切实可行的经营方针，发挥比较优势，坚持特色经营，与现有商业银行实现互补发展，错位竞争，鼓励民营银行着力开展存、贷、汇等基本业务，为各类经济主体特别是中小微企业、"三农"和社区等小客户和传统上的金融服务薄弱环节，提供更加具有针对性、更加便利的金融服务。

目前，民间资本进入银行业已经取得阶段性成果。截至2015年9月末，已有5家民营银行、6家民营金融租赁公司和2家民营消费金融公司相继开业营运。并且，从城市商业银行、农村商业银行、村镇银行和信托公司等银行业金融机构的股权结构来看，民间资本的占比也得到了提高。

2. 消费金融公司试点推向全国

2009年，《消费金融公司试点管理办法》颁布，我国开始启动消费金融试点。2010年，首批4家消费金融公司获批成立，分别是北京银行发起的北银消费金融公司、中国银行发起的中银消费金融公司和成都银行发起的锦程消费金融公司以及全外资捷信消费金融公司。2013年9月，消费金融公司试点范围进一步扩大，增加了沈阳等10个城市参与消费金融公司试点工作；同时，根据CEPA（即《内地与香港关于建立更紧密经贸关系的安排》）相关安排计划，允许合格的香港和澳门的金融机构在广东（含深圳）试点设立消费金融公司。

2015年，此前在16个城市开展的消费金融公司试点扩大至全国，审批权下放到省级部门，鼓励和支持符合条件的民间资本、境内外银行业金融机构和互联网企业发起设立消费金融公司，成熟一家、批准一家。加快发展消费金融，重点服务中低收入人群，向消费者提供无抵押、无担保小额信贷，规范经营、防范风险，使消费金融公司与商业银行错位竞争、互补发展，有利于释放消费潜力、促进消费升级，更好地发挥消费对经济增长的拉动作用。

3. 促进融资担保行业加快发展

2015年8月，国务院印发了《关于促进融资担保行业加快发展的意见》（以下简称《意见》），强调了融资担保在缓释信贷风险、引导银行资金流动方面的积极作用，特别是要充分发挥融资担保在引导银行资金向小微企业、"三农"和创业就业等薄弱环节流动的作用。同时，《意见》明确了发展新型融资担保行业坚持政策扶持与市场主导相结合、发展与规范并重的基本原则；提出了融资担保行业的发展目标，特别是对融资担保行业对小微企业、"三农"的支持提出了明确要求，即要求小微企业和"三农"的融资担保保户数占比在5年内要达到不低于60%。

《意见》提出了5个方面的具体工作举措。一是充分发挥政府部门的支持作用，由政府发起设立控股或参股的融资担保机构，明确将小微企业和"三农"作为重点业务方向。二是发挥政府主导作用，大力发展融资再担保，推进再担保体系建设，研究设立融资担保基金，支持设立和发展省级再担保机构，力争基本实现再担保机构省级全覆盖。三是构建政、银、担三方参与的合作模式，通过风险补偿等分担机制，使得融资担保业务风险在政、银、担三方之间合理分担，做好融资担保机构信用评级等有关工作，优化银担合作环境。四是加快推动《融资担保公司管理条例》出台，明确和强化地方政府的监管责任，提高监管水平，有效履行监管职责，守住风险底线。同时，要发挥行业自律作用，为行业监管提供有效补充，提高监管和从业人员素质。五是加强各方协作，落实财政税收对融资担保行业发展的支持政策，将融资担保机构接入金融信用信息基础数据库，加强融资担保行业发展的长效机制建设，共同支持融资担保行业健康发展。

4. 促进金融租赁行业健康发展

2015年9月，《关于促进金融租赁行业健康发展的指导意见》（以下简称《指导意见》）由国务院办公厅正式印发，对加快金融租赁行业发展做出了科学规划和部署。金融租赁行业发展，能够帮助企业降低资产负债率，提高企业资金周转使用效率，也有利于支持产业转型升级，进一步拓宽"三农"、小微企业的融资渠道，有利于扩大投资、拉动内需。

（二）互联网金融监管的重大进展

1. 互联网金融发展的纲领性文件出台

2015年7月，中国人民银行、工业和信息化部等十部委联合印发了《关于促进互联网金融健康发展的指导意见》（银发〔2015〕221号，以下简称《指导意见》）。《指导意见》是互联网金融领域的纲领性和基础性立法文件，奠定了互联网金融的基本边界和发展路径、监管模式，明确了互联网金融的内涵、外延、业务规则和监管责任。

《指导意见》确定了"依法监管、适度监管、分类监管、协同监管、创新监管"的"五大监管原则"，要求要科学合理界定各业态的业务边界及准入条件，落实监管责任，明确风险底线，保护合法经营，坚决打击违法和违规行为。在监管职责划分上，互联网支付业务由人民银行负责监督管理；网络借贷以及互联网信托和互联网消费金融由银监会监督管理；股权众筹融资和互联网基金销售由证监会监督管理；互联网保险由保监会负责监督管理。

2.《网络借贷信息中介机构业务活动管理暂行办法（征求意见稿）》公开征求意见

网贷行业形成以来在快速发展的同时，也暴露出一些问题和风险隐患。为了促进网贷行业健康发展，根据《关于促进互联网金融健康发展的指导意见》的监管分工，银监会会同有关部门研究起草了《网络借贷信息中介机构业务活动管理暂行办法（征求意见稿）》（以下简称《办法》），并面向社会公开征求意见。

《办法》界定了网贷、网贷业务、网络借贷信息中介机构的内涵，重申了从业机构作为信息中介的法律地位。网贷是指个体和个体之间通过互联网平台实现的直接借贷，即大众所熟知的P2P个体网贷，属于民间借贷范畴，受合同法、民法通则等法律法规以及最高人民法院有关司法解释规范。

《办法》明确了网贷监管体制机制及各相关主体责任，银监会负责制定统一的业务规则和监管规则，同时明确了工业和信息化部、公安部、国家互联网信息办公室等相关业务主管部门的监管职责以及相关主体的法律责任。地方金融监管部门负责辖内网贷机构的具体监管职能，包括备案管理、规范引导、风险防范和处置工作等。

（三）促进金融支持实体经济的制度安排

1. 小微金融服务的变革

（1）小微金融服务"三个不低于"

当前我国经济发展已进入新常态，经济增长面临产能过剩等突出问题，很多传统的钢铁、煤炭、水泥等行业面临去库存压力较大，经营效益持续恶化，我国必须加快产业结构调整和转型升级。因此，必须大力支持小微企业发展，促进创新发展，提高经济活力，进一步支持产业结构调整和转型升级，中国银监会于2015年初发布了《关于2015年小微企业金融服务工作的指导意见》（银监发〔2015〕8号，以下简称《指导意见》），对于银行业金融机构支持小微企业发展提出了要求。

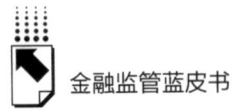

《指导意见》要求，商业银行不但要增加面向小微企业贷款的数量，还要不断提高对小微企业服务的质效，扩大对小微企业的服务覆盖面，使金融资源惠及更多的小微企业。《指导意见》将2015年银行业小微企业金融服务工作目标由以往单纯侧重贷款增速和增量的"两个不低于"调整为"三个不低于"，从增速、户数、申贷获得率三个维度更加全面地考查小微企业贷款增长情况。即在有效提高贷款增量的基础上，努力实现小微企业贷款增速不低于各项贷款平均增速，小微企业贷款户数不低于上年同期户数，小微企业申贷获得率不低于上年同期水平。

《指导意见》还从信贷计划、机构建设、尽职免责、内部考核、金融创新、规范收费、风险防控、监管激励约束、优化服务环境等方面提出具体要求，要求商业银行用好、用足现有激励政策和扶持政策，不断改进小微企业金融服务。

（2）"银税互动"为小微企业金融提供新的风控模式

根据《关于开展"银税互动"助力小微企业发展活动的通知》，建立了银税合作机制，税务机关定期向银监部门和银行业金融机构推送辖内小微企业的纳税信用评价结果。通过共享区域内小微企业纳税信用评价结果，提高了银行业金融机构对小微企业的信息掌握程度，弥补了小微企业普遍存在的信息透明度不高、经营时间短、信用评价数据匮乏等问题，可以有效改善在小微企业金融服务中存在的信息不对称问题，银行可以充分利用小微企业的纳税信用评价结果进行贷前调查、贷中审查和贷后检查，可以改进小微企业金融服务。通过税务机关共享小微企业纳税评价结果，扩大了银行筛选小微企业的客户范围，有利于提高银行客户的多样性，扩大银行对小微企业服务的覆盖面。

另外，"银税互动"项目将纳税信用作为小微企业融资的一项重要评价标准，使得纳税信用成为小微企业的信用资产，提升了纳税信用的"含金量"，形成了一定的示范作用和激励作用，也有利于引导小微企业积极诚信纳税。

2. 加大对重点领域重大工程建设的支持力度

为了认真贯彻落实党中央、国务院的部署，推动"一带一路"、京津冀协同发展、长江经济带等重大战略的落地实施，中国银监会和国家发展改革委联合印发了《关于银行业支持重点领域重大工程建设的指导意见》(银监发〔2015〕43号,以下简称《指导意见》),引导银行业金融机构加强信贷管理和金融创新,引入银团贷款、联合授信等新的信贷管理模式,引入排污权、预期收益权等抵质押担保方式,加大融资模式创新,鼓励银行业金融机构对重大工程项目提供差异化、精细化的金融服务,鼓励各家银行业金融机构之间加强沟通协调和业务合作,在项目规划、项目评审评级、授信额度核定、还款安排、贷款管理及风险化解等方面加强信息资源共享,提高服务效率,防范过度授信带来的业务风险。

3. 促进产业结构调整和技术改造升级,推动绿色发展

近年来,绿色金融的制度建设不断丰富和完善,包括《节能减排授信工作指导意见》《绿色信贷指引》等在内的制度陆续出台。2016年,《能效信贷指引》(以下简称《指引》)正式印发,防范能效信贷业务相关风险,促进节能减排,推动绿色发展。

《指引》明确了能效信贷的内涵,指出能效项目具有技术类型复杂,专业性强,涉及内容广,参与主体多,市场潜力大,兼具经济、环境、社会效益等方面的特点,指明了能效信贷的重点服务领域,鼓励银行业金融机构在有效防控风险的前提下,加大能效信贷投放力度。同时,《指引》明确了能效信贷业务主要包括用能单位能效项目信贷和节能服务公司合同能源管理信贷两种方式,指出了能够列入能效信贷的项目准入条件,提出了能效信贷业务风险管理的要点,鼓励银行业金融机构进行能效信贷业务创新,丰富能效信贷产品与服务,建立能效信贷推广和创新机制。

4. 做好农村金融服务工作

为了认真贯彻落实"中央一号文件"精神,不断改善"三农"金融服务,加大金融支农力度,履行银行业支农服务的社会责任,银监会制定出台了《关于做好2015年农村金融服务工作的通知》(以下简称《通知》),要求银行业金融机构加强体制机制改革,大力支持农业现代化建设。

《通知》要求,银行业金融机构要根据农村实际,结合农业特点,围绕农民需求,加大金融创新,改善金融支农服务,加大金融资源向"三农"

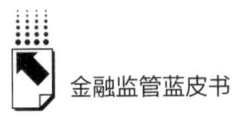

领域的倾斜，提高"三农"贷款增量，实现涉农贷款增速高于全部贷款增长的平均水平。要求深入推进涉农银行业金融机构的体制机制改革，继续深化农业银行"三农"金融事业部改革，推进农村信用社改革，强化农村信用联社的服务功能，充分发挥农村信用社的支农功能。支持稳步发展村镇银行；大力发展融资担保机构和再担保机构，鼓励开展涉农融资担保业务；支持发展服务"三农"的金融租赁公司，推动农村金融服务主体的多样化。要求大力发展农村普惠金融，提高农村金融服务覆盖率，加大民生金融服务力度，对集中连片特困地区加大信贷投放，充分发挥金融扶贫功能，全面提升农村金融服务质效。加大对现代农业发展的金融支持力度，着力促进农业生产效率的提高，推动农业发展方式转变。加大金融产品和服务创新力度，积极创新低成本、可复制、易推广的农村金融产品和服务方式，提高金融服务满意度。

（四）风险监管的制度建设

1. 修订发布《商业银行杠杆率管理办法》

2011年6月，银监会根据《第三版巴塞尔协议》，制定、发布了《商业银行杠杆率管理办法》（银监会2011年第3号令，以下简称《办法》）。2014年1月，巴塞尔委员会发布了《第三版巴塞尔协议杠杆率框架和披露要求》。为了适应巴塞尔委员会关于杠杆率监管规则的变化，中国银监会结合杠杆率指标在我国的实施情况，对《办法》进行了修订。《商业银行杠杆率管理办法》的修订，意味着前沿国际监管规则在我国得到及时的本国化，既是中国作为巴塞尔委员会成员国的义务，也是通过实施国际规则推动中国银行业国际化、管理水平不断提升的重要契机。

《办法》的此次修订，主要是调整了表外项目的计量方法，主要包括承兑汇票、保函、跟单信用证、贸易融资等表外工具，进一步明确了衍生产品和证券融资交易等敞口的计量方法，明确了杠杆率披露要求。

2. 取消存贷比监管指标

1995年，"存贷比"作为监管指标被写入了《商业银行法》。但随着我国经济金融的不断发展,市场环境的不断变化,存贷比指标已无法全面反映商业银行真实的流动性状况,反而约束了商业银行尤其是中小商业银行的自主经营能力。在利率市场化、存款增速放缓的大背景下,为了减小银行负债端压力,并一定程度上缓和实体经济融资贵的问题,2015年6月24日,《中华人民共和国商业银行法修正案(草案)》经国务院常务会议审议通过,8月29日,关于修改《商业银行法》的决定经全国人大常委会表决通过,决定删去现行商业银行法中关于商业银行存贷比(贷款余额与存款余额的比例)不得高于75%的规定,存贷比不再是法定监管指标,而是作为流动性风险监测指标。该决定自2015年10月1日起施行。

删除存贷比,表明中国银行业具有更多的流动性管理工具,同时以更加有制度弹性的方式对流动性予以监管。

3. 修订《商业银行并购贷款风险管理指引》

当前,我国经济发展进入新常态,经济结构调整持续推进,企业兼并重组活跃,并购重组的金融需求日益强烈,商业银行并购贷款业务发展迅速。为更好地引导商业银行做好并购重组金融服务,支持企业去产能、去库存,调整优化产业结构,银监会结合国内外并购融资发展经验和我国实际情况,对2008年出台的《商业银行并购贷款风险管理指引》进行了修订。

此次对《指引》的修订,将优化企业并购重组融资服务作为根本出发点,引导商业银行在做好风险防控的基础上,适当延长并购贷款的期限,适当提高并购贷款比例,适度调整并购贷款风险缓释要求,着力提高并购重组金融服务水平。同时,要求银行业金融机构将完善优化金融服务与加强贷款风险防控"两手抓",进一步强化并购贷款风险防控体系建设,严防虚假并购,严控财务杠杆风险。

4. 发布《商业银行流动性覆盖率信息披露指引》

为了进一步加强市场约束,强化和规范信息披露,提高商业银行流动性风险管理水平,增强银行监管有效性,充分发挥流动性覆盖率对于加强商业银行流动性风险管理和监管的作用,银监会制定印发了《商业银行流动性覆盖率信息披露指引(征求意见稿)》(以下简称《指引》),对商业银行流动性覆盖率的信息披露提出了规范性要求。《指引》对我国适用流动性覆盖率监管要求的商业银行，进行流动性覆盖率披露的频率、披露的内容以及具体实施时间等提出了具体要求。

5.《关于加强银行业金融机构内控管理有效防范柜面业务操作风险的通知》

2015年，我国银行业金融机构发生了多次存款纠纷事件，严重了影响了存款人的利益和银行业的整体声誉。并且，这些事件也暴露出部分银行内部控制制度不健全、内控要求执行不严格、员工管理不规范的问题。银监会对涉事银行进行了严肃查处，对相关当事人和责任人进行了处罚，并要求所有银行业金融机构开展风险排查，严格执行内控制度，补全管理漏洞。为了进一步推动银行业严格落实内部控制制度，规范业务运行和操作，防范柜面业务风险，银监会制定出台了《关于加强银行业金融机构内控管理有效防范柜面业务操作风险的通知》（以下简称《通知》）。

《通知》从商业银行柜面业务管理制度设计、重点环节风险防控、银行客户的服务管理、危机事件处置以及加强监督管理等方面提出了具体要求。要求必须筑牢业务管理部门、风险合规部门及审计监督部门的"三道防线"，强化制度建设，明确责任主体，对重点环节和领域的风险进行严密防控，强化业务操作过程的规范管理，加大问责力度，落实主体责任。

6. 银行业现场检查制度出台

现场检查是银行业监管的"三驾马车"之一，是确保银行业有效监管的核心环节，也是进行银行监管最有力的核心武器。近年来，银行业金融机构的业务范围发生了重大变化，金融交易日趋复杂，金融产品不断丰富，金融交易链条不断拉长，金融跨业交易不断增加，信用风险、市场风险、操作风险等各种风险隐患相互交织，对银行监管，特别是现场检查工作提出了新的挑战和更高的要求。

银监会成立以来，根据银行业经营发展状况以及现场检查工作实践经验，不断完善现场检查相关的制度，规范现场检查工作，先后颁布了《中国银行业监督管理委员会现场检查规程》和《中国银监会现场检查质量管理办法》等文件。为落实全面深化改革和全面推进依法治国的重大决策，适应银监会监管架构调整，不断完善监管法规体系，适应银行业金融机构业务发展，提高现场工作的质量和效率，有效履行监管职责，增强现场检查工作的独立性和权威性，银监会制定出台了《中国银监会现场检查暂行办法》（以下简称《办法》）。

《办法》明确了现场检查工作的基本要求是：要进行科学合理的立项，不断创新检查体制，丰富检查的手段，对检查结果要充分运用。《办法》明确了现场检查的定位，提出要对现场检查工作进行全方位保障；从检查实际出发，将现场检查类型划分为全面检查、专项检查、后续检查、临时检查和稽核调查；对现场检查的立项程序进行了严格规范；明确了对现场检查发现问题的处理和检查结果的运用。

《办法》的印发，将对于提高银行监管现场检查水平、规范现场检查行为具有重要意义，能够更好地发挥现场检查发现存在问题、掌握真实信息的优势，发挥现场检查在银行监管"三驾马车"中的核心作用，更好地发现和防范金融风险，切实提高银行业监管的有效性。

（五）行为监管的制度建设与监管行动

近年来，我国金融市场发展不断深化，金融产品不断丰富，金融服务日益多元，金融服务的便利性不断提高，与此同时，也存在着一些虚假宣传等金融服务不规范的行为，金融消费者的保护意识不强，对风险的识别能力不够，金融消费纠纷有所增多。为了进一步优化金融市场环境，规范金融机构的服务行为，加强金融消费者保护，促进金融市场健康发展，国务院办公厅印发《关于加强金融消费者权益保护工作的指导意见》（国办发〔2015〕81号）（以下简称《意见》）。

《意见》明确，人民银行、银监会、证监会、保监会要根据职责分工，做好各自工作职责范围内的金融消费者权益保护，同时要加强与地方政府的合作，建立中央和地方的协调机制，发挥合力效应，提高金融消费者权益保护的工作效率。金融机构要健全金融消费者权益保护机制；对金融产品和服务按照风险和专业的复杂程度进行分类,做好金融消费者的分级管理,为不同类型的消费者提供与其风险承受能力、偏好相适应的金融产品;要充分保障金融消费者的财产安全权,采取严格的内控措施和科学的技术监控手段,不得挪用、占用客户资金;要及时、真实、准确、全面地进行信息披露和风险揭示,确保知情权;要充分保障金融消费者的自有选择权,不能强买强卖,不得搭售金融产品和服务,不得采用引人误解的手段诱使金融消费者购买其他产品;不得设置违反公平原则的交易条件,保障公平交易权;建立投诉处理机制;应开展广泛、持续的日常性金融消费者教育,帮助金融消费者提高对金融产品和服务的认知能力及自我保护能力;不得对金融消费者进行歧视性差别对待,保障受尊重权;严格防控信息泄露,保障信息安全权。《意见》还提出要完善金融消费者权益保护的法律法规和规章制度,加强监督管理,健全工作机制和保障机制,促进金融市场公平竞争。

(六)行政许可制度的全面修订与完善

近年来,我国银行业金融机构行政审批程序不断规范,法律法规建设逐步健全,形成了两法、一条例、一规、四办法的行政许可法规框架,在规范行政审批程序中发挥了积极作用。

2015年,银监会对四办法进行了修订,起草了《信托公司行政许可事项实施办法》,分别以中国银监会2015年第2号、第3号、第4号、第5号和第6号令的形式,发布了《中资商业银行行政许可事项实施办法》《农村中小金融机构行政许可事项实施办法》《外资银行行政许可事项实施办法》《非银行金融机构行政许可事项实施办法》《信托公司行政许可事项实施办法》。

此次对行政许可制度的修订和起草,主要有以下几方面的变化。一是取消了包括机构筹建延期和开业延期、机构降格和临时停业、非银行金融机构变更组织形式审批、信用卡章程审批等在内的一大批审批事项。二是优化行政审批流程,下放了部分审批权限,缩短了行政许可链条,突出便民服务的宗旨。三是规范统一行政审批行为，做到审批条件一致、程序一致。四是将行政许可制度与其他相关法规制度相衔接，将有关法律法规、规章和规范性文件的最新内容落实到五部行政许可规章中。

三 监管展望

（一）银行监管外部环境变化

（1）经济环境变化。中国经济正步入增速调整、结构优化、动力转换的新常态，经济增速虽然调整，但实际增量依然可观，增长趋势将更加平稳，增长动力将更加多元，发展前景更加稳定，市场活力将进一步释放。新技术、新产品、新业态、新商业模式快速涌现，将为银行业发展提供更加广阔的市场空间；经济结构优化、产业转型升级等，也将为银行业盘活存量创造更加有利的条件。与此同时，银行业既面临着适应经济环境变化的挑战，也面临着金融转型的需要。金融风险的逻辑和表现形态将发生变化，银行监管随之面临挑战。

（2）金融要素市场化。利率市场化改革有利于银行扩大自主经营权和加快金融创新，但也会对银行的盈利能力带来挑战。汇率市场化改革可能增加银行外汇业务产品运营空间，但也会对银行的人民币外汇金融工具创新和自主定价能力带来挑战。金融要素的市场化，将使银行面临更多的市场风险的管理，以信用风险为主导的格局将发生一些变化。

（3）互联网金融的发展。互联网金融迅速崛起，一方面推动银行利用新技术降低交易成本、利用大数据提高风险管理技术；另一方面，以 P2P、众筹、互联网理财为代表的网络融资模式，对银行业形成挑战。互联网金融的发展将考验科技风险、流动性风险的管理水平和监管能力。

（4）经济金融全球化。经济金融全球化带动银行拓展海外业务、实现全球范围内资产配置，为银行提供了新的增长点，但我国银行业金融机构对国外市场环境、法律环境、人文环境的了解不够深入，也缺乏专业的人才储备，对银行业金融机构的市场拓展能力、风险管理能力、合规管理能力等都提出了新的挑战。

（二）银行监管的原则变化

随着我国经济发展进入新常态，国际、国内金融创新发展的新趋势，以及国际监管规则的变化，我国银行业监管也必然要发生新的变化。我国银行监管适应外部变化，在监管原则上表现出如下特征。

（1）注重宏观与微观相结合的审慎监管。一方面，在强化单体金融机构微观监管的同时，对整个金融体系进行前瞻性的事前风险防范，做好风险监测和评估，努力做好对各类金融风险早发现、早处置，坚定守住不发生系统性、区域性风险的底线；另一方面，强化动态监管，提高资本充足率标准；建立系统重要性银行监管新方法；加强机构监管与宏观政策的协调；加强银行业、证券业、保险业监管之间的信息交流，建立和健全监管协调机制，推进跨业、跨境监管合作，加强对跨市场金融交易风险的监测和防范。

（2）构建机构监管与功能监管相结合的矩阵式监管框架。夯实机构监管基础，构建全生命周期的机构监管体系，健全市场准入、非现场监管、现场检查的银行监管"三驾马车"体系，优化监督检查和后评价、处罚流程，确保对机构监管的有效性。同时，建立专门机构，加强对金融创新、信息科技系统、金融消费者保护、普惠金融发展等重点领域的监管，推动监管向集约化和专业化发展。

（3）注重内部控制、外部监管和行业治理相结合。在加强外部监管的基础上，强调机构的主体责任和行业治理的自律作用，推动三者协同配合。强调银行机构的内部风险防控机制建设，强化自我约束，注重发挥外部市场机制的约束功能；充分发挥行业协会的自律作用；注重提高透明度，强化信息披露，把市场约束要求转化为银行防范风险的内生动力。

（4）注重国际监管规则与本国实际的融合，将国际监管规则转化为银行业内在风险文化、制度和流程，着眼于提高银行全面风险管理水平，提高监管水平和监管能力。严格执行各项国际规则，落实资本、杠杆率、流动性等监管指标要求。针对中国银行业的实际，实施流动性和大额集中度方面的定量监管标准，确立了"准确分类—提足拨备—做实利润—资本充足"的持续监管思路，使用拨备覆盖率等监管指标，严格建立银行信贷与资本市场、保险市场相隔离的跨业风险"防火墙"。

（三）银行监管的趋势展望

（1）深化体制机制改革。完善公司治理，优化组织机构，持续深化事业部制改革，推进专营部门制改革，探索子公司制改革。优化发展战略和市场定位，引导差异化竞争与均衡发展，推进特色经营，根据市场需求提供有针对性的金融产品和差异化金融服务。

（2）健全全面风险管理体系。完善与风险状况和系统重要性相匹配的风险管理框架，实施稳健的风险偏好和风险管理政策与程序，形成与其发展战略相适应的风险文化。有效运用各类风险管理工具，强化内部控制，完善管理信息系统，确保有效识别、计量、监测和控制银行业所面临的各类传统风险和新型风险。强化综合并表管理，提高集团风险管控能力。健全和完善跨行业、跨市场金融业务的监管制度和手段。进一步加强信用风险、信息科技风险、操作风险、声誉风险的防控力度。

（3）完善宏观审慎与微观审慎有机结合的监管框架，落实资本和流动性等新监管标准。健全宏观审慎监管体系，推进系统重要性银行、逆周期资本监管制度建设，提高系统性风险的预警、评估和应对能力。

（4）改进监管技术和方法。强化事中事后监管；改进现场检查手段和流程；完善和优化监管工具箱；加强现代信息科技手段的运用；提升现场检查、非现场监管和市场准入质效。

（5）强化金融消费者合法权益保护。完善金融消费者权益保护考核评价指标体系，健全和完善金融消费者权益保护的制度体系和组织体系，加强销售业务全过程管理，规范代销业务管理，综合运用多种方式，开展金融消费者宣传教育，强化买者自负的责任意识。

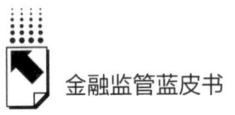

附 录

2015 年银行业监管规章和规范性文件目录

发布时间	名称	制定部门	实施日期
2015 年 1 月 13 日	能效信贷指引	中国银监会、国家发展和改革委员会	2015 年 1 月 13 日
2015 年 1 月 30 日	商业银行杠杆率管理办法	中国银监会	2015 年 4 月 1 日
2015 年 2 月 10 日	商业银行并购贷款风险管理指引	中国银监会	2015 年 2 月 10 日
2015 年 3 月 6 日	2015 年小微企业金融服务工作的指导意见	中国银监会	2015 年 3 月 6 日
2015 年 6 月 5 日	中资商业银行行政许可事项实施办法	中国银监会	2015 年 6 月 5 日
2015 年 6 月 5 日	农村中小金融机构行政许可事项实施办法	中国银监会	2015 年 6 月 5 日
2015 年 6 月 5 日	外资银行行政许可事项实施办法	中国银监会	2015 年 6 月 5 日
2015 年 6 月 5 日	非银行金融机构行政许可事项实施办法	中国银监会	2015 年 6 月 5 日
2015 年 6 月 5 日	信托公司行政许可事项实施办法	中国银监会	2015 年 6 月 5 日
2015 年 6 月 22 日	关于促进民营银行发展指导意见	中国银监会	2015 年 6 月 22 日
2015 年 7 月 1 日	中华人民共和国外资银行管理条例实施细则	中国银监会	2015 年 9 月 1 日
2015 年 7 月 9 日	中国银监会行政处罚办法	中国银监会	2015 年 9 月 9 日
2015 年 7 月 30 日	关于开展"银税互动"助力小微企业发展活动的通知	国家税务总局、中国银行业监督管理委员会	2015 年 7 月 30 日
2015 年 8 月 13 日	关于促进融资担保行业加快发展的意见	中国银行业监督管理委员会	2015 年 8 月 13 日
2015 年 8 月 21 日	关于银行业支持重点领域重大工程建设的指导意见	中国银监会、国家发展和改革委员会	2015 年 8 月 21 日
2015 年 9 月 2 日	商业银行流动性风险管理办法(试行)	中国银行业监督管理委员会	2015 年 10 月 1 日
2015 年 09 月 08 日	关于促进金融租赁行业健康发展的指导意见	中国银行业监督管理委员会	2015 年 09 月 08 日
2015 年 12 月 10 日	中国银监会现场检查暂行办法	中国银行业监督管理委员会	2016 年 2 月 14 日

B.4 证券业监管年度报告

栗沛沛 吴 亮 杨 光 安邦坤*

摘 要： 2015年，受国内外多重因素综合影响，我国证券市场经历了异常波动，证券监管制度、证券交易制度受到了社会各界广泛关注。2015年的证券业监管除了继续过往改革外，在新三板市场建设、债券市场发展、稽查执法体系建设、简政放权以及私募基金监管方面都有新的突破。未来预计证券业监管将继续朝着依法监管、从严监管和全面监管的方向发展，从机构监管逐步过渡到功能监管，并将加强宏观审慎监管功能。

关键词： 证券市场异常波动 证券监管 证券交易制度

一 监管回顾和证券业发展状况

（一）近三年证券业监管回顾

过去三年是证监会持续推进监管转型的三年。2013年8月1日，时任证监会主席肖钢同志在《求是》杂志发表署名文章，正式提出其资本市场施政大略方针。近三年的监管工作，可以归纳为以下几个方面。

一是推进多层次资本市场体系建设。第一，完善沪深证券交易所市场首

---

* 报告作者为中国社会科学院金融研究所特约研究人员。

发和再融资审核工作流程，加强新股发行监管。第二，放宽创业板市场准入标准，将申报企业范围由9个行业扩大至更广行业，进一步拓宽市场服务覆盖面，建立创业板再融资制度，推动形成"小额、快速、灵活"的融资机制。2013年，《全国中小企业股份转让系统有限责任公司管理暂行办法》正式发布，其中明确了全国股转公司的管理框架和职责定位。同年，《国务院关于全国中小企业股份转让系统有关问题的决定》从战略性的角度将新三板定位为全国性市场，极大地增强了资本市场服务中小企业的能力。随着全国中小企业股份转让系统试点扩大至全国，各类企业不分规模、不分地域、不分行业均可在全国中小企业股份转让系统申请挂牌，推出做市转让方式，建立非上市公众公司并购重组机制。第三，进一步提高全国中小企业股份转让系统企业挂牌、股票发行和并购重组的审查效率，增强市场融资功能，推进实施全国中小企业股份转让系统内部分层和差异化管理。截至2015年底，全国中小企业股份转让系统共有挂牌公司超过5000家，2015年实现融资1216.17亿元。第四，研究制定《区域性股权市场规范发展指导意见和股权众筹业务监管规则》，加强对区域性股权市场的监管。截至2015年底，全国共有3375家公司在全国37家区域性股权市场挂牌，在区域性股权市场展示的企业则高达4.15万家之多，区域性股权市场累计为各类企业融资4331亿元，为当地经济发展做出了积极贡献。

二是积极推进行政审批改革。2013年以来，中国证监会积极贯彻国务院简政放权要求，大力推进监管转型，提出"对于不该管的事情，要坚决地放、逐步地放"。本届政府成立以来，证监会共取消27项行政许可审批事项和4项中的部分情形，取消比例高达40%。2014年，证监会取消13项行政许可审批事项和4项中的部分情形。其中，取消了上市公司收购报告书审核和不构成借壳上市的重大资产购买、出售、置换审批等一批影响较大的审批事项，实现上市公司并购重组90%的交易单数已不再通过证监会审批。同年，证监会将公募基金的产品登记由审核制修改为注册制，在私募基金、资产证券化等市场发展新领域不再设置前置审批，而是转由基金业协会进行自律管理。清理审批事项之外的备案登记事项，取消、整合、简化179项，派出机构基本实现了法律法规和证监会规定之外的"零备案、零报告、零验收"。2015年,证监会在2014年的基础上进一步取消8项行政许可审批事项和4项非行政许可审批事项,将基金公司设立、期货公司设立、证券金融公司设立3项设立审批事项的工商登记前置审批调整为后置审批。同时,积极对行政审批相关中介服务开展清理规范工作,规范行政审批行为,编制服务指南并制定审查工作细则。此外,证监会还加大行政审批公开力度,将首次公开发行股票、再融资、并购重组以及公开发行公司债券审核中的意见全部公开。三年来,证监会大力推进简政放权并取得了积极成效,取消行政审批事项的比例在国务院各部委中居前列。

三是加强资本市场稽查执法力度。近三年,证监会强化了稽查执法的核心职责,严厉打击各类违法违规行为。2013年8月19日,证监会召开了"证券期货稽查执法工作会议",公布了《关于进一步加强稽查执法工作的意见》,对未来的稽查执法工作做出了重要部署。近年来出台了一系列日常监管和稽查工作规程,明确了对上市公司、会计师事务所监管和稽查的程序和责任。2014年,探索建立行政执法与刑事司法"同步研究、联合调查"新模式,启动处罚委五人主审合议制,推进派出机构行使行政处罚权。2015年,完成证券交易委托执法的职责定位和机构编制工作,启动了证券交易所案件调查试点。开展了"2015证监法网专项执法行动",被行业内喻为"稽查执法风暴"。启动*ST博元重大信息披露违法暂停上市和*ST二重主动退市工作,对上市公司采取行政监管措施累计281家次,立案稽查80家次。组织开展融资融券业务、信息技术、创新业务以及基金从业人员从事交易行为等专项检查,对92家证券期货经营机构和48人次从业人员采取行政监管措施。此外,强化对私募基金监管执法,对59家私募机构或销售机构采取行政监管措施、行政处罚、立案稽查、违法线索移送等处理处罚措施。2015年全年受理各项违法违规线索723件,集中部署8批次共计120起重大典型违法违规案件,办结102件,罚没款金额超54亿元,是此前十年罚没款总额的250%。经过三年稽查执法的实践,进一步优化了证监会稽查局、证监会稽查总队、专员办、证券交易所、派出机构的稽查执法职能定位和分工协作机制，初步形成了"定位准确、分工合理、特点鲜明、优势互补"的多层次稽查执法体系，创建了"主动办案、打击类案、重查大案、协作查案"的动态开放执法新模式。

四是推进资本市场双向开放。第一，2014年我国顺利启动沪港通试点，这是在我国尚未实现资本项目自由可兑换的情况下，开创的操作便利、风险可控的跨境证券投资新模式，是境内资本市场双向开放的重大制度创新。沪港通开通当年，市场成交1881亿元人民币，其中沪股通成交1675亿元，港股通成交206亿元。第二，提高人民币合格境外机构投资者（RQFII）投资额度，增加试点国家，扩展试点范围。截至2015年底，RQFII总投资额度已经超过1万亿元人民币，试点范围涵盖16个国家或地区，并扩大到法国、韩国、德国、瑞士等国家和地区。第三，积极支持证券期货经营机构在上海自贸区内设立各类专业子公司和分支机构。2014年全年共有5家证券公司设立分公司、1家证券公司设立另类投资子公司，5家基金管理公司设立专业子公司，13家期货公司设立风险管理子公司。在推进上海自贸区内金融开放的基础上，2015年中国证监会也积极推进广东、天津、福建自贸区的金融创新试点。第四，开展境外企业在交易所债券市场发行人民币债券试点，目前已有2家试点企业完成人民币债券发行，融资额达16亿元人民币。第五，大力推进与境外监管机构建立合作框架。2014年与白俄罗斯等4个国家和地区的金融监管机构签署双边谅解备忘录，同时推进中美审计监管跨境合作。总的来说，近三年资本市场的双向开放呈现出"积极稳妥、小步快跑"的鲜明特征，秉承"成熟一个，推动一个"的原则，让资本市场的开放稳妥可控。比如沪港通就是在这一思路下的制度创新，通过双边交易所签订合作协议，在资本市场上搭建跨境互联互通的桥梁。未来，证监会还将进一步改革沪港通，推进深港通，研究沪伦通。

总体上看，近三年证监会一系列监管举措都可以归纳为加强事中事后监管新机制建设，在当前和今后一段时期，我国资本市场仍将处于优化监管制度、破解监管难题、促进监管协调、提升监管效能的发展阶段。

（二）2015年证券业监管回顾

2015年是中国证券业并不平凡的一年，既是资本市场抓住机遇、深化改革开放的一年，也是资本市场经历波折、经受考验的一年。这一年，我国股市经历了快速上涨和急速下跌的异常波动，证监会会同中央有关部门迅速行动，果断出手，积极采取各项措施，遏制了股市恐慌情绪，稳定了市场，稳定了人心，避免了一次系统性风险，市场逐渐进入自我修复和自我调节阶段。习近平总书记在2015年9月接受华尔街日报书面专访时明确提到：发展资本市场是中国的改革方向，不会因为这次股市波动而改变。纵观全年，资本市场并没有在曲折波动中停滞发展，依然保持了向上发展的总趋势，市场规模进一步扩大，一系列改革不断推进，市场监管也不断完善。

总体看来，2015年证券业监管工作有以下几方面特征。

一是监管行动果断，该出手时就出手。2015年股市快速上涨和快速下跌，有改革红利预期、流动性变化、居民资产配置调整、杠杆资金使用、程序化交易、舆论一边倒等多种复杂因素的影响。面对股市在2015年年中和9月间大跌，公募基金遭遇投资者的巨额赎回，杠杆资金跌停清盘，市场发生千股跌停、千股停牌，股市流动性极为紧张。一旦流动性枯竭，则可能引发公募基金和证券公司倒闭，导致金融业系统性风险。面对严峻的市场局面，中国证监会与有关部委密切配合，果断出手，通过修订两融规则降低杠杆率、加强对市场异动的监管和干预、引导和规范上市公司股东减持行为、加强对创新业务风险监控、降低市场交易费率、提升市场流动性、加强市场舆论引导等多种措施遏制市场恐慌，修复和稳定市场。

二是保持监管执法高压，严厉打击违法违规。2015年，证监会开展了"2015证监法网专项执法行动"，集中部署8批次共计120起重大典型违法违规案件，办结102件，办结率85%。针对新出现的场外违规信息系统接入、场外违规配资、ETF操纵、利用融资融券操纵、短线操纵、境外企业利用QFII操纵等违法违规行为，证监会也加大了稽查处罚力度。在过去短短一年，共做出767个针对机构和个人的行政处罚决定或处罚事先告知，罚没金额也超过近十年的总额。因此，业内将2015年证监会的监管执法喻为"监管风暴"，认为2015年是监管层严刑峻法、清理资本市场积弊的一年。

三是强化监管协调，理顺监管权责划分。2015年，证监会进一步推进监管转型，出台了《证监会派出机构监管职责规定》，根据监管需要调整派出机构处室设置，明确职责定位，理顺证监会机关和派出机构的监管职责分工。同时，证监会还制定出台了上市公司、非上市公众公司、私募基金、审计评估机构等现场检查工作规定，统一了工作流程、证据标准和工作底稿。

2015年的监管工作，具体来看，可以着重归纳为以下七个方面。

一是维护市场稳定，促进市场健康发展。证监会在2015年股市异常波动后不断完善股票交易制度，启动技术系统、业务操作、应急处置等各项配套准备工作，不断规范程序化交易，制定程序化交易的监管细则，防止程序化交易的不当使用对市场秩序和中小投资者权益的损害。同时，证监会加强了对上市公司的行为监管，对现行停复牌制度进行评估，积极探索应急、突发情况下的停复牌管理。

二是继续推进多层次股权市场体系的建设。证监会进一步提高了全国中小企业股份转让系统企业挂牌、股票发行和并购重组的审查效率，增强了市场融资功能，同时积极探索全国股转系统内部分层和差异化管理工作。2015年，证监会出台了《区域性股权市场监督管理试行办法》，进一步明确了证监会和地方政府对于区域性股权市场的监管规则和监管责任。

三是推进交易所债券市场改革创新。2015年，证监会修订发布了《公司债券发行与交易管理办法》及配套规则，完善覆盖所有公司法人的公司债券发行和交易体系，实现公司债券发行审核全流程公开透明。证监会还取消了债券公开发行的保荐制度和发审委制度，简化了面向合格投资者的公开发行核准程序。此外，交易所还积极吸收货币经纪公司进入交易所债券市场，推出债券借贷、质押式回购等创新业务，推动将地方政府债券纳入质押式回购业务，不断提升市场流动性。

四是稳妥发展期货和衍生品市场。2015年，证监会发布了《境外交易者和境外经纪机构从事境内特定品种期货交易管理暂行办法》，推动其他有关部门出台了外汇管理、财税管理和海关管理等方面的配套支持政策,积极扩大了期货和衍生品市场的对外开放水平。截至2015年底,全市场期货品种总数达52个,其中,商品期货46个,金融期货、期权6个,全年期货市场共成交35.78亿手,同比增长43%,成交金额554.2万亿元,同比增长90%。

五是加强制度建设,推动私募基金行业健康发展。2015年,证监会制定了《私募基金募集行为规则》《私募基金内部控制规则》《私募基金信息披露规则》,完善了促进私募基金行业发展的国有股转持豁免政策,推动符合条件的私募基金进入银行间债券市场,进一步促进了私募基金的有序发展。与此同时,证监会也加强了对私募基金行业的协调监管,建立了私募基金数据统计和报送制度,构建了私募基金监管联席会议机制,实时监控私募基金行业发展的最新动态。一旦出现风险,证监会将密切加强与其他部委和地方政府的监管合作,稳妥处置私募基金行业风险。

六是充分认识经济发展新常态对我国资本市场双向开放的新要求,以开放促改革,优化沪港通机制,便利境内企业境外发行上市,完善QFII和RQFII制度,运用好国际国内两个市场、两种资源,促进"引进来"与"走出去",更好地服务我国经济参与全球竞争。2015年,证监会取消了境外上市财务审核和A/H定价限制,推进境内企业以优先股、可转债等创新方式在境外融资,全年共核准69家境内企业境外首发和再融资申请,同比增长82%,融资454亿美元,同比增长23%。同时推动内地与香港基金产品实现互认,完成首批互认基金的产品注册;稳步推进合格境外机构投资者(QFII)资格审批,扩大人民币合格境外机构投资者试点范围至瑞士等16个国家或地区,总投资额度超过1万亿人民币。

七是加强资本市场金融风险防范。2015年,中国证监会加强了系统性风险监测监控,严格控制潜在风险较高的业务和产品,有效地防范了市场内外部风险相互传导、交叉叠加。健全了风险预警机制,并妥善处置了各类违约事件,推动完善了市场基础性法规。此外,证监会还加强对证券期货经营机构业务和行为监管,针对行业突出问题开展现场检查,对证券期货经营机

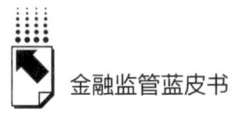

构采取行政监管措施达92家次，对证券期货从业人员采取行政监管措施达48人次。

（三）2015年证券业发展情况

截至2015年底，沪深两市上市公司共计2827家，合计市值53.13万亿元，流通市值41.79万亿元。

从股票一级市场来看，2015年，沪深两市共有901只A股股票进行了首发及再融资，合计筹资8518.72亿元，（不含定向增发资产认购6056.17亿元），其中，首发221只，筹资1766.91亿元，定向增发674只（现金认购），筹资6709.48亿元，配股6只，筹资42.33亿元，较2014年筹资增加76%。

从股票二级市场来看，全年A股走势明显分为三个阶段：年初至6月12日快速上涨，上证综指和深证综指分别上涨60%和122%；6月15日至8月26日从高位急速下跌，上证综指和深证综指跌幅分别达43%和46%；8月27日至年底逐步回升，上证综指和深证综指分别上涨21%和36%。全年上证综指振幅达72%。具体来看，2015年，沪深300指数开盘3566.09点，最高5380.43点，最低2952.01点，收盘3731.01点，较上年年底上涨5.58%；上证综指开盘3258.63点，最高5178.19点，最低2850.71点，收盘3539.18点，较上年年底上涨9.41%；深证综指开盘1419.44点，最高3156.96点，最低1408.99点，收盘2308.91点，较上年年底上涨63.15%；创业板指数开盘1470.58点，最高4037.96点，最低1429.08点，收盘2714.05点，较上年年底上涨84.41%。2015年，沪深两市股票日均成交10453.03亿元，较2014年增加244.26%。从成交量上看，上半年，沪深两市成交持续增长，日均成交金额由2月份的5065亿元上升为6月份的1.75万亿元；三季度日均成交金额逐月大幅下降，9月份为5806亿元；四季度日均成交回升至9160亿元。全年沪深两市日均成交金额1.05万亿元，同比增长245%。全年，计算机、传媒、通信、电子行业分别上涨100%、77%、73%和72%，在行业中涨幅居前；钢铁、建筑装饰、有色金属业分别上涨

2%、14%和15%，采掘、银行、非银金融业则分别下跌0.4%、1%和17%。此外，互联网营销、网络安全、生物识别、锂电池、智能汽车等新兴概念板块涨幅较大。2015年场内杠杆融资大幅变动，年初至6月18日，随着A股快速上涨，场内融资余额由1万亿元持续攀升至2.27万亿元；6月19日至9月底，随着A股大跌和加大杠杆融资清理力度，融资余额迅速下降至9000亿元；10月初至11月中旬融资余额逐步回升，之后基本维持在1.2万亿元水平，截至12月底为1.17万亿元。

从债券市场来看，2015年交易所市场发行债券1103只，筹资21621.74亿元，扣除本年兑付本金外合计净筹资18358.71亿元，其中，公司债968只，筹资21181.24亿元，净筹资18175.17亿元；可转债3只，筹资98.00亿元，净筹资42.75亿元；可分离债净筹资-30.00亿元；中小企业私募债127只，筹资244.50亿元，净筹资72.78亿元；可交换债5只，筹资98.00亿元，净筹资98.00亿元。

截至2015年12月底，当年累计受理并购重组行政许可申请项目372单，累计核准342单（其中，发行股份购买资产302单，要约收购豁免申请31单，合并、分立9单），累计不予核准18单，终止审查25单。核准重组交易金额11080.34亿元（含配套募集资金不超过2080.95万元）。

从期货市场来看，2015年，证监会资本市场改革不断推进，推出了上证50ETF期权、10年期国债期货、上证50股指期货和中证500股指期货交易。

二 2015年主要监管改革举措

（一）交易所债券市场推出新公司债

1. 背景

为贯彻落实党的十八届三中全会决定和"新国九条"关于规范发展债券市场的总体工作部署，适应债券市场改革发展新形势，提升债券市场服务实体经济的能力，证监会2015年1月对《公司债券发行试点办法》（以下简称《试点办法》）进行了修订，推出了《公司债券发行与交易管理办法》（以下简称《管理办法》），其也被称为"公司债新政"。在新政基础上，2015年4月中国证券业协会发布《非公开发行公司债券备案管理办法》，规范非公开发行公司债的备案流程。同时，交易所也出台了相关上市规则规范新公司债在交易所的上市发行。

2. 主要内容

《公司债券发行与交易管理办法》（第113号令）包括总则、发行和交易转让、信息披露、债券持有人权益保护、监督管理和法律责任以及附则。相比《公司债券发行试点办法》，此次修订的主要内容包括以下几个方面。

一是扩大发行主体范围。《试点办法》中的发行主体包括境内证券交易所上市公司、发行境外上市外资股的境内股份有限公司、证券公司等。《管理办法》将此范围扩大至所有公司制法人。同时，《管理办法》第六十九条也规定，发行人不包括地方政府融资平台。

二是丰富债券发行方式。《管理办法》中债券发行方式包括公开发行和非公开发行两种，对非公开发行进行了专门规定，全面建立了非公开发行制度。

三是增加债券交易场所。《管理办法》将公开发行公司债券的交易场所由两大证券交易所拓展至上交所、深交所和全国中小企业股份转让系统；非公开发行公司债券的交易场所则由交易所拓展至交易所、全国中小企业股份转让系统、机构间私募产品报价与服务系统和证券公司柜台。

四是简化发行审核流程。《管理办法》取消了公司债公开发行的保荐制和发审委制度，将公开发行公司债的审核职能进一步下放至交易所，以简化审核流程。

五是实施分类管理。《管理办法》将公司债券公开发行分为面向公众投资者的公开发行（即"大公募"）和面向合格投资者的公开发行（即"小公募"）两类，进一步完善了相关投资者适当性管理制度。比如，《管理办法》第十六条规定公开发行公司债券，应当符合《证券法》《公司法》的相关规定，经中国证监会核准。第二十六条规定非公开发行的公司债券应当向合格投资者发行，不得采用广告、公开劝诱和变相公开方式，每次发行对象不得超过二百人。

六是加强债券市场监管。《管理办法》强化了债券信息披露、承销、评级、募集资金使用等重点环节的监管要求，对私募债的行政监管给予了专门的制度安排，比如第二章第三节"非公开发行及转让"。

七是强化持有人权益保护。《管理办法》在第四章《债券持有人权益保护》中完善了债券受托管理人和债券持有人会议制度，并对契约条款、增信措施、偿债保障措施做出引导性规定，进一步强化了债券持有人权益保护机制。

对应新出台的《管理办法》，交易所对新公司债上市规则也做出了调整，主要包括以下几点。

第一，强化债券分类及动态管理。大公募债券可以由合格投资者和公众投资者参与认购及交易；小公募债券则仅限合格投资者进行认购及交易。大公募债券发生债项信用级别低于 AAA 级等情形的，调整该债券为仅由合格投资者进行交易。

第二，简化上市流程。交易所对于公司债券发行取消了上市审核环节的上市委员会制度，明确受理申请后 5 个交易日内做出同意上市或不予上市的决定。此外，交易所还取消上市保荐人制度，由承销机构承担原上市保荐职责。

第三，加强信息披露管理。一是在强化发行人信息披露要求的基础上，明确了受托管理人、资信评级机构等其他信息披露义务人的信息披露义务；二是优化信息披露程序，强调信息披露原则、内容、方式等一般性规定；三是比照《管理办法》对重大事项的规定，细化发行人临时报告披露义务；四是明确资信评级报告及受托管理人事务报告的披露时点、程序等要求。

第四，强化债券存续期监管。一是明确发行人债券持续期义务，按规定和约定做好还本付息、回售等事项；二是原则性规定受托管理人在债券存续期间的受托管理职责，维护债券持有人合法权益；三是强化债券持有人会议

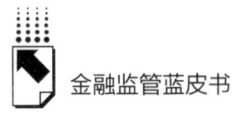

召集、召开及管理等方面的规定,通过明确债券持有人会议制度维护投资者合法权益。

第五,完善自律监管制度,强化事中、事后监管。交易所加强了对增信机构、评级机构、会计师事务所、律师事务所、资产评估机构以及受托管理人的监管,强化了自律监管及纪律处分的措施、程序,加强了债券市场事中、事后监管。

关于非公开发行公司债,中国证券业协会于2015年4月出台《非公开发行公司债券备案管理办法》(以下简称《办法》),主要内容共分四章二十条,包括第一章总则、第二章备案、第三章自律管理、第四章附则。《办法》规定非公开发行债券需向中国证券业协会备案,协会对备案材料进行齐备性复核,并在备案材料齐备后5个工作日内予以备案。备案材料不齐备的,协会在收到备案材料后5个工作日内,一次性告知承销机构或自行销售的发行人需要补正的全部内容。该办法大大简化了非公开发行债券的程序。

3. 新公司债出台意义

新公司债管理办法的出台标志着交易所债券市场发行规范和投资者适当性管理的全面建立,通过对债券进行分类管理,可以防止风险较高的债券过度暴露于风险承担能力较差的个人投资者,是建立我国新债券规范体系的重要一步。新公司债管理办法对发行主体、发行方式、流通场所、审核方式以及投资人管理等进行了相应的修改与完善,在推动债券市场建设上具有重要的意义。

第一,进一步扩大发行主体,增加实体经济融资渠道。新公司债管理办法将发行主体从上市公司拓宽至所有公司制法人,为很多中小公司拓展了新的融资途径。以往这些中小公司往往不能通过发行债券进行融资,通过发改委和交易商协会发债审核的难度较大,而证监会的新公司债支持中小公司在交易所进行债券融资,进一步支持了实体经济的发展。同时,为了管理风险,《管理办法》通过发行方式以及投资者适当性进行风险控制。

第二,改革发行方式,提高发行灵活性。《管理办法》下公司债发行主要有大公募发行、小公募发行和私募发行三种方式。大公募发行主要面向所有机构投资者与个人,发行条件须满足:①最近三个会计年度实现的平均可分配利润不少于债券一年利息的1.5倍;②债项必须达到AAA级。小公募发行主要面向合格投资者,包括所有机构投资者与部分个人。发行条件较大公募宽松,比如"最近三个会计年度实现的平均可分配利润足以支付其自身发行债券一年的利息"。私募发行主要采用备案制,发行条件更加宽松,基本上由投融资双方市场决定,只需要在基金业协会备案即可。

第三,进一步扩大债券流通场所,增加债券二级市场活跃度。《试点办法》中,公司债主要在上海证券交易所和深圳证券交易所挂牌流通。《管理办法》将债券流通场所扩大至全国中小企业股份转让系统、机构间私募产品报价与服务系统和证券公司柜台,大公募、小公募和私募发行均可通过这些系统进行转让。因此,《管理办法》进一步扩大了市场广度,增加了债券二级市场活跃度。

第四,延长首次发行时间限制,债券发行更加有效。《试点办法》中规定,自中国证监会核准发行之日起,公司债券的发行人应在6个月内完成首期发行,剩余数量应在24个月内发行完毕。超过核准文件限定时效未发行的,须重新经中国证监会核准后方可发行。《管理办法》中将首次发行时间由6个月内延长为12个月内,更有利于承销机构为发行人捕捉发行时间窗口。

第五,引入投资者适当性管理制度,实施投资人分类管理。新公司债公开发行分为面向公众投资者和面向合格投资者两类,分别与大公募发行、小公募发行相对应。《管理办法》在新公司债发行与交易机制中引入了投资者适当性管理制度,对投资人实施分类管理。对于风险承受能力较高的成熟投资者或者合格投资者,允许其参与小公募发行和非公开发行,对于其他公众投资人,则不允许参加。对于不同的发行方式,要求各交易场所、各自律组织严格管理投资者适当性,强化公司债风险的市场分散功能。

专栏 2015年交易所债券市场一骑绝尘

我国债券市场在2015年出现了跨越式发展。根据中国人民银行数据,

2015年我国债券市场全年发行各类债券22.3万亿元，较上年同期增长87.5%，增速较上年同期上升55.2个百分点。截至2015年底，债券市场托管余额为47.9万亿元。2015年，全国银行间市场拆借、现券和债券回购累计成交608.8万亿元，同比增长101.3%。央行行长周小川在《中共中央关于制定国民经济和社会发展第十三个五年规划的建议》辅导读本上指出，预计2014～2020年，非金融企业直接融资占社会融资规模的比重将从17.2%提高到25%左右，债券市场余额占GDP的比例将提高到100%左右。按照GDP年均增速6.5%估算，我国2020年GDP总量将达到92.82万亿元，也就是说届时债券市场的规模将达92.82万亿元。换句话说，未来五年内我国债券市场将有约45万亿元的增长空间。

"公司债新政"出台以后，交易所债券市场全年共发行公司债券2.16万亿元，发行资产支持证券2092亿元，两者合计较2014年增长123%，呈现井喷式发展。这一方面得益于股市异常波动导致投资者风险偏好降低，开始偏向固定收益类低风险资产；另一方面，"公司债新政"进行的一系列制度改革顺应了实体经济发展需求，通过简政放权、监管转型释放了改革红利，提升了市场各参与方的用户体验。

2015年5月21日，舟山港集团5年期7亿元公司债券发行成功，募集资金主要用于舟山港集团补充经营流动资金及置换利息较高的银行贷款。这是中国证监会"公司债新政"实施后全国首单非上市公司公募债。"15舟港债"主体/债项评级AA+/AA+，无担保，采用网下面向合格投资者申购和配售的方式发行，共有39家机构投资者参与认购，有效认购总量达33.9亿元，认购倍数为4.84倍，最终锁定票面利率为4.48%，创下当期债券市场AA+债券最低利率，比同期5年期银行贷款基准利率（5.5%）低102个基点，每年节省财务费用800万元左右。"15舟港债"自4月7日向上海证券交易所提交申报材料至发行成功，全程仅历时一个半月，充分体现出公司债券"低门槛、简手续、高效率、透明市场化"的特点。

2015年，交易所债券市场还进行了绿色资产证券化的探索，全年共有4单环保行业的资产证券化产品发行。"嘉实节能1号资产支持专项计划"于

2015年10月16日在上交所成功发行。该专项计划的基础资产是中国节能环保集团公司下属公司经营生活垃圾焚烧发电业务而享有的特定期间内实现的电力销售收入及所对应的收益权，募集资金规模为6.8亿元，计划存续期4.5年，优先级证券获得AAA评级，发行利率区间为4.26%~5.07%。该计划是国内首单央企环保领域资产证券化产品，开辟了央企绿色资产证券化的先河。计划原始权益人——母公司中国节能环保集团公司是我国节能环保领域的领先企业，在节能、固废处理、烟气处理与重金属治理、土壤修复、水处理、光伏发电、节能环保新材料等领域居于领先地位。

"平安凯迪电力上网收费权资产支持专项计划"和"平银凯迪电力上网收费权资产支持专项计划（二期）"分别于2015年6月15日和2015年11月11日在深交所成功发行，共计募集资金33.22亿元。两期专项计划均以凯迪电力从事生物质发电业务而享有的电费收入所对应的电力上网收费权为基础资产，通过证券化融资方式盘活资金，拓宽生物质新能源行业融资渠道。其中，"平安凯迪电力上网收费权资产支持专项计划"分为5级优先级资产支持证券和1级次级资产支持证券，优先级证券评级为AA+，发行利率区间为5.5%~8.5%。"平银凯迪电力上网收费权资产支持专项计划（二期）"募集资金22.22亿元，分为6级优先级资产支持证券和1级次级资产支持证券。其中，优先级证券评级为AA+，发行利率区间为5.1%~7.2%，比一期专项计划有所降低。

"龙桥集团应收账款资产支持专项计划"于2015年8月4日成功发行，基础资产为污水处理设施建设回购债权。该计划共分3级优先级资产支持证券和1级次级资产支持证券，募集资金10.5亿元，其中，优先级证券评级均为AA+，发行利率区间为5.8%~6.5%。

总的来说，"公司债新政"把握了让市场在资源配置中发挥决定性作用的原则，放松管制、提高效率，让发行人、中介机构、投资者等各类主体逐步在市场上归位尽责，直接触发了2015年公司债市场的大发展，是2015年中国资本市场的一大亮点。

（二）改革新三板

1. 背景

2013年，国务院发布《关于全国中小企业股份转让系统有关问题的决定》，正式将新三板试点拓展到全国，为中国多层次股权市场的建设注入了新的活力。2015年，中国证监会发布了《中国证监会关于进一步推进全国中小企业股份转让系统发展的若干意见》（以下简称《若干意见》），就加快完善市场制度功能体系提出了7个方面的政策措施，为新三板下一步发展指明了方向。

2. 内容

新三板改革集中体现在完善市场发行审核流程、丰富市场融资工具、改善市场流动性和定价效率、推进市场基础制度建设、加强市场监管等方面。具体如下。

一是完善市场发行审核流程。第一，全国中小企业股份转让系统优化了挂牌审查流程，建立了复核机制，将审查要点和审查进度进行公开，提高了股票发行审查效率、质量和透明度，明确提出正式受理挂牌企业申请材料后10个工作日内出具初审反馈意见。虽然2015年的股票发行次数是2014年的6.88倍，但是平均发行审查时间却缩短了2个工作日，说明新三板的发审效率得以大大提高。第二，全国中小企业股份转让系统制定了重大资产重组审查流程和审查要点，并向市场公开。第三，全国中小企业股份转让系统制定发布了主办券商内核关注要点和挂牌条件适用问题解答，进一步完善了信息披露要求，督促主办券商等中介机构提高执业质量。

二是丰富市场融资工具。积极开展新三板股票企业发行优先股试点。2015年全国中小企业股份转让系统发布实施了优先股业务指引，目前已经有两家新三板挂牌企业启动优先股发行工作，丰富了挂牌企业的融资选择。同时，股转系统也发布了债券业务指引，并研究股票质押式回购业务办法，鼓励新三板挂牌企业通过发债和股票质押回购进行融资。

三是改善市场流动性和定价效率。2015年监管层在新三板大力发展机构投资者，研究公募基金参与新三板市场的方式和规则，引导各类金融机构开发投资于挂牌证券的理财产品，上线托管账户处理系统。与此同时，全国中小企业股份转让系统在 2015 年大力推广做市交易模式，全年新增做市商 14 家，新增做市股票 875 只。据初步统计，做市商合计已批做市资金额度 310 亿元，已投入做市资金近 200 亿元。新三板全年与 11 家银行签订了战略合作协议，鼓励商业银行向挂牌公司发放贷款，使得目前签订战略合作协议的商业银行达到 33 家。

四是推进市场基础制度建设。2015 年，全国中小企业股份转让系统积极推进市场指数体系建设，三板成指和三板做市指数于 2015 年 3 月 18 日正式上线，这标志着新三板市场的投资表征功能得到进一步完善，对引导投资意义重大。同时，全国中小企业股份转让系统还启动了业务规则的整体评估工作，对现有业务规则进行"体检"，为下阶段完善业务规则体系提供了依据。2015 年，全国中小企业股份转让系统公司积极贯彻《中国证监会关于进一步推进全国中小企业股份转让系统发展的若干意见》，不断推进新三板内部分层、新三板挂牌公司向创业板转板试点、区域性股权市场与新三板合作等工作。

五是加强市场监管。首先，2015 年，全国中小企业股份转让系统以信息披露为中心，加强了对挂牌公司的监管。股转系统上线了基于 XBRL 语言的电子化信息披露系统，坚持问题导向，进行重点审查，加大对核查发现问题的跟踪处理力度。其次，股转系统完善了自律监管的制度和技术基础，研究了违规行为和监管措施的对应关系，加强对挂牌公司、主办券商监管措施的标准化和规范化。再次，股转系统强化了主办券商的投资者适当性管理责任，督促主办券商加强持续督导服务，组织开展针对垫资开户和做市业务风险管理的自查，研究起草了主办券商执业质量评价办法，定期公布中介机构执业情况。最后，股转系统 2015 年发布实施了《转让异常情况处理办法》，强化市场监察，加强对异常转让行为的自律监管。

3. 评价

新三板的快速发展是近年来中国多层次资本市场建设的亮点，新三板改

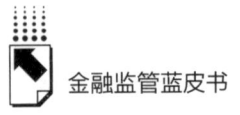

革更多是基于问题导向而推进的。例如，大力发展机构投资者，研究公募基金参与新三板市场的方式和规则，引导各类金融机构开发投资于挂牌证券的理财产品，这些都是为了切实改善市场流动性和价格发现效率而采取的举措。一直以来，新三板市场的流动性都是制约市场进一步发展的短板，市场流动性不足，自然影响到投资机构的参与热情，进而影响市场价格发现的效率，流动性不足既有技术和制度规则的因素，也有市场利益激励不足的因素，全国中小企业股份转让系统公司积极开展调查研究，回应市场需求，以优化交易机制为核心，大力发展做市业务，大力发展多元化监管投资者队伍。同时积极构建反映新三板市场情况的基础指数，以为投资者提供市场引导。但在全国中小企业股份转让系统公司大力发展机构投资者、不断扩大做市业务的同时，也要谨防市场过快发展的风险。比如，对于主办券商是否严格履行投资者适当性管理责任、是否建立内部风险隔离机制、是否切实保护投资者合法权益等，都需要重点加强监管。此外，目前新三板挂牌企业已经超过 5000 家，挂牌公司的信息披露质量如何有效保证也是当前面临的一大挑战。如何对财务造假企业进行及时筛选、发现和预警，如何对信息披露违法违规企业及时采取监管措施，如何以投资者需求为导向建立差异化的信息披露制度体系等，都需要在下一阶段的改革中进一步解决和完善。

（三）建设多层次稽查执法体系

稽查执法作为事后监管的主要手段，在维护市场"三公"和平稳健康运行、保护投资者合法权益方面发挥了重要作用，已经成为依法治市的最直观、最有力的保障，也是增强市场监管威慑力和公信力的最直接、最有效的手段。

1. 背景

2015 年，围绕稽查执法这一基本职责与核心工作，中国证监会以监管转型为引领，以严厉打击违法违规活动为重点，以"2015 证监法网专项执法行动"为抓手，以创新工作机制为保障，高频率、高强度持续分类分批打击典型、重大违法违规行为，稽查执法工作的针对性、及时性和有效性得到了较大提升，取得了良好的法律效果、社会效果和市场效果。

2. 主要内容

一是逐步实现监管转型。基本理念是"从被动等待转变为及时主动介入，从打击个案转变为重点遏制类案，从稽查单兵作战转变为联合多部门协同作战模式，从保密式封闭执法转变为与市场互动式开放执法"。证监会于4月底启动"2015证监法网专项执法行动"（以下简称"证监法网"），主动发现线索，限时快速突破批次案件。

二是提升稽查执法针对性。针对新三板市场等案件多发、高发的特定领域，编造虚假信息等特定类型，以及传统操纵手法与新产品（股指期货、ETF等）、新业务（融券）、新技术（程序化交易等）、跨市场（股票、ETF与期货市场等）等新情况相结合的新特点，分批开展集中打击。2015年4月末至7月初，部署5批共计60起案件，7月以来，部署3批共计60起案件。其中，部署"证监法网"第7批案件时，筛选出几十起操纵市场案件线索，涵盖连续交易操纵、滥用ETF交易操纵、滥用程序化交易操纵以及虚假申报、对倒、对敲等多种操纵类型和手法。

三是提升执法有效性与透明度。2015年共计8批120起案件（占全年立案案件的35%）中，已办结102件，移送公安机关12件，移交处罚审理71件，同时移送公安和审理5件，办结率达85%，成案率近九成。在案件平均调查周期（自案件启动至移交处罚）降至86天的基础上，"证监法网"案件更是实现了64天的平均调查周期。同时，加强执法宣传工作，发布类案进展动态信息十余次，在案件做出处罚后公开处理，密集发布数十起案件处罚情况。

四是有效整合稽查合力。证监会各监管执法单位各司其职，协同作战，各办案单位发挥主观能动性攻坚克难，交易所等切实履行自律管理和一线监控职责，机构部、上市部、期货部、会计部等日常监管部门强化同稽查执法部门的工作衔接，投保基金公司、中登公司等会管单位利用自身优势积极提供数据查询服务，证监会行政处罚部门对新型违法违规和市场关切案件提前介入，法制部门积极参与疑难复杂案件的会商，办公厅新闻办提供宣传平台，各条线合力保障执法成效。执法过程中，特别是在大案要案的办理过程中，证监会切实强化与公安机关、通信主管部门、人民银行等相关单位的执法协作。

五是全面创新执法机制。进一步建立健全线索发现机制，加强违法违规线索监测力度，提升线索发现与稽查执法快速反应能力。提高调查取证工作的有效性和规范化水平，构建案件调查取证规则体系。及时总结异常波动以来新型疑难案件查办工作经验，制定操纵市场认定规则等细化规则。注重稽查信息系统建设，强化调查取证的设备配置，积极推进稽查执法综合管理平台系统搭建与中央监控室建设工作，提升案件查办技术和信息化水平。建立健全案件调查督导机制，提升案件办理质量。

六是加强稽查廉政机制建设。为有效强化稽查办案工作的全流程监督，切实防范稽查执法权力运行的廉政风险，印发实施《稽查案件基础文档第三方备案监督工作试点方案》，正式建立稽查案件基础文档第三方备案监督制度，在证监会系统10家调查单位开展试点工作。同时，制定、发布《中国证监会稽查办案十项禁令》（以下简称《十项禁令》），以负面清单的方式，对稽查办案人员的办案工作全流程进行规范，公开接受社会监督。

3. 评价

稽查执法已经成为证监会依法治市的最直观、最有力的保障，是增强监管市场威慑力和公信力的最有效、最直接的手段，也是防范化解系统性金融风险的最坚实、最稳固的后盾，以及促进、夯实资本市场基础制度的最有力的推手。2016年，随着监管转型的持续推进，以严格执法为重点的配套措施将及时跟进，证监会将持续提升稽查执法能力，始终严厉惩处违法违规行为，大力提高违法违规成本，坚决履行"两维护、一促进"职能，为证监会各项重点任务保驾护航，切实保障我国资本市场稳定健康发展与投资者合法权益。

（四）私募基金监管

1. 背景

自基金业协会接受中国证监会的授权对私募基金开展备案工作以来，备案私募基金数目大幅增长。截至2015年底，登记备案工作已由初期的集中办理转变为常规处理，累计处理了约3万家机构的登记申请，实际登记备案的私募基金管理机构约2.5万家，基金认缴规模达5.1万亿元，较上年同期增长138%。私募投资基金的快速发展活跃了市场，但行业内鱼龙混杂，有些私募基金管理并不规范。例如，有些私募基金管理人不如实填报信息、不如实登记、多地注册关联机构；有些私募基金管理人长期不开展业务，也不更新备案信息；有些私募基金违反合同约定，私自改变投资方向，欺骗投资者搞利益输送；甚至有些机构借私募基金之名搞非法集资，涉案金额巨大，涉及投资者众多，造成了严重的社会影响，甚至威胁到社会稳定。另外，私募基金监管信息系统尚在建设中，私募基金信息统计监测和信息报送制度正在制定过程中，行业信息仍然主要依赖基金业协会的登记备案信息，但现实中仅有约40%的私募投资基金能够更新登记备案信息，大量私募投资基金的年报和季报信息更新少、时效性差、准确性低、完整性差，这导致基金业协会尚不能及时准确掌握行业发展动态和风险状况。例如，在2015年股市异常波动期间，由于不能及时掌握私募投资基金的杠杆使用状况和流动性状况，不少私募基金遭遇了较大的市场风险，引发了一系列风险事件。因而，加强对私募基金的监管逐渐成为行业上下的共识，监管层也采取多项措施，逐步强化对行业的整体监管。

2. 内容

监管层在2015年着力推进建立健全私募基金事中事后监管机制，从完善监管制度、指导行业自律、推进备案登记、加强现场检查、严格稽查执法等方面入手加强监管，取得了一定成效。具体而言，2015年关于我国私募基金监管方面的措施可以归纳为以下几点。

第一，完善监管制度规则。在2014年出台《私募投资基金监督管理暂行办法》的基础上，证监会2015年制定出台了《私募投资基金现场检查工作指引（试行）》，为针对私募基金的现场检查工作提供依据。2015年，证监会指导基金业协会制定《私募基金募集行为规范（试行）》《投资者风险识别能力和承担能力问卷及风险揭示书模板》《契约型私募基金合同内容与格式指引》《私募投资基金信息披露管理办法》《私募投资基金管理人内部控制指引》等自律规则，不断建立健全行政监管和自律监管相结合的制度规则体系。

第二，加大现场检查力度。2015年，证监会开展了"两加强、两遏制"的专项检查，指导派出机构组织756家管理规模在5亿元以上的私募机构进行自查，汇总分析自查情况，明确抽查对象，组织对101家有风险隐患的私募机构进行现场检查。整合地方派出机构的力量，加强对辖区内私募基金的检查，组织上海、北京、深圳、福建、浙江五地的证监局对本地部分私募证券基金管理人、托管机构进行专题调查。此外，还加强对141家互联网股权融资平台的现场检查，防范以私募基金为名的非法集资活动。

第三，强化稽查执法。对于造成社会风险的私募基金，严格开展违规核查。比如，山西证监局对晋商创投、湖北证监局对财富基石、上海证监局对好买新基金公司等违规私募投资机构进行了稽查执法。对于专项检查中发现的违法违规问题，证监会有关部门也加大了执法力度。2015年，证监会将4家涉嫌违法犯罪行为的私募机构移送公安机关，对4家涉嫌违法违规行为的私募机构进行立案稽查，对12家涉嫌违规行为的私募机构采取责令整改的监管措施。

3. 评价

2015年监管层对私募基金的监管工作呈现出自律监管和行政执法监管相结合的特点。加强私募基金监管已成为行业共识，未来私募基金的监管只会从严和强化，这是未来私募基金行业面临的一大形势。目前，监管层注重激发会机关、派出机构、基金业协会和地方政府的监管合力，强化对私募基金的监管协作，包括监管层已经建立私募基金监管联席会议机制，以定期沟通私募基金监管情况。总体来看，在加强监管的形势下，私募基金监管仍然存在一些薄弱环节。

一是监管边界仍然模糊。《基金法》并未明确区分公募基金和私募基金，对于现实中哪些是私募基金、哪些私募基金应该纳入监管，各方认识并不统一，监管边界不清会增加监管工作难度，影响监管的科学性和针对性。

二是缺乏统一、及时的信息。目前虽然已有2.5万家私募基金在基金业协会登记备案，但绝大部分私募基金更新信息不及时、不完整、不准确，年报和季报也存在报送时效性差的问题。信息是监管的基础，如果没有私募基金基础信息，监管只会是"空中楼阁"。目前尚未建立合理制度解决信息采集和统计问题，这也是目前私募基金监管的一大短板。

三是自律监管效力不足。自律监管是目前私募基金监管的重要内容，但是行业协会的自律监管存在监管权威性不强、监管手段匮乏、监管资源缺乏等问题，这将影响自律监管效能的发挥。

四是存在与地方政府协同不够的风险。从目前爆发的私募基金风险个案来看，以私募基金为名的非法集资给地方社会稳定带来了较大影响，但是地方证监局是垂直管理机构，与地方政府之间的监管责任和风险处置责任如何划分并不清晰，这是私募基金监管的一个薄弱环节，需要加以重视。

三 证券业监管展望

（一）2016年证券业发展的宏观环境

从全球经济形势看，2016年仍然面临着错综复杂的市场外部环境，主要经济体温和、不均衡的复苏将继续下去。全球经济处于深度调整和再平衡期，经济弱复苏、政策分化、走势分化趋势明显，金融市场持续动荡，国际环境错综复杂，交叉感染风险增大，不确定性、不稳定性因素增多。世界银行预计2016年全球增长率将达到3.4%，比2015年提高0.3个百分点。美国经济持续强劲复苏，欧洲和日本经济正在筑底，新兴市场经济体经济增速放缓。美联储加息深远影响国际资本流动和全球经济再平衡，人民币依然存在较大贬值压力。一些经济体面临增长放缓、债务负担急剧上升等问题，对国内外金融环境变化更加敏感，再加上地缘政治冲突，交叉感染风险上升，不排除"黑天鹅"事件发生。中国经济的减缓和再平衡调整、大宗商品价格的下跌以及一些大型新兴市场经济体面临的压力将继续对2016~2017年的全球前景产生不利影响。国际金融市场和大宗商品市场仍将大幅波动,给经济运行带来不确定性。目前处于经济困境的国家和地区,特别是巴西、俄罗斯和中东地区,经济复苏仍面临受经济或政治冲击的风险。总体来看,2016年我国证券市场面临的国际环境纷繁复杂,整体风险仍然偏于下行,面临重大挑战。国际复杂形势增加了国内稳增长、调结构的难度,不仅直接影响出口,也对国内工业品价格、利率、汇率等造成影响,并给国内宏观以及"一带一路"等政策带来挑战。

从国内经济形势看,2015年经济运行总体特征是稳中趋缓、稳中有进、稳中有忧,各领域分化加剧,动力转换过程中有利因素和不利因素并存。全年GDP同比增长6.9%,增速创下1990年以来的最低值,投资、消费、出口三大需求均出现萎缩。2015年底的中央经济工作会议科学分析了当前及今后一段时期我国的经济形势,提出要"加大结构性改革力度,矫正要素配置扭曲,扩大有效供给,提高供给结构适应性和灵活性,提高全要素生产率",明确了在中国当前的经济和社会形势下进行供给侧改革所要开展的工作。2016年将是国内经济结构调整和提质增效的关键时期,国内经济运行有望保持在合理区间,结构转型升级效果初现,但结构性矛盾尤为突出,需高度重视并采取有力措施化解。据估计,我国2015年粗钢产量为8.06亿吨,但需求仅为6.68亿吨,供需缺口高达1.4亿吨。截至2015年12月初,钢铁、煤炭、水泥、玻璃、石油、石化、铁矿石、有色金属八大行业的生产价格指数(PPI)已连续40多个月呈负增长状态,对整个工业PPI下降的贡献为70%~80%,亏损面达80%,去产能、清退"僵尸企业"任务繁重。此外,2015年前三季度,沪深两市共有266家上市公司在扣除非经常损益后每股收益继续为负数,这些"A股僵尸"企业三季度末负债总额合计高达1.6万亿元,资产负债率达到68.65%,高出A股市场(剔除金融)整体资产负债率7.7个百分点。因此,2016年将是推进结构性改革的攻坚之年,将大力推进国企、财税、金融、养老保险、医药卫生体制等改革,着力落实"去产能、去库存、去杠杆、降成本、补短板"五项任务。

未来随着 A 股逐步调整到位，推动资本市场改革或迎来重要机遇和时间窗口。2015 年 12 月 18 日中央经济工作会议提出"要加快金融体制改革，尽快形成融资功能完备、基础制度扎实、市场监管有效、投资者合法权益得到充分保护的股票市场，抓紧研究提出金融监管体制改革方案""扩大直接融资比重""资本市场要配合企业兼并重组""支持企业技术改造和设备更新，降低企业债务负担，创新金融支持方式，提高企业技术改造投资能力""加强全方位监管，规范各类融资行为，抓紧开展金融风险专项整治，坚决遏制非法集资蔓延势头，加强风险监测预警，妥善处理风险案件，坚决守住不发生系统性和区域性风险的底线"。因此，2016 年的证券期货市场将是大力改革发展、波澜壮阔的一年，预计在资产证券化、多层次资本市场建设方面会有大的举措。

（二）2016 年证券业监管的政策方向

一是依法监管。社会主义市场经济本质上是法治经济。2016 年证券业监管同样需要依法行事。第一，健全基础性法律制度。目前，《证券法》修改正在进行，《期货法》制定正稳步推进。2016 年两法的出台尚未定论，但随着修改及制定工作的有序开展，相关法律制度得以进一步健全，相关法律思维得以进一步完善，相关法律意识得以进一步推广。第二，遵守法律程序。监管必然涉及稽查、处罚等程序性事项，遵守法律程序是依法监管的重要保障。2016 年将在法律程序方面加以完善，以提高效率。第三，通过法律形式明确权利（权力）、义务划分。资本市场参与主体众多，监管者、投资者、市场机构均有各自的定位，2015 年股市异常波动和政府与市场关系的重新解读对不同市场参与主体的权利（权力）、义务提出了新要求，但需要通过法律形式明确各自的定位，以保持其有效发挥作用，保证资本市场的平稳发展。

二是从严监管。治乱世，用重典。2015 年我国资本市场异常波动反映出监管仍存在完善空间。创新与监管是资本市场的永恒主题。资本市场的发展、前进需要创新作为驱动力和催化剂，通过制度创新、产品创新满足不同投资者的多样化需求，保证多途径实现资本市场功能。但由于创新是一个试错的过程，不可能一蹴而就，因此创新必然伴随着风险，如果风险防控得好，则可以降低损失，使创新成为"天使"；如果风险防控得不好，则会产生负面影响，使创新成为"魔鬼"。我国资本市场前几年一直鼓励创新，推动了资本市场的蓬勃发展，但随着创新的发展，风险不断积累，达到一定程度必然爆发，从而酿成此次异常波动。2016年证券业监管必然对之前的创新进行总结和梳理，从严监管，打击市场中存在的违法违规行为，大力进行各市场、各业务的清理整顿，切除市场发展中的"毒瘤"，理顺市场发展的基本规律，满足市场发展的基本要求。

三是全面监管。资本市场是复杂因素构成的市场，市场参与主体众多、市场产品创新层出不穷，并且主体与主体之间、产品与产品之间存在各种各样的联系。之前我国资本市场处于发展的初级阶段，市场参与主体数量较少、市场产品品种较为单一，但随着市场的发展，各类投资者不断进入，各类产品不断涌现，股票、债券、基金（ETF/LOF）、期权、期货和权证等均在市场上占有了一席之地。面对如此复杂的情况，未来将着力实现监管全覆盖，不留下监管真空和监管盲点。特别是跨市场的违法行为和产品，应将其作为全面监管的重中之重，比如，期现市场的市场操纵行为，以及通过ETF、股票质押和债券逆回购实现禁锁期内的解套减持等。2016年，证监会监管将进一步发现监管真空，完善监管体系，特别是要对跨市场、跨产品、跨业务和跨境监管加大力度。

（三）2016年证券业监管展望

复杂的国内外经济金融环境，使得2016年资本市场发展的机遇和挑战并存，也使得2016年证券业监管任务十分繁重。重点来看，2016年证券业监管可能在以下方面有所建树和突破。

一是推出深港通。沪港通的成功推出为深港通推出积累了经验，提供了借鉴，深港通有望在2016年推出。证监会方星海副主席在2015年底的国务院新闻发布会上明确表示："一个产品、一项服务的推出，影响它的东西太多，只能是大致的时间预期。具体到深港通 2016 年会不会推出，我觉得会推出。"这表明深港通的推出有望加速。之后，李克强总理在 2016 年政府工作报告中明确提出要在 2016 年内推出深港通。深港通能进一步提高香港股市及内地的交易量，并将鼓励海外机构投资者积极投资 A 股。预计推出深港通初期，进入 A 股市场的海外投资者可能主要是 QFII 投资者、海外高净值个人和专户，然后可能是大型的共同基金和主权基金。

二是将 A 股纳入国际指数。吸引国际资金参与中国资本市场，引导长期机构投资者入市是监管层一直坚持改革的方向。2015 年 2 月，中国证监会与 MSCI 明晟公司和 FTSE 富时指数公司进行沟通，促使 MSCI 明晟公司保留对 A 股市场的评估。2015 年 5 月 26 日，MSCI 明晟公司宣布启动将 A 股纳入其全球基准指数的过渡计划，全球著名的指数投资基金先锋基金宣布将按照 FTSE 转换指数投资于 A 股市场。2015 年 6 月 10 日，MSCI 明晟公司宣布，待国际投资者所关心的市场准入等问题解决后，将把 A 股纳入其全球基准指数。2016 年，在证监会与 MSCI 明晟公司和 FTSE 富时指数公司沟通合作的基础上，A 股有望被纳入著名基准指数。

（四）未来几年证券业监管展望

一是从机构监管转向功能监管。不同金融业务（如银行、证券和保险业务）有不同的功能，需要将其进行区分，方能实现风险隔离，以避免因不同业务混合导致的金融危机。混业监管是指不同业务之间不进行风险隔离，如信贷资金可以直接进入资本市场（我国 2015 年场外配资即为明证）；分业监管是指对不同业务进行风险隔离，业务之间不能直接交叉。目前，我国的证券业监管表现为机构监管基础上的分业监管，即监管对象为相关金融机构，如证券公司等。但随着金融产品的不断创新，跨界产品层出不穷，仅监管机构无法实现风险隔离；同时，大资管机构和产品的出现又出现了混业的趋势，需要对其加强监管。因此，未来几年的证券业监管将在坚持分业监管的基础上从机构监管向功能监管过渡，即监管的对象不再局限于证券公司，只要相关金融机构从事证券业务，即将其纳入监管范围。

二是加强宏观审慎监管。宏观审慎监管在2008年金融危机之后得到各界的重视。此前的监管更多倾向于具体环节和具体规则的监管，缺少从整体上对整个证券系统风险的把握。2008年金融危机后，世界主要国家和地区加强了宏观审慎层面的监管力度，防止发生系统性风险。未来几年，证监会也将对整个证券行业的风险进行总体把握，守住不发生系统性区域性风险的底线。

B.5 保险业监管年度报告

孙才华 张 坤*

摘　要： 2015年，受"新国十条"、保险业市场化改革以及股市的影响，我国保险市场发展态势良好，财产险业务增长平稳，人身业务增长迅速，保险资金运用收益率继续保持高位，保险业取得创纪录的2823.6亿元的净利润，同比增长38%。2015年，也是"新国十条"实施的第一个完整年度。在这一年，"新国十条"得到有效落实，保险资金长期优势得到发挥，保险服务功能得到拓展，人身险费率改革取得决定性的进展，商业车险费率改革破冰，个人税收优惠型健康保险取得突破；"偿二代"监管规则正式发布，正式进入"偿二代"过渡期；中国保监会在加快推进简政放权的同时，将保险资金运用监管的重心由"放开前端"转移至"管好后端"，进一步强化量化监管和分类监管。2016年，中国保监会将会进一步推动"新国十条"相关政策支持落到实处，推动"偿二代"得到有效落实，强化保险资金运用监管和高现金价值产品管理，为保险业持续快速健康发展提供保障。

关键词： 保险业　市场化改革　新国十条　偿二代

---

* 孙才华，中国社会科学院金融法律与金融监管研究基地特约研究员，主要研究方向为金融监管、国际制裁；张坤，现任职于中国再保险（集团）股份有限公司，主要研究方向为金融监管、关联交易管理。

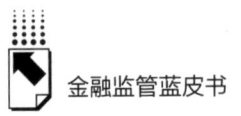
金融监管蓝皮书

一 2015年保险业监管回顾和发展状况

（一）2015年保险业监管回顾

2015年是全面深化改革的关键之年，是全面推进依法治国的开局之年，也是全面完成"十二五"规划的收官之年。中国保监会以全面贯彻落实"新国十条"为核心，坚持"放开前端、管好后端"的监管思路，继续推进保险业的市场化改革，保障保险消费者的合法权益，守住不发生系统性区域性风险的底线，基本建成新偿付能力监管制度体系。

1. 继续推进保险业市场化改革

一是继续推进保险费率市场化改革。按照"普通型、万能型、分红型人身险"三步走的人身险费率市场化改革路线，2015年中国保监会发布《关于万能型人身保险费率政策改革有关事项的通知》《关于加强人身保险费率政策改革产品管理有关事项的通知》《关于推进分红型人身保险费率政策改革有关事项的通知》等规范性文件，取消了万能险不超过2.5%的最低保证利率限制、放开了分红型人身保险预定利率上限，全面实现人身险费率市场化。中国保监会逐步推动商业车险费率改革试点，出台《关于深化商业车险条款费率管理制度改革的意见》《深化商业车险条款费率管理制度改革试点工作方案》，选定黑龙江、山东、青岛、广西、陕西、重庆六个地区为商业车险改革试点地区，在总结商业车险改革试点经验的基础上，不断修订和完善商业车险改革方案并扩大试点范围。

二是继续推进保险资金运用市场化改革。在"放开前端"方面，根据"新国十条"关于加大保险业支持企业"走出去"的力度的要求，中国保监会适当拓宽境外投资范围，给予保险机构更多的自主配置空间。同时，为促进保险市场与货币市场、资本市场协调发展，中国保监会也规范了资产支持计划业务和保险私募基金等业务。而"管住后端"依然是2015年保险资金运用监管的重心，中国保监会从保险机构资金运用信息披露、保险资金运用内部控制以及保险机构资产配置等方面防范保险资金运用风险，出台了《关于保险资产管理产品风险责任人有关事项的通知》《保险公司资金运用信息披露准则第 2 号：风险责任人》《关于加强保险公司资产配置审慎性监管有关事项的通知》《保险资金运用内部控制指引》《保险公司资金运用信息披露准则第 3 号：举牌上市公司股票》等规范性文件。

2. 简政放权并加强公司治理监管

根据国务院《关于取消和调整一批行政审批项目等事项的决定》的要求，2015 年，中国保监会取消了保险机构股权转让及改变组织形式审批，从事机动车交通事故责任强制保险业务审批，投资连结保险的投资账户设立、合并、分立、关闭、清算等事项审批，资本保证金处置审批，可投资企业债券的信用评级机构核准，外资保险机构再保险关联交易审批，经营农业保险业务审批；并将保险资产管理公司及其分支机构设立审批、保险集团公司及保险控股公司设立审批改为工商登记后置审批。与此同时，中国保监会在以下几个方面加强公司治理监管，确保保险机构依法合规运行：保险机构关联交易管理和审计管理，保险机构董事、监事和高级管理人员培训，保险机构经营状况评价和保险法人机构治理评价。

3. 基本建成风险导向的偿付能力体系

2015 年，中国保监会正式发布了《保险公司偿付能力监管规则（1 – 17 号）》，"偿二代"从定量资本要求、定性监管要求和市场约束机制等方面对保险机构偿付能力风险进行监管：明确实际资本的评估标准和分级、最低资本的计量方法等定量评价内容；综合评价操作风险、战略风险、声誉风险和流动性风险等不可量化风险，对保险机构总体的偿付能力风险水平进行全面评价；通过偿付能力信息披露、信息交流和信用评级等多种手段，完善市场约束机制。中国保监会还设置了"偿二代"过渡期，在过渡期内，现行偿付能力监管制度（"偿一代"）和"偿二代"并行，但仍以"偿一代"为监管依据。

4. 促进保险行业发挥完善社会保障体系和灾害救助功能

"新国十条"要求保险行业构筑保险民生保障网，完善多层次社会保障体系，完善保险经济补偿机制，提高灾害救助参与度。2015 年，中国保监会积极落实政策要求，出台《个人税收优惠型健康保险业务管理暂行办法》，规范个人税收优惠型健康保险业务；出台《养老保障管理业务管理办法》，促进保险业积极参与多层次养老保障体系建设；推动专业互联网保险机构试点，出台《互联网保险业务监管暂行办法》，规范互联网保险经营，促进互联网保险健康规范发展；成立城乡居民住宅地震巨灾保险共同体，启动地震保险专项试点；出台《农业保险承保理赔管理暂行办法》，保障农业保险持续健康发展。

5. 切实保障保险消费者合法权益

按照"为民监管"的核心价值理念，以及"抓服务、严监管、防风险、促发展"的方针，中国保监会在2015年加强保险消费者合法权益保障的规范化和制度化。出台《保险公司服务评价管理办法（试行）》，将保险消费者的体验与感受作为服务评价重要内容，以分类监管为抓手，提高保险机构为消费者提升服务质量的主动性。针对消费者索赔金额较小、事实清晰、责任明确的机动车辆保险和个人医疗保险理赔，出台《保险小额理赔服务指引（试行）》，从简化单证、优化流程、创新服务等方面，进一步提高保险机构理赔服务的质量。

此外，中国保监会在2015年贯彻落实国务院决策部署，深入开展保险机构"两个加强、两个遏制"专项检查工作；积极推动保险业信用体系建设；针对近年来保险业非法集资案件的情况及特点，要求保险机构切实防范和处置非法集资行为；结合行业发展和行业实际，积极推进《保险法》修订等。

（二）2015年保险业发展概况

随着"新国十条"政策红利不断落地实施，保险市场化改革的深入推进，2015年，我国保险业呈现良好的增长势头，保费收入达到2.4万亿元，同比增长20%，保险业总资产12.4万亿元，同比增长21.7%。

1. 财产险业务平稳增长

2015年，财产险原保费收入7994.97亿元，同比增长10.99%，保持平稳发展态势（见图1）。

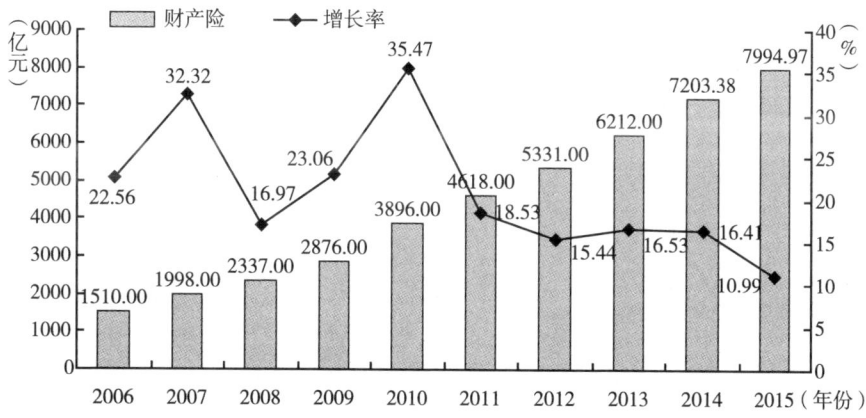

图1　2006~2015年财产险保费收入和增幅对比

资料来源：中国保监会网站。

2. 人身险业务较快增长

2015年，人身险原保险保费收入为15859.13亿元，同比增长24.97%。业务方面，寿险业务原保险保费收入为13241.52亿元，同比增长21.46%（见图2）；健康险业务原保险保费收入为2410.47亿元，同比增长51.87%；意外险业务原保险保费收入为635.56亿元，同比增长17.14%。

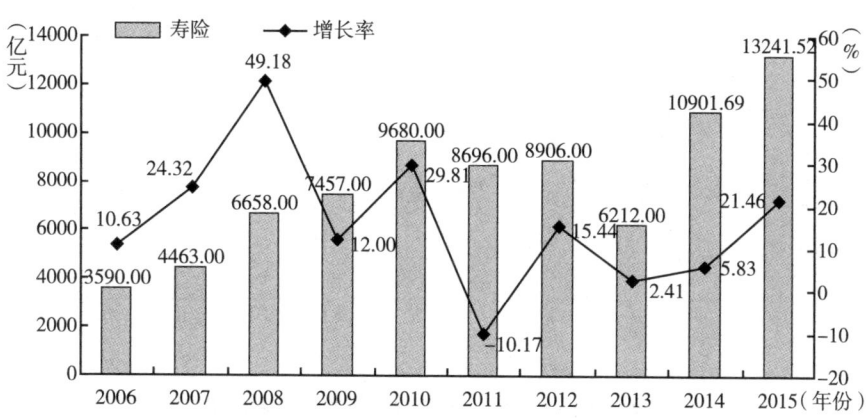

图2　2006~2015年寿险保费收入和增幅对比

资料来源：中国保监会网站。

3. 保险资金运用平均收益率再创新高

2015年，保险业总资产为12.36万亿元，同比增长21.66%（见图3）。保险资金运用平均收益率为7.56%（见图4）。

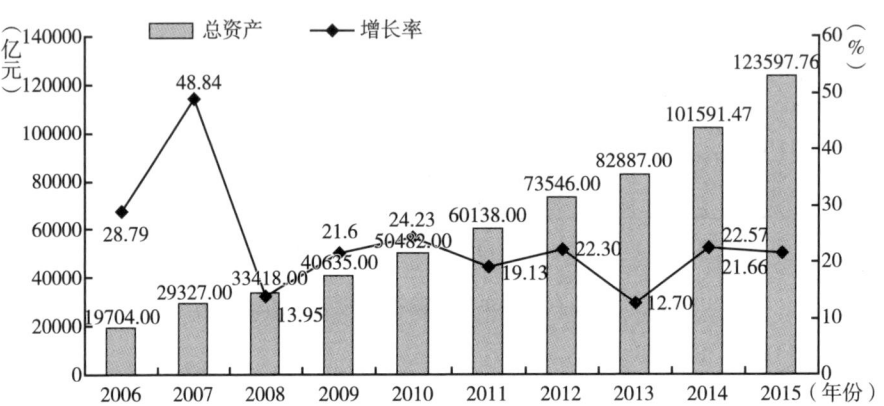

图3　2006~2015年保险业总资产和增幅对比

资料来源：中国保监会网站。

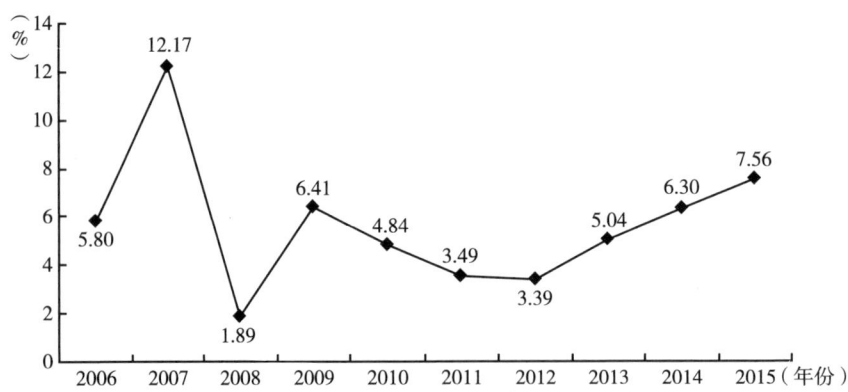

图4　2006~2015年保险资金运用平均收益率

资料来源：中国保监会网站。

二 2015年保险业重大举措

（一）进一步贯彻落实"新国十条"

2014年8月10日，国务院发布"新国十条"，再次以"顶层设计"的方式，明确保险业在经济和社会中的定位。2014年下半年，为落实"新国十条"，国务院办公厅发布《关于加快发展商业健康保险的若干意见》，中国保监会采取了以下举措：一是放开保险资金投资创业企业的限制；二是加快推进巨灾保险试点工作；三是开展保险资金运用属地监管试点；四是与浙江省政府合作建设宁波保险创新综合示范区。2015年，中国保监会和其他政府机关进一步贯彻落实"新国十条"，采取了一系列举措（见表1）。

表1 2015年落实"新国十条"的举措

序号	类别	文件名称	相关政府部门	文号	发布日期
1	保险服务功能拓展	关于加强保险业服务天津自贸试验区建设和京津冀协同发展等重大国家战略的意见	中国保监会、天津市人民政府	保监发〔2015〕65号	2015年7月10日
2		关于保险业支持重大工程建设有关事项的指导意见	中国保监会、发改委	发改投资〔2015〕2179号	2015年9月24日
3		关于保险业服务京津冀协同发展的指导意见	中国保监会	保监发〔2015〕106号	2015年12月3日
4		关于大力发展信用保证保险服务和支持小微企业的指导意见	中国保监会、工业和信息化部、商务部、人民银行、银监会	保监发〔2015〕6号	2015年1月8日
5		关于开展食品安全责任保险试点工作的指导意见	国务院食品安全办、食品药品监管总局、中国保监会	食安办〔2015〕1号	2015年1月21日
6		关于开展首台(套)重大技术装备保险试点工作的指导意见	中国保监会	保监发〔2015〕15号	2015年2月2日

续表

序号	类别	文件名称	相关政府部门	文号	发布日期
7	商业车险费率改革	关于深化商业车险条款费率管理制度改革的意见	中国保监会	保监发〔2015〕18号	2015年2月3日
8		关于印发《深化商业车险条款费率管理制度改革试点工作方案》的通知	中国保监会	保监产险〔2015〕24号	2015年3月20日
9	人身险费率改革	关于万能型人身保险费率政策改革有关事项的通知	中国保监会	保监发〔2015〕19号	2015年2月3日
10		关于加强人身保险费率政策改革产品管理有关事项的通知	中国保监会	保监寿险〔2015〕136号	2015年7月31日
11		关于推进分红型人身保险费率政策改革有关事项的通知	中国保监会	保监发〔2015〕93号	2015年9月25日
12	税收优惠	关于开展商业健康保险个人所得税政策试点工作的通知	财政部、国家税务总局、中国保监会	财税〔2015〕56号	2015年5月8日
13		关于印发《个人税收优惠型健康保险业务管理暂行办法》的通知	中国保监会	保监发〔2015〕82号	2015年8月10日

1. 保险服务功能拓展

在"新国十条"中，国务院要求，要发挥保险资金长期投资的独特优势，支持国家重要基础设施建设、重大工程建设、城镇化建设，为重大国家战略实施助力；加快发展小微企业信用保险，将与公众利益关系密切的环境污染、食品安全等领域作为责任保险发展重点，拓展保险服务功能，推动保险服务经济机构调整。2015年7月，围绕天津自贸试验区建设、京津冀协同发展等国家战略，中国保监会联合天津市政府，发布《关于加强保险业服务天津自贸试验区建设和京津冀协同发展等重大国家战略的意见》；12月，中国保监会单独下发《关于保险业服务京津冀协同发展的指导意见》，旨在充分发挥保险服务经济社会功能，支持京津冀协同发展和天津自贸试验区建设。2015年9月，中国保监会和国家发改委联合下发《关于保险业支持重大工程建设有关事项的指导意见》，要求充分发挥保险资金长期投资和保险业风险保障的优势，支持国家重点工程建设，为经济增长和结构调整提供有力支撑。上述政策措施，充分体现了保险资金投资期限长、能为重大战略实现提供持续、稳定资金的优势,也凸显了保险业在我国经济中的重要地位。

除了为重大工程建设提供资金外,保险业还通过为经济和社会发展提供急需的保险产品而服务于经济结构调整。2015年,中国保监会单独或联合其他政府部门下发了《关于大力发展信用保证保险服务和支持小微企业的指导意见》《关于开展食品安全责任保险试点工作的指导意见》《关于开展首台(套)重大技术装备保险试点工作的指导意见》,通过大力发展信用保证保险、开展食品安全责任保险和首台(套)重大技术装备保险试点等方式,进一步拓展保险服务功能,促进经济结构调整,提升经济发展质量。

2. 商业车险费率改革

作为财产险市场改革化最重要的组成部分,2015年商业车险费率改革正式启动。2015年2月,中国保监会下发《关于深化商业车险条款费率管理制度改革的意见》,确立了商业车险条款费率制度改革的指导思想、基本原则和主要目标,中国保监会希望以市场化为导向,逐步扩大财产险公司的商业车险费率厘定自主权,形成"以行业示范条款为主体,创新型条款为补充,标准化、个性化并存的商业车险条款体系",同时,通过动态监管和偿付能力监管,强化商业车险条款费率监管。1个月后,中国保监会下发《深化商业车险条款费率管理制度改革试点工作方案》,推动商业车险条款费率管理制度改革试点工作。

3. 人身险费率改革

鉴于费率改革对于人身险发展至关重要,中国保监会采取非常审慎的态度,以"三步走"的方式,逐步推进传统寿险、万能险和分红险费率改革。2013年,中国保监会启动人身险费率定价机制改革,取消传统寿险产品2.5%预定利率上限,2015年,人身险费率改革深入推进,中国保监会分别下发《关于万能型人身保险费率政策改革有关事项的通知》《关于推进分红型人身保险费率政策改革有关事项的通知》,对分红险和万能险费率进行了调整,给予人身险公司更大的自主权,具体情况如表2所示。

表2　分红险和万能险费率调整

险种	预定利率（最低保证利率）	评估利率
分红险	预定利率由保险机构自行决定	Min（预定利率,3%）
万能险	最低保证利率由保险机构自行决定	3.5%

在人身险产品中，分红险和万能险占有主导地位，放开预定利率限制，意味着人身险费率改革取得重大突破。放开预定利率限制，保险机构间的竞争将加剧，将逐步改变人身险产品同质化严重这一困境，提升保险产品的竞争力，2015年，分红险和万能险增长迅速，可能改变目前的人身险市场格局，投资能力强的人身险公司可能脱颖而出，实现跨越式增长和"弯道超车"，如富德生命人寿、华夏人寿和安邦人寿等。但同样不能忽视的是，20世纪90年代，中国保监会设定预定利率上限就是为了防止保险机构间的恶性竞争，现今放开预定利率，如不能进行有效监管和引导，20世纪90年代初保险业的乱象可能会再一次出现。

4. 个人税收优惠型健康保险取得突破

2015年，对于人身险公司而言，除了分红险和万能险费率改革外，另一个重大利好，就是个人税收优惠型健康保险终于取得突破。2015年5月，财政部、国家税务总局和中国保监会联合下发《关于开展商业健康保险个人所得税政策试点工作的通知》（以下简称《通知》），开展商业健康保险个人所得税政策试点工作。根据《通知》的规定，在试点地区，个人购买商业健康保险产品的支出，可以在当年（月）计算应纳税所得额时予以税前扣除，扣除限额为2400元/年（200元/月）。尽管扣除限额不高，但毕竟迈出了重要一步，随着我国社会老龄化日益严重，可以预期，扣除限额将会提高，对保险业的促进作用也会更大。商业健康保险个人所得税政策是政府针对个人购买商业健康保险推出的首个税收优惠政策，鉴于税收政策存在杠杆作用，其将有利于引导民众购买商业健康保险。

专栏一　再保险主体不断增加

再保险作为保险的保险，发挥着保险业的"安全阀"和保险市场的"调控器"的作用，是加强风险管理、扩大保险市场承保能力的重要途径，是保险产品科学定价的重要依据，也是提升保险业的技术服务能力和风险管理水平的重要保障。

相较于我国直保市场的日趋完善，我国再保险市场仍处在初期发展阶段。虽然近十年来，我国再保险市场逐渐从封闭发展到对外、对内开放，但我国再保险的市场主体仍然偏少，专业的再保险市场主体除中国再保险（集团）股份有限公司及其旗下子公司外，也仅有6家外资再保险公司的分公司。而"新国十条"要求加快发展再保险市场，增加再保险市场主体，在政策层面支持再保险的发展。根据"新国十条"到2020年保险深度达到5%、保险密度达到3500元/人的规划，2020年我国国内再保险市场规模将可以达到3300亿元，国内再保险拥有广阔的发展前景。2015年，再保险市场主体呈现增加的趋势，对内、对外开放进一步深化。

一是直保公司设立独立再保险公司。2015年4月，中国人民保险（集团）股份有限公司发布公告，其与子公司人保财险签订了设立再保险公司的发起人协议，注资10亿元，目前还处在中国保监会审批阶段。除此之外，根据媒体报道，安邦保险也曾表达欲设立再保险公司的愿望。

二是境外再保险公司设立境内子公司和分支机构。2015年11月，经中国保监会批准，在香港注册的太平再保险有限公司将北京分公司改建为独资子公司，改建后的公司名称为"太平再保险（中国）有限公司"，注册资本为人民币10亿元。另外，受"偿二代"对境内再保险和境外再保险不同风险因子的影响，之前经营离岸业务的境外再保险公司，也开始准备设立分支机构。

三是上市公司和民资进入再保险领域。2015年2月，七匹狼发布公告，称其与主发起人前海金控以及中国邮政、远致投资、爱仕达电器、腾邦国际、启天控股拟共同出资30亿元设立前海再保险股份有限公司；8月，新

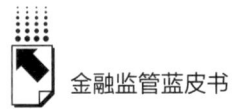

华联发布公告,称其与泛海控股间接全资持有的子公司(武汉中央商务区建设投资)、巨人投资、亿利资源、汇源集团全资子公司(重庆三峡果业)拟出资100亿元人民币,共同发起设立国内首家民营资本创办及主导的再保险公司,即亚太再保险股份有限公司;11月,中天城投发布公告,称其拟与中江国际信托、北京汇金嘉业投资、乐富支付、深圳鸿兴伟创科技、北京宏达信资产共同作为发起人,出资15亿元人民币,设立华宇再保险股份有限公司。目前,上述三家再保险公司都未完成中国保监会的审批,尚未正式成立。

再保险主体的增加,一方面得益于政策的支持,另一方面是因为保险行业以及再保险的良好发展前景,各路资本都想从中国的再保险市场中掘金。再保险主体的增加,是保险业发展的必然趋势,可以增加国内再保险的供给,扩大保险市场的承保能力,也可以促进再保险市场竞争,提升市场活力。但对于再保险市场的新参与者,尤其是民营资本来说,其面临的风险和挑战也不能忽视。一是再保险作为承担风险的载体,需要雄厚的资本支撑,从上述公告来看,拟设立的新再保险主体资本并不多,这会对其承保能力造成束缚。二是再保险是一个专业性、技术性非常强的领域,对风险管理能力的要求较高,再保险业务的运行需要长时间的积累,新参与者在管理能力、专业人才等方面与国内外老牌再保险公司还存在不小的差距。

(二)"偿二代"监管规则正式发布

2015年2月,中国保监会发布了《保险公司偿付能力监管规则(1~17号)》,"偿二代"监管规则正式发布。同时,中国保监会发布了《关于中国风险导向偿付能力体系实施过渡期有关事项的通知》,明确过渡期内"偿二代"试运行的具体要求。

1. "偿二代"监管规则的主要内容

"偿二代"监管规则的第1~9号为第一支柱定量资本要求。一是明确了实际资本的评估标准;二是明确最低资本的计量方法,分别针对保险风险

（区分非寿险业务、寿险业务和再保险公司）、市场风险和信用风险的最低资本规定了计量方法；三是对保险机构的实际资本进行分级，明确各类资本的标准和特点；四是要求保险机构进行动态偿付能力测试；五是对不满足定量资本要求的保险机构，区分不同情形，采取不同的监管措施。

"偿二代"监管规则的第10～12号为第二支柱定性监管要求。一是监管部门综合第一支柱对能够量化的风险的定量评价以及第二支柱对难以量化风险（包括操作风险、战略风险、声誉风险和流动性风险）的定性评价，对保险机构总体的偿付能力风险水平进行全面评价；二是监管部门对保险机构的风险管理提出具体监管要求，如治理结构、内部控制、管理架构和流程等，并对保险机构风险管理能力和风险状况进行评估。三是监管检查和分析，即对保险机构偿付能力状况进行现场检查和非现场分析；四是对不满足定性监管要求的保险机构，区分不同情形，明确可采取的监管干预措施。

"偿二代"监管规则的第13～15号为第三支柱市场约束机制。一是通过对外信息披露手段，充分利用除监管部门之外的市场力量，对保险机构进行约束；二是监管部门通过偿付能力信息交流、信用评级等多种手段，完善市场约束机制，优化市场环境，促进市场力量更好地发挥对保险机构风险管理和价值评估的约束作用。

"偿二代"监管规则的第16号明确了偿付能力报告编制和报送的内容、类型、时间等内容；第17号明确了保险集团在最低资本、实际资本的特殊计量以及集团层面特有的偿付能力风险（风险传染、组织结构不透明、集中度风险、非保险领域风险等）方面的管理。

2. "偿二代"过渡期内的具体执行事宜

中国保监会规定，自"偿二代"监管规则发文之日起，进入"偿二代"过渡期，保险机构自2015年一季度起，编报"偿二代"下的偿付能力报告；在过渡期内，"偿一代"和"偿二代"并行，保险机构应当分别按照"偿一代"和"偿二代"标准编制两套偿付能力报告，中国保监会以"偿一代"为监管依据。

3. "偿二代"对保险业的影响

"偿二代"的实施将对我国保险业发展产生深远影响,根据中国保监会公布的测试结果,在"偿二代"下,财产险业务将会释放500亿资本、寿险业务将会释放5000亿资本,并将进一步推动保险业市场化改革,促使保险业转变发展方式和提高风险管理水平,实现经营管理的精细化、产品的差异化,提升保险业的竞争力。鉴于"偿二代"的实施是一个长期的过程,上述影响可能需要经过较长时间才能充分显现出来。

(三)资金运用放开前端、管好后端

2012~2014年,中国保监会将资金运用市场化改革的重心放在"放开前端"上,2015年,中国保监会在继续放开前端的基础上,将"管好后端"作为保险资金运用监管的重心。

1. 继续放开前端

(1) 拓宽境外投资空间

2012年,中国保监会放开了香港主板市场、境外未上市企业股权、不动产及相关金融产品等投资领域。经过两年多在境外市场上的历练,保险机构对境外市场有了更深入的理解和把握,积攒了一些境外投资经验,与此同时,保险机构境外配置资产的需求也越来越强烈,中国保监会也需要进一步放开境外投资限制,实现保险资金的全球配置,以分散投资风险,同时支持国家"一带一路"建设。中国保监会下发了《关于调整保险资金境外投资有关政策的通知》,该通知拓宽了境外投资范围,主要表现为:一是将保险资产管理机构受托集团内保险资金投资于境外市场,由我国香港地区扩展至45个国家和地区;二是允许投资香港创业板;三是调低固定收益类产品应具备的信用评级。

(2) 提高保险资金投资蓝筹股票监管比例

2015年6月,A股市场出现倾泻式下跌,为促进资本市场持续稳定发展,同时也为优化保险资金配置,给予保险机构更多的自主权,中国保监会下发了《关于提高保险资金投资蓝筹股票监管比例有关事项的通知》。该通

知提高了保险资金投资蓝筹股票的监管比例,对于符合一定条件的保险机构,投资单一蓝筹股的比例上限由占上季度末总资产的5%提高至10%,权益类资产投资比例上限由占上季度末总资产的30%调整为40%。另外,为鼓励保险机构投资于蓝筹股,支持资本市场,中国保监会还将另行通知,适度提高保险资金投资蓝筹股的资产认可比例。

2. 管好后端

(1) 强化保险资金运用信息披露

2015年4月和12月,中国保监会分别下发《保险公司资金运用信息披露准则第2号:风险责任人》《保险公司资金运用信息披露准则第3号:举牌上市公司股票》,强化保险资金运用的信息披露管理。

2013年至今,中国保监会已针对风险责任人下发了4个规范性文件,分别为《关于加强和改进保险机构投资管理能力建设有关事项的通知》、《关于保险机构投资风险责任人有关事项的通知》、《关于保险资产管理产品风险责任人有关事项的通知》以及2号准则,足见中国保监会对风险责任人的重视。中国保监会通过前三个规定,从任职条件、专业能力、职责权限、报告事项方面进行了明确规定,旨在强化风险责任人的履职能力、履职责任。2号准则更进一步,要求公开披露风险责任人的相关信息,通过引入社会监督,落实保险机构的风险责任,强化风险责任人的责任意识,防范资金运用风险。

3号准则的发布源于2015年12月出现的"宝万之争"。近年来,随着保险资金运用改革不断深入,保险资金运用限制越来越少,为给不断增长的保险资金寻求长期、稳定的投资收益,保险资金大举购买二级市场的股票并举牌一些绩优上市公司,尤其是房地产公司和银行,由此引发了一些控股权之争,如宝能集团(前海人寿的股东)与万科管理层间的万科控股权之争。在"宝万之争"中,部分媒体对宝能集团的资金来源进行了渲染,甚至有人无端指责前海人寿的资金来源于洗钱,使保险资金运用的声誉受到了极大影响。同时,鉴于部分保险机构通过销售短期的万能险募集资金,高价竞购上市企业的股票,存在期限错配、成本和收益不匹配的风险,中国保监会下发了3号准则,规定保险机构举牌上市公司,在上市公司发布公告后2个工作日内,应披露资金来源、投资比例以及管理方式等信息。

(2) 强化资产负债管理

3号准则是中国保监会针对资产负债错配风险采取的措施之一。2015年12月,中国保监会还下发了《关于加强保险公司资产配置审慎性监管有关事项的通知》,该通知主要针对的是投资性保险产品占有较大比重的保险机构,要求上述机构进行规定情景下的资产配置压力测试,评估对资产收益率、现金流和偿付能力的影响,中国保监会将对保险机构资产负债管理和压力测试情况进行审慎性评估,并将视情况采取提高流动性资产比例、限制资金运用渠道或比例、限制相关保险产品业务销售以及责令股东提供资金支持等监管措施。

(3) 强化保险资金运用内部控制

2015年12月,中国保监会下发《保险资金运用内部控制指引》及应用指引第1号~第3号,要求保险机构强化对保险资金运用的内部控制管理。近年来,保险资金运用规模增长迅猛,保险资金运用市场化改革深入推进,可投资的领域不断扩大,保险资金运用收益率逐年提升,但是,部分保险机构的内部管理却未能跟上改革的步伐,内部控制制度不健全,决策程序不规范,缺乏有效的监督约束机制。中国保监会下发指引,旨在为行业设立一套有效的资金运用内部控制标准,推动保险机构建立健全内部控制机制,为保险市场化改革顺利推进提供保障。

指引采用总、分的形式,总指引确立内部控制标准、原则以及基本要素;应用指引面向具体的投资领域,目前包括银行存款、固定收益以及股票和股票型基金,主要针对投资过程中的一些具体环节,如分工与授权、投资决策控制、投资执行控制以及投后管理等,明确了具体标准和要求。可以预见,2016~2017年,中国保监会将会针对其他投资领域,如股权投资、房地产投资,陆续发布新的应用指引。此外,中国保监会在下发指引时明确要求,保险机构应聘请独立第三方审计机构开展保险资金运用内部控制专项审计,并向保监会报告,中国保监会将专项审计结果作为监管依据。

专栏二　保险资金举牌上市公司

　　长期以来保险资金在 A 股市场上给人以稳健、低调的形象，甚至偏于保守。究其原因，是因为相较于固定收益类等投资产品，权益类资产的风险较大，而鉴于保险本身是风险管理工具，保险机构具有防范或规避风险的基因属性。另外，从监管层面来看，中国保监会也对保险资金运用设置了严格的监管要求，要求保险机构投资权益类资产的账面余额，合计不高于本公司上季度末总资产的 30%；重大股权投资的账面余额，不高于本公司上季度末净资产；投资单一固定收益类资产、权益类资产、不动产类资产、其他金融资产的账面余额，均不高于本公司上季度末总资产的 5%。

　　万科与宝能之争在 2015 年底爆发，涉及前海人寿和安邦保险两家保险机构，保险资金在 A 股市场上的低调、平静的状态被打破。其实在万科与宝能的争端发生之前，保险资金从 2015 年下半年开始已经在 A 股市场上不断加力，安邦保险、富德生命人寿等保险机构表现抢眼。根据《证券日报》的报道，截至 2015 年三季度末，已经有 408 家上市公司的前十大流通股股东出现保险资金身影，持股总数达 488.40 亿股，市值达到 7940.30 亿元，而且保险资金主要以银行、地产、券商等蓝筹股为投资标的。

　　保险资金在 A 股市场上的表现是内因和外因共同作用的结果。一方面，2015 年在整体经济环境不景气的情况下，保险业保持了高速的增长，2015 年前 11 个月原保费同比增长接近 20%，保费的增长也给保险机构带来了成本压力，以异军突起的万能险尤为典型。由于万能险的利率水平普遍高于目前市场的平均利率水平，万能险受到投资者的青睐，其在给保险机构带来保费的同时，也带来巨大的收益压力。而保险资金一直以来都是固定收益类产品的主力，但在低利率的市场环境下，保险机构不得不调整资产配置的策略。另一方面，由于 2015 年 6 月股市倾泻式下跌，保险资金扮演了重要的护盘角色，中国保监会也出台了《关于提高保险资金投资蓝筹股票监管比例有关事项的通知》，放宽了保险资金投资蓝筹股票监管比例，对于符合条件的保险机构，将投资单一蓝筹股票的比例上限由占上季度末总资产的 5%

调整为10%，投资权益类资产达到30%比例上限的，可进一步增持蓝筹股票，最高可达到上季度末总资产的40%。另外，"偿二代"很可能在2016年正式实施，"偿二代"以风险为导向，而权益投资类的投资资产会占用保险机构大量的资本，导致偿付能力下降。但如果持股比例达到长期股权投资的标准，其权益价格的计算与上市普通股票的计算便会有很大的不同，可以规避股价波动所导致的认可资产的变化，并且可以按照权益法核算并入公司财务报表，增加公司利润。所以，保险机构从自身业务需要、监管政策支持以及满足偿付能力监管要求等各个方面来看，都具有增持上市权益资产的需求，在上述内外因的共同作用下，出现了保险资金频繁举牌上市公司的现象。

需要警惕的是，20世纪90年代末一直到21世纪初，日本保险机构的破产潮就是由泡沫经济破灭后的利差损和持有的房地产、债权及股票等资产贬值引起的，所以在保险资金如火如荼地举牌上市公司的同时，监管机构也须关注到其可能带来的风险。一是关注资产错配和流动性风险。保险资金举牌上市公司的资金主要来源于保费，而保费是一种在未来需要偿付的负债，具有期限性，由于不同的险种负债期限不同，故尤其需要关注期限较短险种的保费长配的问题。中国保监会发布了《关于加强保险公司资产配置审慎性监管有关事项的通知》，以防范保险机构资产负债错配风险和流动性风险，要求保险机构分析资产负债匹配状况，进行资产配置压力测试，并向中国保监会提交压力测试报告，报告不同产品大类账户的资产配置结构及比例等内容。对于公司资产负债管理存在重大缺陷或出现重大资产负债错配风险及流动性风险的，中国保监会应采取相应的监管措施。二是要求保险机构进行充分的信息披露。"阳光是最好的防腐剂"，充分的信息披露可以避免风险的发生，中国保监会发布了《保险公司资金运用信息披露准则第3号：举牌上市公司股票》，规范保险机构举牌上市公司股票的信息披露行为。要求保险机构持有或者与其关联方及一致行动人共同持有一家上市公司已发行股份的5%，以及之后每增持达到5%时，应当于上市公司公告之日起2个工作日内，在保险公司网站、中国保险行业协会网站，以及中国保监会指定媒体发布信息披露公告，披露被举牌上市公司股票名称、交易日期、参与举牌的关联方及一致行动人情况、投资该上市公司股票的账面余额及占上季度末总资产的比例、交易方式、资金来源等内容。

（四）推进量化监管和分类监管

早在2009年，中国保监会尝试推进分类监管，发布了《关于实施保险公司分类监管有关事项的通知》，后又陆续发布了《保险专业中介机构分类监管暂行办法》《保险公司分支机构分类监管暂行办法》《关于建立分类监管评价结果通报制度的通知》等一系列规范性文件，建立了量化监管和分类监管体系，上述规范性文件主要侧重于风险管理。

近年来，保险量化监管和分类监管有加速的趋势。2014年6月，中国保监会下发《保险资金运用内控与合规计分监管规则》，推进保险资金运用内控合规的量化监管和分类监管。2015年，中国保监会更进一步，陆续下发了《保险公司服务评价管理办法（试行）》《保险公司经营评价指标体系（试行）》《保险法人机构公司治理评价办法（试行）》，虽然这三个规定各有侧重，但是，均体现了中国保监会量化监管和分类监管的思路，分别从保险机构服务、经营和公司治理这三个方面推进量化监管和分类监管。量化监管和分类监管相辅相成，量化是基础，量化的结果最终成为分类评价、分类监管的依据。

1. 服务评价

自2011年项俊波主席执掌中国保监会后，中国保监会确立了"抓服务、严监管、防风险、促发展"十二字方针，将"抓服务"放在保险监管工作的第一步，且做了很多卓有成效的工作，如开展车险理赔难和寿险销售误导治理工作。"新国十条"下发后，中国保监会加快了保险服务评价体系的建设。2015年8月，中国保监会下发了《保险公司服务评价管理办法（试行）》（以下简称《办法》），旨在为保险行业建立一套服务评价体系，推动保险机构改善服务，提升保险行业的形象。《办法》确立了保险服务评价的标准以及原则，针对财产险和人身险分别建立了定量标准，由专门设立的保险服务评价委员会负责打分，根据打分情况将保险机构服务划分为A、B、C、D四个大类10个等级，评价工作每年开展一次，评价结果由中国保监会对外发布。比较让人意外的是，《办法》并没有明确相应的监管措施。假以时日，保险行业改善服务的努力成果将会逐渐显现。

2. 经营评价

2015年8月，中国保监会下发《保险公司经营评价指标体系（试行）》，中国保监会表示，经营评价体系与服务评价体系、分类监管评价体系构成了"三位一体"的保险监管评价体系，通过构建经营评价指标体系，引导保险机构转变发展模式、提升经营效益。经营评价指标体系主要从速度规模、效益质量和社会贡献三个方面对保险机构的经营状况进行评价，并根据评价结果，将保险机构分为A、B、C、D四类，经营评价由中国保险行业协会具体实施，每年评价一次，并向社会公布评价结果。中国保监会认为，速度规模反映保险机构的发展态势，效益质量反映保险机构的经营结果，社会贡献反映保险经营的社会效益，保险机构的经营只有实现速度规模、效益质量和社会贡献的有机结合，才能充分发挥保险功能、服务经济社会大局。速度规模、效益质量和社会贡献在指标体系中的权重分别为30%、50%和20%，从中也可以看出中国保监会对于保险业效益质量的重视程度。

3. 公司治理评价

2015年12月，中国保监会发布了《保险法人机构公司治理评价办法（试行）》，专门针对保险机构公司治理中存在的问题和风险点，建立了一套动态评价标准。公司治理评价与保险服务评价及经营评价存在三个方面的差异，一是公司治理评价采取自评和监管评价相结合的方式，后两个评价均未要求保险机构进行自评；二是公司治理评价结果不向社会公布，后两个评价结果则需要向社会公布；三是对于公司治理评价结果，中国保监会将其作为行政许可审批时的参考条件，而对于后两个评价，中国保监会未有相应考虑，只是希望将其引入社会监督以促进保险机构改善服务质量和经营效益。

公司治理评价采取保险机构自评和监管评价相结合的方式，其中，自评权重为40%，监管评价权重为60%。保险机构每年从职责边界、胜任能力、运行控制、考核激励和监督问责五个方面开展一次自评。监管评价则重点关注保险机构合规经营，监管评价指标包括约束性指标（反映是否违反法律法规）、遵循性指标（反映是否遵循指引性规定，未遵循的是否有合理解释）和调节性指标（反映有无监管函、媒体负面报告、董事或高管被监管谈话、自评分与监管评分偏差度大等），每季度进行一次。中国保监会根据评价结果将保险机构分为优质、合格、重点关注、不合格四个等级，并根据不同等级采取相应的监管措施。

在所有保险监管规定中，"偿二代"相关监管规定最能体现保险分类监管和量化监管思想，如"偿二代"第一支柱即为定量资本要求，保险公司偿付能力监管规则第 10 号即为风险综合评级（分类监管）。通过量化监管和分类监管，中国保监会可以采取更有针对性的措施，实现监管目标。

专栏三　金赛银事件对保险机构综合化经营的影响

据媒体报道，2015 年 9 月至 10 月期间，深圳金赛银基金管理有限公司（以下简称"金赛银基金"）产品的投资者 5 次聚集北京金融街平安大厦进行"维权"，投资者声称，他们所持金赛银基金产品是通过平安人寿营销员购买的，由平安财险提供担保，平安银行是金赛银基金产品的托管银行，平安集团应承担赔偿责任。10 月 15 日，平安人寿接待金赛银基金产品的部分投资者，并在官方微博发表《平安人寿关于"金赛银"事件的说明》，金赛银基金产品兑付危机开始引起保险业的广泛关注。

据媒体报道，2015 年 3 月底至 4 月初，深圳证监局对深圳金赛银基金管理有限公司进行了现场检查，并认定，金赛银基金存在以下三个突出问题：一是将自有财产或者他人财产混同于基金财产进行投资；二是单只基金的投资者超过了法定的 50 人；三是向不合格投资者募集资金。2015 年 4 月，金赛银基金开始出现兑付危机，之后危机愈演愈烈，金赛银基金千余名员工离职，只剩下不到 20 人，9 月金赛银基金负责人失联，10 月，北京市朝阳区经侦大队已对深圳金赛银基金管理有限公司以"非法吸收公众存款罪"立案。截至 2015 年 12 月 31 日，金赛银基金有 30 多亿元的产品无法实现到期兑付。

根据媒体和平安人寿披露的信息,平安人寿官方并未销售过金赛银基金产品,平安集团也没有为金赛银基金产品提供担保,平安产险承保的是金赛银基金的建筑工程险,但是,平安银行是金赛银基金产品的托管银行,对账户资金往来存在监督责任,且有200多名平安人寿的营销员违规销售金赛银基金产品,平安人寿没有及时发现并制止。

截至2015年12月31日,金赛银事件仍在调查之中,平安集团是否承担赔偿责任尚未有定论。该事件反映了平安人寿内部管理存在的一些问题,同时也对平安集团的声誉造成严重影响,甚至可能影响到保险机构的综合化经营。近年来,保险机构综合化经营趋势日益明显。2013年6月,中国证监会发布《保险机构销售证券投资基金管理暂行规定》,允许符合一定条件的保险机构销售基金产品,上述规定的发布有利于保险机构拓宽业务领域,实现保险和基金产品的交叉销售,但同时也使风险跨行业传递成为可能,特别是在目前的保险营销体制下,如不能有效管理营销员队伍,从事基金销售的保险机构可能会成为理财产品兑付危机的"接盘者"。在我国经济进入新常态,地产、矿业持续低迷的大背景下,金赛银事件并非个案,可能频繁发生,且风险跨行业传递,在此背景下,监管机构可能对综合化经营持更审慎态度。据媒体报道,2015年12月29日,在中国保监会召开的保险行业风险防范工作会议上,项俊波主席专门提到了"一些营销员离开了保险公司,但依然打着保险公司的旗号,利用手中的资源售卖一些理财产品,极大影响了保险行业的声誉"。

(五)简政放权

近年来,国务院深化行政体制改革、加快政府职能转变,不断简政放权,并将行政审批制度改革作为重要抓手和突破口。为落实国务院的政策要求,中国保监会在2015年取消和调整一批行政审批项目,并按照"放管结合"的原则,明确了相关事项的后续管理措施。

1. 审批制改为备案制2项

（1）取消5%以下股权转让及改变组织形式审批，但需报中国保监会备案并向社会公告。变更5%以上股权的，仍需按照《保险法》第84条的规定进行前置审批。

（2）取消保险机构资本保证金处置审批。根据《保险公司资本保证金管理办法》的规定，以下处置行为应当向中国保监会备案：①开业或增资提存资本保证金；②到期在原存放银行续存；③到期转存其他银行，包括在同一银行所属分支机构之间转存；④到期变更存款性质；⑤提前支取，仅限于清算时动用资本保证金偿还债务，或注册资本（营运资金）减少时部分支取资本保证金；⑥其他动用和处置资本保证金的行为。对于前述资本保证金处置行为，保险机构应在资本保证金存妥后10个工作日内向中国保监会备案。

2. 审批制改为事后报告6项

取消投资连结保险的投资账户设立、合并、分立、关闭、清算等事项审批，保险机构在境外设立代表机构审批，保险经纪机构动用保证金审批，保险代理机构动用保证金审批，保险专业代理机构分立、合并、变更组织形式、设立分支机构及解散退出审批，保险经纪机构分立、合并、变更组织形式、设立分支机构及解散退出审批6项行政审批。

对于上述取消的审批事项，中国保监会要求相关保险机构或保险经纪机构在发生上述事项后一定时间（一般为5～20个工作日）内，向中国保监会或保监局报告。

3. 审批制改为其他管理方式4项

（1）取消从事机动车交通事故责任强制保险业务审批。由业务审批改为产品审批，中国保监会将研究和发布相关规定，明确机动车交通事故责任强制保险产品审批流程及相关要求。

（2）取消保险机构可投资企业债券的信用评级机构核准。核准取消后，中国保险行业协会自律管理，每年组织保险机构对评级机构评级质量进行评价并公布评价结果；中国保监会也将跟踪监测、定期检验评级机构的能力变

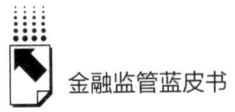

化情况及评级行为，对于评级机构不再符合规定能力条件的，予以市场退出。

(3) 取消外资保险机构再保险关联交易审批。取消审批后，中国保监会将根据《关于实施再保险登记管理有关事项的通知》建立再保险登记制度，对外资保险机构再保险交易关联方的信用风险进行持续有效监管。同时，通过"偿二代"引导外资保险机构调整再保险策略。

(4) 取消保险机构经营农业保险业务审批。将农业保险市场准入从审批制改为目录制，即只有目录内的保险机构方可开展农业保险业务。

4. 取消从业资格核准2项

取消保险销售从业人员和保险经纪从业人员资格的核准，各保监局不再受理保险销售从业资格考试报名，不再颁发《保险销售从业人员资格证书》和《保险经纪从业人员资格证书》。资格证书不作为执业登记管理的必要条件，但保险中介从业人员执业前，所属公司应当为其在中国保监会保险中介监管信息系统进行执业登记。

5. 取消工商登记前置审批事项4项

为落实国务院关于先照后证、清理工商登记前置审批项目的要求，中国保监会取消了保险资产管理公司及其分支机构设立审批、保险集团公司及保险控股公司设立审批、保险代理机构设立审批、保险经纪机构设立审批4项工商登记前置审批事项，并调整有关设立方式和申报材料。

（六）互联网保险监管

随着互联网、移动通信技术的发展，互联网和移动互联网也对传统行业产生了冲击，互联网与金融行业也不断碰撞融合。作为现代金融业重要组成部分的保险业，也在与互联网相互融合，互联网保险的发展刺激着保险行业加快创新、改变经营模式，同时也在潜移默化地改变着保险消费者的消费习惯。互联网保险作为一项新兴的事物，在带来变革、创新的同时，也面临着监管缺位的问题，如何防范互联网保险的风险隐患、保障保险消费者的利益、充分发挥互联网保险的作用，监管机构尤为关注。

2015年，中国人民银行和中国保监会从宏观和微观两个层面，对互联网保险进行规范。

1. 中国人民银行对互联网金融的监管

中国人民银行等十部委按照"鼓励创新、防范风险、趋利避害、健康发展"的总体要求，联合印发了《关于促进互联网金融健康发展的指导意见》（以下简称《指导意见》）填补了互联网金融监管的空白。

《指导意见》从多方面为互联网金融发展提供支持：鼓励支持有条件的金融机构、互联网企业、电子商务企业等从业机构利用各自优势开展互联网金融业务；支持拓宽从业机构融资渠道，改善融资环境；要求相关政府部门坚持简政放权，营造有利于互联网金融发展的良好制度环境。同时，也要求积极推动信用基础设施建设，培育互联网金融配套服务体系等。

在鼓励互联网金融的同时，也落实了监管责任，明确了风险底线，保护合法经营。《指导意见》划分了人民银行、银监会、证监会和保监会的监管职责，其中，保监会负责互联网保险的监督管理。特别要求互联网保险应加强风险管理，完善内控系统，确保交易安全、信息安全和资金安全。此外，也要求互联网从业机构建立客户资金第三方存管制度；健全信息披露、风险提示和合格投资者制度；强化消费者权益保护；加强网络与信息安全，妥善保管客户资料和交易信息；采取有效措施履行反洗钱义务，并协助公安和司法机关防范和打击互联网金融犯罪；加强互联网金融行业自律等。

2. 中国保监会对互联网保险的监管

近年来，中国保监会一直支持互联网保险创新发展，不断探索互联网保险监管。从2013年开始，已经批准众安在线保险股份有限公作为互联网保险公司试点机构。2015年，中国保监会有序增加专业互联网保险公司试点机构，批准筹建易安财产保险股份有限公司、安心财产保险有限责任公司、泰康在线财产保险股份有限公司三家互联网保险公司；并发布了《互联网保险业务监管暂行办法》，专门规范互联网保险经营行为，这也是第一个落实《指导意见》的分类监管规定。

（1）明确适用范围及经营条件。保险公司、全国性的保险专业中介机构可以依托互联网和移动通信等技术,通过自营网络平台、第三方网络平台等订立保险合同、提供保险服务。保险公司或保险集团下属的非保险类子公司或其他子公司、保险资产管理公司、区域性保险专业中介机构、保险兼业代理机构等,均不能经营互联网保险业务。保险公司的从业人员不得以个人名义开展互联网保险业务。

保险公司开展互联网保险业务的,应由总公司建立统一集中的业务平台和处理流程,实行集中运营、统一管理。第三方网络平台经营开展互联网保险业务的,应取得保险业务经营资格。

(2) 有条件地放开经营区域限制。基于互联网方便、快捷、跨地域的特点,中国保监会有条件地放开部分险种的经营区域限制。保险公司在具有相应内控管理能力且能满足客户服务需求的情况下,可将部分险种的互联网保险业务经营区域扩展至未设立分公司的省、自治区、直辖市,该类险种包括人身意外伤害保险、定期寿险和普通型终身寿险,投保人或被保险人为个人的家庭财产保险、责任保险、信用保险和保证保险,能够独立、完整地通过互联网实现销售、承保和理赔全流程服务的财产保险业务等。

(3) 明确信息披露要求。由于互联网保险非现场的特点,中国保监会对互联网保险科以更严的信息披露义务,要求保险公司开展互联网保险业务不得进行不实陈述、片面或夸大宣传过往业绩、违规承诺收益或者承担损失等误导性描述。保险公司应在开展互联网保险业务的相关网络平台的显著位置,以清晰易懂的语言列明保险产品及服务等信息;应在其官方网站上建立互联网保险信息披露专栏,需披露经营互联网业务的网站名称、网址、产品信息、客户服务及消费者投诉方式等重要信息。

(4) 规范业务经营行为。一是规范业务合作行为。保险公司应将保险监管规定及有关要求告知合作单位;应与第三方网络平台明确约定双方权利义务,确保分工清晰、责任明确;由总公司统一结算、统一授权转账支付相关费用;不得直接或间接给予合作协议约定以外的其他利益。二是规范业务管理行为。保险公司应完整记录和保存互联网保险业务的交易信息;制定应急处置预案,妥善应对因突发事件、不可抗力等原因导致的互联网保险业务经营中断；建立健全客户身份识别制度，加强对大额交易和可疑交易的监控和报告，严格遵守反洗钱有关规定；建立健全互联网保险反欺诈制度，加强对互联网保险欺诈的监控和报告。

三　2016年保险业监管展望

2016年是"十三五"开局之年，也是"偿二代"的正式实施之年，在我国经济进入新常态这一背景下，为实现"新国十条"确立的宏伟目标，确保我国保险业持续健康稳定发展，中国保监会将会继续与相关政府机关部门紧密合作，推动"新国十条"中的政策支持得到落实，同时，加强保险资金运用风险管控，强化对高现金价值产品的管理，防范资产负债错配风险，推动"偿二代"得到有效落实，保障商业车险、人身险费率改革顺利推进，为我国保险业持续健康稳定发展提供有力保证。

（一）进一步落实"新国十条"

2015年，"新国十条"中的部分政策支持措施得到贯彻落实，如个人税收优惠型健康保险取得突破、人身险费率改革取得巨大进展，受上述举措的影响，2015年，保险业发展迅猛，尤其是人身险业务，这也说明，如有适当政策支持，我国保险业发展前景广阔。2016年，为实现"新国十条"的目标，中国保监会将会协同其他政府部门，进一步落实"新国十条"，为保险业发展提供更多的政策红利，如商业养老保险税收递延政策可能在部分地区先行试点。

（二）推动"偿二代"得到有效落实

据媒体报道，在2015年12月29日保险行业风险防范工作会议上，中国保监会副主席陈文辉表示，"偿二代"将在2016年一季度正式实施。作为近些年我国保险监管最重要的举措，可以预料，中国保监会将会采取一系列措施，确保"偿二代"的相关要求得到有效落实，但同时，"偿二代"的

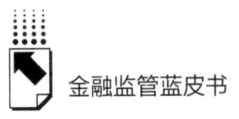

实施将是一个渐进的过程,2016年,中国保监会和保险机构"偿二代"将是"摸着石头过河"。

(三)进一步强化保险资金运用风险管控

2015年,保险资金运用监管重心已由"放开前端"转移至"管好后端",同时,受我国经济增长放缓、部分保险机构"长险短卖、短线长配"以及风险跨行业传递的影响,保险业资金运用风险,尤其是资产负债错配风险,已备受关注。2016年,我国金融形势将更为复杂,中国保监会将继续加强外部监督进而推动保险机构强化内部管理,提升保险业防范风险的能力,避免保险业成为风险的"最后接棒者"。

(四)强化保险产品管理

近年来,保险业市场化改革取得显著成效,尤其是2015年,人身险费率改革取得重大突破,推动了保险业,尤其是人身险业务的快速发展。同时,一些保险机构片面追求业务增长,通过发行一些期限短、高现金价值的投资型保险产品募集资金,投资于房地产、基础设施等投资回报期限较长的资产,已引起社会对其风险的广泛关注。2015年底,中国保监会已就《关于规范高现金价值产品有关事项的通知》(征求意见稿)征求人身险公司的意见,2016年,该通知可能下发,并对人身险公司高现金价值产品发展产生重大影响。

附　录

2015年保险业监管规章、规范性文件目录

类型	发布时间	法规名称	制定部门(文号)
部门规章	4月29日	中国保险监督管理委员会行政处罚程序规定	保监会令2015年第2号
	10月30日	保险公估机构监管规定	保监会令2015年第3号

续表

类型		发布时间	法规名称	制定部门（文号）
部门规章		10月30日	保险公司管理规定	保监会令2015年第3号
		10月30日	保险公司设立境外保险类机构管理办法	保监会令2015年第3号
		10月30日	保险经纪机构监管规定	保监会令2015年第3号
		10月30日	保险专业代理机构监管规定	保监会令2015年第3号
		10月30日	人身保险公司保险条款和保险费率管理办法	保监会令2015年第3号
		10月30日	再保险业务管理规定	保监会令2015年第3号
		10月30日	中国保险监督管理委员会行政处罚程序规定	保监会令2015年第3号
规范性文件	综合类	2月2日	相互保险组织监管试行办法	保监发〔2015〕11号
		2月26日	中国保险业信用体系建设规划（2015~2020年）	保监发〔2015〕16号
		3月10日	关于贯彻实施《中国保险业信用体系建设规划（2015~2020年）》的通知	保监厅发〔2015〕19号
		3月31日	关于取消和调整一批行政审批项目等事项的通知	保监发〔2015〕35号
		4月7日	关于进一步规范保险公司关联交易有关问题的通知	保监发〔2015〕36号
		4月15日	保险机构董事、监事和高级管理人员培训管理办法	保监发〔2015〕43号
		6月9日	关于进一步规范报送《保险公司治理报告》的通知	保监发改〔2015〕95号
		6月12日	关于优化保险公司章程修改等审批程序的通知	保监厅发〔2015〕42号
		7月7日	关于加强保险公司筹建期治理机制有关问题的通知	保监发〔2015〕61号
		7月27日	互联网保险业务监管暂行办法	保监发〔2015〕69号
		8月4日	保险公司服务评价管理办法（试行）	保监发〔2015〕75号
		8月18日	关于取消和调整一批行政审批事项的通知	保监发〔2015〕78号
		8月26日	保险公司经营评价指标体系（试行）	保监发〔2015〕80号
		11月3日	保险小额理赔服务指引（试行）	保监消保〔2015〕201号
		12月11日	保险机构内部审计工作规范	保监发〔2015〕113号
		12月15日	保险法人机构公司治理评价办法（试行）	保监发〔2015〕112号
规范性文件	机构管理类	1月28日	关于大力发展信用保证保险服务和支持小微企业的指导意见	保监发〔2015〕6号
		2月2日	关于开展食品安全责任保险试点工作的指导意见	食安办〔2015〕1号

续表

类型		发布时间	法规名称	制定部门(文号)
规范性文件	财产保险类	2月3日	关于深化商业车险条款费率管理制度改革的意见	保监发〔2015〕18号
		2月28日	关于进一步完善中央财政保费补贴型农业保险产品条款拟订工作的通知	保监发〔2015〕25号
		3月12日	关于实施再保险登记管理有关事项的通知	保监发〔2015〕28号
		3月12日	机动车保险理赔基础指标第1号(试行)	保监发〔2015〕27号
		3月24日	深化商业车险条款费率管理制度改革试点工作方案	保监产险〔2015〕24号
		3月25日	农业保险承保理赔管理暂行办法	保监发〔2015〕31号
		5月7日	关于商业车险改革试点地区条款费率适用有关问题的通知	保监产险〔2015〕47号
		5月13日	关于加强保险公司再保险关联交易信息披露工作的通知	保监发〔2015〕44号
		7月9日	会计师事务所职业责任保险暂行办法	财会〔2015〕13号
规范性文件	人身保险类	1月29日	关于规范人身保险公司赠送保险有关行为的通知	保监发〔2015〕12号
		2月2日	关于促进团体保险健康发展有关问题的通知	保监发〔2015〕14号
		2月13日	关于万能型人身保险费率政策改革有关事项的通知	保监发〔2015〕19号
		4月1日	关于规范投资连结保险投资账户有关事项的通知	保监发〔2015〕32号
		8月10日	关于加强人身保险费率政策改革产品管理有关事项的通知	保监寿险〔2015〕136号
		8月20日	个人税收优惠型健康保险业务管理暂行办法	保监发〔2015〕82号
		8月26日	养老保障管理业务管理办法	保监发〔2015〕73号
		9月16日	关于父母为其未成年子女投保以死亡为给付保险金条件人身保险有关问题的通知	保监发〔2015〕90号
		9月28日	关于推进分红型人身保险费率政策改革有关事项的通知	保监发〔2015〕93号
规范性文件	资金运用类	2月28日	关于保险资产管理产品风险责任人有关事项的通知	保监发〔2015〕24号
		3月31日	关于调整保险资金境外投资有关政策的通知	保监发〔2015〕33号
		4月14日	保险公司资金运用信息披露准则第2号:风险责任人	保监发〔2015〕42号

续表

类型		发布时间	法规名称	制定部门(文号)
规范性文件	资金运用类	7月8日	关于提高保险资金投资蓝筹股票监管比例有关事项的通知	保监发〔2015〕64号
		7月9日	关于保险资产管理产品参与融资融券债权收益权业务有关问题的通知	保监资金〔2015〕114号
		9月11日	资产支持计划业务管理暂行办法	保监发〔2015〕85号
		9月11日	关于设立保险私募基金有关事项的通知	保监发〔2015〕89号
		12月11日	关于加强保险公司资产配置审慎性监管有关事项的通知	保监资金〔2015〕219号
		12月15日	保险资金运用内部控制指引	保监发〔2015〕114号
		12月23日	保险公司资金运用信息披露准则第3号：举牌上市公司股票	保监发〔2015〕121号
规范性文件	财会类	2月17日	保险公司偿付能力监管规则(1-17号)	保监发〔2015〕22号
		4月27日	保险公司资本保证金管理办法	保监发〔2015〕37号
		7月17日	关于在偿二代过渡期内开展保险公司偿付能力风险管理能力试评估有关事项的通知	保监财会〔2015〕125号
		12月23日	中国保险保障基金有限责任公司业务监管办法	保监厅发〔2015〕79号
规范性文件	统计与信息化类	2月17日	老年人住房反向抵押养老保险试点统计制度	保监发〔2015〕2号
		6月23日	商业车险改革统计制度(试行)	保监发〔2015〕54号
		8月3日	关于发布《保险基础数据模型(JR/T 0048-2015)》行业标准的通知	保监发〔2015〕72号
		8月10日	关于发布《保险机构投诉处理规范(JR/T 0127-2015)》行业标准的通知	保监发〔2015〕70号
		8月18日	关于发布《保险基础数据元目录(JR/T 0033-2015)》行业标准的通知	保监发〔2015〕71号
		8月18日	关于发布《农业保险数据规范(JR/T 0128-2015)》行业标准的通知	保监发〔2015〕77号
		11月23日	保险机构企业年金业务统计制度	保监发〔2015〕104号
		11月23日	大病保险统计制度	保监发〔2015〕105号
		11月26日	养老年金保险业务统计制度	保监发〔2015〕108号
规范性文件	中介类	9月23日	关于深化保险中介市场改革的意见	保监发〔2015〕91号
		10月29日	关于严格规范非保险金融产品销售的通知	保监发〔2015〕100号

B.6
信托业监管年度报告

袁增霆*

摘　要： 2014~2015年信托业监管呈现出新的阶段性特征。拥有明确理念和方法内容的新的监管规则框架初步形成，监管措施已经为信托业经营的稳定减速增长创造出有利条件，信托登记制度以及信托公司条例等基础性配套法规制度的建设已经进入日程。但是，2015年中期股市下跌中暴露出的伞形信托监管问题以及信托业开展混业经营与原来分业监管体制之间的矛盾冲突，为进一步推进信托业监管转型及升级带来了阻碍。同时，加固信托业监管的微观基础、避免在一些业务领域出现监管盲区也迫切需要实质性进展。

关键词： 信托业　伞形信托　金融监管

一　信托业监管与经营概述

（一）行业监管概况

随着2014~2015年规范措施的密集推出，信托业监管呈现出新的阶段性特征。面对此前十余年间过度宽松环境下积累形成的行业问题，监管部门

---

* 袁增霆，经济学博士，副研究员，现就职于中国社会科学院金融研究所金融实验室，主要研究领域包括资产组合管理、新型金融工具与交易。

采取了加紧规范治理与积极引导业务转型相结合的应对策略。2014年4月，中国银监会发布的《关于信托公司风险监管的指导意见》（即"99号文"）是这一阶段的纲领性文件。它勾勒出一套新的规则框架。关于该框架中的主要方法论，中国银监会专门总结出"八项机制"与"八项责任"以提供简明扼要的阐述①。此外，"99号文"还明确交代了配合国务院要求加强对影子银行的监管，防范和化解当时日益严峻的行业经营风险方面的重要背景因素。这种压力背景使得监管行动刻不容缓。几乎在"99号文"出台后的一年之间，独具特色的"信托业安全网"就被打造出来②。由于监管措施及时到位以及市场环境的暂时改善，信托业经营风险得到了有效控制。新的规则框架也有力回应了饱受诟病的影子银行和刚性兑付问题。

监管部门从2015年开始尝试加强该行业基础性的监管组织构架与更高层面上的法规制度建设。2015年1月，中国银监会重新调整了内设机构的职责划分和编制。作为此次调整的一部分，银监会设立了"信托部"，将信托业监管职能从原来的"非银部"独立出来。在分业监管体制下，这种组织调整在一定程度上改善了信托业在金融业中的市场地位与其监管力量严重不符的历史状况，有助于监管效率的提升。2015年4月，中国银监会为贯彻落实简政放权的改革精神，以征求意见稿的形式发布了《信托公司行政许可事项实施办法》，并很快在当年6月正式公布并实施。与此同时，一份代理国务院草拟并征求意见的《信托公司条例》也被媒体披露出来③。2016

---

① 关于"八项机制"的阐述，见《杨家才在2013年中国信托业年会上的讲话》中国银监会网站，2013年12月19日。关于"八项责任"，见《杨家才在2014年中国信托业年会上的讲话》，中国银监会网站，2014年12月19日。

② 应当注意到，"信托业安全网"还不是正式的金融监管术语。在监管部门并不严格的政策解读中，它曾被用来形容信托业保障基金的作用，可见《银监会财政部发布〈信托业保障基金管理办法〉》，中国银行业监督委员会官方网站（http://www.cbrc.gov.cn/），2014年12月12日。更进一步的含义和理解，可见袁增霆《信托业安全网与监管转型》，《中国金融》2015年第24期。

③ 《信托公司条例》征求意见稿从2015年4月开始就广见于媒体报道，见曾颂《信托"法律断层"弥补在即新条例未破分业格局》，《21世纪经济报道》2015年4月20日；胡萍《立法14年信托法制体系渐完善》，《金融时报》2015年9月22日。但是，该文件并未在主管部门的官方网站中正式披露。

年初，关于该条例以及信托产品登记制度的探讨表明监管部门与行业内部都期望在行业内部规则之上对有关信托业态的法规进行短板补齐。

正当规范治理与引导业务转型的信托业监管成效突飞猛进之时，2015年中期股票市场的大幅动荡带来了新的麻烦——伞形信托及监管协调问题。2014年三季度至2015年二季度股票市场的繁荣，给证券投资类信托业务甚至整个信托业带来了巨大机会，是支持2014~2015年度信托业经营业绩及风险控制企稳不容忽视的市场因素。股市下跌对信托业经营的冲击目前还仅在2015年三季度表现出来。它给信托业监管带来的负面冲击可能要持续更久。在股市下跌发生前后，从证券业监管行动中暴露出的伞形信托业务涉足股票场外配资以及非实名制交易问题都没有在信托业监管领域得到回应。这也反映出信托业与证券业监管体系之间缺乏协调的弊病。在证券投资类资金信托业务中，伞形信托业务的真实情况仍不为人知。该类业务领域的监管漏洞已经暴露出来。这可能是信托业监管领域中继影子银行监管问题之后又一项产生行业溢出效应（Spillover Effect）并挑战金融稳定的新问题。相比较而言，新问题及其不利影响可能更快地随着证监会清理场外配资行动而被抑制。

股市下跌中暴露出的伞形信托监管问题具有警示意义。在当前的监管规则约束水平下，微观层面上信托业务经营的真实情况、风险性质及法律责任仍在一定程度上处于盲区。行业监管责任也有待进一步向全局角度下的金融稳定责任拓展。时隔两年，2013年"钱荒"事件与2015年股市下跌的两次压力测试反映出同样性质、不同领域的监管漏洞。这种状况可能不利于信托业在更高层面上获得法规制度的支持。在信托法修改日程未定的情况下，信托业正谋求在部门规范之上升级完善配套的法规制度，以支持行业经营进一步发展壮大、规范与转型。加紧弥补监管疏漏仍是必要的。事实上，在当前高达16万亿元的信托业资产规模面前，迫切需要立足于微观业务的明晰的硬约束，以切实保障行业稳定以及抑制可能对金融稳定不利的溢出效应。此外，信托公司参股其他金融行业、设立证券业专业子公司、谋求发行金融债来补充资本金等行为，都必然涉及多行业之间的监管协调与全局性的金融稳定责任。2016年1月中国银监会年度工作会议又将起草信托公司条例纳入了全年重点任务部署①。该条例的起草过程可能已经遇到坎坷与分歧。随着金融业内关于监管协调与统一监管的呼声日高，这些问题最终需要逐步解决。

（二）行业经营概况

截至2015年四季度末，由68家信托公司组成的中国信托业受托资产管理规模上升到16.3万亿元，相比上年同期增长17%。自2012年以来，尽管受托资产与信托业总资产的规模都逐年减速，但它们仍处在较高的增长轨道上（见图1）。2013年6月的"钱荒"事件与2015年6月的股市下跌——时隔两年分别发生在银行业与金融市场的两次动荡都对信托业经营产生了重大影响。在这三年间，信托业经营经历了减速增长过程中的大幅动荡。从2014年三季度到2015年二季度，股票市场疯狂的牛市带动了证券类资金信托业务以及自营业务的扩张。这种因素甚至有力支撑了信托业经营规模恢复性增长与效益改善，使其摆脱了此前两个季度的低迷境地。信托业在这段时期实现了"空中加油"。此后的股市下跌再次检验了股票市场因素对于信托业经营的贡献度。2015年三季度，行业受托资产规模季度环比增长-1.56%，是自2010年中国信托业协会公布行业统计数据以来首次出现的环比负增长。在此之前连续4个季度的信托业恢复性高增长再次终结，又重新回到了减速增长轨道。

从2015年四季度行业统计来看，证券市场对信托业经营的贡献度保持了连续两年的上升趋势。在当季末资金类信托的投向分布中，投向证券市场的规模占比与当年二季度末的峰值持平，达到20.4%。这一比例似乎并没有因为股市下跌而出现明显的趋势改变。在股票市场低迷时，其他证券类投资应当发挥了缓冲作用。从2014~2015年股票市场的表现来看，上证综指、深证成指两年分别累计上涨67.3%、55.7%，即使经历股市下跌之后，两

---

① 《中国银监会召开2016年全国银行业监督管理工作会议》，中国银监会网站，2016年1月12日。

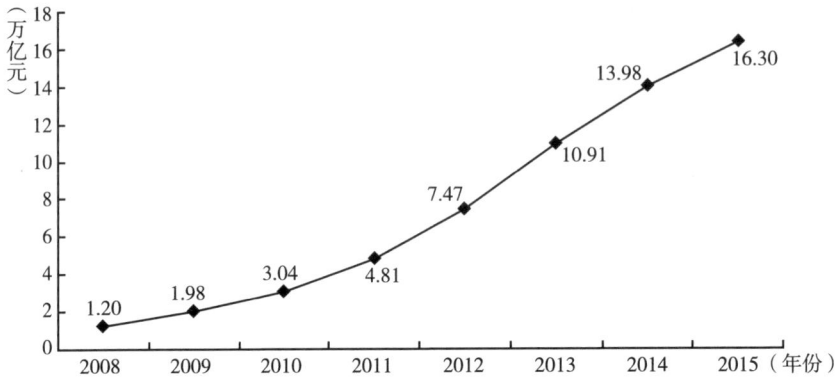

图 1　信托业的受托资产管理规模增长趋势

资料来源：中国信托业协会。

大市场指数在2015年还是分别上涨了9.4%、14.8%。在过去两年间，信托业的年度经营业绩表现明显受益于股票市场的赚钱效应。但从季度统计数据来看，股票市场震荡对信托业经营数据的影响较为显著。集合类资金信托产品的发行情况再现了股票市场剧烈动荡的影响（见图2）。证券类信托产品发行数量与资金募集规模从2014年二季度开始迅速上升，但在2015年二季度之后急剧陷入低迷。考虑到2016年前两个月股票市场行情再次深度下挫，几乎可以预计信托业经营将再次受到不利冲击。

此外，证券类机会的增长带动了信托业固有业务的高速成长。恰是从股票市场牛市启动的2014年三季度开始，信托业固有资产规模的季度环比增速开始持续超越信托资产，且与股票市场行情波动正相关。在截至2015年末的6个季度中，固有资产季度环比增速的均值高达7.2%，信托资产的平均增速只有4.6%。在过去两年间，包括股票、债券以及私募股权在内的证券类机会处于增长势头。信托公司通过增资扩股加大了对该领域的介入。根据信托业协会的行业统计数据，2015年末固有资产中的投资占比为70.6%，相比两年前提高了11.5个百分点。2015年投资收益在经营收入中的占比接近32%，相比两年前提高了15.8个百分点。相对应的情况则是2015年信托业务收入的占比为58.6%，相比两年前大幅下降了14.8个百分点。2015年

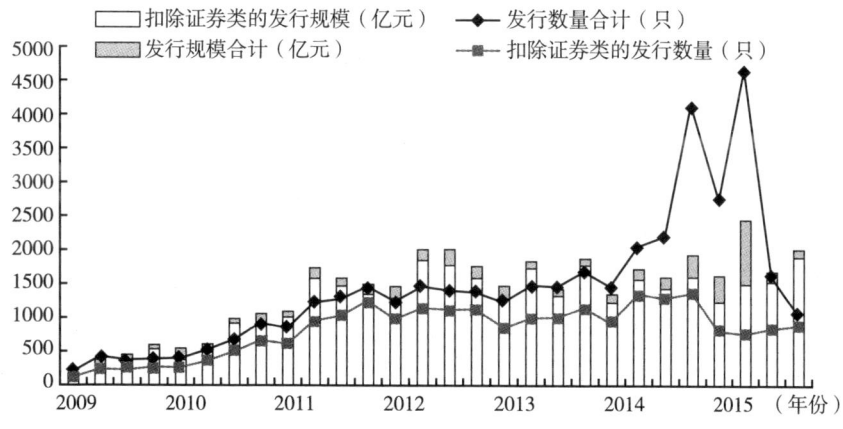

图 2 集合类信托产品的发行动态（季度）

资料来源：Wind 资讯。

固有资产在总资产中占比只有 2.8%，相比两年前只提高了 0.2 个百分点。这些数据表明，固有业务以及投资收益对信托业财务业绩的贡献较为突出。

新旧市场机会的此消彼长给信托业务结构的调整带来了机遇和挑战。随着经济增长逐渐减速，银行表外融资需求减弱，在 2014 年之前还较为倚重的非证券类市场机会在最近两年间出现了周期性的衰退。信托业务收入在行业经营收入中的占比也出现了显著下降。以"信托业务收入与受托资产管理规模之比"粗略估算的信托报酬率已经从 2011 年时的 0.72% 逐年下降到 2015 年的 0.42%。在新增业务的支撑下，行业仍然保持较高的资本利润率。随着风险监管与项目处置力度的加强，信托业风险项目规模在 2015 年四季度出现了下降。但是，并不是每家信托公司都能如此避害趋利。由于各个信托公司股东背景和经营策略方面的差异，信托业的内部分化已经较为突出。2016 年 1 月全国银行间市场上披露的 57 家信托公司未经审计的 2015 年度财务报表就表现出公司之间的巨大差异，其中逾 20 家公司的信托业务收入出现负增长[①]。

[①] 胡萍：《静观潮起潮落——2015 年 52 家信托公司业绩快报分析》，《金融时报》2016 年 1 月 26 日；王东君：《去年约三成信托公司主营收入同比下降》，《证券日报》2016 年 1 月 29 日。

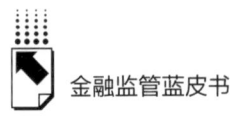
金融监管蓝皮书

自 2014 年以来,信托业加快了综合化经营布局。在金融业综合化经营趋势不断加强的背景下,信托公司不再单纯是其他金融行业的被投资对象,已经有能力及需求向其他金融行业布局。随着资产管理业务、客户服务、资产证券化等业务的快速成长,一些信托公司开始参股其他金融行业机构,或者设立自己的专业子公司。少数信托系的金融控股平台已经初步成形。这种综合化经营所代表的混业经营趋势,在短期内有助于信托业获取更多的盈利机会并分摊行业风险。同时,它也为分业格局下的信托业监管带来了挑战。

二 主要监管动向

(一)信托业监管的初步转型及升级

信托业监管在 2014 年基本实现了快速的风格转向与新规则体系的构建,从 2015 年开始尝试推进更高层面上的配套法规建设。因此,这里用初步转型及升级来概括最近两年间信托业监管呈现的阶段性特征。在此之前的十余年间,建立在上一次行业清理整顿基础上的监管规则越来越不能适应金融业的市场化进程与信托业务的创新发展。由 2001 年信托法以及在 2002 年出台后又在 2007 年修订的《信托公司管理办法》和《信托公司集合资金信托业务管理办法》构成的"一法两规"体系,仅提供非常宽泛的规则框架。它们随着信托业的发展越来越不能提供清晰的理念导向与系统性的约束机制。在后期信托业务高速扩张出现一些监管问题时,如对银信理财业务合作、房地产信托贷款业务、信托公司净资本管理等方面进行限制时,就表现出一定的短视和盲目性,同时执行口径宽松也使其效果大打折扣。随着 2011 年之后经济周期更替,信托业的经营风险及监管压力不断积聚并显露出来。中国银监会从 2014 年开始大幅收紧监管尺度,并以"99 号文"为纲领,以"八项机制"和"八项责任"为核心内容重塑信托业监管规范。同时,监管部门还加强了传统业务领域的风险项目处置,并推动增强信托公司的资本充足性。在很短的时间内,银行业监管经验被批量运用到信托业监管领域。与此同时，针对信托业的安全网体系也初步成形。

2015年后，信托业监管在收紧风险监管尺度的同时，也开始精简信托业的行政审批事项。这种尝试响应了有关政府部门简政放权的改革要求，有助于更加细致地改善监管功能及效率。2015年6月，中国银监会正式发布并开始实施《信托公司行政许可事项实施办法》。该文件致力于在2007年修订的《信托公司管理办法》的基础上进一步完善需要行政审批事项的细则，如公司设立、变更、终止条件以及董事和高级管理人员的任职资格要求等。总体而言，该文件为适应信托公司发展的需要，申明了一些行政审批条款，并将监管评级与分类监管的方法用于一些业务门槛的设定。

专栏一　信托公司行政许可事项实施办法

中国银监会办公厅在2015年4月下发《信托公司行政许可事项实施办法》（征求意见稿），然后在当年6月正式发布并付诸实施。该办法的目的在于明确行政许可事项、条件、程序和期限，主要许可事项包括机构设立、机构变更、机构终止、调整业务范围和增加业务品种、董事和高级管理人员任职资格。

（1）设立信托公司法人机构时，注册资本为一次性实缴货币资本，且最低限额为3亿元人民币（或其他等值货币）。出资人是境内非金融机构时，应当满足特定的合规经营记录、盈利、资产负债率、自有资金、信托公司的实际控制公司数量以及股权锁定期等要求。出资人是境外金融机构时，要求内容类似，但门槛略高。

（2）投资设立、参股、收购境外机构（即中国银监会认可的金融机构和信托业务经营机构）时，需要满足一些设定的条件，由所在地银监局受理、审查并决定，在6个月内予以明确答复。

（3）信托公司法人机构变更名称、变更股权或调整股权结构、变更注册资本、变更住所、修改公司章程、分立或合并等时，由所在城市银监局或银监分局受理审查，多数情况下在3个月内就予以明确答复。

（4）信托公司解散由所在地银监局受理并初步审查，银监会最终审查决定并在 3 个月内明确答复。信托公司因分立、合并而解散的则与这些行动一并审批。

（5）信托公司申请企业年金基金管理业务资格、特定目的信托受托机构资格、受托境外理财业务资格、股指期货交易业务资格、发行金融债券和次级债券以及开办其他新业务时，均需要监管评级良好，且满足相关业务的特别技术或资本要求。这些事项以当地银监局或银监局分局受理审查为主，通常在 3 个月内予以明确答复。

（6）董事和高级管理人员均需满足任职资格许可条件，由当地银监局或银监分局受理审查，并在 1 个月内明确答复。

信托业监管初步升级的征兆体现于监管部门开始谋求在更高立法层面上推进基础性的配套法规建设。经过十多年的发展壮大，信托业越来越迫切需要修订 2001 年信托法，并补充诸多涉及营业细节的配套法规制度，为行业进一步发展扫除障碍或保驾护航。在信托法修订一直未能提上日程的情况下，推进配套法规制度成为可行选项。代理国务院拟定《信托公司条例》则是开启这一进程的关键选项。2001 年国务院办公厅印发《关于〈中华人民共和国信托法〉公布执行后有关问题的通知》，曾明确表示由国务院制定《信托机构管理条例》，但此后长达 14 年间一直杳无音讯。2015 年 4 月有媒体披露中国银监会代国务院起草了《信托公司条例》的征求意见稿。当年 9 月甚至有媒体报道了在向其他一些单位征集关于代拟稿的意见时在信托登记制度、信托保障基金、信托公司发行金融债和次级债等方面存在分歧[1]。但是，相关主管部门的官方网站一直没有披露该条例的具体文本。令人意外的是，中国银监会在 2016 年 1 月举行的年度工作会议上将起草该条例纳入工作部署，似乎表明开启这一进程并不容易。从媒体披露的内容以及当前信托业监管模式来看，起草该条例的争议与曲折进程似乎是不可避免的。

除此之外，另一条蹊径是推进建立信托产品登记制度。中国银监会主席

---

[1] 方妮:《〈信托公司条例〉背后的故事》，《证券时报》2015 年 9 月 23 日。

助理杨家才在2013年中国信托业年会上的讲话上阐述了信托产品登记机制的功能要点,即产品公示、信息披露、确权及交易。信托业内对改善信托产品的流动性、促成二级市场交易早有期待并有所尝试。一些地方交易所早有类似业务的开展。2014年9月,上海自贸区管委会发布了《信托登记试行办法》,同年10月中国银监会批准在上海自贸区设立全国信托登记中心。此后,统一全国信托登记机构及业务规范的行动开始加快。2016年1月中国银监会在年度工作会议上提出"设立中国信托登记有限责任公司,建立信托产品统一登记制度"①。从推动信托产品登记制度形成的历程来看,实现信托产品的二手交易并不困难,但从信托产品登记到信托财产确权、登记等越来越贴近基础性的制度安排,涉及的决策部门及法规制度越发广泛,推进也就越发困难。

信托业监管进一步完善或升级所面临的主要挑战是当前分业监管与混业经营之间的矛盾冲突。无论是过去信托业务的无边界探索②,还是信托公司入股其他金融行业机构,都不可避免地遭遇混业经营对原来分业监管体制的冲击。在当前阶段突出表现为监管规则无法深入到混业经营的具体业务领域,并且缺乏跨部门的监管协调。2015年股市下跌中暴露的伞形信托监管,就是这种冲突及弊端的表现之一。前面所述的信托登记制度以及拟定信托公司条例可能遭遇的阻碍,同样源于这种冲突及弊端。

(二)股市下跌事件中的伞形信托

伞形信托的监管问题是2015年股市下跌前后暴露出的重要金融监管问题之一。它主要揭示出信托业监管在该类业务领域的监管盲区以及在信托业与证券业之间监管协调缺失的现实状况。它与2013年6月中下旬银行体系

---

① 《中国银监会召开2016年全国银行业监督管理工作会议》,中国银监会网站,2016年1月12日。
② 中信信托声明秉承"无边界服务、无障碍运行"的经营理念在行业内很有代表性。长期以来,信托业经营的制度优势也常被描述为可以横跨货币市场、资本市场与实体经济的"全牌照"优势。

发生的"钱荒"事件存在一定的共同特征。当时银信合作业务中的非标债权交易，即商业银行代客理财资金或其他资金投向以信托受益权为代表的非标债权资产，表现出影子银行业务的经营模式及性质，被认为是引致银行业加杠杆与流动性紧张的重要根源之一①。当年12月，国务院发布的《关于加强影子银行监管有关问题的通知》引导信托业监管从2014年起骤然转向。两年后股市下跌之前发生在股票市场上的加杠杆与流动性紧张现象，则与信证合作中的伞形信托业务存在一定的关系。这两次事件都严重影响到金融稳定。

专栏二　伞形信托与股市下跌事件中的场外配资行为

伞形信托是所谓结构化信托的形式之一。它的主要交易结构是常见的优先—劣后分层交易结构，只是在劣后级交易中做了进一步分拆，形成大量灵活的劣后级交易条款或交易对手方。当劣后级交易账户或投资者为单一角色时，伞形信托退化为单一伞形信托或单一结构化信托。

在2015年股市下跌前后，伞形信托在场外股票配资行为中的运用引起了社会的高度关注。它的主要运营方式是一部分信托投资者参与优先级固定受益权，为劣后级上的一系列股票投资账户提供杠杆资金。劣后级上的股票投资账户在统一的信托证券投资通道账户下被分割成若干个虚拟的子信托账户。这些子账户通常由信托公司统一监控操作，并享受其提供的一定比例的配资服务。信托公司为了加强风险控制，还会为此设置强制平仓或止损线。在股市下跌发生之后，就有媒体报道了一些伞形信托产品被强制平仓。投资者可以根据自己的需求选择参与优先级或劣后级别的信托账户。在支持股票交易的多种场外配资行为中，伞形信托与场内的融资融券交易相比，无论是在配资比例上还是在证券投资范围上都有更大的自由度。

参与股票配资及杠杆交易行为的伞形信托业务从2014年开始日渐活跃。

---

①　袁增霆：《流动性恐慌的现象与根源》，《中国金融》2013年第14期。

在 2015 年初股票市场正值牛市中途时，有助于推动股票市场行情的伞形信托业务仍受到正面报道。随着股票市场牛市行情不断升温，中国证监会开始关注到配资问题的严重性。2015 年 4 月 17 日，中国证监会发布了《中国证监会通报证券公司融资融券业务开展情况》。该文件规定证券公司"不得以任何形式参与场外股票配资、伞形信托等活动，不得为场外股票配资、伞形信托提供数据端口等服务或便利"。这让伞形信托在金融监管领域中的关注度骤然上升。从 2015 年 6 月中旬股票市场行情急转直下直至三季度，该类业务遭遇的强制平仓、清理处置及其引起的多方纠纷不断暴露出来。证券业监管体系单方面清理伞形信托业务时，信托公司及其客户似乎只能拿原来证券公司与信托公司之间的伞形信托业务合作协议来捍卫自己的权益。但是，此类信证合作的协议及其法律效力并没有引起太多的注意。

实质上，针对伞形信托业务处置的争议焦点是这类创新业务自启动之初便未曾顾及的两个瑕疵：一是这种证券类信托业务如何适应证券业的风险监管要求？二是究竟其中的哪些业务触犯了证券账户实名制要求？第一个问题涉及两大行业之间的监管协调。显然，两大行业监管体系在事前都不太清楚这类业务的实际情况，事后也没有及时沟通。第二个问题则是显而易见的法律瑕疵，违反了《证券法》与《证券公司监督管理条例》的要求，其后果取决于证券业监管者"那只闭着的眼"何时睁开。中国证监会在 2015 年 7 月 12 日发布了《关于清理整顿违法从事证券业务活动的意见》，要求"严禁账户持有人通过证券账户下设子账户、分账户、虚拟账户等方式违规进行证券交易"。证监会因为伞形信托业务清理而对部分证券公司的处罚，间接表明了这类问题的突出存在，但究竟哪些账户触犯了实名制要求并不清楚。由于始终没有针对这类业务的官方统计与信息披露，各种市场猜测变得莫衷一是。

伞形信托业务中牵扯出的其他问题也不容忽视。一个重要的问题是银行理财资金是否如媒体所报道的那样是伞形信托优先级账户的主要投资者？根据中国信托业协会公布的行业统计数据，2015 年上半年，信托业特色业务中的银信合作业务规模以及证券投资业务中的银信合作业务规模都放量增

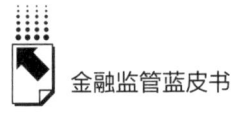

长 6000 亿元左右。这似乎表明银行理财或相关资金介入证券类资金信托业务的力度非凡。而这些资金的主要运用方式或交易结构则不得而知。比这些细节更重要的是，该领域的银行业监管可能也处于盲区，尽管银行理财业务的发展已经有十年之久，数年前就有针对银信合作业务的监管处置。如果这些严重问题属实，那么股市下跌事件中的伞形信托问题将至少涉及证券业、信托业与银行业三大行业的监管协调以及各自的合规监管和司法问题。

三 总结与展望

2015 年信托业监管在成功抑制旧问题之后，又迎来了新问题的挑战。经过 2014 年大力加强经营规范和风险监管之后，信托业在传统业务领域面临的影子银行监管压力以及流动性吃紧状况得到了有效控制。股票市场的短暂繁荣甚至给信托业经营带来了新的希望。在市场机会的引导下，信托业的业务经营结构大幅向金融市场倾斜。与此同时，信托业也加快了向其他金融行业入股或设立专业子公司的混业经营布局。这些进展可能为未来信托业的长治久安奠定了基础。但是，金融市场的动荡会带来新的烦恼，向其他金融行业渗透也必然受到相应领域的监管挑战。信托业监管在 2015 年尝试加快信托登记制度建设以及在国务院层面上拟定信托公司条例时，就开始面对更多的阻力。在已经展现出混业经营风格的信托业监管领域，如何突破原有的银行业监管风格是一个很大的难题。过去的报告中曾经讨论过的一些适用于银行业的审慎性监管规则并不适用于信托业。此外，涉足其他行业的信托业经营活动也不可能最终归口于当前的信托业监管部门。这种旧的监管风格还没有改变。这种改变对于信托业监管突破部门规范向更高层面法治化转型升级而言，可能是必需的。随着 2015 年中期股市下跌事件在金融稳定和金融监管领域引起高度重视，伞形信托问题暴露出的监管协调、合规监管及司法问题，如果没有得到很好的事后规范和处置，则可能增添新的障碍。

在金融部门简政放权与统一监管呼声日高的背景下，推动信托业监管转型升级仍然是可能且可行的。一方面，各个金融行业的混业经营布局促成了各个金融行业的业务经营及监管职责彼此交织渗透的状况。另一方面，多年来金融业的泛资产管理业务发展，在客观上促成了全国统一信托产品及服务市场的雏形，一些业务及监管规则开始在竞争与合作中表现出趋同特征。这两方面的因素有利于各个金融监管部门进行合作。此外，如果未来对此次股市大幅波动事件逐渐展开事后责任追究，则可能增添各部门的监管压力，进一步促成未来的监管协调。

信托业监管如何深入到微观业务领域也是一个迫切需要解决的基本问题。长期以来形成的信托业务规范不仅缺乏合理而细致的分类体系，也缺乏明晰的金融和法律关系定性表述。一些业务规范要么过于具体，如信托公司的注册资金以及各种业务的监管资本要求；有些业务规范仍停留在精神指引的层面上，缺乏应有的法规严谨性。2013~2015年金融体系的两次重大风险事件（即"钱荒"与股市下跌）就暴露出一些信托业务领域的运作情况、金融和法律性质都不够清楚。面对银信合作中的非标债权交易与信证合作中的伞形信托业务时，根据当前的微观审慎性监管规则及力量投入，能否及时形成定性、定量的分析判断？这是现实的压力测试。如果缺乏微观基础的支持，所谓信托业治理的长效机制就缺乏实质意义。面对庞大的业务规模与复杂的业务创新，信托业的监管规则更需要扎根微观基础，动用更多的监管力量或社会监督体系进行修补。

附　录

2015年主要规章规范性文件目录

发布时间	名称	制定部门	实施日期
2015年4月	信托公司行政许可条例（征求意见稿）	中国银监会	除具体事项限定日期之外，自发布之日起。
2015年6月	信托公司行政许可条例		
2015年12月	信托公司行业评级指引（试行）	中国信托业协会	

B.7
外汇管理年度报告

汤 柳*

摘　要： 本报告概括了2014年中国外汇管理政策的重要举措；在此基础上，着重评述了2015年我国外汇管理改革中的重要事件，分别是：资金外流加剧与金融账户的对外开放、人民币汇率形成机制的改革、支持"一带一路"战略的外汇管理改革。最后，本报告认为未来外汇管理改革的重点是优化外汇管理方式，加强外债与跨境资本监控体系的建设和支持"一带一路"的战略部署以及稳步推进人民币国际化，进一步完善外汇管理的各个方面。

关键词： 外汇管理　改革　国际收支

一　2014年外汇管理改革与2015年国际收支情况回顾

（一）2014年外汇管理改革情况

金融危机之后，作为外汇汇兑与风险的主要管理者，外汇管理当局首先需要面对的是国际经济金融环境的巨变对涉外贸易投资活动以及国际收支的

---

* 汤柳，经济学博士，副研究员，哈佛大学访问学者，目前供职于中国社会科学院金融研究所国际金融与国际经济研究室，研究方向为国际金融监管、国际经济。

深刻影响；作为国家对外战略方针的重要执行者，外汇管理当局需要投身新时期的改革前线，以支持"一带一路"重大倡议的实现，推动人民币国际化进程，应对人民币汇率形成机制改革下的跨境资本流动压力。

2014年资本项目的外汇管理改革力度非常大。首先，外汇管理力促简政放权，明确投融资便利化的管理方向，尝试对主体进行差别化管理，建立了更加清晰的管理政策框架。其次，通过沪港通、自由贸易区的试验推广，QFII和RQFII扩容等方式的尝试更进一步地开放金融账户，为人民币国际化的推进奠定基础。最后，随着跨境资本的频繁流动，监管当局以宏观审慎框架下的跨境资本流动管理体系为目标，整合数据和系统资源，提高资金流动统计的科学性，探索风险管理应急管理手段和政策工具等。

2014年，外汇管理当局为"一带一路"倡议的实施提供了政策支持。为了实现这一战略目标，我国外汇管理改革重点从"促进贸易便利化"转变为更加开放性的"促进贸易投融资便利化"，外汇管理改革重点包括促进贸易和外商投资的便利化、国家投资与企业投资的战略结合、支持企业"走出去"以及加速资本输出的转变。

（二）2015年国际收支情况

根据国家外汇管理局（简称外汇局）的数据，2015年的国际收支情况明确表明，国际金融危机之后，我国的对外贸易投资状况发生了变化。经常账户和资本金融账户（不含储备账户）呈现明显的"一顺一逆"局面，而外汇储备则首次出现明显下降。

2015年，我国经常账户顺差2932亿美元，较上年增长33%；经常账户顺差与当期GDP之比为2.7%，比上年同期提高0.6个百分点。经常账户顺差的主要原因是货物贸易顺差创历史新高，达到5871亿美元。货物贸易顺差并非来源于货物收入的增长，而是归因于2015年国际大宗商品价格暴跌，使得我国货物贸易支出大幅下降，贸易进出口差额扩大。由于欧美经济复苏迟缓，欧元汇率的持续贬值对我国出口造成一定影响，我国对外货物贸易收入为21450亿美元，比上年同期下降4%。与货物贸易顺差优势扩大相对，2015年，我国服务贸易逆差继续增大，为2094亿美元，较上年增加39%，这是由于留学、旅游、购物等支出需求旺盛，使得服务贸易支出增长15%的原因。

2015年，我国非储备性质的金融账户逆差5044亿美元（包含第四季度的净误差与遗漏，实际数据预计会小于该数据），这是近年来我国第一次出现较大规模的资本流出。2015年的资本流出是2014年之后的延续。2011年之后，我国国际收支最主要的变化是非储备性质的金融账户差额由过去的长期顺差转变为顺逆交替变化，跨境资金流动震荡明显。随着人民币汇率单边升值预期的结束，自2014年二季度以来，一直表现为资金净流出局面（见图1）。

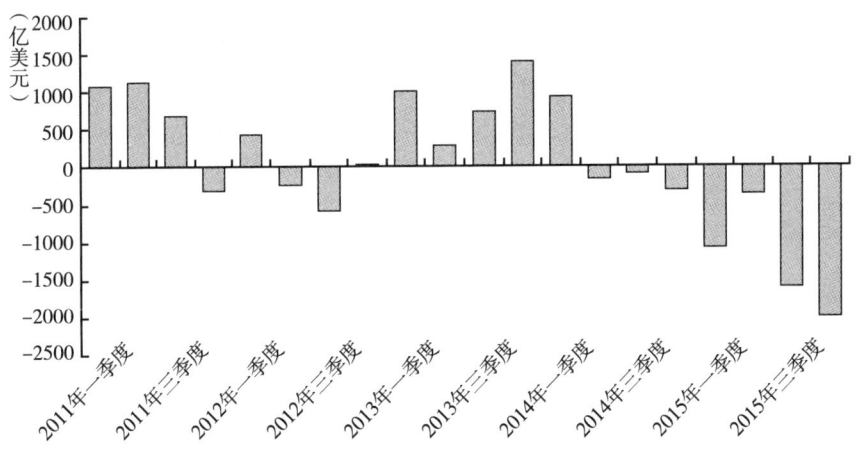

图1　2011~2015年我国非储备性质的金融账户下的资本流动状况

资料来源：国家外汇管理局。

2015年的外汇储备首次出现下降局面。截至2015年末，我国外汇储备余额为3.3万亿美元，比上年同期减少5127亿美元，下降幅度为13%，其中，因国际收支交易形成的外汇储备减少3423亿美元。外汇储备的减少是经常账户和金融账户共同作用的结果，央行对外汇市场的干预、市场主体增持美元资产以及其他藏汇于民的行为均可以导致外汇储备的降低。

（三）人民币汇率情况

2015年下半年以来，人民币对美元的汇率贬值明显。2015年人民币汇率的月度平均数据显示，2015年1~7月，人民币汇率围绕1美元兑换6.13元人民币微幅波动。接着，人民币汇率月度平均价从1美元兑换6.12元人民币跌至2015年8月的1美元兑换6.31元人民币，并一路下跌直至2015年12月的1美元兑换6.45元人民币。人民币汇率的贬值幅度在短短五个月达到5%。此次人民币汇率持续贬值的出现，正式结束了人民币只涨不跌的趋势。随着人民币兑美元汇率的变化，人民币的有效汇率也出现了相应的反应，但波动程度相对较小。2015年1~7月，人民币名义有效汇率与实际有效汇率均呈现上升趋势。其中，名义有效汇率由123.53上升至127.39，实际有效汇率由127.57上升至130.85。2015年7月以后，人民币名义有效汇率和实际有效汇率均有所下跌。其中，名义有效汇率由127.39下降至2015年10月的125.55，实际有效汇率由130.85下探至2015年10月的128.92，下降幅度均未超过1.5%。2015年10月~12月，人民币名义和实际有效汇率均有小幅回调（见图2）。

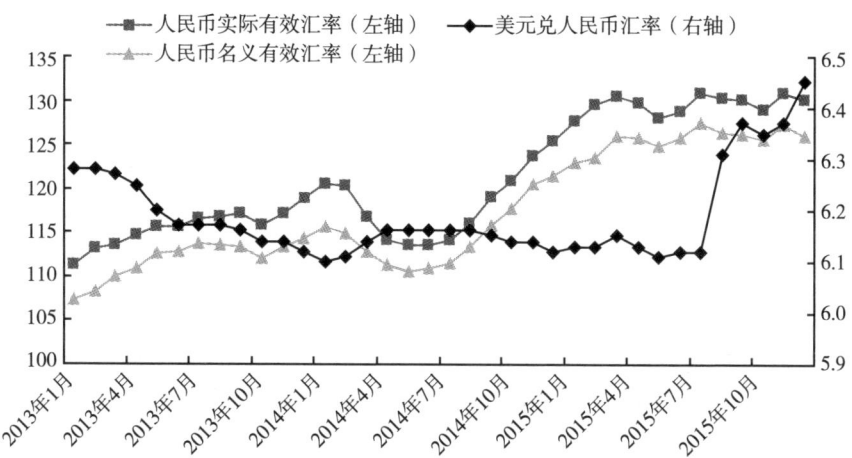

图2　2013~2015年的人民币汇率走势

资料来源：CEIC、BIS。

金融监管蓝皮书

二 2015年外汇管理改革述评

（一）资金外流加剧与金融账户的对外开放

1. 资金外流压力增大

在过去相当长的时期内，我国国际收支状况多为经常项目和资本项目"双顺差"的局面，自金融危机之后我国跨境资本流动出现了明显的双向流动局面。国际收支口径显示，自2010年以后，我国非储备性质金融账户项下的资本双向波动趋势增强。自2014年以来，我国该项下出现了以往少有的持续资金流出现象。2015年以来，资本流出趋势开始加剧，分别在2015年一、三、四季度达到1071亿美元、1603亿美元、1997亿美元。

从金融账户的子项目来看，我国资金净流出主要来自其他投资项目，而证券投资的净流出以及对外直接投资项目的净流入放缓也是潜在因素。

在直接投资方面，2015年全年直接投资净增771亿美元，并未对资金净流出产生影响。但值得注意的是，2015年我国对外投资净值增长同比下降60%。这是因为2015年我国对外直接投资规模增加800亿美元，而来华直接投资规模却减少了800亿美元。从季度数据来看，由于我国"走出去"战略的推进和"一带一路"倡议的实施，我国近年的对外直接投资规模增长显著。尽管来华直接投资在三、四季度有所放缓，但尚不能确定是否形成了总量放缓的长期趋势。

在证券投资方面，2015年前三季度的证券投资净流出413亿美元，其中，对外证券投资规模为573亿美元，境外对我国证券投资规模为160亿美元。在证券投资领域，我国的外汇交易和汇兑管理均属于严格受限范围，但是2014年资本项目对外开放的推进力度有所加大。例如，QFII、QDI和RQFII的继续增容，开展了沪港股票市场交易互联互通机制试点（简称沪港通），等等。这些政策对于我国居民对外证券投资交易额的增加有所助益。

在其他投资方面，2015年前三季度净流出额达到3304亿美元，这一数字创出近年来该项目净流出额的最高值。与以往相同的是，反映内资流动的资产项目下资金表现为持续的流出；不同的是，2015年反映外资流动的负债项目下产生了2334亿美元的资本流出，即负债资金出现大规模减少，这是近年来从未出现过的情况。这一现象说明，当人民币升值预期发生逆转时，私人部门和金融机构对前期资产负债币种配置的反向调整，不仅采取了增加外币资产的措施，更是开始了减少外币负债的财务运作。结合当前人民币国际化进程开始放缓的实际情况，这一现象也表明，随着人民币升值预期的消除和中国货币政策逐渐放宽，前期通过人民币跨境贸易渠道进行的短期套利套汇开始了反向的平仓操作。

2. 对跨境资本流动的监管措施

2015年下半年以来，伴随着8月11日人民币汇率改革，人民币遭遇持续贬值。随着资本流出加剧，我国外汇储备明显缩水。尤其是在2015年8~12月期间，外汇储备减少了3200亿美元。根据央行和外汇局的公开信息，为了平抑资本迅速流出对货币金融稳定体系的影响，央行和外汇局采取了以下一些措施。

(1) 严厉打击外汇违法违规活动。主要包括：要求银行对人民币资金池的各项业务及产品交易背景进行严格审查；严厉打击企业、个人通过虚假单证、作废单证、重复使用单证或构造虚假交易等欺骗手段，或者通过分拆汇出等方式违规办理资金流出和购汇；加强对个人外汇业务的监测管理，打击借用他人额度办理结售汇行为；打击利用离岸公司和地下钱庄转移赃款专项行动；在15个地区开展融资租赁类公司外汇业务专项检查，督促相关公司加强内部管理。

(2) 对银行远期售汇征收类似"托宾税"的风险准备金。当前，我国对于短期资金流入的管理主要集中在数量控制方面。但是，数量控制存在着"短期内虽仍有效，但长期实行，效果会减弱，影响正常的贸易和投资活动"的缺陷。"托宾税"等价格型管理工具，有利于丰富我国跨境资本管理工具，减少外汇市场波动，维持资本市场稳定和实现资本流动均衡管理。目前，"托宾税"仅作为政策工具箱中的研究类工具，尚未成为常规性的政策管理方案。

（3）发布《国家外汇管理局关于进一步完善个人外汇管理有关问题的通知》。自2016年1月1日起，个人外汇业务监测系统将正式替代个人结售汇管理信息系统，并将借用他人额度办理结售汇的个人列入"关注名单"。

3. 政策解读

短期资本的外流引起了市场的广泛关注。对于2015年下半年突然出现的资本外流加剧，主流观点认为是由人民币汇率出现贬值预期引起的，这导致市场主体普遍愿意持有外币资产而减少对人民币资产的持有，从而使得短期资本流出加剧。人民币汇率贬值预期的产生，主要来源于中国经济增速的放缓以及美元加息的临近；另外，"811汇改"以及之后汇率价格的表现强化了市场对于人民币汇率贬值的预期，导致资本外流现象加剧。另外，我国企业的"走出去"战略以及随之而来的全球资产配置的需求，也促进了内部市场增加外币资产、减少本币资产的趋势。

与此同时，来华直接投资规模的下降也受到关注。2015年三季度，我国直接投资净流入降至68亿美元，创2000年来的最低水平。相对于波动幅度较大的短期资本流动，有观点认为相对稳定的直接投资的大幅下滑应引起重视。

资本外流的加剧重新引发了学界对于金融账户对外开放节奏问题的争议。人民币国际化需要更加自由的资本账户和资本市场，而国际金融危机的教训似乎说明了资本项目管理的重要性。如何定调资本项目开放的改革，一直是业界热议话题。一方认为资本项目自由化从来都不是经济学界的共识，中国对于短期跨境资本流动的限制不应过早解除。另一方认为人民币国际化应当与资本项目对外开放相协调，并应当逐年加快资本市场对外开放步伐。2015年之前，加快资本项目对外开放的主张逐渐占据"上风"。而当前，随着资本流出的加剧和外汇储备的严重缩水，出于对货币和金融稳定的担心，加快资本项目自由化的主张逐渐弱化，强调谨慎开放的主张受到更多人的肯定。

对于眼下如何遏制资本外流加剧的现象存在分歧。一方面，有观点支持采取临时性的资本管制措施，包括直接对人民币采取限制银行外汇交易、限制非居民对海外交易等，例如，日本央行行长建议中国以逆转人民币使用便利性来加强对流出资本的管制。另一方面则认为在人民币加入SDR之后，旨在阻止资本外流的措施将扭转资本账户开放进程，形成市场化改革倒退的局面，是"诱人但危险的替代选择"[1]。事实上，更多的观点认为阻止资本外流加剧已经处在迫在眉睫的阶段，认为中国应当尽快采取措施改变当前局面。除了使用临时性的资本管制措施，主要观点包括：一是主张尽快一次性释放人民币贬值压力，并给予市场充分的信用承诺，以保证汇率贬值一步到位，消除继续贬值的压力[2]。二是主张"维稳"，认为我国当前贬值的危机并不是由财政、外债、银行等方面原因造成的，而是由信心和预期引起的危机，一次性贬值和逐步贬值均不足以恢复信心[3]。三是应当采取平衡的宏观经济政策以支持经济增长，特别是通过采取财政政策来提振经济，并采取透明的沟通策略，明确传达中国政府关于外汇市场以及其他金融部门改革的计划[4]。四是采取利率扭曲操作。即通过提高短期利率、压低长期利率并降低准备金率的方式应对资本外逃、人民币贬值的困境[5]。

目前，除了征收准备金、打击非法资金外逃以外，中国政府正在竭力进行市场沟通、宏观经济政策的配合，欲通过汇率管理的方式获得人民币汇率的稳定，以阻止资本外流的进一步恶化。笔者认为相机抉择仍然是我国汇率政策决策的主要方式。

首先，对于金融账户的对外开放，尽管中国把人民币资本项目可兑换作为改革的目标，但在实际操作中，回顾改革历史，从金融账户对外开放的实践来看，无论在资本自由化成为主流的时期，还是在当前重新评价跨境资本流动管理的时期，管理当局均遵循渐进、谨慎、有序、可控的开放原则，推

---

[1] 普拉萨德：《中国为何不应实行资本管制?》，《金融时报》2016年2月3日。
[2] 张明：《人民币汇率为何跌跌不休?》，《财经》2016年1月27日。
[3] 施康：《一次性贬值和持续贬值都不可行，当前最好的选择是维稳》，《中国金融四十人论坛》2016年3月8日。
[4] 普拉萨德：《中国为何不应实行资本管制?》，《金融时报》2016年2月3日。
[5] 周皓、张际：《如何应对人民币贬值和资本外流?》，《金融时报》2016年2月3日。

进资本项目可兑换与风险防范的统筹安排是相互结合的。在这样的背景之下，2015年11月3日公布的《中共中央关于制定国民经济和社会发展第十三个五年规划的建议》表明将有序实现而非加快实现人民币资本项目可兑换。

其次，政府竭力通过加强市场沟通来稳定人民币汇率预期。周小川行长和李克强总理多次强调人民币没有持续贬值的经济基础，而中国也没有必要通过货币贬值竞争的方式来促进出口、保持增长。

再次，主张积极运用财政、货币等经济手段的配合，实现宏观审慎框架下的跨境资本流动管理。例如，主张在积极财政政策和适度宽松的货币政策的基础上，更加谨慎地使用货币手段调节经济，强调价格型调控工具和公开市场操作的重要性，通过定向分类的方式调节货币供给，并谨慎选择降准等货币操作的时机，避免汇率的进一步下跌。

最后，明确表态改革要等待时机，并强调人民币汇率参考以美元为主导的一篮子货币，以汇率管理手段来稳定汇率，实现资本流动趋于稳定［参见第（二）部分］。

（二）人民币汇率形成机制的改革

1. 重申盯住一篮子货币的有管理的浮动汇率制度

尽管经历了人民币单边升值转向贬值，人民币汇率形成机制的市场化进程从未停歇。2005年我国进行汇率改革，开始实施以市场为基础的、参考一篮子货币的有管理的浮动汇率制度，并将银行间即期外汇市场的人民币兑美元的每日汇率波幅限定为千分之三。接着，在2007年、2012年和2014年逐渐将波幅扩大至2%。2015年7月，人民币确定加入SDR。为了增强汇率弹性，扩大汇率形成机制的市场化程度，2015年8月11日，央行明确表示将基本退出常态化外汇干预，逐步摆脱依靠外汇占款形成基础货币的模式，增强货币定价的自主权；与此同时，本着提高汇率灵活性的目的，将人民币兑美元的汇率下调1.9%。

在出现资金外流加剧之后，自2015年12月22日以来，政府反复申明有管理的浮动汇率制度。2015年三季度以来的资本流出加剧将延缓我国人民币汇率形成机制的进一步市场化改革。从这一政策导向来看，央行目前不会继续加快汇率市场化进程，将通过市场干预保证人民币汇率的基本稳定，防止出现大幅度的贬值和资本外流。

与此同时，央行下属的市场服务机构——中国外汇交易中心发布了人民币汇率指数。据外汇交易中心有关负责人介绍，该人民币汇率指数参考中心挂牌的13种外汇交易币种，并按其与中国的贸易权重计算不同的权重。其中，权重较高的货币依次为美元、欧元、日元、港币和英镑[1]。样本货币取价是当日人民币外汇汇率中间价和交易参考价，指数基期为2014年12月31日，基期指数为100点。

2. 政策解读

当前人民币汇率管理制度的重申，表明中国政府希望以渐进的改革方式、以市场波动较为缓和的方式逐步实现汇率市场化改革。在人民币汇率贬值的过程中，学术界有观点认为应该让人民币一次性贬值到位，继续扩大人民币汇率的弹性。最终，央行平复汇率贬值的操作并没有使用这一方案。笔者认为这是因为并没有充分的证据证明贬值的幅度究竟应为多大，一次性贬值的实施效果也不确定。站在市场稳定的角度，央行最终采取了渐进式的管理方法。

人民币汇率管理制度的重申被市场人士称为人民币的"换锚爬行"制度[2]。一方面，此次"贬值事件"充分说明人民币汇率弹性不足，市场化改革道路并不平坦；人民币汇率仍然需要中间价的管理制度，是央行管理区间内的"爬行"浮动。另一方面，人民币汇率正在经历从美元锚到一篮子锚的盯住过程。鉴于中国的经济量体之巨大和金融体系市场化程度有限，这一过程将会是一个较为漫长的过程。

"三元"悖论说明，如果央行选择保持资本账户的有限开放和汇率稳

---

[1] 姜琳：《CEFTS人民币汇率指数首发》，《北京日报》2015年12月22日。
[2] 沈明高等：《人民币换锚爬行》，《莫尼塔研究》2016年2月25日。

定,那么相应付出的将是货币政策无法实现完全的自由独立。例如,市场人士认为重新引入中间价管理将对汇率预期起到很好的稳定作用,缓解资本外流的压力;但相应的弊端是,货币政策独立性受到影响,并产生汇率价格扭曲和资源配置的不合理①。

最后,如何确定人民币汇率的管理方式直接影响到外汇储备规模的变化,外汇储备的适度规模再次成为学术界争论的热点。伴随着央行的市场干预以及资本外流压力加剧,我国外汇储备规模出现了明显下降。图3显示,我国外汇储备在2015年出现了前所未有的减少,全年外汇储备共计下降了5127亿美元,存量降至3.33万亿美元。官方数据显示,截至2016年1月末,我国外汇储备存量为3.23万亿美元,比2014年时的最高值减少了20%。当前,人民币汇率尚未完全稳定。如果汇率继续下降,那么外汇储备减少的趋势还会持续。在这一假设背景下,海外媒体对于外汇储备规模底线众说纷纭。法国兴业银行称,国际货币基金组织对于中国外汇储备最保守的水平建议为2.8万亿美元,汇丰分析师则认为2万亿美元应该足够,也有分析师认为底线是多少并不重要,关键在于央行能否把握机会,实现与市场的充分沟通,重塑汇率稳定的预期。对于这些言论,国内经济学家指出,"不应过分夸大外汇储备充足性标准"②,认为当前我国外汇储备规模巨大,可以发挥类似于"核震慑"的作用,保证汇率稳定的实现,外汇储备减少与增加一样,反映了市场的不稳定,不应夸大外汇储备减少的情况。

3. 人民币汇率的展望

当前,人民币汇率能否止跌企稳,是外汇储备乃至国家金融稳定的重要问题。人民币汇率预期尚未稳定,对于人民币汇率走势,业界众说纷纭。从短期来看,央行将稳定汇率预期作为重中之重,通过打击做空人民币的海外投机、加强与市场的充分沟通,甚至加大对资本账户部分项目的管制力度等一系列市场干预行为来获得人民币汇率的稳定。鉴于我国外汇储备规模巨大

---

① CF40高级研究员张斌解读G20周小川行长的讲话,中国金融四十人论坛,2016年2月26日。
② 管涛:《不应过分夸大外汇储备充足性标准》,中国金融四十人论坛,2016年2月27日。

的事实，以及我国资本账户尚未完全开放，这一目标应当可以实现。从长期来看，中国的经济增长速度仍然存在，不存在人民币汇率贬值的经济基础；在大力推进人民币国际化进程的同时，应逐步完善离岸人民币市场的定价机制。

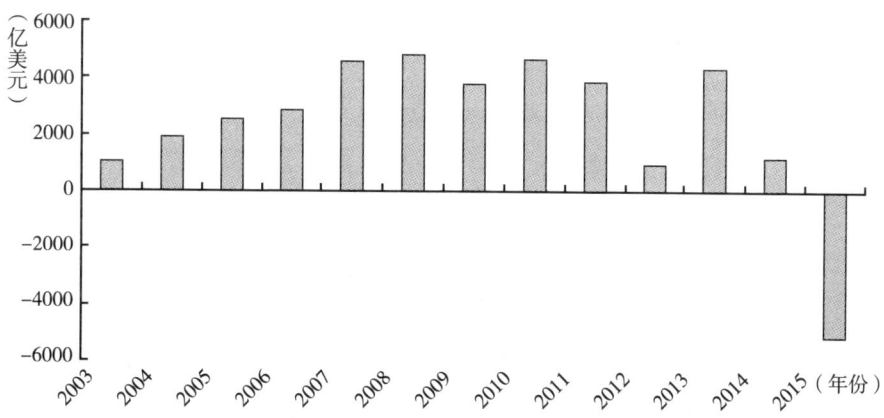

图3　2003~2015年外汇储备变动情况

资料来源：国家外汇管理局。

（三）"一带一路"重大倡议与外汇管理改革

1. 促进"一带一路"的外汇管理改革措施

2015年上半年，外汇局延续了2014年加快资本项目对外开放的主基调，计划实行或试行下列管理措施，以实现"一带一路"倡议下的投融资便利。

（1）在自贸区试点实施资本项目限额内的可兑换。预计将根据企业的情况给出额度，运行企业在额度之内可以自主进行直接投资、并购、债务融资等各项跨境的资本项目交易，与投融资有关的资金进场、汇兑不受限制。相应而来的是，第三批自贸区的申请活跃。鉴于上海自由贸易试验区和第二批扩围带来的积极效果，逾20个省份申请建立自贸区，其中16个地方将其列入2016年的计划之中。

(2) 试点外债宏观审慎的管理。自贸区在分账核算单元内企业的金融外债时可以按照一定的比例进行，比如说净资产或者资本金的比例，可以选择在境外使用，或者选择进行相应的结汇。

(3) 进一步改进跨国公司资金池的运营管理，只要符合条件的都可以进行本外币资金集中运营管理。

(4) 2015年2月，外汇局进一步简化和改进直接投资外汇管理，宣布自6月1日起全面取消对外商来华直接投资（FDI）和中国企业对外直接投资（ODI）有关的行政审批。绝大部分直接投资项下的业务可以在银行直接办理，企业不需要再到外汇局办理登记或核准手续。

(5) 改革外汇投资企业外汇资本金结汇管理方式，对这些企业的外汇资本金实行意愿结汇，将结汇所得人民币资金纳入结汇待支付账户管理，这些资金在企业经营范围内遵循真实、自用原则。

(6) 发布《保险业外汇管理指引》，下放法人保险机构外汇保险业务的有关审核权限，规范跨境保险、外汇资本资金运用等业务规则，加强对外汇保险业务及相关外汇收支的监测。

2. 政策解读

我国直接投资外汇管理实现了基本可兑换[①]。自2009年以来，随着"走出去"战略和"一带一路"倡议的推进，外汇局加快了直接投资项下的简政放权，建立并逐步完善以登记为核心的ODI、FDI管理框架，使得境内对外直接投资和外商直接投资的汇兑基本自由化，并逐步改进资本金结汇管理方式并加强相关的事后监测制度建设。

"一带一路"沿线国家金融联系加深。从直接投资情况来看，中国与"一带一路"沿线国家金融联系程度不断加深。2015年，我国企业对"一带一路"相关国家的直接投资总额达148.2亿美元，同比增长18.2%，投资主要流向新加坡、印度尼西亚、俄罗斯等国；与此同时，"一带一路"沿线

[①] 郭松：《直接投资外汇管理基本可兑换》，《中国金融》2016年第3期。

国家对华投资金额达 84.6 亿美元，同比增长 23.8%①。

外汇管理当局需关注涉外风险对国内经济金融的影响状况，在防范系统性风险的前提下，支持区域金融合作的创新机制，进一步拓宽沿线合作的投融资渠道。

（1）支持人民币进一步扩大区域影响力。应抓住人民币成为区域主要货币的良好机遇，促使人民币在维护货币稳定的金融合作安排中发挥主导作用，推进人民币汇率机制的市场化改革，增加人民币投资产品和汇率风险管理工具，改善人民币需求不足的局面。

（2）完善国内金融市场配套改革。目前，我国外汇管理的重点从"促进贸易便利化"转变为更加开放性的"促进贸易投融资便利化"，"一带一路"金融合作和人民币国际化推进均需要国家逐步放松资本项目管制。中国资本项目的自由化程度应当考虑到开放国内经济金融条件的匹配性，在确保不发生系统性风险的前提下，稳步地开放资本项目。

（3）继续加强跨境监管合作。国际金融合作加深可能导致金融冲击在整个地区的扩散提升，监管合作的重要性日益凸显。除了银监会加快推动与沿线国家签署谅解备忘录、建立有效双边监管机制以外，沿线各国应当根据金融合作的实施情况，构建区域金融风险预警系统，加强人才交流与培养，形成应对跨境风险和危机处置的交流合作机制。

三　未来展望

（一）2016年国际收支展望

危机之后，在经济再平衡的新趋势下，我国在对外经济战略方面施以主动性调整与变革，我国经常项目顺差幅度收窄，跨境资本呈现双向流动趋势。进一步的，当前，美元升值预期存在，大宗商品价格持续低

---

① 中国商务部网站，www.mofcom.gov.cn，访问日期：2016 年 1 月 23 日。

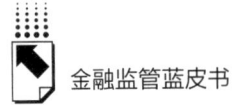

位；中国经济增长趋势依旧，"一带一路"与"走出去"战略下的资产全球化配置正在实现。在此背景之下，"经常项目顺差、非储备性质的金融账户逆差"或将成为国际收支基本平衡的新常态。需要关注的，一是外国来华直接投资净流入可能进一步放缓；二是外汇储备可能有所下降。

（二）2016年外汇管理展望

2016年1月，全国外汇管理工作召开，会议继续贯彻落实党的十八大以及十八届三中、四中全会和中央经济工作会议精神，并"深入分析当前经济金融和国际收支形势，研究部署2016年外汇管理工作"。据此判断，在未来几年内，外汇管理当局的工作重点可能落在以下方面。

（1）优化外汇管理方式。主要体现在以下几个方面：一是依法行使外汇管理权。外汇局必将加速外汇管理条例体系的整编，加强重点领域立法及法规清理工作；二是继续推进外汇管理方式改革，弱化事前审批，完善事中、事后管理，提高数据统计与监测的科学性和前瞻性；三是在对外开放的同时，实行"管放相结合"，在简化审批手续的同时，加强征信体系建设，打击外汇违法犯罪现象。

（2）加强外债与跨境资本监控体系的建设。主要包括：严密监控跨境资本双向流动情况，防范非法资金流动，配合央行汇率管理调控，必要时采取相应的市场干预措施；推进本/外币跨境资本流动监控改革的贯彻与落实；健全宏观审慎框架下的外债和跨境资本流动管理体系，以加强事后监管的有效性。

（3）支持"一带一路"的战略部署，稳步推进人民币国际化。在新一届政府的领导下，我国经济发展将继续面向世界，以更加开放、稳健的姿态实现产业升级和经济转型。未来，外汇局将以实现国际收支基本平衡、推动对外直接投资的输出、支持人民币国际化的稳步推进为主要目标，开展资本项目对外开放试点，支持与周边国的互联互通，促进内外资的平等待遇。

专栏 构建开发性金融与商业金融相结合的投融资支持体系

1. 政府间性质的多边开发性金融机构

2016年1月16日,筹备已久的亚洲基础设施投资银行(以下简称亚投行)正式开业。亚投行涵盖57个成员国,是以满足亚洲基础设施投资需求为目的的多边开发金融机构。亚投行是首个由中国倡议成立的多边金融机构。目前,亚投行的法定资本为1000亿美元,除了按期缴纳股本金以外,中国还向亚投行设立的项目准备特别基金出资5000万美元。亚洲开发银行分析指出,亚洲基础设施投资资金严重不足。作为全球开发性金融机构的有力补充,亚投行预计在2016年年中批准首批贷款项目,但在资金投向以及资金提供方式方面与世界银行和亚洲开发银行有所差别①。

2015年7月,金砖国家依照《福塔莱萨宣言》,正式成立了金砖国家开发银行。新开发银行将满足金砖国家以及其他新兴市场和发展中国家的基础设施投资需求。在初始运营阶段,主要针对金砖国家发放贷款。创始成员国覆盖拉美、欧洲、亚洲和非洲等多个地区,核定资本为1000亿美元。为共同防范金融风险和处置金融危机,该行还特别设立了1000亿美元的应急储备基金,中国将出资410亿美元②。

2. 对外开发性金融合作

对外开发性投资基金的成立。继央行联合国家开发银行实施外汇储备创新运用之后,2014年12月29日,由中国外汇储备、中国投资有限责任公司、中国进出口银行、国家开发银行共同出资的丝路基金在北京注册成立③。该基金是按照公司法设立的中长期开发性投资基金,是以股权投资为主,以债券、贷款、基金等相配合的多元化的投融资方式。其突出的特点是强调市场的盈利性、主体的开放性和投资的专业性,投资合作主体可以是国

---

① 《亚投行首批资金将投向哪儿》, www.thoery.people.com。
② 金融国家开发银行网站: www.ndbbrics.org, 访问日期: 2016年1月22日。
③ 丝路基金网站: http://www.silkroadfund.com.cn/, 访问日期: 2016年1月22日。

内外的开发性或商业性金融机构，但投资对象则是"一带一路"沿线的其他国家。

开发性金融机构的对外投融资业务。作为上海合作组织国家的银联体、中国-东盟银联体、金砖国家银行合作机制的成员行，我国的国家开发银行（以下简称国开行）正式定位为从事开发性金融业务的银行，把建立"一带一路"金融合作机制作为对外合作业务的重点。截至2015年6月末，国开行在"一带一路"沿线国家和地区已经有400多个项目的承诺贷款，贷款额为1567亿美元，占整体业务的28%。国开行还储备了"一带一路"大型项目416个，储备贷款额度为2870亿美元，其中包括交通、通信、制造业及基础设施建设等领域①。

3. 商业金融业务的合作

"一带一路"倡议为商业机构之间的金融合作提供了良好的契机。截至2015年6月末，共有11家中资银行在"一带一路"沿线23个国家设立了55家一级分支机构，并开始启动"一带一路"沿线合作的投融资建设。其中，五大银行是对外业务扩展的主力，主要区域集中在东南亚和西亚地区。截至2015年6月末，64个"一带一路"国家中，共有21个国家的55家商业银行在华设立了7家子行、17家分行以及41家代表处②。其中，东南亚国家的银行在华业务活动较为活跃。

附　录

2015年主要外汇管理政策条例

序号	发布日期	法规名称	主要内容
1	2015年1月6日	关于组织开展银行外汇业务合规经营专项检查的通知	对7家银行开展外汇业务合规经营专项检查

---

① 中国经济网：www.ce.cn，访问日期：2016年1月22日。
② 《银监会加强与"一带一路"监管合作》，《上海证券报》2015年9月29日。

续表

序号	发布日期	法规名称	主要内容
2	2015年2月16日	保险业务外汇管理指引	下放法人保险机构外汇保险业务的有关审核权限,规范跨境保险、外汇资本资金运用等业务规则,加强对外汇保险业务及相关外汇收支的监测
3	2015年2月28日	关于进一步简化和改进直接投资外汇管理政策的通知	取消直接投资项下外汇登记核准;简化境内直接投资项下外国投资者出资确认登记管理;取消境外再投资外汇备案;取消直接投资外汇年检;加强事中事后监管
4	2015年4月8日	改革外商投资企业外汇资本金结汇管理方式的通知	外商投资企业外汇资本金实行意愿结汇管理;对资本金使用实施负面清单管理;便利结汇所得人民币资金开展境内股权投资;规范结汇资金的支付管理;外汇局加强事中、事后管理
5	2015年11月9日	内地与香港证券投资基金跨境发行销售资金管理操作指引	国家外汇管理局仅对基金互认总额度进行监控,鼓励跨境发行销售以人民币计价和跨境收付;实施信息报告制,建立系统化数据统计和报送程序
6	2015年12月31日	关于进一步完善个人外汇管理有关问题的通知	明确个人外汇业务监测系统;完善个人外汇业务"关注名单"管理;清理整合法规

专题研究

Special Topics

B.8
商业银行同业业务的发展及监管

朱元倩 徐 超*

摘 要: 近年来,我国商业银行同业业务发展迅速,为更好地了解商业银行同业业务现状,本报告对国际及国内同业业务进行了相关研究,梳理了国际金融机构同业业务的发展历程和危机后同业业务的监管变革,分析了我国商业银行同业业务的发展现状及存在的主要风险,并据此提出了相关政策建议。

关键词: 同业业务 金融监管 金融风险 特定目的载体

---

* 朱元倩,副研究员,浙江理工大学经济管理学院兼职教授;徐超,中国人民大学财政金融学院博士生,供职于中国建设银行总行财富管理与私人银行部。文章不代表所在单位意见,本研究得到国家自然科学基金(No. 71403251)的资助。

伴随着我国商业银行同业业务的爆发式增长，同业业务逐渐引起社会各界和监管当局的关注，人民银行、银监会、证监会、保监会和外汇局于2014年5月联合发布了《关于规范金融机构同业业务的通知》（银发〔2014〕127号），对金融机构同业业务进行了较为全面的规范。2015年，随着经济增长步入新常态，商业银行同业业务整体增长放缓，但相较银行资产增长仍旧较快，同时，在资本市场波动加大、货币市场基金等金融业务不断增长的背景下，金融市场对银行同业业务提出了新的需求，银行同业业务也展现了一些新的特征。

一 国际金融机构同业业务及监管现状

国际金融机构同业业务建立在混业经营的基础上，指以金融机构同业客户为服务对象，通过为同业客户提供各类交易银行、金融市场、资产管理及投资银行服务，从中获取利差及手续费收入的业务。国际金融同业业务主要包括支付结算代理、现金管理、同业拆借、外汇交易、衍生品交易、债券交易、向同业销售基金或固定收益类产品、资本工具承销等业务类型。

（一）国际金融机构同业业务的发展历程

以美国为例，国际商业银行同业业务发展历程大致可以划分为三个阶段。

第一阶段（20世纪70年代以前）：流动性管理为主的阶段。该阶段商业银行为了保证必要的偿付能力等资产负债管理需求，通过银行间市场相互拆借资金管理流动性风险，同业业务以同业存放、同业拆借等为主，流动性管理意义大于盈利性要求。

第二阶段（20世纪70年代至20世纪末）：追求盈利性为主的阶段。该阶段美国步入了利率市场化的进程，商业银行为规避监管，加大业务创新，主动调整资产负债结构以追求盈利，主要表现在同业负债大幅扩张、增加高收益资产配置等方面；1970年至1999年，美国存款类金融机构同业负债规模增长了 35.2 倍，是同期存款规模增幅的 5.8 倍；同业资产规模增长了 15 倍，是同期贷款规模增幅的 2 倍；公司债券等高收益证券配置规模增长了 23 倍，是同期证券整体配置规模增幅的 3 倍①。同业业务种类由传统的同业存放、同业拆借扩展到诸如欧洲美元借款、非成员银行借款等领域。

第三阶段（20 世纪末至今）：市场需求驱动的全面发展阶段。1999 年美国金融业回归混业经营以后，多重力量共同推动了美国大型金融机构同业业务从被动规避监管向主动满足客户多元化、综合化市场需求转变。

一是利率、汇率等要素价格已全面实现了市场化，市场风险日益加大，对市场风险的管理也提出了更新的要求。美国自 20 世纪 70 年代开始按照先大额后小额、先长期后短期的步骤逐步放开存款利率上限，推进利率市场化改革，到 1999 年已全面完成了利率市场化改革，存款利率已与货币市场利率、国债利率等市场化利率接轨；以浮动汇率制为核心的牙买加体系已经建立，货币汇率根据国际经济金融状况进行市场化调整，如美元兑日元的汇率由 1985 年底的 200 左右调整至 1999 年底的 102 左右。利率、汇率等重要要素价格全面实现市场化，为金融机构市场化配置资源以满足客户需求奠定了现实基础。

二是新兴市场的崛起及其融入全球经济的进程，加大了全球金融市场的波动，对金融产品的需求日益加大。国际货币基金组织的数据显示，2000 年至 2014 年，新兴市场和其他发展中国家的经济总量占全球经济的比重从 20% 上升至 39%（见图 1）；WTO 的数据显示，同期新兴市场和其他发展中国家在全球国际贸易中所占比重由 33% 跃升至约 48%；2014 年底，全球跟踪 MSCI 新兴市场指数的资金规模在 1.5 万亿美元左右②，占所有跟踪 MSCI 市场指数资金规模的 16%。新兴市场在全球经济金融版图中占据了更大份额，影响力稳步增强，也加大了全球金融市场的波动。

三是全球的财富增长带来了财富管理需求的快速增长。根据相关新闻报

---

① 根据美联储数据整理计算。
② 根据瑞银证券的研究报告整理得出。

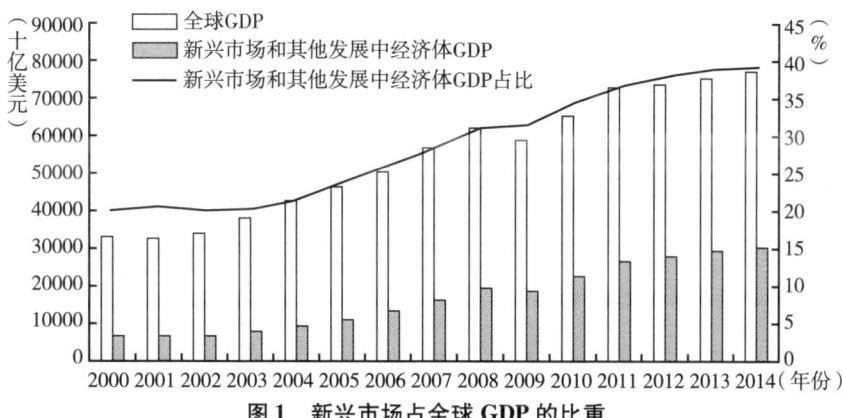

图 1 新兴市场占全球 GDP 的比重

道，2000 年至 2014 年，全球财富由 109 万亿美元增长至 250 万亿美元，年均增速超过 9%（见图 2），快速的财富积累带来了财富管理的市场需求，越来越多的人不仅满足于将财富以现金形式持有或以存款形式储蓄在银行，而且衍生出更多对高收益率、有更多风险规避手段的金融产品的需求。

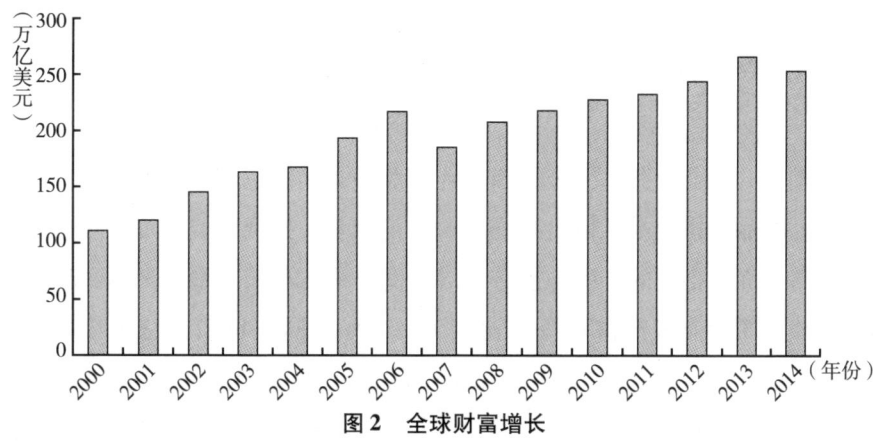

图 2 全球财富增长

四是资产证券化等金融创新业务推动了全球资产价格上涨，为同业业务发展形成了良好的市场基础。2002 年至 2007 年，美国资产证券化余额由 6.19 万亿美元增长至 11.3 万亿美元，年均增速超过 10%[1]；同期，道琼斯

---

[1] 根据美国证券与金融市场协会（SIFMA）数据整理计算。

工业指数上涨了59%，纳斯达克指数上涨了99%，标普500指数上涨了67%，德国DAX指数上涨了179%，英国富时100指数上涨了64%，纽约商品交易所（NYMEX）原油价格上涨了284%。在金融危机爆发前一年，即2006年，美国ABS发行量高达7538.8亿美元，欧洲发行量为6172.8亿美元（见图3）。

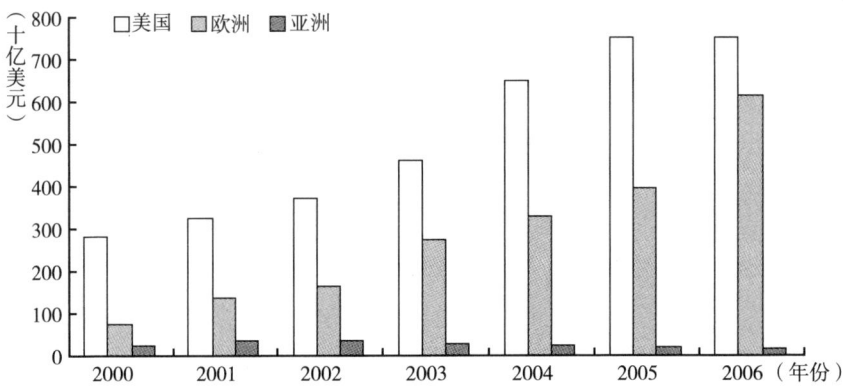

图3　全球ABS市场发行量变化

注：欧洲数据采用当年末或来年初汇率将欧元兑换成了美元。
资料来源：美国证券与金融市场协会（SIFMA）。

该阶段，同业业务也突破了原先业务品种类别的范畴，转为提供固定收益与权益产品销售交易、衍生品交易、外汇交易、投资研究、证券托管、代理清算等全面综合化的产品与服务，成为商业银行利润的重要来源。2014年底，花旗集团同业资产占总资产比例为20.1%，同业负债占总负债比例为14.2%，旗下以同业金融机构与大型企业为主要服务对象的机构客户业务板块经营收入占集团总收入的比例达43.3%[1]；美国银行集团同业资产占总资产比例为10.7%，同业负债占总负债比例为12.5%，旗下以同业金融机构客户为主要服务对象的全球市场业务板块经营收入占集团总收入的比例为18.9%[2]。

---

[1]　根据花旗集团2014年年报数据整理计算。
[2]　根据美国银行集团2014年年报数据整理计算。

（二）金融危机后国际同业业务的监管反思

金融危机爆发后，各国监管当局对金融机构同业业务进行了反思：一方面，危机前同业业务过度膨胀，危机中高流动性安全资产迅速枯竭，陷入流动性不足的困境；另一方面，同业业务不透明且风险传染性过强，容易引发系统性风险。对此，国际监管组织和各国监管机构分别从加强同业业务监管、强化单体机构的流动性监管和防止跨业风险传染的视角进行了监管改革。

一是加强同业业务监管。金融稳定理事会对非中央交易对手的回购业务提出折扣率的底线要求，防范出现资产贱卖和资产价格下跌的螺旋效应；巴塞尔委员会明确提出，对于场外衍生品交易和证券融资业务等的交易对手信用风险，银行需计算由交易对手信用风险导致的违约风险资本占用，并增加应对信用估值调整风险的监管资本要求；美联储要求受到联邦保险公司（FDIC）保险的商业银行、储蓄机构、在美外资银行的分支机构开展银行间业务时，对单一机构的信用风险暴露限额不超过银行资本的 25%；欧盟推出了欧洲市场基础设施管理条例，要求金融机构逐笔上报场外衍生品交易中有关交易对手、合约类型、价格、所挂钩基础资产情况、交易敞口、担保品价值及性质等 59 项详细信息，且必须通过经授权的中央对手方进行清算，以提高业务透明性，并提高场外交易的资本金和保证金管理要求，降低交易对手信用风险。

二是强化单体机构的流动性监管。金融危机后，巴塞尔委员会提出了流动性覆盖率（LCR）、净稳定资金比率（NSFR）两大流动性监管指标，鼓励商业银行加大吸收稳定、长期限存款的力度，降低对同业资金的过度依赖，并要求更精确地评估表内和表外同业业务面临的流动性风险。同时，提高了对金融机构同业业务的流动性要求，如在 LCR 标准中将交易对手为非银行金融机构和银行的流动性便利流出率分别确定为 100% 和 40%。截至 2014 年底，在纳入巴塞尔委员会监测范围的 221 家银行中，100 家第一类银行[1]的 LCR 平均为 125.3%，NSFR 平均为 111.2%；121 家第二类银行的 LCR 平均为 143.7%，NSFR 平均为 113.8%[2]。

三是进行结构性改革，防止跨业风险传染。美国颁布"沃克尔规则"（Volcker Rules），限制商业银行或银行控股公司从事自营交易及拥有或投资私募股权基金和对冲基金，要求商业银行或银行控股公司持有对冲基金和私募股权基金总量不得超过其一级资本的 3%，以将高风险的交易业务与传统银行体系相隔离；英国发布维克斯报告（Vickers Report），提出了"栅栏原则"，要求在银行集团内部设立独立的国内零售银行法人实体，独立满足 10% 的核心资本充足率要求，实行独立的公司治理，由独立董事担任国内零售银行法人实体的董事会主席，同时按照一家独立上市公司的标准披露相关信息，其与集体母公司及其附属机构的业务联系视同与独立第三方的关系，通过"栅栏"来保护英国国内零售银行，减少其遭受外部冲击和风险传染的可能性；欧盟发布利卡宁报告（Liikanen Report），要求大型商业银行将有可能影响金融稳定的交易资产（包括自营和做市交易）划入独立法人实体，其中，超过银行总资产 15%～25% 或资产规模超过 1000 亿欧元的自营交易和做市交易要与传统银行业务强制隔离，并独立满足监管要求。

二 我国商业银行同业业务发展历程

我国商业银行同业业务源于 1984 年 10 月中国人民银行允许各专业银行互相拆借资金。最初，同业业务仅限于银行间的短期资金拆借以解决短期流动性，后期业务对象逐步发展至证券、基金、信托、财务公司等各类金融机构。整体看，大致经历了以下两个阶段。

第一个阶段（2009 年以前）：流动性管理为主的传统业务阶段。该阶段

---

[1] 巴塞尔委员会将核心一级资本超过 30 亿欧元的国际活跃银行称为大型国际活跃银行，简称第一类银行，其余的银行称为第二类银行。
[2] 根据"Basel Ⅲ Monitor Report"（September 2015）整理。

同业业务主要满足银行间的资产负债管理需求，以解决短期流动性，业务局限于代理清算、同业存款、同业拆借、同业借款等，仅是银行内部流动性管理的补充性工具。从图4来看，从2004年至2006年间，我国金融市场同业拆借的日均成交额始终保持平稳水平，日均成交额不足百亿元，直到国际金融危机爆发后的2007年才开始呈现爆发式增长，至2008年增长至600亿元。

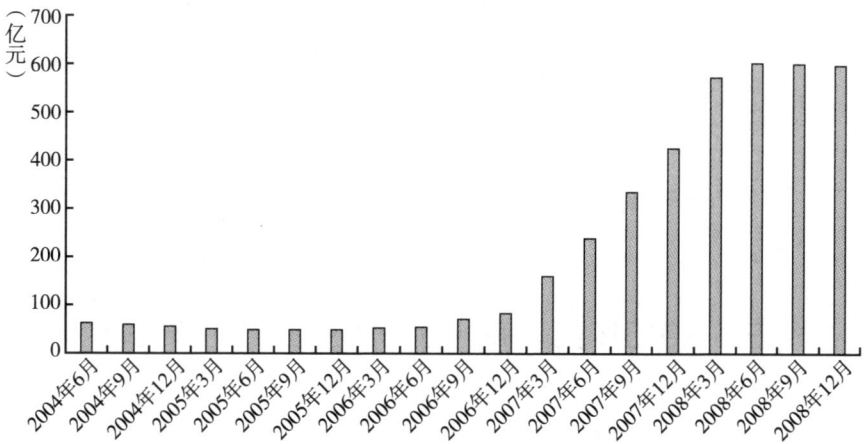

图4　金融市场同业拆借的日均成交额（2004~2008）

第二个阶段（2009年至今）：盈利创造为主的创新发展阶段。随着金融改革的持续深化，利率市场化进程稳步推进，金融脱媒逐步加剧，商业银行经营转型压力显现。面对过剩的市场流动性和旺盛的实体经济融资需求，银行又受到信贷规模控制、存贷比要求等监管管制，商业银行开始以同业业务为载体，绕开现有监管法规进行经营探索，同业业务由流动性管理为主向盈利创造为主转变。银信理财合作、票据与买入返售结合、信托受益权、同业代付、同业偿付等业务创新模式层出不穷，同业规模快速增长，收入创造能力显著增强，成为商业银行业务的重要组成部分。2009年初至2015年底，我国金融市场同业拆借的日均成交额从538亿元上升至2579亿元，上升了3.8倍（见图5）。

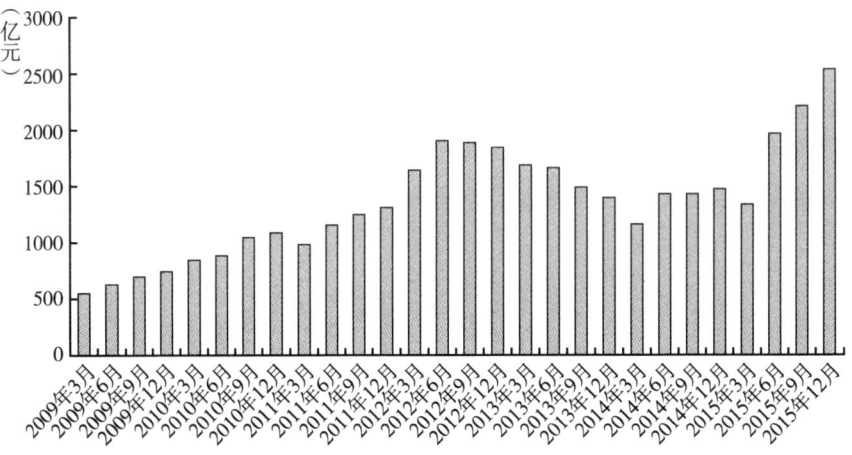

图 5　金融市场同业拆借的日均成交额（2009～2015）

三　2015年我国商业银行同业业务的新变化

根据《关于规范金融机构同业业务的通知》（银发〔2014〕127号）对同业业务的定义，同业业务是指中华人民共和国境内依法设立的金融机构之间开展的以投融资为核心的各项业务，主要包括同业拆借、同业存款、同业借款、同业代付、买入返售（卖出回购）等同业融资业务和同业投资业务。127号文发布以前，商业银行同业业务还包括其他种类，如同业透支、信贷资产逆回购、应收租赁款逆回购、货币互存、人民币质押外币拆借等业务，这些业务在127号文中未有明确规定和体现，商业银行对其是否符合监管规定的理解存在差异，部分商业银行已于127号文发布后停止开展相关业务。

（一）127号文实施效果显著

127号文要求清理混入买入返售等同业科目的类信贷投资业务，促使同业融资业务回归流动性管理业务本质；将类信贷业务纳入同业投资的特定目的载体科目，促使同业投资业务回归其投资业务本质。从2015年的市场发展的相对情况来看，127号文的实施效果显著，同业融出和融入业务平稳增长，其中，买入返售和卖出回购占比持续下降；同业投资业务增长较快，其中，特定目的载体增长显著，各类业务基本回归业务本质。从绝对数值来看，人民银行公布的数据显示，中资全国性中小银行买入返售资产从2015年1月末的5.1万亿元，下降至2016年1月末的3.6万亿元；同期中资全国性大型银行买入返售资产从2.4万亿元波动上升至3.6万亿元后下降至2016年1月的2.8万亿元（见图6）。

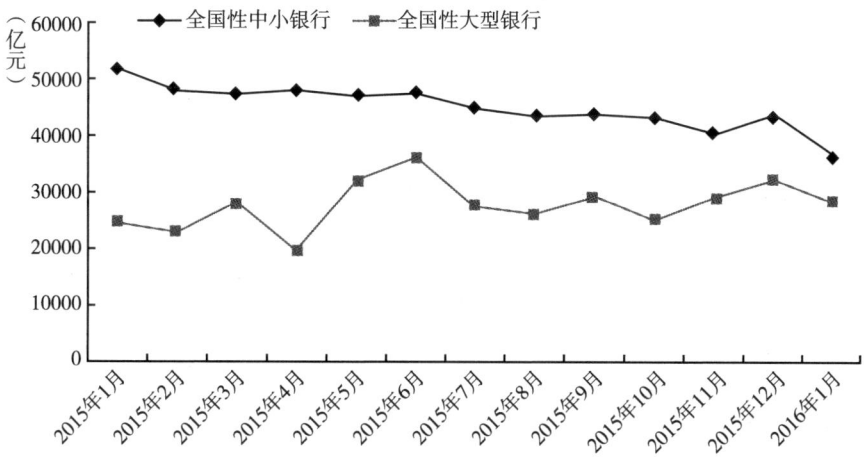

图6 买入返售资产的变化情况

（二）结算性同业存款成为同业融入的重要组成

同业存款业务按照期限、业务关系和用途分为结算性同业存款和非结算性同业存款。2015年，资本市场波动不断加大，根据人民银行发布的金融市场运行情况，2015年沪市全年累计成交133.1万亿元，日均成交5454.9亿元，同比增长254.3%，深市全年累计成交122.5万亿元，日均成交5020.3亿元，同比增长235.4%。受到资本市场波动和交投活跃的影响，同业存放中的结算性同业存款（以证券公司托管在银行的第三方存款保证金为主）大幅上升，对同业融入的贡献不断上升。

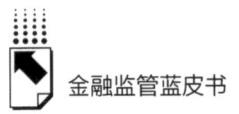

(三) 同业投资仍旧以投资非标准化资产为主

根据127号文的要求,商业银行清理了原先混入买入返售等同业科目的非标准化资产投资,将到期存量及新增业务转计入同业投资项下"特定目的载体"科目。因此,在买入返售业务占比下降的同时,同业投资持续增长,特定目的载体接棒买入返售,贡献显著。2015年,同业投资特定目的载体的数量占比仍旧较高,特定目的载体的基础资产主要包括以下几类:一是企业债权,商业银行通过资产管理计划或信托计划等向行内对公客户进行债权融资,以突破银行自身信贷额度不足的限制及行业调控;二是协议存款,商业银行通过保险资管计划等将资金以协议存款的形式存入其他银行,以获得更高的存款利率;三是银行保本理财产品,商业银行根据银行自身资金管理需求投资于其他银行的保本理财产品;四是跨市场创新产品,商业银行在资本市场行情较好的情况下与资金不足的证券公司合作,购买证券公司融资融券受益权等跨市场创新业务,以提高银行自有资金的盈利性;五是特定目的载体,商业银行通过在特定目的载体内嵌套投资特定目的载体,延长业务链条以规避资金用途限制。

四 2016年我国商业银行同业业务的新趋势

2016年,127号文的实施效果将持续显现,但是在经济步入新常态、金融市场改革有序推进、资本市场不确定性不断加大的情况下,银行同业业务将呈现一些新的趋势。

(一) 商业银行同业业务的分化加剧

伴随着利率市场化的逐步推进,大银行的资金定价能力进一步显现,中小银行在存款竞争中将处于弱势。从同业业务看,大银行和中小银行的分化将进一步加剧。2015年上半年末,16家上市银行中,8家股份制银行总资产规模约占大型银行的1/3,但同业资产总额占大型银行的1/2以上。具体体现为：一方面，大银行同业融资占比将逐渐提高，且以拆放同业为主；而中小银行同业投资占比将逐渐提高，以投资特定目的载体为主，在缺乏贷款议价能力的情况下，部分中小银行将过度依赖特定目的载体投资业务获取利润；另一方面，大银行同业资金将呈现持续净融出，中小银行将呈现持续净融入，存款来源较少的中小银行将更加依赖大银行的资金融出。

（二）同业借款和同业透支等创新业务需求加大

同业借款可以被看作是一种场外交易的同业拆出和拆入业务，同业借款的期限一般较长，最长为3年。同业透支业务与同业借款业务形成互补，分别满足客户临时性和长期性资金需求。目前，《关于规范金融机构同业业务的通知》并未对同业透支业务予以明确规定，商业银行开展同业透支业务也很不规范，但是伴随着资本市场波动的不断加大，证券公司用于当日头寸调剂的需求、货币市场基金T+0赎回需求不断增加，商业银行开展同业透支业务的需求不断上升，对于同业透支业务的监管亟待加强。

五 我国商业银行同业业务面临的主要风险

相较国际上成熟的同业业务，我国商业银行同业业务是建立在分业经营基础上的，本质上是为了绕过各类管制而产生的。目前，同业投资中主要是由信贷业务转化而来的类信贷业务，是典型的非交易型业务，资产非标准化程度高、流动性较差、业务透明度低，潜藏着较大的风险，且对宏观政策调控等存在一定的影响。

（一）同业投资本质多为类信贷业务，信用风险较大

目前，我国商业银行同业投资本质多为类信贷业务，如在商业银行同业投资中占据较大份额的特定目的载体投资业务，基础资产以企业债权等类信贷资产为主，特别是受到国家相关政策限制的行业或企业的类信贷资产。在这些同业业务中，商业银行实际承担着企业经营带来的信用风险，但并未完

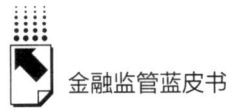

全根据"穿透"原则计算监管指标,而是通过同业业务的运作变相提高杠杆水平并降低了风险资本的占用。同时,部分商业银行对该类业务的拨备计提标准较低,一般不超过1%,低于当前商业银行整体3%以上的贷款拨备率,抵御潜在信用风险的能力较弱。

(二)同业投资业务多为非交易类业务,流动性风险较大

我国商业银行一般直接持有各类同业资产至到期,是典型的非交易型业务。目前,银行同业负债以同业存放为主,而买入返售资产是同业资产的主要方式,即吸收短期同业资金、匹配中长期同业资产,这种期限错配的存在在经济状况较好的时期可以为商业银行带来丰厚收益,但当市场流动性趋紧、同业资产变现能力较差时,就会使得商业银行面临较大的流动性风险。特别的,以非标准化资产为主的特定目的载体投资业务,资产标准化程度低,缺乏交易流通市场,提前变现的能力差,流动性风险较大。同时,该类资产期限一般在1年以上,而127号文要求同业融资中除同业借款外的其他同业融资最长期限不超过一年。随着存量中长期限的同业负债到期,同业负债期限在缩短,资产负债期限错配带来的潜在流动性风险在加大。

(三)同业业务透明度仍较低、风险传染性较高

127号文将非标准化资产投资纳入特定目的载体科目等措施,部分解决了业务规模隐匿问题,但关键信息的披露仍较少,业务透明度仍较低:仅披露了特定目的载体投资总规模等宏观情况,对于项下具体的业务品种、基础资产、行业分布、风险状况、涉及机构数量、业务链条长度、实际拨备及不良状况等分类情况仍缺乏详细数据,不利于掌握实际状况以及时发现潜在风险。同时,同业业务涉及的机构数量较多,业务链条较长,机构间联系较紧密,风险传染性较高,一旦出现风险事件,容易引起风险在金融机构间交叉传染与扩散,从而可能引发系统性风险。

(四)同业业务对宏观经济的影响

同业业务的过度发展,可能导致银行资产过多地在银行体系内运转,一

方面会形成银行资产的表面繁荣，如对于回购交易而言，回购方的资产并未出表，而逆回购的资产负债表有所增加，从而在没有产生新资产的情况下，造成了整个银行体系资产负债表的上升，从很大程度上也体现为银行业的繁荣。相关数据表明，截至2015年上半年末，以16家上市银行为例，同业资产余额为11.12万亿元，同业资产占总资产比重为9.6%。另一方面，银行同业业务的过度发展，将导致银行资产较少流向实体经济，且通过层层包装延长了交易链条，导致实体经济融资成本提高，从而弱化了银行对实体经济的服务能力，对货币政策等宏观经济变量的传导都会产生或多或少的影响。

六 政策建议

（一）进一步细化同业业务分类审慎监管

对于同业融资业务，围绕流动性管理的业务本质，加强流动性、资产负债期限匹配等日常流动性管理；对于同业投资业务，加强特定目的载体投资的业务规模、投资期限、基础资产性质、行业分布、不良状况等相关信息披露，按照穿透原则，根据所投基础资产性质，清晰划分特定目的载体投资项下各业务品种，提高业务透明度；对于实际承担信用风险的类信贷业务，参照贷款实施五级分类，充分计提拨备；加强特定目的载体投资项下业务品种的集中度管理，防止商业银行过度依赖单一业务；限制特定目的载体内嵌套特定目的载体，缩短特定目的载体投资业务链，降低业务复杂度。此外，对于类型、风险承担能力、资金融入融出方式不同的银行进行分类管理，根据不同银行的风险管理能力、资产负债匹配能力等建立相应的监管指标。

（二）继续稳步推进标准化产品等金融创新步伐

当前，商业银行同业投资中特定目的载体规模不断扩大、占比不断提高，该类资产标准化程度低、流动性差、业务透明度较低，从某种角度来看，这也是由标准化金融市场的配套支持不够而间接推动的。因此，建议进一步完善标准化市场的基础设施建设，通过发展标准化的金融产品，丰富银行的融资渠道和投资产品，增加商业银行中间业务的收入来源。一方面，可以继续稳妥地推进资产证券化等创新步伐，从源头上将特定目的载体投资中的非标准化资产转换为流动性更强、透明度更高的标准化资产，有效防范潜在的流动性风险及信用风险；另一方面，可以进一步扩大同业存单试点名单，开发可转让同业存单品种，形成一系列标准化的金融市场产品，进一步稳定商业银行长期资金来源及标准化投资渠道。

（三）加大对同业业务的非现场监管和现场检查力度

从非现场监管的角度来看，目前同业业务的监测体系还有待完善，一方面，建议在明确同业业务会计科目的基础上，根据其业务和资产的实质对其进行进一步划分和界定，并对同业业务的信息披露进行统一要求，便于监管部门能够根据细化指标对同业业务的变化进行持续的监测和分析，掌握同业业务，特别是其中各类业务的变化情况，也便于市场参与者对同业业务的整体状况和风险有所判断。从现场检查的角度来看，考虑到仅依赖事后非现场监管数据进行分析可能存在的滞后性，建议监管机构的现场检查部门加强对同业业务，特别是同业类信贷业务的现场检查，同时加大对违规同业业务的处罚和问责力度。

（四）加强多监管机构间的协同监管

从金融市场的情况来看，以商业银行同业业务为典型的金融机构间业务发展迅速，商业银行与其他金融机构资金往来愈发频繁，业务联系愈发紧密，风险传染的速度也有所上升。然而，在当前分业经营、分业监管的框架下，存在一定的监管空白和监管重叠，从而导致金融机构游走在金融监管的薄弱地带，风险在监管空白处滋生。因此，建议进一步加强监管部门间协同与监管，关注各类业务的功能特征，制定统一的市场监管规则，展开跨产品、跨机构、跨市场的全面监管，有效防范可能出现的新的监管套利，扫除监管盲区，及时把控、防范同业业务潜在风险。

（五）对创新类同业业务开展前瞻性监管

同业业务始终是金融创新的突破口，从银信合作到票据买入返售，到同业代付，到非标业务，同业业务模式始终遵循着"创新—监管—创新—监管"的博弈路径，这也对创新类同业业务开展前瞻性监管提出了更高的要求。随着互联网金融等金融创新的快速发展，同业业务也呈现出一些新的潜在发展方向。例如，在金融脱媒的进程中，同业资金可能借助互联网呈现脱离银行中介、加速离岸和跨境的趋势。然而，金融创新与同业业务的结合，并没有改变同业业务的本质，也并未起到缓释同业业务风险的作用，相反，进一步加大了同业业务风险的隐蔽性和不透明性。因此，对于互联网金融等金融创新与同业业务结合的创新型金融产品，应该给予足够的关注并对其进行审慎监管，防止同业业务借道其他渠道游离于金融监管之外，同时做好投资者教育和消费者权益保护等工作，确保不发生系统性风险和区域性风险的底线。

参考文献

［1］王兆星：《结构性改革：金融分业混业的中间路线——国际金融监管改革系列谈之九》，《中国金融》2013年第20期，第20~23页。

［2］周成杰：《〈欧洲市场基础设施规制〉评述——兼论对中国金融市场主体的影响与启示》，《法商研究》2014年第5期，第152~160页。

［3］巴曙松、王璟怡、王茜：《流动性风险监管：巴塞尔协议Ⅲ下的新挑战》，《中国金融》2011年第1期，第27~28页。

［4］田娟、王鹏飞：《巴塞尔流动性框架的最新修订及对我国的启示》，《金融与经济》2014年第1期，第59~63页。

［5］魏国雄：《有效防范银行同业业务风险》，《中国金融》2014年第8期，第15~17页。

［6］伍戈、何伟：《商业银行资产负债结构与货币政策调控方式——基于同业业务的分析》，《金融监管研究》2014年第7期，第40~53页。

［7］步艳红、赵晓敏、杨帆：《我国商业银行同业业务高杠杆化的模式、影响和监

管研究》,《金融监管研究》2014年第2期,第33~46页。

[8] 孙勇:《银行同业业务创新对信贷管制的突破研究》,《财经问题研究》2014年第2期,第46~51页。

[9] 章彰:《巴塞尔协议Ⅲ的交易对手风险管理改革及其借鉴》,《银行家》2011年第3期,第63~65页。

[10] 杨灵修、蒲延杰、陈李:《在ADR纳入MSCI国际指数之后》,《瑞银证券研究报告》2015年1月19日。

B.9
明确监管制度框架 促进投贷联动业务发展

王刚 尹亭 丁丁 王宇*

摘　要： 近年来兴起的银行投贷联动业务本质上是以股权投资收益补偿科技创业企业贷款风险损失。作为解决科技型中小企业融资难的融资形式创新，投贷联动是符合金融支持"科技创新驱动转型发展"政策要求的积极举措，也是银行业在依法合规前提下试点推进综合化经营，实现自身转型发展的重要突破口。本报告在比较和借鉴美国、日本对银行股权投资的法律和监管制度的基础上，梳理了当前我国银行业开展投贷联动的法律和监管约束条件。随后，比较分析了当前我国商业银行开展投贷联动业务的主要模式，指出对投贷联动业务实施监管应当遵循如下原则：一是定向试点，审慎推进；二是专业化经营；三是坚持风险补偿原则，以贷为本，以投补贷；四是落实风险隔离，有效管控风险。报告最后就投贷联动业务监管制度安排和实施进程提出了四项具体建议。

关键词： 投贷联动　监管制度　风险补偿　风险隔离

---

* 王刚，国务院发展研究中心金融研究所副研究员、高级经济师。尹亭，交通银行总行、南京大学国际商学院联合培养博士后。丁丁，对外经济贸易大学硕士研究生。王宇，对外经济贸易大学硕士研究生。

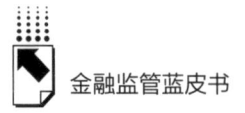
金融监管蓝皮书

党的十八届五中全会通过的"十三五"规划建议中，提出了"创新、协调、绿色、开放、共享"的发展新理念，这是指引我国未来经济社会发展的基本方略。投贷联动本质上是解决科技型中小企业融资难的融资方式创新，是符合金融支持"科技创新驱动转型发展"政策要求的积极举措，也是银行业在依法合规前提下推进综合化经营、实现自身转型发展的重要突破口。2015年3月，中共中央、国务院发布的《关于深化体制机制改革加快实施创新驱动发展战略的若干意见》中提出，选择符合条件的银行业金融机构，探索试点投贷联动业务，完善商业银行相关法律。2016年2月4日，国务院常务会议提出，"选择金融机构试点开展投贷联动融资服务"。2016年银监会年度工作会议提出，"制定科技创新创业企业投贷联动试点指导意见，允许有条件的银行设立子公司从事科技创新创业企业投资，用投资收益对冲贷款风险损失，报国务院批准后，优选有意愿的创新区进行试点。"

尽管在实践层面，我国部分银行业金融机构自2009年起就开始尝试投贷联动业务，但一方面受现行法律和监管规定对银行投资领域的限制，投贷联动业务只能以各种绕行方式变通开展，合规成本较高；另一方面，银行与创投机构的风险文化、运作规则不可避免地存在冲突，导致当前投贷联动总体上仍处于市场自发弱联动状态。因此，亟须在借鉴国际经验的基础上细化投贷联动业务发展与监管的基本思路，尽快出台相应试点办法，按照"风险隔离、定向试点、专业经营、风险抵补"的基本原则，明确监管制度框架，以此推动投贷联动业务可持续发展，在风险总体可控前提下支持大众创业、万众创新。

一 我国商业银行从事股权投资的法律和监管障碍

在我国现行分业经营、分业监管的金融监管格局下，商业银行从事股权投资面临来自法律和监管规则方面的约束和限制。具体而言，在法律层面，2015年修订的《商业银行法》第四十三条规定，商业银行在境内"不得向非银行金融机构和企业投资"，但国家另有规定的除外。在规章和规范性文件层面,一是人民银行1996年颁布的《贷款通则》第二十条"对借款人的限制"规定,"不得用贷款从事股本权益性投资,国家另有规定的除外"。二是银监会2007年发布的《关于严禁银行业金融机构违规投资参股非金融企(事)业或项目的通知》(银监办发〔2007〕234号)再次强调,"除国家另有规定外,各银行业金融机构及其境外子银行不得以任何形式向非金融企(事)业或项目投资"。三是银监会2009年发布的《关于进一步规范商业银行理财业务投资管理有关问题的通知》第十九条规定,"理财资金不得投资于未上市企业股权和上市公司非公开发行或交易的股份"。四是银监会2010年发布的《流动资金贷款管理暂行办法》第九条规定"流动资金贷款不得用于固定资产、股权等投资"。

二 银行权益性投资业务法律制度国际比较

(一)美国

美国相关法律制度的演变可分为四个阶段,1933年前,美国《国民银行法》只是原则性规定"银行具有从事银行业务所必需的附属权利";1933年通过的《格拉斯-斯蒂格尔法》和《银行控股公司法》确立了银行、证券、保险分业经营、分业监管的原则,银行原则上被禁止从事股权投资。为促进小企业发展,美国1958年通过的《小企业投资法》规定,银行可向1家以上小企业投资公司或通过创设其他实体向小企业投资公司投资,但总投资额不得超过银行资本与盈余之和的5%。由此,银行或银行控股公司可通过小企业投资公司或创投子公司,根据《小企业投资法》从事各类权益性投资,商业银行权益性投资之门在面向维系美国经济制度基础的小企业时被打开了。1999年通过的《金融服务现代化法》结束了银行、证券、保险分业经营的局面,放开了银行权益投资业务。金融危机后,2010年通过的《多德-弗兰克法》实现了监管回归,强调监管隔离原则,并通过后续出台的沃尔克规则限定银行对私募股权基金投资比例不得超过核心一级资本的3%。

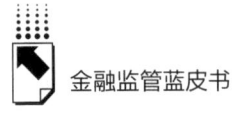

在法律之外，美国货币监理署于2004年发布释义，允许银行放贷以认股权证形式收取贷款利息，并从技术细节上限定银行只是在一瞬间持有股票，在任何一个交易日中银行都不持有股票，且行使认股权后的股票占比不得超过借款人普通股的1%。货币监理署认为，银行以认股权证的方式收取贷款利息为其贷款业务提供了很大的灵活性，也提升了金融服务竞争力。遵循前述释义可限制银行的股票投机行为，避免行使认股权引起股市剧烈波动。

（二）日本

1998年，日本国会通过《金融体制改革法》，允许银行、证券、信托业以"异业子公司"的形式实现业务交叉。具体而言，一是要求银行须建立子公司并控制子公司50%以上的股权方可参与其他业务；二是扩大证券范围的解释，涵盖股票、公司债券和商业票据等；三是建立防火墙，要求银行与其证券子公司在进行交易时贯彻无关联原则。

日本《银行法》遵循"银行与商业相分离"的基本原则，对银行及其子公司持有非金融公司股权的比例规定了5%的严格限制，但对创新型中小企业的权益性投资不受前述比例限制。

对比美国、日本对银行权益性投资的监管法律法规，可以得出如下结论。一是恪守商业银行业务之本，权益性投资等任何其他业务的发展，都不能损害存款人利益以及银行作为信用中介的根本职能定位。二是要在提升效率和实现稳定两个目标的动态平衡中探寻商业银行业务的最优边界，力求既能防范金融风险交叉传染和利益冲突，又可以发挥范围经济和业务协同效应的持久动力。三是重视权益性投资边界的设定。商业银行是有限权利的产物，这些有限权利不应毫无限制地延伸到一般商业活动。美、日两国银行法均没有完全放开对银行普遍参与非金融企业权益性投资的管制。四是应审慎设置豁免和例外条款以实现社会利益最大化。促进银行向科技创新企业提供资金，可以提高国民经济效率，对宏观经济的正面影响超过其负面影响，但同时必须有配套的审慎监管措施，坚持非投机和风险隔离原则，有效控制风险外溢。

三 商业银行现有投贷联动业务模式比较

就业务模式而言，国内投贷联动业务主要分为两种：一是银行与外部创投机构开展投贷联动合作。其优点是政策限制少、适用性强。最主要的缺点是投贷联动模式"以投资回报补偿贷款风险"的收益无法留在商业银行内部。同时，两类独立的机构在风险文化、经营理念和激励机制方面差异很大，很难建立符合激励相容原则的利益共同体，致使联动效率低、协调成本高。二是银行集团内部投贷联动。目前的主要做法是通过银行境外子公司在境内设立创业投资管理公司，间接持有被投资企业股权。其优点是可以实现投贷联动收益银行集团内部化，同时决策链条短、沟通成本低。但因为需要借道境外子公司，也非最直接的方式，同时其适用范围限于获准设立境外子公司的大型银行和少数全国性股份制银行，对于多数中小银行不具可操作性。近期讨论较多的是允许银行在境内设立股权投资公司。与前者相比，这种投资模式在实现投贷联动收益内部化目标的同时，投资方式更直接且适用范围更广。同时，设立子公司属银行间接持有企业股权，不违背现行《商业银行法》第四十三条的限制性规定，建议作为下一步投贷联动业务推进的主要模式考虑。

四 商业银行投贷联动业务监管的基本原则

当前投贷联动的产生和兴起具有经济合理性，要实现安全、稳健发展离不开法律和监管制度安排的必要控制。我国投贷联动业务的实质是商业银行业务最优边界的适度外延，必须把握好效率提升和金融稳定的平衡，既要发挥范围经济和业务协同效应的持久动力，实现金融更有效地为科技创业创新服务，又能防范金融风险的交叉传染和利益冲突。有鉴于此，投贷联动业务发展与监管应遵循如下原则。

（一）坚持定向试点，审慎推进

从国际实践看，能成功为初创期科技企业提供投贷联动服务的，只是少数具有专属优势的银行。以业界最为著名的美国硅谷银行为例，其成立以来只做四个专长领域的业务，截至2014年末资产规模仅为1000亿元人民币[①]。因此，投贷联动市场虽然前景可期，但属于小众市场，当前尤其要避免银行业金融机构不论是否具备条件，一哄而上，为此需要严把准入关。

（二）秉持专业经营原则

科技中小企业的高风险特征决定了科技信贷和投资的专业性，商业银行介入这一领域，原则上需要建立相对独立的业务系统，推进机制创新，落实专业化经营。因此，《关于深化体制机制改革加快实施创新驱动发展战略的若干意见》明确要求"创新从事科技金融服务的金融组织形式"。2015年5月，银监会周慕冰副主席在国务院新闻办发布会上表示，支持符合条件的银行，建立以投贷联动为核心的科技信贷事业部。科技信贷事业部是指，在银行集团内部，以科技型企业为目标客户群，将与满足科技型企业贷款、投资和其他金融服务需求相关的产品研发、流程管理、服务营销、预算财务和人力资源等要素整合成的独立的组织结构。通过缩短业务流程和破除其他体制机制障碍，科技信贷事业部能够保障投贷联动的专业性，也有助于银行提升投贷联动业务的风险控制水平。

上海银监局于2015年9月发布的《关于上海银行业提高专业化经营和风险管理水平进一步支持科技创新的指导意见》中提出了推进"创投型"信贷机制创新支持科技型中小企业的"六专"原则，即专营的组织架构体系、专业的经营管理团队、专用的风险管理制度和技术手段、专门的管理信息系统、专项的激励考核机制和专属的客户信贷"新三查"标准，可以将其作为落实专营原则的有益借鉴。

---

① 廖岷：《投贷联动的作用与风险管理》，《财新周刊》2015年第43期。

（三）坚持风险补偿原则

投贷联动的核心是将股权投资机构的专业化投资与银行的信贷支持有序对接，并以投资成功后的股权回报或权证增值收入覆盖科技创新型企业的高风险。商业银行资金主要源自存款人，要落实《商业银行法》保护存款人利益的原则规定，在投贷联动业务中必须坚持以贷为本，以投补贷，落实风险补偿原则。

（四）落实风险隔离，有效管控风险

投贷联动业务本质上是金融体系中两种性质完全不同业务的有机整合，"投"与"贷"的理念、风险偏好、风险水平等截然不同，为了避免银行科技投资与科技信贷之间的风险传染，监管规则应该要求银行建立防火墙，将二者的风险隔离。防火墙制度安排是西方发达国家金融监管的常规手段，如在金融危机后，英国要求商业银行在零售业务和其他高风险业务之间建立防火墙，以防止风险传染。防火墙制度主要体现在独立决策上，即在投贷联动机制中，基金投资的决策机构是决策委员会，贷款的决策机构是贷款审查委员会，两者并行决策，互不干扰。股权投资审查与科技贷款同步评审，以"股权+债权"的金融服务模式支持企业发展，原则上贷款额不低于对企业的投资额，贷款期限与投资期限相匹配。

五 商业银行投贷联动监管的制度安排

（一）审慎设定试点条件

优先选择公司治理完善、风险管理能力强、监管评级较高的银行参与试点。入选银行应有符合自身发展战略的投贷联动业务规划、行业领先的科技金融服务能力、拥有丰富科技金融运营经验的团队和专才。股权投资公司应以银行自有资金入股，借鉴美国沃尔克规则的相关规定，入股总额不得超过银行核心一级资本的3%，并须在银行计算资本充足率时扣减。试点期间，银

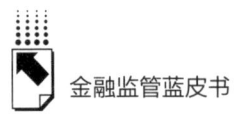

行股权投资子公司暂不设立分支机构，可以借助母行的网点并运用"互联网+"技术获取客户，待试点成熟、推广后，可在科技企业集中的高新技术园区设立分支机构。对于科技信贷事业部，可以考虑由银监会单独核发金融许可证，按照银行专营机构监管，贷款用途限定于科技企业研发、制造等领域，不得挤占挪用。

考虑到科技企业集聚的特点，在初期，建议监管部门可明确在北京、上海、深圳、苏州、天津、武汉、成都等科技企业和金融资源集聚的地区先行试点，待经验成熟后再在更大的区域范围推进投贷联动。

（二）落实风险隔离，实现投贷联动

对于符合条件的银行，允许其设立子公司从事科技企业股权投资，设立科技信贷专营事业部专司科技信贷。发挥集团内部协同优势，股权投资及早介入、适时退出，债权融资及时跟进、持续扶持，以投资收益弥补信贷业务损失。投资子公司和科技信贷事业部的主要服务对象为参与试点高新区内获得"高新技术企业证书"的企业。遵循风险隔离原则，股权投资公司与母行建立防火墙，将科技信贷业务与银行其他业务相分离，实现单列管理、单独核算。股权投资公司和信贷专营事业部应各自独立审核投资、信贷项目，遵循市场化原则，避免风险传递和利益输送。

（三）适度风险容忍，落实合并监管

科技投资子公司资金来源除股东出资外，还可包括本行私人银行客户、高净值客户理财资金、定向发行的中长期债券等，资金运用主要作为财务投资者对初创期、成长期科技创新企业进行股权投资或配合科技信贷事业部贷款业务获得认股权证，在企业进入成熟期后适时退出实现收益。为避免风险过度集中，可对单家企业投资额占股权投资公司净资产的比重和占所投企业股本的比重设置上限。科技信贷事业部通过内部资金转移定价机制筹集资金，探索契合轻资产型科技创新企业的信贷评估标准，改变长期形成的基于抵质押物的风险管控模式，鼓励贷款模式创新。

适度提高科技信贷不良贷款率容忍度，建议试点期间与投资收益对冲后的不良贷款率可以比普通企业高2~3个百分点。同时，对银行科技金融服务实行投贷合并监管监测，将股权投资公司和科技信贷事业部的主要经营指标合并监控，力求全面评价银行科技金融服务的覆盖面和有效性，对投资、信贷业务人员不以单个项目而以一定时期内的总体业务状况进行考核，以具体、可操作的实施细则落实尽职免责规定。

（四）做好市场退出机制安排

鉴于科技型企业风险较高，应当未雨绸缪，做好试点失败时的市场退出机制安排预案。在银行股权投资子公司、科技信贷事业部成立之初，银行就应提出相应的市场退出预案提交监管部门审核。实际经营中，可以考虑，如果科技信贷事业部的不良贷款率与所投资子公司的投资收益对冲后仍然较长时间（如连续2年）超过10%，该银行就应当退出试点，撤销相关机构，并承担市场退出的责任，组织开展撤销清算工作，按市场化原则处置有关资产负债。

此外，从实施进程看，在试点方案实施1~2年后，建议组织外部专家对投贷联动试点情况开展第三方评估，根据政策实施的评估结果考虑是否扩大试点。

参考文献

[1] 中共中央、国务院：《关于深化体制机制改革加快实施创新驱动发展战略的若干意见》，2015年3月。
[2] 廖岷：《科技金融中的投贷联动》，中国金融四十人论坛课题报告。
[3] 廖岷：《投贷联动的作用与风险管理》，《财新周刊》2015年第43期。
[4] 曾颖：《投贷联动新模式的障碍与突破》，《中国农村金融》2015年第17期。
[5] 金煜：《商业银行探索投贷联动需树立新思维》，《中国银行业》2015年第7期。
[6] 上海银监局：《关于上海银行业提高专业化经营和风险管理水平进一步支持科技创新的指导意见》（沪银监发〔2015〕146号），2015。

B.10
程序化交易的监管与风控机制研究

王化 马雪滢 蒋鹏*

摘　要： 伴随着国际金融市场的发展壮大以及计算机技术的迅猛发展，程序化交易已成为成熟金融市场的重要交易模式，对促进价格发现、提高市场效率发挥着积极的作用。在我国金融市场发展壮大与国际化的进程中，程序化交易将成为不可或缺的组成部分。结合我国金融市场特点，汲取全球市场程序化交易发展历程中的经验教训，逐步完善程序化交易的监管模式与风险控制机制对于我国金融市场的平稳健康发展至关重要。

本报告首先总结了程序化交易的概念，分析了金融行业以及市场参与者对程序化交易的需求。其次，剖析了国际市场相关风险案例，分层次梳理了成熟市场程序化交易监管模式及其发展历程，多角度总结了程序化交易具体风险控制机制。最后，结合我国金融市场特点，提出了程序化交易发展进程中的监管模式以及具体风险控制机制的建议。

关键词： 程序化交易　监管　风险控制

一　程序化交易简介

（一）程序化交易

程序化交易起源于20世纪70年代的股票组合交易，经过近40年的发

---

* 王化，中证金融研究院副研究员；马雪滢，中国金融期货交易所研究人员；蒋鹏，中国金融期货交易所研究人员。

展,程序化交易已成为成熟金融市场的主流交易方式。针对程序化交易,各国监管机构和交易所有着类似的定义。2010年,我国《期货交易所业务活动监管工作指引第9号——关于程序化交易的认定及相关监管工作的指导意见》将程序化交易定义为"由计算机事先设定的具有行情分析、风险管理等功能的交易模型,自动下达交易信号或报单指令的交易方式"。CFTC监管草案将程序化交易定义为在交易决策、交易生成或交易执行过程中利用包括软件、硬件、网络等技术,通过电子交易平台,高效地接入市场的交易方式。CME将自动交易系统(ATS)定义为通过程序生成并发送报单至CME GLOBEX的电子系统或电脑软件,这类系统并不需要人工发送、确认报单,常被称为"黑盒"(Black box)。纽交所将程序化交易定义为指数套利或者任何买入或卖出一篮子股票的交易策略。

（二）算法交易

随着投资理念的不断更新,数理统计分析技术被广泛应用到投资领域,程序化交易已不再局限于一篮子股票的买卖,发展出了算法交易的形式。2012年,欧盟 *MiFID* II 草案将算法交易定义为在金融工具交易时通过计算机算法自动确定报单的各个参数,如是否生成报单、报单的时间、价格或数量及在报单提交后的管理等,而在此过程中没有或只有有限的人工干预。

（三）高频交易

随着技术的飞速发展,计算机以及信息通信等技术已深入渗透到投资的各个领域,程序化交易频率逐步提高,发展出了高频交易的形式。2012年,欧盟 *MiFID* II 草案将高频交易定义为报单发送、取消或修改的物理时延成为指令至交易场所通信或执行所需时间决定因素的高速算法交易。CFTC在监管草案中虽然没有给出高频交易的具体定义,但认为高频交易具有以下特征:①在交易决策、交易生成、交易执行过程中没有人工参与;②通过联位、主机托管等低延迟技术来最大限度地降低延迟;③使用高速连接系统、指令高速接入场内;④维持较高的信息速率(High message rate),通常用撤单成交比率、市场参与者信息比率、市场参与者交易量比率等指标来衡量。

程序化交易、算法交易、高频交易的关系见图1。

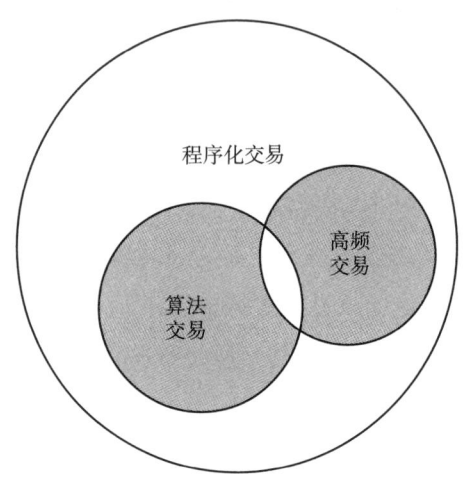

图1 程序化交易、算法交易、高频交易的关系

二 程序化交易的发展与需求

伴随着信息技术的发展，程序化交易在成熟的金融市场中逐渐普及。在金融市场日趋复杂、金融工具不断增加的金融现代化进程中，程序化交易以其优秀的风险管理的能力逐渐得到市场的肯定和接受。在我国，程序化交易是金融现代化发展的一部分。随着我国市场参与主体对程序化交易需求的日益增强，结合我国市场自身的特点和需求制定相应的配套政策，对于充分发挥程序化交易在我国金融市场中的作用至关重要。

（一）程序化交易在国际、国内的发展情况

1. 程序化交易已成为国际市场中的主要交易模式

互联网问世于20世纪60年代末期，它带来的变革深入到了人们生活的各个角落，作为起源自20世纪70年代末期的程序化交易，它带来的便利也

是深入投资人之心。经过近40年的发展，程序化交易已成为国际金融市场上主要的交易模式之一。程序化下单带来的各种便利使其在电子化交易市场上广受欢迎，在一些主流市场上占据了交易量的半壁江山。如今的国际场内市场正朝着更快捷、更透明、更有效的方向发展，为程序化交易创造了更为优质的条件。

作为目前程序化交易最成熟的范本，美国的程序化交易在40年间蓬勃发展。纽交所发布的程序化交易周报显示，2005年起日均交易量中程序化交易占比稳定在20%以上，2013年这一占比多次达到了40%。

而对于速度要求最高的高频交易，世界交易所联合会（World Federation of Exchanges）在2013年发布的报告指出其已成为国际市场上的主要交易模式。2012年高频交易占据美国股票市场过半交易量，占据欧洲现金市场成交金额的四成。专业研究机构Tabb Group的数据显示，近年来，在高频交易相对成熟的市场中，其市场份额发展已经趋于平缓。图2为美国高频交易历史市场份额，从中可以看出，高频交易在经历了2006~2009年的爆发式增长后开始逐步下滑，到2012年已累计下滑约10个百分点。但是在高频交易尚未成熟的市场中，得益于信息技术的进步，其市场份额呈现高速增长的态势，如东京交易所的高频交易在最近三年迅猛增长，水平已和美国相当。

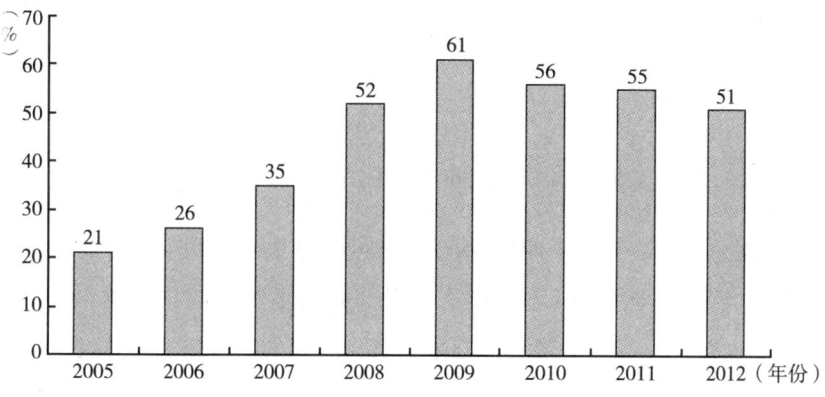

图2　美国高频交易市场份额

2. 程序化交易是我国金融现代化发展的一部分

对于我国，程序化交易是金融市场现代化发展的一部分。伴随着我国外汇政策的逐步放开，我国金融市场会越来越多地面临来自成熟市场专业投资者的竞争，发展我国的程序化交易，对于我国金融市场的健康发展有着十分重要的意义。

程序化交易的发展源自电子化交易市场的飞速发展，市场参与者通过程序化来优化交易执行的质量、速度和效率，以适应不断变化的市场结构，充分发挥程序化交易的优势。我国程序化交易尚不成熟，部分仍着眼于止盈止损、组合套利订单的程序化，而在成熟市场中这些都以交易所提供的订单指令的形式出现。2010年股指期货推出后，程序化交易逐渐盛行，但由于产品的单一性以及出于对技术系统的保护，各交易所从执行层面上对程序化交易进行了约束，随着信息技术的进步和我国金融市场国际化进程的加快，我国的算法交易、风险管理、做市商等方面的程序化发展空间不容小觑。

3. 程序化是我国风险管理领域发展的方向

随着我国金融产品的不断丰富，对较复杂的投资组合进行风险管理的需求也日益增加，而现有的风险管理方式已逐渐不能满足投资者精细化风险管理的需求。面对跨市场、跨产品投资的组合，程序化交易者能在盘中对风险管理指标实时进行动态监控，是其超越传统投资者的一大优势。在我国风险管理领域正在向着更为专业化转型的大环境下，投资者需要更为丰富的对冲方式。程序化交易快速、准确的执行对冲的能力，使其在风险管理领域有较大的发展空间。

（二）我国金融行业发展对程序化的需求

1. 基金、资管、证券、期货行业传统业务正受到互联网金融的重大挑战

2013年以来，互联网金融经历了爆炸式的增长，阿里、腾讯、京东等互联网巨头以及电商企业借助自身的优势，与基金、资管进行深度合作，在互联网金融领域展开了激烈的竞争。基金、资管在近年来面临着增长缓慢、竞争者不断增加、行业有效客户数下降的局面，随着互联网金融的介入，未

与互联网巨头合作的公司均面临着生存环境的改变以及挑战。

券商和期货行业目前仍以经纪业务为主，而面对互联网金融的冲击，两个行业的经纪业务将受到严峻考验。德邦证券、东航期货、中山证券对零佣金的几度试水凸显了经纪业务同质化所带来的竞争，也证明了交易成本的下降将是金融市场发展的必然趋势。

中国证券业协会发布的2013年度证券公司经营数据显示，115家证券公司全年共实现营业收入1592.41亿元，其中，经纪业务净收入759.21亿元，占据券商营收的半壁江山，达到47.7%。随着互联网金融的爆炸式发展，2013年券商新设的C类营业部成本极低，凸显出佣金率大幅下滑的总体趋势。同时，有券商预计2014年行业整体佣金率将下滑15%，导致行业减收过百亿元。

期货行业对经纪业务的依赖程度则更大。2012年，160多家期货公司净利润总和为36亿元，其中，交易所返还佣金为31.94亿元。随着互联网金融的介入，期货公司间的佣金战将趋于白热化，期货行业的生存空间将受到进一步挤压。

2. 程序化交易是金融行业转型的方向之一

我国程序化交易尚处在发展阶段，传统手工交易者正逐步向程序化交易方式转型。可以预见，程序化交易将成为期货行业和证券行业业务转型的重要部分。2010年以来，随着股指期货的推出带来的金融衍生品交易T+0制度，程序化套利策略逐渐普及，海外程序化交易人才不断涌入，在很大程度上推进了我国程序化交易的发展进程。

随着对程序化交易的认知程度日益提高，我国的短线交易者以及使用交易策略的投资者也逐渐向程序化交易方式转型。投资者利用程序化提升交易精度，降低交易成本，减少心理活动对逻辑判断所产生的影响，从而提高交易效率。

随着我国程序化交易的快速发展，基于程序化交易对提升交易量、促进价格发现的积极作用，券商和期货公司都将程序化交易视为创新业务的重要部分，避免传统经纪业务的同质化竞争、提升行业竞争力的动力将促进程序化交易的发展。我国基金、资管行业的竞争加剧，程序化交易在境外机构投资者中备受认可的大单拆分、跨品种执行配对交易等功能也逐渐被境内机构所接受。

（三）市场参与者对程序化的需求

1. 传统交易模式的瓶颈

伴随着金融市场的发展壮大，手工交易模式的瓶颈日益显现：跨市场仓位联动日益加剧使得风险管理变难；资金规模的增加使得分散投资至多个产品的需求变大，而传统模式难以管理复杂持仓；市场的快速联动使得投资经理需要更快速地处理全方位的信息，更准确地进行连续逻辑判断。

当传统的手工交易难以满足市场需求时，程序化交易应运而生并得以迅速发展。程序化交易提供了超越人类的计算和处理速度，克服了人性的贪婪和恐惧。随着市场对程序化的认识逐步加深，程序化交易的应用趋于多样化，涵盖了技术分析、订单优化盘口交易、趋势交易、配对交易、统计套利、算法交易、做市商等多种形式。

2. 交易者对程序化交易的需求

经历了国际市场近半个世纪的发展，程序化交易已被应用到交易的各个方面，其优势也得到了市场的广泛认同。交易中对程序化的需求已成为市场参与者的一种刚性需求。

2013年，The Trade 杂志对1100家买方机构程序化交易使用现状做了详尽调查。报告指出现今程序化交易已不是市场参与者抢占市场的前沿工具，而是执行交易的一种常见形态。图3显示的是 The Trade 对2013年买方机构选择程序化交易十大理由的统计结果，可见程序化交易对市场投资者起到了非常积极的作用。

（1）程序化交易十大理由中交易速度居于最末

根据 The Trade 杂志2011年至2013年的调查，交易速度（Speed）已经连续三年在买方机构使用程序化交易的十大理由中占比在6%以下，居于最末。

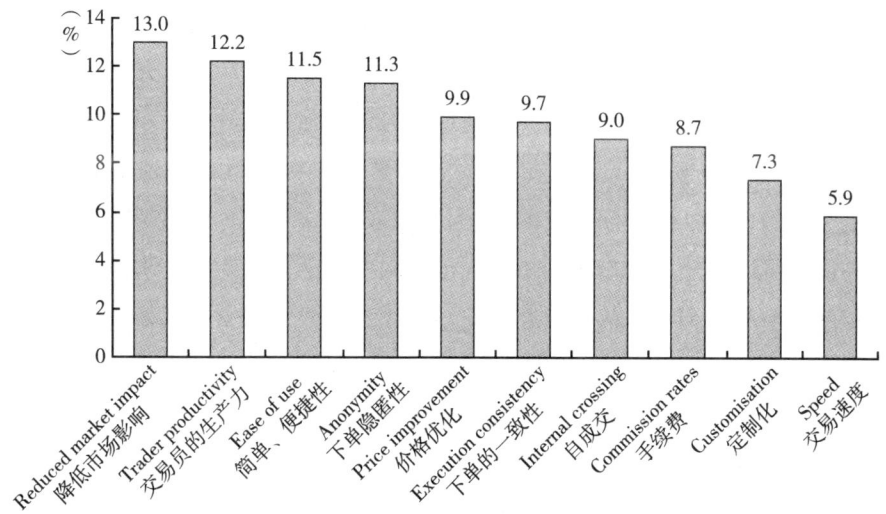

图3 使用程序化交易的十大理由

"程序化交易就是交易者在简单地拼抢速度",这是一种常见的误区,因为程序化交易经常被误认为只是高频交易,然而程序化交易其实有着非常丰富的作用。从图3中不难看出,在当前的买方机构认知中,程序化交易更多的是作为一种优秀的工具在为下单提供便利,而拼抢速度已是程序化交易的细枝末节,是由高频交易商去专研的领域。

(2)最重要的理由是降低大单对市场的影响

降低市场影响(Reduced market impact)是买方机构使用程序化交易的最主要理由。通过订单拆分等方式,机构能有效降低大规模建仓和出仓时的市场冲击成本。这种大规模订单随机拆分下单的方式,还使得投资更具隐匿性(Anonymity),能够最小限度地对市场泄露增减持仓信息。因此,这种程序化拆大单的方式深受现代投资经理们的喜爱。

(3)程序化交易有着丰富的作用

机构选择程序化交易的第二大原因是提升交易员的生产力(Trader productivity),程序化交易能大幅提高交易员的工作效率,节省成本。若能合理运用程序化,一个半自动交易员就能将策略运用到多个产品和市场中去，完成一个传统团队的交易工作。

程序化交易的简单、便捷性（Ease of use）使得买方机构决策后的操作更为简单方便，也避免了人工下单造成的失误。除此之外，程序化交易能保持下单的一致性（Execution consistency），这可以提高下单的稳定性，减少每笔交易的误差。而程序化交易定制化（Customization）的特点使得大多数交易逻辑得以固化，并运用到不同的市场和产品中进行优化、实践。这都使得程序化交易成为买方机构重要的交易模式，也使其成为交易者的一种刚性需求。

综上所述，我国金融行业以及市场参与者对程序化交易有着日益迫切的需求，应结合金融市场的特点在做好风险防控的基础上推动程序化交易的发展，这也对完善我国的金融市场至关重要。

三 程序化交易中的风险

近年来，程序化交易对市场的积极作用已得到市场的认同，但不容忽视的是，程序化交易不同于传统手工交易，由于对计算机的依赖程度较大，对技术系统的要求较高，系统性风险、技术系统故障、前端风险控制缺失等都可能造成风险事件的发生并产生较为严重的后果。表1显示的是近年来国际上发生的风险事件，在进行程序化风险防范时需要充分吸取国内外程序化交易风险事件的经验，积极防范，避免类似风险事件的再次发生。

表1 全球程序化交易风险事件

时间	国家	事件名称
2005年12月8日	日本	瑞穗事件
2008年2月25日	美国	MF Global 巨亏
2010年5月6日	美国	闪电崩盘
2012年3月23日	美国	BATS 闪电崩盘
2012年5月18日	美国	Facebook IPO 纳斯达克技术故障
2012年8月1日	美国	骑士资本乌龙事件
2012年10月5日	印度	乌龙指闪电崩盘

（一）系统性风险

一般情况下程序化交易可以提升市场的流动性，增强市场价格发现功能，降低交易成本，但在极端情况下，程序化交易特别是高频交易可能造成市场流动性枯竭，从而加剧价格波动，加速市场崩溃，产生系统性风险。

1. 闪电崩盘

2010年5月6日，美国股市出现盘中暴跌，创1987年10月美股股灾以来的最大跌幅，随后又出现急剧回升。SEC和CFTC在对闪电崩盘事件调查后将闪电崩盘的罪魁祸首定位于高频交易，并认为纽约证券交易所和其他电子化交易平台在市场急跌过程中各自采取的非一致性的操作切断了各交易所之间的流动性传递，流动性分割的局部枯竭加剧了价格的进一步下跌。通过此次事件认识到，在市场异常时，冷却机制以及跨市场、跨产品的联动机制非常必要，这对防范系统性风险的发生和加剧非常重要。

2. 印度乌龙指闪电崩盘

2012年10月5日，印度一家经纪商代客户下单时误将交易金额当成订单数量输入了系统，导致Nitfy 50股指期货瞬间暴跌并触发了10%的熔断机制，而交易所熔断机制延迟约6秒实施使得股指继续下跌了约6%。事后调查发现，乌龙指、高频交易以及交易所延迟问题是造成这次闪电崩盘的主要原因。通过此次事件可以看出，对错误订单进行有效识别，避免其进入市场引发系统性风险非常重要。同时，交易系统建设需要留有弹性，应能在极端情况下保持通畅和灵敏。

（二）技术系统故障风险

随着程序化交易尤其是高频交易的广泛应用，交易过程中对技术系统的依赖程度与日俱增。高频交易的巨量报单会给交易所技术系统带来压力，严重时会造成交易所系统过载而引发交易堵塞。此外，算法交易和高频交易自身的系统故障，也可能在一定程度上引发市场混乱。

1. 瑞穗事件

2005年12月8日,日本瑞穗证券交易员错误地将"61万日元卖出一手股票"的指令输入为"1日元卖出61万手股票"进入市场,在发现问题后,瑞穗证券多次向交易所发出撤单指令,但均被交易所主机拒绝,最终导致407亿日元损失,成为日本历史上最严重的乌龙指操作风险事件。事后瑞穗证券对东京证券交易所提起诉讼,认为交易所系统堵塞引起的无法撤单是造成损失扩大404亿元的主要原因,要求赔偿损失扩大部分。2009年12月4日,东京地方法院裁决东京证券交易所赔偿日本瑞穗证券107亿元。通过此次事件可以看出,错单的有效识别对防止风险事件的发生非常重要,同时交易所端在极端行情中将承受巨大的压力,提升交易所系统处理能力,进行必要的压力测试对防范风险的扩大至关重要。

2. 骑士资本乌龙事件

2012年8月1日,骑士资本(Knight Capital)的做市部门出现交易系统问题,产生大量错误指令,巨量买入和卖出股票,影响了纽交所约150只股票,当时其交易量占据了纽交所的17.3%,纳斯达克的16.9%。该事件导致骑士资本产生4.4亿美元的亏损,被迫以股权转让的方式避免破产。通过此次事件认识到,技术系统故障可能对交易者带来毁灭性的打击,同时也会给市场带来巨大的影响,不排除引发系统性风险的可能。如何管理和测试交易系统,保证其平稳运行值得深入思考。

3. BATS闪电崩盘

2012年3月23日,美国第三大证券交易所BATS(Global Markets Inc.)电子交易程序出错,匹配客户订单的软件引擎出现故障,一笔100股苹果股票的错误订单引发了苹果公司股价瞬间暴跌9.4%并触发了熔断机制。通过此次事件充分认识到,熔断机制对于冷却市场异常情况的重要性,熔断机制能避免由高频交易等引发股价继续暴跌的风险。

4. Facebook IPO纳斯达克技术故障

2012年5月18日,Facebook IPO首日纳斯达克出现技术故障,投资者订单无法被执行,也收不到订单回报,导致大量重复发单现象,Facebook经纪商只能根据对头寸的猜测进行交易，导致其承受了约5亿美元的亏损。事后SEC对纳斯达克做出1000万美元的罚款。通过此次事件可以看出，交易所技术系统对保证市场平稳运行非常重要，同时，合理设计程序化交易系统、交易过程中进行必要的订单查询和确认、避免出现大量重复报单的情形也必不可少。

（三）前端风控缺失风险

MF Global 巨亏。2008年2月25日，曼氏金融（MF Global）某交易员在未获公司授权的情况下，建立巨额小麦期货空头头寸，然而小麦期货没有按照预期运行，交易账户呈爆仓之势，最终MF对其采取了平仓措施，导致1.415亿美元的损失。事后调查显示，MF为了提高交易席位的效率，取消了对该交易员交易权限的控制上限，前端风控的缺失导致MF承担了巨大的损失。

从国内外发生的风险事件以及启示中可以看出，相应的监管、风险控制机制对于事件的预防、监控和处置具有至关重要的影响。逐步完善监管机制对于避免类似的风险事件再次发生起到了积极的作用。

四 成熟市场程序化交易监管的发展历程

程序化交易具有精准的特性，通过算法和信息技术系统，实现订单和交易的生成、风险管理、传送和匹配，系统间通过高速通信网络，实现交易确认、市场数据交换和系统连接。美国等成熟衍生品市场已经历了从以人为交易中心到高速自动、关联交易环境的演变。程序化交易环境为市场参与者带来了一系列益处，但在速度、关联性和可靠性等方面也给市场带来了新的挑战。欧美成熟市场在自动化交易的监管方面积累了大量经验，先后推出多项法规，强调对于质量控制、标准化和网络安全的规范，更加系统、全面地防范自动化交易带来的风险，对于实现我国程序化交易平稳管理有着很强的借鉴意义。

（一）监管机构层级

成熟衍生品市场监管架构通常包括政府监管、行业自律组织监管和交易所监管。以美国为例，政府监管由两个相互独立的监管机构即美国商品期货交易委员会（CFTC）和美国证券交易委员会（SEC）构成。CFTC主要负责监管商品期货、期权和金融期货、期权市场，SEC则是美国证券市场监督的权威部门。另外，行业自律监管机构包括全国期货协会（NFA）、期货业协会（FIA）、金融业监管局（FINRA）、自律监管机构（SRO）。表2显示了成熟市场中程序化交易相关监管以及风险事件。

表2　程序化交易相关监管事件

时间	事件	简介
1998年7月	SEC发布Reg ATS法案	建立新的监管框架，为电子交易平台打开大门，催生ECNs，暗池交易
2004年	SEC发布Reg NMS法案	要求电子交易所采用统一的跨市场交易规则互联，促进交易所间的竞争
2010年5月	CFTC重新成立技术顾问委员会（TAC）	就高频交易监管给出建议
2010年6月	CFTC发布主机托管服务监管法规提案	保证主机托管资源能够公平地分配给市场参与者
2010年10月	SEC发布法规"大户报告系统"	对执行大户交易商交易的经纪交易商提出记录保存、报告和有限的监控等要求
2010年11月	CFTC和SEC针对闪电崩盘发布的报告	解释闪电崩盘发生的原因，并对未来的监管和应急措施提出建议
2010年11月	SEC发布"市场接入规则"	经纪商需要贯彻风险管理控制和监管措施以避免错误交易指令，保证公司合规、符合监管要求，并加强预置信用或资本准入监管
2011年12月	欧洲证券和市场管理局发布《自动化交易环境下的系统和控制指引——交易平台、投资公司以及主管部门》	对交易系统和算法、交易前总体风险检查、实时交易后跨市场风险监控、交易前风险限额变化许可提出新要求
2012年7月	SEC发布"综合审计跟踪规则"	帮助监管者从中央数据库中得到交易订单发出、修改、取消、成交各环节信息

续表

时间	名称	简介
2012年8月	SEC对程序化交易系统提出要求	要求交易公司和其他市场参与者公开系统错误,并在电脑代码改变后经过测试才能上线
2012年10月	欧盟发布《欧洲金融工具市场指令II》(MiFID II)	对算法交易和高频交易给市场带来的若干风险进行了描述,反映了欧盟对加强自动化交易监管的考量
2013年2月	德国发布《高频交易法案》(HFT Act)	交易所被授权得到关于高频交易商的交易、使用的交易系统、交易算法、交易策略和细节描述系统参数等信息
2013年3月	SEC发布法规提案"监管系统的合规性和完整性"(Reg SCI)	正式明确许多自动审核政策中的条款,要求相关实体设计、开发、测试、运维、监控系统的规范与实际操作相一致,以及核心技术必须符合相应标准
2013年9月	CFTC发布"自动化交易风险控制和系统保障的概念文告"	为实现对可预见的市场技术和风险进行有效监管,建议了一系列可由CFTC注册者或其他市场参与者执行的风险控制手段
2013年9月	欧洲期货交易所发布《欧洲期货交易所交易规则的第五版修订条例》	对交易算法的订单和交易算法的识别内容提出规定

(二)交易所层级

程序化交易已经逐渐成为证券市场和期货市场交易的重要方式,各交易所近年来对程序化交易给予了更多的关注和重视。成熟市场中交易所不仅是市场的提供者和组织者,也是市场的管理者,交易所制定交易规则、交易所章程、仲裁规则等。CME集团是全球最大的期货交易所,由芝加哥商业交易所、芝加哥期货交易所、纽约商业交易所、纽约商品交易所合并而成;欧洲期货交易所(EUREX)是欧洲主要的全面电子化的交易所。CME和EUREX均在监管机构的监管框架下不断完善对程序化交易的监管和风险控制,经验值得借鉴。

CME集团要求所有使用程序化交易的客户必须进行注册,以便对成交量和指令信息流量进行监控。同时,遵循公平原则,CME向市场提供同质化的主机托管收费服务。针对高频交易,在开户时就对投资者是否从事高频交易进行标记,界定用户类型,在交易过程中,CME通过监控来分析订单类型,将高频交易的市场影响控制在适度范围内。

EUREX要求市场参与者通过算法交易的订单和报价必须标记,引入订单/贸易比等相关指标对程序化尤其是高频交易进行监管。

五 成熟市场程序化交易风险控制机制

成熟衍生品市场在走向程序化的进程中,市场参与者和监管者对程序化交易的发展需求和面临的风险有了更为深入的理解和认识,各项风险控制机制和手段相继出现,经验值得借鉴。根据程序化交易潜在风险的发生原因,按照事前预防、事中缓解、事后处理和补救的思路可以大致将程序化交易风险控制机制分为五类,分别是注册和报备、交易系统风控、交易前风控、交易中风控和交易后风控。

(一)注册和报备

1. 注册和报备

执行主体:程序化交易者、交易所。

所有使用自动化交易系统的交易者应向交易所注册和报备。

(二)交易系统风控

1. 自动撤单机制

执行主体:交易所、会员和程序化交易者。

交易所系统提供自动撤单功能,交易者可选择是否在通信中断时自动撤销订单簿中该交易者的所有订单。

2. 批量撤单机制

执行主体:交易所、会员和程序化交易者。

交易所系统提供选择性撤单机制,在紧急情况时交易者可选择撤销订单簿中一个、一部分或所有未成交订单。

3. 一键暂停

执行主体：交易所、程序化交易者。

交易者系统需具备一键暂停功能，在软件等故障时能立即切断与交易所的连接。

交易所系统需具备一键暂停功能，能撤销特定交易者或会员在订单簿中的订单并阻止新订单进入。

4. 订单执行限额

执行主体：程序化交易者。

交易者系统需设置最大订单数量限额，当超过限额时能自动暂停直到人工恢复。

5. 心跳检测

执行主体：交易所、程序化交易者。

交易所系统需能提供心跳检测功能，程序化交易者必须使用该功能检测系统连接情况。当连接中断时，交易者系统应自动暂停，订单簿中未成交订单处理方式应事先设定好。

6. 交易系统测试

执行主体：交易所、程序化交易者。

交易者系统需进行内部测试及仿真测试。交易所需提供仿真测试环境，仿真测试环境应与生产环境有效隔离。

交易者需要对系统进行功能性及非功能性的测试，功能性测试包括风控功能以及系统安全测试，非功能性测试包括极端情况下的压力测试。

7. 交易系统监控

执行主体：程序化交易者。

交易者系统在生产环境中运行时，交易者应确保对系统进行实时监控。

8. 标准化和简单化订单类型

执行主体：交易所。

各交易所应提供标准化、简单化的订单类型。

（三）交易前风控

1. 流量控制

执行主体：程序化交易者、会员和交易所。

程序化交易者、会员端、交易所各自设定单位时间内的信息流量限额，当超过阀值时采取警报等措施。

2. 订单执行限制

执行主体：程序化交易者、会员和交易所。

程序化交易者、会员端、交易所分别设置单位时间内的最大订单成交量。当成交量达到阀值时，阻止新订单报入和成交。

3. 价格带控制

执行主体：程序化交易者、交易所。

交易所制定合理价格带，阻止价格带外的订单进入。交易者系统需检测其订单价格是否处于价格带内。

4. 最大订单手数

执行主体：会员、交易所和程序化交易者。

交易所、会员和交易者需要分别设置最大订单手数限制。程序化交易者需防止提交超过自身最大订单手数的订单；会员需阻止超过会员端最大手数限制的客户订单报入交易所系统；交易所不予执行超过交易所端最大手数限制的订单。

5. 信用风险控制

执行主体：交易所、会员和程序化交易者。

由于部分交易是在交易完成后实现资金划拨的，交易所、会员需对程序化交易者信用风险进行控制。

（四）交易中风控

1. 波动率警示

执行主体：程序化交易者。

当市场价格或成交量变化超过设置的阀值时,交易者系统能及时发出警报,以便确认当前市场状况是否适合继续进行程序化交易。

2. 自成交控制

执行主体:程序化交易者、会员和交易所。

交易所和会员端系统提供自成交监测功能,市场参与者必须使用,及时识别并限制自成交交易。

3. 暂停交易

执行主体:交易所。

交易所可根据市场异常情况或订单簿信息暂停特定交易者或全市场交易。

4. 做市商保护工具

执行主体:交易所、做市商。

交易所允许做市商自行设置某一产品类别或所有类别的风险阀值,当达到阀值时,触发以下措施:

(1)取消该做市商所有报价;

(2)拒绝该做市商新报价直到做市商重置所有参数。

风险阀值包括:固定时间段内新报价成交笔数(X)、固定时间段内成交总笔数(Y)、固定时间段内成交总手数(Z)、固定时间段内累计成交 Delta 值(Delta)、固定时间段内买卖净成交手数(Buy/Sell)。

(五)交易后风控

1. 订单和成交报告

执行主体:交易所。

交易所为程序化交易者和其结算机构同时发送该交易者的订单和成交情况。

2. 错单处理机制

执行主体:交易所、程序化交易者。

交易所应建立客观的错单判定标准,能依据此标准对错单进行快速判定。交易者需在错单执行后 5 分钟内向交易所汇报。交易所应立即向全市场通报。交易所应在规定时间内做出错单处理决定,并立即向全市场通报错单处理具体情况。

交易所对错单的处理方式应倾向于调整成交价格而非直接取消错误交易。成熟市场程序化交易风险防范机制总结见表3。

表3 成熟市场程序化交易风险防范机制

准入	注册和报备	交易所、会员和程序化交易者
交易系统风控	自动撤单机制	交易所、会员和程序化交易者
	批量撤单机制	交易所、会员和程序化交易者
	一键暂停	交易所、程序化交易者
	订单执行限额	程序化交易者
交易系统风控	心跳检测	交易所、程序化交易者
	交易系统设计	程序化交易者
	交易系统测试	交易所、程序化交易者
	交易系统监控	程序化交易者
	标准化和简单化订单类型	交易所
交易前风控	流量控制	程序化交易者、会员和交易所
	订单执行限制	程序化交易者、会员和交易所
	价格带控制	程序化交易者、交易所
	最大订单手数	会员、交易所和交易者
	信用风险控制	交易所、会员和程序化交易者
交易中风控	波动率警示	程序化交易者
	自成交控制	程序化交易者、会员和交易所
	暂停交易	交易所
	做市商保护	交易所、做市商
交易后风控	订单和成交报告	交易所
	错单处理机制	交易所、程序化交易者

六 我国程序化交易风险控制与监管现状和建议

(一)我国风险控制手段较成熟市场更为严格

2010年9月,中国证监会向各期货交易所下发了《关于程序化交易的认定及相关监管工作的指导意见》，要求全市场的程序化交易进行报备，并采取有针对性的监管措施，防范程序化交易对市场带来负面作用。2010年10月起，各期货交易所陆续发布了《大连商品交易所异常交易管理办法》《上海期货交易所异常交易监控暂行规定》《中国金融期货交易所异常交易监控指引》《郑州商品交易所异常交易行为监管工作指引（试行）》，实行程序化交易客户报备制度，同时对席位流量进行控制，以避免程序化交易对交易所系统造成过大压力。

我国对程序化交易的风险控制措施较成熟市场更为严格：其一，通过设置会员席位流量、对客户交易报撤单频率进行限制，抑制了可能影响市场平稳的高频交易；其二，采取涨跌停板制度，超过涨跌停板的订单将不被处理，避免了闪电崩盘等系统性风险的发生，同时起到了一定的"熔断"和冷却市场的作用；其三，限制行情刷新速度，期货仅提供免费的一档行情，每500毫秒刷新一次，在一定程度上抑制了高频交易；其四，采取持仓限额制度、大户报告等制度，从委托、成交、持仓等方面对程序化交易客户进行限制和监控，加大对重点实际控制关系账户程序化交易情况的跟踪；其五，同一产品仅在一个交易所上市，避免了高频交易者跨市场进行价格搜寻和无风险套利的可能。

（二）程序化交易风险控制和监管建议

程序化交易的应用在我国尚不成熟，在进行程序化交易风险控制和监管的过程中，需要借鉴成熟市场程序化交易的发展经验，同时结合我国金融市场特点，引导其在正确的轨道上规范发展。

1. 针对程序化交易，建立和完善多层次的监控体系

我国应建立和完善针对程序化交易的多层次的监控体系。程序化交易模式多样化的性质使其对传统监管方式提出了新的挑战。程序化交易也会带来一些传统交易模式所没有的风险，如何应对将是一个重要的议题。同时，程序化交易也促进了交易方式趋于自动交易这样一个变化，在此进程中过去的标准化的风控经验需要调整以满足新的监管形势的需要。在突发事件等极大

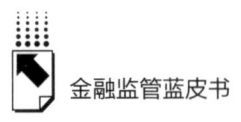

影响市场的情况下如何做到及时、有效管理等需要进一步的研究,并建立危机应对的风险管理机制。

此外,包括程序化交易在内,市场的公平交易是金融市场成功运行和发展壮大最重要的条件。由于程序化交易有可能引发金融市场参与者对于公平交易的担忧,程序化交易强调监管机构和交易所应切实维护市场公正、公平、公开的"三公"原则,防止某些交易会员或客户在获取交易信息、交易和通信接口、交易手续费等方面出现不对称现象。监控措施应包含监管机构、交易所、市场机构、交易参与者等多个层面,并对不同性质、不同类型的程序化交易实行分类监管,增强监管的灵活性。监控措施尤其要求交易所重点关注程序化交易中的高频交易对交易系统安全和市场交易秩序的影响,并及时、有效地制止利用高频交易等的违法违规行为。一旦监控到金融市场的异常交易行为和异常波动行为,并达到相关监控机构的认定标准,监控机构、交易所等应按照相关要求,对其采取及时的监管措施。

2. 程序化交易的风险管理的具体建议

国内市场与国外市场在市场发展及成熟程度上有很多不同点,我国应在借鉴国外成熟市场经验的同时,从注册和报备、交易系统风险控制、交易前风险控制、交易中风险控制、交易后风险控制几个方面进行规范,制定适合我国金融市场环境的监管措施,建立必要的风险防线以发展程序化交易,同时防范程序化交易中的市场操纵行为。具体的建议如下。

(1) 监管机构层面

监管机构为程序化交易的监管制定原则性的指引,确保市场竞争的公平性,建立程序化交易行业自律规范,保持信息及时、透明、公开。

(2) 交易所层面

作为监管机构监管规范的具体执行者,交易所对程序化交易的监管和风险控制主要包括规则制定、技术支持和风险防范措施三个方面。

规则制定:交易所发布程序化交易管理规则,建立程序化交易注册和报备制度,对做市商建立市场准入制度,同时规范市场直连等,保证服务的公平性。

技术支持：首先，交易所自身系统需具备足够的容量和弹性，保证极端情况下交易通道的畅通。其次，为程序化交易的风险防范措施提供技术支持。

风险防范措施：从交易系统风险控制、交易前风险控制、交易中风险控制和交易后风险控制四个方面进行防范。

①交易系统风险控制

➢自动撤单机制

交易所系统提供自动撤单功能，交易者可选择是否在通信中断时自动撤销订单簿中该交易者的所有订单。

➢批量撤单机制

交易所系统提供选择性撤单机制，交易者可选择撤销订单簿中的一个、一部分或所有未成交订单。

➢一键暂停

交易所系统提供一键暂停功能，能撤销特定交易者或会员在订单簿中的订单并阻止新订单进入。

➢心跳检测

交易所系统提供心跳检测功能，程序化交易者必须使用该功能检测系统连接情况。当连接中断时，交易者系统应自动暂停。

➢交易系统测试

交易所为程序化交易者提供多产品的 24 小时仿真测试环境，仿真测试环境应与生产环境有效隔离。

➢标准化和简单化订单和接口类型

各交易所提供标准化、简单化的订单和接口类型。

➢提供 Level 2 行情

交易所面向全市场提供期权、期货等产品的多档行情。

➢高频率切片行情、逐笔行情

交易所提供频率更高的切片行情（如 250 毫秒）或逐笔行情。

②交易前风险控制

➢流量控制

交易所设置单位时间内每席位的信息流量限额，在技术系统可承受的前提下，适当放开现有流量控制限制，满足做市商、套利者的交易需求。

➢订单执行限制

交易所设置单位时间内的最大订单成交数量。当成交量达到阀值时，阻止新订单报入和成交。

➢价格带控制

在涨跌停板制度的基础上，交易所制定更为合理的动态价格带，阻止价格带外的订单进入。

➢最大订单手数

交易所设置最大订单手数限制，不予执行超过最大手数限制的订单。

③交易中风险控制

➢自成交控制

交易所系统提供自成交监测功能，市场参与者必须使用，及时识别并限制自成交交易。

➢暂停交易

交易所可根据市场异常情况或订单簿信息暂停特定交易者或全市场交易。

➢做市商保护机制

交易所允许做市商自行设置某一产品类别或所有类别的风险阀值，当达到阀值时，触发以下措施。

取消该做市商所有报价；

拒绝该做市商新报价直到做市商重置所有参数。

风险阀值包括：固定时间段内新报价成交笔数（X），固定时间段内成交总笔数（Y），固定时间段内成交总手数（Z），固定时间段内累计成交Delta值（Delta），固定时间段内买卖净成交手数（Buy/Sell）。

➢锁仓处理

对期权锁仓现象进行处理。可选方案包括：不收取锁仓保证金；对锁仓采取每日结算时自动平仓的处理方式;取消开平仓标识。

④交易后风险控制

➢订单和成交报告

交易所为程序化交易者和其结算机构同时发送该交易者的订单和成交情况。

（3）会员层面

会员端在交易所针对程序化交易的风险控制和防范机制的基础上,加强对程序化投资者尤其是机构投资者的风险管理,防范直接接入市场风险,实行交易前风控,建立交易中一键暂停制度,必要时能终止相关交易,阻止风险的进一步扩大。

（4）程序化交易者层面

程序化交易者处于风险控制和防范的第一线,对程序化交易者进行投资者教育有着重要意义,引导程序化交易者更好地控制交易规模和频率,对系统进行必要测试,建立一键暂停机制,规避技术系统故障带来的风险。

程序化交易风险控制和监管建议总结见表4。

表4 程序化交易风险控制和监管建议

层级	建议
监管机构	制定程序化交易监管规范,明确违法违规行为和处理办法
	建立程序化交易行业自律规范
交易所	程序化交易注册和报备,做市商市场准入机制
	提升交易所系统容量和弹性,为程序化交易风险防范提供技术支持
	交易系统风险控制:自动撤单机制、批量撤单机制、一键暂停、心跳检测、交易系统测试、标准化和简单化订单和接口类型、level 2行情、逐笔行情
	交易前风险控制:流量控制、订单执行限制、价格带控制、最大订单手数
	交易中风险控制:自成交控制、暂停交易、做市商保护机制
	交易后风险控制:订单和成交报告
会员	防范直接接入市场风险
	实行交易前风控
	一键暂停
程序化交易者	投资者教育
	一键暂停

3. 跨市场、跨产品的发展与统一管理的必要性

从金融产品的层面考虑，程序化产品是与金融衍生产品密切相关的。金融衍生品市场的建设将是我国金融市场进一步发展和开放的重点。金融衍生品的种类繁多，从简单的股票、汇率等基础产品的远期及互换，到复杂的结构化的期权组合等，都属于金融衍生品的范畴。金融衍生品的发展也将促进现货市场、期货和期权市场的有机结合，必然带动整个程序化交易的兴起和进步。在我国发展场外衍生品的进程中，如何合理引入程序化交易及其市场参与者是至关重要的。

程序化交易有很大一部分是通过衍生品和现货市场的套利交易。基于程序化交易对现货及衍生品市场的跨市场影响，应建立跨产品、跨市场的监管协调机制，促进证券交易所、期货交易所、期货保证金监控中心以及其他相关交易机构的跨市场及时共享机制，在交易信息和异常交易数据上做到共同监控和管理。在协调不同监管机构进行集中管理的同时，继续促进市场化的价格发现机制，建立集中监管、统一互联的现货与衍生品市场管理机制。

跨市场协调机制应在宏观审慎管理框架下，建立跨市场的统一交易信息库，启动统一的风险管理中心等信息联动的基础设施建设，提高效率，防范系统性风险。应该完善对相关期现货的信息披露监管机制，以及对市场巨大波动的及时监控能力，提高对跨市场、跨境套利等资本流动的把控，并提高信息及时公开的速度和透明度。

4. 推动现货市场T+0制度，平衡交易结构，完善市场机制

现货市场是金融衍生产品的基础，有效推动衍生产品的发展离不开与现货市场的互动。当前我国的现货市场和衍生品市场还存在着不平衡的交易结构。T+0的股指期货交易机制和T+1的A股现货市场交易机制并存，使得投资者在交易上存在不平等的现象。由于股指期货进入门槛的限制，中小投资者相对难以参与股指期货和融券进行T+0交易，而机构投资者则可以通过股指期货进行T+0的程序化交易策略。现货市场上的中小投资者只能通过股价上涨和T+1交易方式来获利，在市场下跌等波动性增大的情况下很难及时进行相应的风险对冲。因此，我国在推动程序化交易的同时，应相应

地推动现货市场个股 T+0 等机制的研究，形成现货市场同期货市场的有机结合，完善我国金融市场跨产品、跨市场的统一性和有效性，维护投资者的整体权益。

5. 程序化交易自律管理的必要性

程序化交易的自律管理也是非常重要的部分，我国目前并没有程序化交易的自律组织，应建立相应的自律协会，从自律角度来规范市场各参与方的行为，达到监控目的。例如，期货与期权的经纪商从自律风控的角度对投资者的交易行为进行监控，一旦发现问题则及时提示风险，并积极采取应对措施。

自律组织的自律权力需要立法的明确授权。立法对程序化交易自律组织予以自律权力的规定，是自律组织落实其自律职能的强制力保障，同时也是对其自律活动的必要规范。应明确限定程序化交易自律组织设立的宗旨是维护程序化交易的市场秩序以及保护投资者利益，使自律组织的自律与我国金融市场的目标保持一致。完善对其组织机构的规定，维护投资者和社会公众的利益。同时，应明确自律组织的具体权利和义务范围，并做出具体的规章设定。

B.11
加密货币与区块链技术：
相关应用及监管

刘 亮*

摘　要：	本报告分析了加密货币及区块链技术的特征、发展现状以及各国的监管现状。加密货币是奥地利学派自由货币学说的网上实践，其所使用的区块链技术去掉了中央节点，也去掉了第三方中介机构，其去中心化、去中介化的互联网思维将会对社会金融各个层面产生深远的影响。目前，对加密货币的"金融资产"定位成为各国官方的认识主流。税收立法或在今后一段时间内，取代金融监管立法，成为各国政府为加密货币立规的重点。未来区块链技术还会有相当多的应用层级，需要对它重点关注、审视和设计。
关键词：	加密货币　区块链技术　去中心化

一　引言

2007年美国次贷危机后，全球经济主体对当前法币和金融体系产生了质疑。当前的信用体系以中央银行和商业银行为中心节点。整个信用体系过度依赖"守夜人"，使其权力过大，反而导致风险加大。这使得奥地利

---

* 刘亮，中国社会科学院金融研究所博士后，苏州大学金融学副教授。

学派①的自由银行、自由货币学说再度回到公众视野。2008年，中本聪（化名）在网上发表了一篇关于P2P的电子现金系统的论文。根据该论文提供的算法所产生的区块链被称为比特币，比特币使用的是开放源代码软件。比特币（Bitcoin，缩写为BTC）可以细分为八位小数，因而最低交易数量是0.00000001。比特币在2009年第一次被作为支付手段，顾客用10000比特币购买两个比萨（Wallace，2011）。在2013年塞浦路斯银行业危机中，以比特币为代表的加密货币（Crypto Currency）成了一种可替代资产。这些加密货币是依赖区块链和双密钥加密技术，采用点对点的结构，通过互联网传递经济价值的货币。区块链（Block Chain）是加密货币底层技术，被视为金融科技（FinTech）的颠覆性科技。它使用加密认证和去中心化机制，维护一个完整的分布式的不可篡改的连续账本数据库，能够让区块链中的参与者在无须相互认知和建立信任关系的前提下，通过一个统一的账本系统确保资金和信息安全。区块链技术的重要性在于去掉了中央节点的中介角色。

除比特币外，还有其他的加密货币，如莱特币、极光币等。因为这些加密货币的源代码来源于比特币，所以也被称为山寨币（Altcoins）。2014年，比特币交易平台"比特币中国"在上海推出国内首台比特币ATM机。比特币和区块链技术对金融机构和金融创新来说具有极其重大的意义。加密货币无须金融中介，便可以与互联网、物联网现代技术对接，配合日新月异的移动技术，能够显著提升金融服务的覆盖面和便利性。加密货币交易数据处理在瞬间完成，有利于提升经济运行效率，并且数字货币不依赖于实体网点和人工服务、基础设施，人力资源成本低廉，能够以较少的物力和人力投入获得较大的服务容纳量，因而能在推进普惠金融方面发挥很大的作用。截至2015年底，已经有超过20家全球顶级的金融机构开始持续探索在金融层面

---

① 奥地利学派（Austrian School），创始人为门格尔，继承者为庞巴卫克。21世纪30年代以来，以米塞斯和哈耶克为代表的一些奥地利经济学家继承了奥地利学派的传统理论并做了一些补充。他们反对计划经济思想，反对主张国家干预经济的凯恩斯主义，主张自由主义，崇拜市场自发作用。哈耶克认为历史基本上就是政府制造通货膨胀的过程；法币体系加剧了收入的差距；只有废除各国政府对其货币创造的垄断才能实现价格水平的稳定。

应用区块链技术。区块链技术也已经吸引了广大投资者的关注，对加密货币和区块链相关公司的投资额呈现每季度直线上升之趋势。中国官方和民间都越来越重视对加密货币和区块链的应用和研究工作。

二 加密货币和区块链技术的特征

加密货币常被用来作为简单的支付手段，以换取商品和服务（Kaplanov，2012）。加密货币是存储在一个钱包里的私钥。具体而言，有以下几个特征。第一，分布性。加密货币技术不依赖第三方来处理交易，而是将责任分布到整个网络以保持账务平衡，在电脑软件中使用密码验证来处理交易和核实比特币的合法性（Nakamoto，2009），并通过网络扩散处理业务。第二，开源性。加密货币的源代码是完全公开的。它允许任何软件开发人员检查协议，或是建立自己版本的软件进行测试或进一步开发。因此，加密货币被设计为只有在所有网络用户充分协商一致的前提下才会运作。第三，匿名性。加密货币的地址是一串字符序列，无法识别比特币的发送者和接收者的真实身份。Brito 和 Castillo（2013）认为比特币像现金一样是匿名的①，但另一方面它也不完全像现金，因为任何比特币地址的交易记录都可以被追溯到。因此，加密货币具有假名性。简而言之，全网加密和分布式记录是加密货币和区块链技术的核心特征（Stokes，2013）。

虽然美国金融犯罪执法网络（The Financial Crimes Enforcement Network，FinCEN）②将加密货币定义为"可兑换数字货币"（Convertible Digital Currencies）③或"数字等值现金"（Digital Equivalent of Cash）。但加密货币不能被视同为传统意义上的货币（Hanley，2013；Evans，2014）。经济学将能够发挥货币职能的任何东西都定义为货币。而加密货币目前仅能部分发挥

---

① 原则上，现金是匿名的，银行保存至少 5~10 年的交易记录。
② 根据 2013 年发布的 US Financial Crimes Enforcement Network Directive。美国金融犯罪执法网络是美国的金融情报机构，由美国财政部主管，旨在打击包括洗钱在内的金融犯罪。
③ 根据欧盟关于电子货币方面的规定（EC/2009/110）。

货币的三个基本职能。第一是交易媒介。越来越多的人，特别是在网络市场上，愿意接受它作为一种付款方式（Levin 等，2014）。商家更愿意接受加密货币，因为它比信用卡减少了 2%~3% 的交易费用。但加密货币的交易媒介功能仍然微不足道。以比特币为例，支出比特币要求商家和客户能够忍受持续 10 分钟的验证过程，而且大部分商家不以加密货币的形式保留收入，而是每天将其转换为法定货币。加密货币总供给量固定，从而加剧了投机的倾向，导致价格波动频繁，阻碍了加密货币高效、独立地起到支付媒介的作用。相较于投机者的使用量，比特币在商业市场领域的交易要少得多。第二是价值尺度。加密货币目前的定价基于加密货币和现实世界的货币之间的比价。Evans（2014）认为比特币目前仍无法作为有用的计量单位，原因之一是其本身不断动荡的价格。这使得零售商不断反复计算商品的价格，而且在成本相对较高的比特币转化为大多数普通产品时容易出现单位价格小数点的高度精确化。例如，一袋巧克力需要 0.00529 比特币，这本身不利于商品买卖。第三是价值储藏。虽然加密货币本身的安全性很高，但是由于其所依赖的互联网存在很多不稳定的因素，如黑客攻击、盗窃和其他相关的安全问题，而且加密货币价格与主要货币（美元、欧元等）以及黄金价格走势无关，加密货币不能用风险管理工具来储存。

因此，加密货币目前几乎完全依赖于法定货币而发挥货币职能。但是加密货币并非通过法定货币在互联网中转移价值，而是通过一种协议。这种方式的好处是，我们不需要依赖于所谓的交易双方信任的第三方（Nakamoto，2009）。拥有加密货币也就拥有了区块链的精确副本，这使得支付更加扁平化，从而不同于中央银行与商业银行等其他金融机构构成的等级形式的传统支付体系。区块链技术的基本组成部分［加密的匿名账户和一个公共分类账（Public Ledger）］消除对集中管理的需要，让所有参与者参与到管理中。加密货币的花费过程同使用银行卡是一样的，当涉及区块链时，授权信号被传送至系统中的每个人，因此会产生某人想将资金给予另一个人的公告。接受人也作为系统中的一部分，拥有一份包含所有过去交易的记录。所有交易的公开化可能是一个问题，但密码体制能让账户持有人保持匿名。一个账户

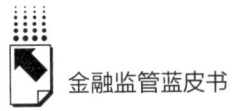

授权一笔支付时需要公开的信息仅仅是一个加密的公钥和这笔支付本身的细节（如数量和收件人）。

在区块链技术的支持下，我们可以进一步扩大系统的可能用途——从加密货币转变为使用能够表示为公约形式的任何东西。社会契约下，想成为系统的一部分意味着服从规则。作为系统的一部分，每个人享有执行规则的权利，规则由大家的一致意见执行并会根据大多数参与者的意见正确地被执行。通过区块链，规则是不会被打破的，因此我们可将比特币、莱特币以及其他加密货币看作基于区块链的去中心化的社会契约平台，而不仅仅是一个去中心化的货币体系。这能够让使用区块链技术创造强制性的合约成为可能，甚至无须交易双方介入和外部仲裁员解决分歧，个人交易也可精确地被执行。

三 加密货币及区块链的发展现状

最早的加密货币源代码是公开的，并且任何人都可以通过拷贝代码或修改参数，重新编译制造并发行自己的加密货币。目前有超过 440 种活跃的加密货币[①]。这些加密货币（山寨币）大体可以分为四类。第一类是比特币的 C++ 源码的直接复制，这类比特币仅对参数进行小幅修改，如改变货币的总供应量或响应时间。例如，特拉币（Terracoin），它的开发者将总量由比特币初始设定的 2100 万改成了 4200 万，并且将处理块的时间由 10 分钟缩短为 2 分钟。第二类是修改了比特币的某种算法，如莱特币将比特币的 SHA-256 散列算法替换为 Scrypt 加密算法，这使得在普通计算机上进行莱特币挖掘更为容易；再如，未来币（Nxt）则用 Java 语言重新编写了比特币的源代码。第三类是对编程思想进行革新，如新生代加密货币（也被称为"加密货币 2.0"或"比特币 2.0"）已经拓展了数据链的使用范围并促进了技术的革新。第四类是应用货币（Appcoins），它们在比特币 2.0 的基础上

---

① 根据 2015 年 12 月 Coinmarketcap 网站的统计结果。

发行，以众筹方式在 Kickstarter 被出售。

　　加密货币的供应取决于一个固定且已知的规则集，这些规则是通过执行一个复杂的计算和加密程序进行的，我们称之为挖矿（Mining）。挖矿需要矿工（即在专用硬件上运行软件的比特币用户）找到解决预定数学问题的方法。这一问题的难度被自动调整，以使一个新的数据块只能平均每十分钟被创建一次。比特币被设计为以一种可预测但逐步减低的速率逐渐产生新比特币。为了确保新比特币的渐进增长，解决一个数据块的奖励每四年自动减半，并且难度随时间不断增大。每一块成功添加到区块链的新数据块，都会参照前面的数据块，使得更难扭转先前数据块上的交易。因为在区块链上改变一个数据块需要对所有后续块的证明进行重新计算，数据块的后续块越多，操纵这一数据块就越不可行。相应的，比特币协议被设计成更倾向于较长的链。因此，矿工需执行重要的任务——验证交易并确保区块链不会被篡改（Evans，2014）。在链条尾端的最新的块可以追溯到之前发生的任意交易块，有助于交易者更好地观察比特币的每笔交易（Brito and Castillo，2013）。区块链将验证交易的任务交给点对点的分布式对等网络（Peer－to－Peer Network）。换句话说，众多节点同时作用于加密货币的开采，而不单纯依靠某一个中心节点。分布式网络通过管理开放的对等访问网络的透明性，来保证比特币的完整性以及公共分类账的准确性。一旦某笔交易通过验证，则其将被永久记录在区块链中（Brito and Castillo，2013）。储存比特币的地址被称为"钱包"（Wallets）。钱包即为一个加密的公钥——由数字和字母组成长约 33 位的字符串。每一个公钥拥有与之相配的只有用户知道的"私钥"。

　　非对称算法生成两个单独的非对称联键：公钥和私钥。键是非对称的，即便公钥来源于私钥，也并不能从公钥中推算出私钥。在这样的系统中，公钥用于在交易中验证数字签名，而私钥用于签署交易。公钥可以公开访问，在比特币系统中，公钥被用作比特币收付的地址。另外，私钥必须保密、安全。这种系统的优点在于在不共享签署交易的私钥的情况下，可以很容易地用公钥验证交易。

比特币的地址是一种可写入全球分类账的确定值,但是只有拥有相匹配的私钥的比特币地址才可以被分配在分类账。比特币转让从 A 到 B 时,不包括两者钱包之间物质类的转移,相反,比特币的转移关乎两者之间的公共地址。

每个人都可以看到相关的比特币及其地址,但只有拥有者才可以解锁和处理使用私钥(Brito 和 Castillo,2013)。

为确保信息的快速传播和对异常事件的有效规避,每个区块(Block)的大小被限定在 100 万字节。一个数据块通常包括头部信息和主体信息两大部分,具体内容如表 1 所示。区块链记录了用户对比特币的拥有权和所有用户交易比特币的记录。

表 1 区块结构

子结构名称	作用说明
版本号	数据区块的版本号
前一个区块的记录	记录了前一个数据区块的 HASH 值,当前区块的 HASH 值一定比它小
Merkle 树的根植	记录了当前区块中所有交易 Merkle 树的根节点的 HASH 值
时间戳	记录了当前区块生成的时间,按照 UNIX 时间格式
目标值	当前区块生成所达成目标值的特征,用于矿工的工作量证明
随机数	当前区块工作量证明的参数
交易计数	当前区块所记录的交易数
交易详情	记录了当前区块保存的所有交易细节

经济利益制约了加密货币的供应,即只有当这项服务需求创造的收益可以覆盖供应成本并且创造利润时,才会对代码的开发人员、矿工产生激励作用。成本一般可以分为两类,一是投资新设备(新交易方式所需)的沉没成本,二是交易手续费。加密货币依赖于网络,并不需要特殊的设备而且软件通常是免费开源的。

加密货币不仅需要劳动力和程序员的技术,还需要个人用户为其维持运作的资源进行大量投入。此外,加密货币依靠加密规则和技术的协议来处理交易,运行该协议需要程序员运用大量的计算机力量以确定一项加密的交易

（俗称为"区块"）是否有效。挖矿是一个零和游戏，许多矿工忙于区块的计算，但只有第一个验证区块成功并将其整合到区块链上的人才能得到新的比特币的奖励。挖矿游戏的结构导致资源和能量的浪费，因为验证的过程是由争夺奖励的多位矿工同时进行的。随着新区块计算难度的增大和矿工人数的上升，竞争加剧，挖矿变得更加复杂和昂贵。

支付市场尤其如此，它是一个双边的结构，两组用户都保持积极的状态，一项新的支付服务才能运行。比特币的普及打破了双边支付市场的僵局，逐渐吸引到足够多的投机者和商人。从成本和收益角度分析，好处是可以增加潜在交易者的数量。同时，也有网络效应，新用户的进入创造了一个反馈回路，鼓励更多的机构采用新的支付技术（Luther，2013）。为了扩大顾客群，商家乐意采用流行的支付技术，即使存在交易费，也往往比竞争对手设置得要低。

四 加密货币及区块链的前景分析

目前已有相当多的大型金融机构进行了探索，主要有五种形式。一是金融机构内部成立区块链实验室。二是投资区块链创业公司，如高盛向比特币公司 Circle 投资 5000 万美元。三是与区块链创业公司合作。四是证券发行业务。在 Overstock.com 提交给 SEC 的文件中，该公司表示计划通过区块链技术最多发行 5 亿美元的股票和其他证券。五是证券交易业务。纳斯达克 2015 年 12 月 30 日宣布，其合作伙伴 Chain.com 在对一位私人投资者发行股票时首次使用了纳斯达克的区块链技术交易平台 Linq。

区块链技术的信用基础技术是一种巨大的技术突破，以 P2P 为基础的去中心化的新体系未来应用前景广阔。主要表现在以下几个方面。

第一，区块链将可能颠覆传统金融体系和信用创造方式。目前的金融体系下，价值创造和交换活动都在一个集中的制度体系（如政府信用背书）和第三方中介机构体系（如银行、支付机构等）下建立信用，否则陌生人之间无法进行信用活动。

第二，商业银行可以借助区块链提升经营效率和降低成本，通过缩短交易时间和降低交易成本，从而增强自身竞争力。区块链技术未来可以在以比特币为代表的数字货币基础上，过渡到金融合约的分布式处理，如股票、债券、期货、贷款等合约的交易。2015年12月17日，美国专利商标局（USPTO）公布了十项美国银行（Bank of America）于2014年7月申请的与"区块链"技术相关的专利。尽管这些专利尚未被授予，但从申请案中可以看出银行对于使用区块链技术的兴趣。美国银行申请的专利内容十分广泛，有"加密电子货币交易付款系统"，还包括风险探测功能，它能够储存加密电子货币离线资料以及使用区块链技术评估诈骗活动。

第三，中央银行可以借助区块链技术可追溯的特点，将其作为可靠的数据库来记录各种信息，如将其运用在存储反洗钱客户的身份资料和交易记录上。

第四，证券发行和交易可以利用区块链技术搭建的平台，从而免去中介机构，降低企业的融资成本。高盛集团（Goldman Sachs）就替他们旗下的加密电子货币"SETLCoin"申请专利，其能使交易者执行并即时完成交易。

五 加密货币带来的挑战和已有的监管现状

（一）带来的挑战

1. 对货币交易及金融管理的挑战

第一，加密货币缺乏法律规范和公共监督，它的账户的使用、与票据之间的交易都没有传统的证据来保障。加密货币的交易基于点对点和对系统的信任，一旦出现缺口，受害者可能无法提供维护自身利益的合法证据。加密货币利用了信息技术，因此它可能发生的纠纷也包含着信息技术，如黑客和数字证书。此外，一个国家的居民不能随意获取、持有或转让外汇、外汇证券或国外的不动产，其活动必须受制于法律并要通过一定的程序和限制，国家会根据其目的而决定限制数量。如今，许多国家的消费者可以使用加密货币跨国购买商品和服务、捐款等。

第二，加密货币自身体系的缺陷。首先，从分布式系统到集中化趋势。Muller（2014）认为，"各公司花数百万美元去建设 ASIC 电脑[①]都为了一个目标——试图垄断采矿"。这一硬件设备已经改变了生态，并有效地将比特币由一个分散式和分布式的"货币"转变成一个更加集中和脆弱的系统。其次，"金手指攻击"（Goldfinger Attack）和"公地悲剧"（Tragedy of the Commons）。加密货币的分布式系统使得假信息添加到区块链并不会覆盖整个网络。从理论上分析，这需要具备全网络50%以上的计算能力（Hashing Power）——这也就是所谓的"51%攻击"，即"金手指攻击"。加密货币历史上曾多次遭受"金手指攻击"。"公地悲剧"也是"市场失灵"情况下可能出现的情景。此时，采矿报酬下降至0，矿工们收获的费用仅相当于交易费用。在这种情形下，挖矿不再有利可图，矿工们相继离开，这使得全网络计算能力不能保卫系统运行，大大提高了"51%攻击"出现的可能性。此外，囤积加密货币将导致"需求危机"或"紧缩螺旋"。私钥丢失或遭破坏的货币，即"僵尸币"（Zombie Coins），也会引发通货紧缩。最后，加密货币会带来去中心化的交易对手风险。加密货币的交易由多方共同参与。每一项操作都会在全网络广播，这很难确定矿工交易对手风险的责任人。加密货币由非政府实体管辖，由匿名者推广。组织的框架是通过网络对等点高度分散的，法庭不会将这样的单位当作法人，组织背后的人也无法追踪。

第三，加密货币交易规模的增长，会在一定程度上对货币政策的实行产生影响，减少对其他货币的需求，从而大大影响货币数量和货币周转率。使用加密货币也许会对金融和支付市场造成破坏性的影响，可能会替代汇款及信用卡支付服务，甚至取代股票交易所，致使现有服务提供商被淘汰。如果

[①] ASIC 是 Application Specific Integrated Circuit 的英文缩写，在集成电路界被认为是一种为专门目的而设计的集成电路。

这些变化迅速出现,将会带来一定的风险,破坏金融和支付市场的稳定性,最终导致价格不正常波动。

2. 对国家税收的挑战

以比特币支付的商品与服务交易构成了易货交易,受到一般的所得税规则的管制。在报酬不是货币而是实物形式的交易中,交易对象的价值决定变成了一个关键问题。多数国家的基本价值评估标准是市值,在完全竞争条件下,交易对象在长期均衡中只有一个市值,然而,由于多数市场存在着信息不对称与不完全竞争,某个资产可有多个市值。

加密货币是一种资产,因此它的交易和其他资产及货币一样关系到税收问题。加密货币的交易可能带来资本利得税、所得税、交易税和财产税。即使加密货币的交易是非法无效的,税法也有权对其进行征税①。

由于加密货币的持有者并不需要实名认证,税务机关无法了解持有人的财务或收入状况。因而,除非持有人自愿申报,否则税务机关无法对其征税。

3. 对非法活动监管的挑战

第一,黑市的非法商品和服务可能选择接受比特币作为支付手段。使用加密货币也可能阻碍在没收财产方面的法律努力,因为执法部门不能够追踪特定交易或特定目标实体。加密货币的匿名性也为识别和追踪增设了困难。

第二,加密货币便利了洗钱活动。将由犯罪获得的法定货币转换为比特币符合经典洗钱活动的第一阶段。比特币可用于各种转让交易,通常每笔交易采用新的比特币地址。最后,非法资金可能被交换回到法定货币,并融入经济。

各国政府都在关注利用加密货币洗钱、为犯罪活动和恐怖主义融资。通过在系统内设置合理的防范措施,在保持交易的隐私性和防止犯罪分子有机可乘之间找到平衡。许多比特币交易所都开始设置反洗钱功能,包括留存客

---

① 2014年3月,美国国税局对比特币进行财产税征收而不是将其作为货币,这意味着将对比特币的征税视为资本利得税,加密货币的可征税特征并不代表认可加密货币交易的合法性。

户的记录,这将降低比特币对犯罪分子的吸引力。与传统货币相比,比特币也有利于防止某些形式的金融犯罪。

(二)监管现状

区块链的发明、比特币的成功,在多种其他加密货币上的后续复制和支持服务的增值等已经引起了监管者的关注。比特币有许多属性并不适用于现有的监管对于电子支付、货币、商品等的定义(Brito and Castillo, 2013)。监管与三种不同利益相关:国家的利益,表现在对于洗钱、金融犯罪、偷税漏税的监管上;支付中介试图通过寻求政府对于竞争对手的干预和监管来捍卫它们的业务和市场地位;消费者保护为政府监管提供了进一步的理由。目前,加密货币及区块链技术已经引起了全世界各国政府的关注。

第一,严格监管。代表国家是中国和俄罗斯。2013年12月3日中国人民银行等五部委《关于防范比特币风险的通知》明确强调了比特币虚拟商品属性及其投资风险,禁止金融机构与支付机构从事与比特币有关的业务,并要求作为比特币交易平台的比特币网站履行非金融机构反洗钱义务,明确比特币"应当是一种特定的虚拟商品""不是真正意义的货币""不具有与货币等同的法律地位""不能且不应作为货币在市场上流通使用"[①]。淘宝随后禁止了比特币以及相关教程和挖矿软件在淘宝平台上的交易。百度随即禁止接受比特币。

第二,不鼓励参与但在发展中综合整治。欧盟是该政策执行的典型。2012年10月,欧盟央行发布的《虚拟货币体制》报告将比特币定位为"第三类虚拟货币"。比特币具有"双向流动和买卖价格"的特征,并可以用来购买虚拟或实体商品和劳务;同时指出,这类虚拟货币不具有法偿货币性质,在与传统货币的联系中,不受现有法律的监管。2014年7月,欧洲银行业管理

[①] 《比特币风险通知》第一条"正确认识比特币的属性":比特币具有没有集中发行方、总量有限、使用不受地域限制和匿名性四个主要特点。虽然比特币被称为"货币",但由于其不是由货币当局发行的,不具有法偿性与强制性等货币属性,并不是真正意义上的货币。从性质上看,比特币应当是一种特定的虚拟商品,不具有与货币等同的法律地位,不能且不应作为货币在市场上流通使用。

局（European Banking Authority，EBA）公布了对加密货币的审议意见，结论是金融机构和监管机构如参与到加密货币交易中可能面临诸多风险①。欧洲银行业管理局倾向于用这种"不鼓励以保护"（discourage－to－shield）的办法，使其有时间完善综合监管模式从长期更好地应对加密货币。

第三，现有监管框架下的监管。美国、加拿大以及新加坡等国家是该模式的代表。2013年美国查处"丝绸之路"网站②，开始规范加密货币供应商的服务③。2014年，美国国税局指出，比特币在美国税务系统中被认定为财产，适用股票和以物易物交易的规则。2015年，美国商品期货交易委员会（CFTC）宣布，比特币被认定为大宗商品。纽约州的比特币和数字货币公司需要申请数字货币许可证（BitLicenses）。在纽约使用加密电子货币服务将变得不再匿名。任何处理比特币买卖的商业行为都必须记录下客户的姓名和地址，并接受财政部不良行为的检查。其他地方，如新加坡和加拿大的监管者采取与美国联邦政府相似的措施。

第四，鼓励加密货币的自律监管。英国、澳大利亚等国家是该模式的代表。英国政府鼓励加密货币进一步创新，并帮助类似的创新企业降低行业进入门槛，发掘成长的潜在途径。2014年5月和9月英格兰银行分别发布了两份报告。报告承认比特币是"真正的技术创新"，同时也认为目前比特币以及数字货币对整个金融体系尚未构成威胁④。2014年3月，英国税务当局拟放弃对比特币交易征税的计划。2015年3月，英国财政部宣布针对移动钱包的反洗钱规则和针对交易所的审慎监管，计划要求英国各大电子货币交易所与其他金融中介机构一样接受反洗钱规定监管；英国加密货币交易所没

---

① 2015年10月22日，欧洲最高法院"欧盟法院（Court of Justice of the European Union）"裁定，今后比特币和其他虚拟货币交易无须缴纳增值税（VAT）。
② "丝绸之路"（Silk Road）网站由 Ross Ulbricht（网络化名 Dread Pirate Roberts）创办，2011年上线，采用比特币不记名支付。2013年被美国联邦调查局（FBI）查抄。2015年5月，创始人被判处终身监禁。
③ 尽管美国各州立法基调不同，着重点也不同，但基本确定了必须监管比特币、反对用比特币从事洗钱和非法交易的基调，同时也确定了以保护比特币为技术创新和模式创新的成果和未来的立场。
④ 英格兰银行认为"数字货币对于任何互联网人来说都可以作为货币使用"。

有必要向海关税务总署（HMRC）注册。2014年8月，澳大利亚税务局（ATO）发布了比特币税收准则。这份文件利用现有税法规定，将比特币业务和应用的各个环节并入了现有税务体系，在不突破有关货币体制和金融管理的更基础层面的法律规定的条件下，实现了比特币产业的合规化。

第五，多货币共存模式。日本、韩国等国家是该模式的代表。2014年3月，日本内阁会议决定，禁止银行和证券公司从事比特币业务，但决定没有对比特币做出定性，并不采取对比特币交易的监管措施，同时在对比特币购买的消费税征税上采取了灵活有弹性的政策。韩国比特币交易所和比特币创业企业发展十分迅速。韩国政府一直秉持积极态度支持比特币事业在韩国的发展，但到目前为止韩官方还未提供一个清晰的比特币监管框架，对于比特币资产的税务政策，也还无清晰界定。

第六，尚未监管或不监管模式。目前，尚有国家未对加密货币的运行加以监管。巴西未采取监管措施的原因是，加密货币尚未对巴西经济的发展造成巨大的威胁。2014年12月，巴西参议院发表了一份关于比特币的报告。该报告认为"鉴于其（比特币）被限制在一定范围流通，尤其在巴西，我们没有看到系统性风险对国内经济运作的影响。"

缺乏国际标准的加密货币监管总结见表2。

表2 缺乏国际标准的加密货币监管

严格监管	不鼓励参与但在发展中整治	现有监管框架下的监管	自律监管	鼓励发展	尚无规定
中国、俄罗斯	欧盟（欧洲银行业协会）	美国：金融犯罪执法网络（FinCEN）和纽约金融管理局的比特币牌照（BitLicense）	英国、澳大利亚	日本、韩国	巴西

五 结论和政策建议

加密货币及区块链技术，通过一个分布式网络，使得公众可以平等、独立、透明地利用计算机力量，发行和交易货币。在这个体系中，中央银行、商业银行以及政府机构都不扮演任何角色，也没有任何权利。整个体系由大众自发调节和维持。但截至目前，尽管人们对加密货币的热情高涨，参与者越来越多，单位价值也越来越大，但仍还没实现无政府货币体系的乌托邦式的设想。加密货币也受到了一些国家央行的严格管理。加密货币需要有一个交易超出投机的临界点，只有这样才可能为得到更有利的监管而进行游说，以对抗政府的不信任和来自竞争对手（央行和商业银行）的打压。只有对加密货币实施适度的监管，区块链技术才能发挥出最大的潜力。

从已有的监管现状来看，第一，加密货币的影响和现实作用正在被不断认识，全球范围内禁止或打压加密货币的政策取向明显退潮，各国官方多致力于将加密货币置于合规态势下正常发展；第二，对加密货币的"金融资产"定位成为各国官方的认识主流，在依然不承认比特币货币定位的情况下，摆脱了对比特币货币定位的非此即彼的认识，从而为比特币在现实社会的存在和发展提供了足够的法律定位空间；第三，为加密货币运行制定税收立法取得重要进展，税收立法或将在今后一段时间内取代金融监管立法，成为各国政府为加密货币立规的重点。

正如中本聪所言，"加密货币不能使其中一个网络参与者较于其他参与者拥有显著优势"。目前，采矿垄断带来的不公平虽然不会危及网络安全，但是它反映出比特币发展成去集中化和民主的货币仍有很长的路要走。为了赋予加密货币明确、稳定的法律地位，监管是非常重要的，这将构成其经济意义的基础，并将它融入传统的金融体系。对于新产品和新技术的监管，通常是将其封装到现有的监管框架内，而不是量身定制一个新的框架（Middlebrookt 和 Hughestt，2014）。因而，最佳的监管方案是设计一个独特的加密货币监管制度。

参考文献

[1] Branch, Mary Sydney, Frtedrich A. Hayek. "The Road to Serfdom", 1945.

[2] Wallace, B., "The Rise and Fall of Bitcoin. Wired. Available", http://www.wired.com/magazine/2011/11/mf_ bitcoin, 2011.

[3] Kaplanov, N. M., "Nerdy Money: Bitcoin, the Private Digital Currency, and The Case Against Its Regulation", 2012.

[4] Nakamoto, S., "Bitcoin: A Peer-to-Peer Electronic Cash System", https://bitcoin.org/bitcoin.pdf, 2009.

[5] Brito, K., Castillo, A., "Bitcoin: A Primer for Policymakers", http://mercatus.org/publication/bitcoin-primer-policymakers, 2013.

[6] Stokes, R., "Anti-money Laundering Regulation and Emerging Payment Technologies", *Bank. Fin. Services Po. Rep.* (5) 2013.

[7] Evans, D. S., Schmalensee, R., "Failure to Launch: Critical Mass in Platform Businesses", *Rev. Netw. Econ.* (4) 2010.

[8] Hanley, B. P., "The False Premises and Promises of Bitcoin. Discussion Paper", 2013.

[9] Levin, R., O'Brien, A., Osterman, S., "Dread Pirate Roberts, Byzantine Generals, and Federal Regulation of Bitcoin", *J. Tax Reg. Fin. Inst.* (27) 2014.

[10] Levin, R., O'Brien, A., Zuberi, M., "The Empire State Strikes Back: New York Proposes Rules for Virtual Currency", http://bakerlaw.com/alerts/the-empire-state-strikes-back-new-york-proposes-rules-for-virtual-currency, 2014.

[11] Levin, R., Mosier, M. A., Zuberi, M., "Bitcoin Investment Vehicles Beware—The SEC Is Watching", http://bakerlaw.com/alerts/bitcoin-investment-vehicles-beware-the-sec-is-watching, 2014.

[12] Evans, D. S., "Economic Aspects of Bitcoin and Other Decentralized Public—Ledger Currency Platforms", Coase-Sandor Instituted for Law and Economics Working Paper No. 685, 2014.

[13] Nakamoto, S., "Bitcoin: A Peer-to-Peer Electronic Cash System", 2009.

[14] Brito, K., Castillo, A., "Bitcoin: a Primer for Policymakers", http://mercatus.org/publication/bitcoin-primer-policymakers, 2013.

[15] Brito, J., Castillo, A., "Bitcoin: A Primer for Policymakers", http://mercatus.org/sites/default/files/Brito_ BitcoinPrimer.pdf, 2013.

[16] Luther, W. J., "Cryptocurrencies, Network Effects, and Switching Costs", Working Paper, 2013.

[17] Middlebrookt, S. T., Hughestt, S. J., "Regulating Cryptocurrencies in The United States: Current Issues and Future Directions", *William Mitchell Law Rev.* (2) 2014.

[18] FinCEN, "Application of FinCEN's Regulations to Persons Administering, Exchanging, or Using Virtual Currencies", http://www.fincen.gov/statutes_regs/guidance/html/FIN-2013-G001.html, 2013.

[19] FinCEN, "Application of FinCEN's Regulations to Virtual Currency Mining Operations", http://www.fincen.gov/news_room/rp/rulings/html/FIN-2014-R001.html, 2014.

[20] Government Accountability Office, "Virtual Currencies: Emerging Regulatory, Law Enforcement, and Consumer Protection Challenges", http://www.gao.gov/assets/670/663678.pdf, 2014.

[21] Kroll, J. A., Davey, I. C., Felten, E. W., "The Economics of Bitcoin Mining, or Bitcoin in the Presence of Adversaries", Proceedings of WEIS, 2013.

[22] 谢平、石午光：《数字加密货币研究：一个文献综述》，《金融研究》2015年第1期。

[23] 杨晓晨、张明：《比特币：运行原理、典型特征与前景展望》，《金融评论》2014年第1期。

[24] 吴甘沙：《大数据技术发展的十个前沿方向》，《大数据》，2015。

[25] Muller, "Self-published White Paper (2014)", https://vertcoin.org/Vertcoin-DavidMuller.pdf.

B.12
证券质押的制度困境与解决路径

杨 光[*]

摘 要： 证券质押作为重要的金融创新方式，具有体现证券价值、拓宽融资渠道、扩大公司信用、推动行业互补和提高投资收益等功能。证券质押的发展需要现有法律法规和证券实践有效衔接，并在标的物种类、合同订立、证券交付、担保债权范围、担保物范围、预行拍卖权、转质权、实现方式与证券结算等方面进行完善。根本是要建立证券间接持有制度，完善非典型性担保，并在金融创新与风险预防之间实现平衡。

关键词： 证券质押 制度困境 解决路径 金融创新

十八大报告提出"深化金融体制改革，健全促进宏观经济稳定、支持实体经济发展的现代金融体系"，并"推进金融创新，提高银行、证券、保险等行业竞争力"。《中共中央关于全面深化改革若干问题的重大决定》进一步指出"多渠道推动股权融资""鼓励创新，丰富金融市场层次和产品"。证券质押作为金融创新的重要方式，是落实上述政策的有效制度之一。虽然《物权法》《担保法》《证券法》《证券投资基金法》《证券公司股票质押贷款管理办法》《证券质押登记业务实施细则》等法律法规已对证券质押的部

---

[*] 杨光，法学博士，中国证券监督管理委员会博士后科研工作站与中国社会科学院法学所联合培养博士后科研人员，研究方向为公司法、金融法。本报告所有内容仅代表作者本人的观点，不代表作者所在单位、部门的意见和建议，也不表明或暗示作者所在单位会以此为决策依据。

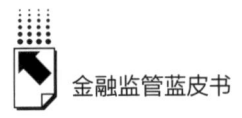

分内容做出规定,但彼此之间存在矛盾,未与证券实务圆满衔接,阻碍了证券质押功能的全面发挥。因此,应结合现实要求,厘清现存问题,提出有益对策。

一 证券质押的制度功能

明确制度功能是认识和解决问题的基础,有助于探寻问题根源,设计应对措施。证券质押是证券与权利质权的结合,实践中主要表现为证券公司将其自营的证券向银行设立质权,以担保按时返还贷款。证券是指用以证明或设定权利所做成的书面凭证,具有收益性、流动性、风险性等特征。权利质权是指为担保债权的实现,债权人依法控制债务人或第三人的可转让财产权,债务人不履行到期债务或发生当事人约定的实现质权情形时,债权人有权就该财产权的变价使被担保债权优先受偿的权利。权利质权支配标的物的交换价值,以确保债权实现为目的,属于价值权[①]。概言之,证券质押具有以下制度功能。

第一,充分体现证券价值。证券(如股票和债券)具有收益性,可用于直接融资;同时具有流动性,具有较高交换价值。后者常被忽略。证券质押融资业务将证券作为担保物,有助于充分发挥其交换价值,在公司融资中发挥"吸收投资"和"保障债权"双重功效。

第二,拓宽融资渠道。证券质押既保证直接融资,又促进间接融资。由于证券未来预期收益较高,证券持有人和证券质押中的质权人容易通过设定质权或转质进行融资。同时,证券质押作为新型担保方式,扩大了可作为担保物的范围,使债权更具保障,提高了获得银行贷款的可能性。

第三,扩大公司信用。公司可反复运用证券质押向银行融资,融得的资金可继续购买证券,并继续向银行设质融资。因此,一笔初始资金经多次融资后衍生出数倍于初始资金的金额,使信用扩大。在切实控制贷款总额和贷

---

① 崔建远:《物权法(第三版)》,中国人民大学出版社,2014,第513页。

款折扣率的情况下,此举可有效缓解公司资金压力。

第四,推动行业互补。证券质押是银行贷款业务和证券业务的结合,二者的融合与补充构建了货币市场与资本市场间的沟通渠道。详言之,贷款可迅速由货币市场向资本市场投放,也可由资本市场转回货币市场,从而提高资源配置效率,促进经济结构调整。

第五,提高投资收益。市场机制引导下的证券质押融资按效益原则流向经营效益好的行业和部门,并实现资金功能和作用的转换,包括不同期限资金的转换和不同种类金融资产内容的转换。结合银行业务"安全稳健"原则和证券业务"风险补偿"原则的特点,证券质押可通过风险管理和设计证券组合方案来降低风险,使投资者获得收益;也可通过手续费收入和利息收入使证券公司或银行获得较高效益。

二 我国证券质押的现状及实务中的问题

从场内质押与场外质押的角度观之,根据相关数据,从2015年3月17日至2016年3月17日,沪深两市共有1423只股票用于场内质押,其中,沪市367只(占25.8%),深市1056只(占74.2%)。在深市1056只股票中,主板184只(占17.4%),中小板514只(占48.7%),创业板358只(占33.9%)。场外质押则由于缺乏相关数据,目前无法明确知晓整体情况。

从质押主体的角度观之,与商业银行和信托公司相比,证券质押对于证券公司而言是一种创新业务,主要方式是证券质押回购,其中,大股东(持股5%以上的股东)证券质押回购占相关业务的90%以上。

从基本交易信息的角度观之,截至2016年3月17日,证券质押的初始交易金额达5220574293.75元,同比增长142%;购回交易金额达2016973029.44元,同比下降57.7%。在股市异常波动期间,市场传言不少大股东证券质押接近平仓线,可能导致强制平仓,从而造成市场在一定程度上的恐慌。但从实际情况看,不少大股东证券质押接近平仓线时,并未进行强制平仓,而是通过各种方式增加质押物。同时,接近平仓线的证券质押或

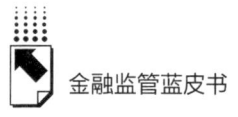

采用停盘方式避免平仓的现象确有出现，但仅发生在个别证券，并非是普遍现象。

从平均质押率角度观之，截至 2016 年 3 月 17 日，对于每周平均质押率，无限售条件股份平均质押率为 33.29%，有限售条件股份平均质押率为 31.88%。目前市场上呼吁交易所提高业务透明度，主要是披露质押率指标。目前存在仅按照板块披露或对个股进行披露两种意见，从市场稳定性的角度考虑，按照板块披露较为可行。

实务操作中，还可通过证券质押实现以下目的，需要针对其中的问题深入研究。

一是通过证券质押实现在创业板借壳上市。具体方式是大股东将足够导致控制权变更的大部分股票通过场外质押的形式质押给某资产管理公司，而该公司为借壳主体的全资子公司，并签署相关协议、进行公证。随后，大股东违约，资产管理公司凭公证协议向法院起诉，在法院判决后，资产管理公司去登记结算机构划转股权并公告。由于证监会无权干预判决，所以能够通过证券质押实现证券所有权的移转。对此，可考虑凭《合同法》中"以合法形式掩盖非法目的"的条款判定该合同无效。

二是通过证券质押实现杠杆融资。即通过证券质押结合定增或其他手段实现高杠杆融资，比如，以发行证券获得的融资购买资产，将该资产质押，同时大股东将自己的证券质押，以实现"双重质押融资"。目前看来，我国的证券质押的杠杆融资率较低，在某种程度上证券质押还降低了市场杠杆风险，未来宜通过质押率和保证金调整避免过高的杠杆融资。

三是通过证券质押完成定增、重组、借壳和资产收购等。定增、重组、借壳和资产收购等需要大量资金，大股东可能短时间内无法支付，因此通过过桥资金先购买证券，再将证券质押归还过桥资金。由此，其收益是证券，而成本仅是每年偿还部分借款。对此，应从源头堵住过桥资金的来源，鉴于目前某些金融机构为了业绩放松贷款审核的现象，应当明确相关责任主体，同时加强贷款去向核查力度。

四是通过证券质押滚动还款。即当上一笔证券质押即将到期时，找其他人做下一笔证券质押，从而得以一直以特定成本长期占有大笔资金。比如，甲的股票估值10亿元，做1年期4折股票质押，每年利息8%，即每年用0.32亿元的成本融资4亿元，杠杆倍数为12.5倍。到期后，换一家公司继续质押融资，相当于用1元的成本一直做12.5元的事情。对此，在设计证券质押规则时，应当重点关注重复质押问题。

五是通过证券质押实现锁定期内的融资。大股东通过定增、重组等方式获得的证券在锁定期内无法卖出变现，但通过证券质押可以变相提前卖出获得资金。对此，在最近证监会不断出台有关大股东减持规定的背景下尤为突出，因而需要尽快完善短线交易归入权的相关规定，采用"实质重于形式"的原则，只要大股东在锁定期内违法违规卖出证券，其收益即应当归公司所有。

六是通过证券质押补充流动资金、实业投资、收购资产以及公司并购等。目前这是实务中运用最多的证券质押方式，特别是在资金短缺时，可实现集团内部资金的变相拆借或者补充不足资金。现实案例中大部分证券质押后的融资是有资金投向的，是较为简单和直接的融资。对此，应当增强对资金投向比例的限制。

三 证券质押的标的物种类

《证券法》第2条规定的证券种类包括股票、公司债券和国务院依法认定的其他证券。此外，还有政府债券、证券投资基金份额和证券衍生品种，但何为"国务院依法认定的其他证券"尚不明确。《担保法》规定的证券质押标的物包括债券、依法可以转让的股份、股票以及依法可以质押的其他权利；《物权法》将其修改为债券、可以转让的基金份额、股权以及法律、行政法规规定可以出质的其他财产权利；《证券公司股票质押贷款管理办法》则规定为在证券交易所上市流通的、证券公司自营的人民币普通股票（A股）、证券投资基金券和上市公司可转换债券。据此，现有法律法规对证券质押标的物的规定呈现两个特点：第一，不同法律法规中的标的物范围不尽一致；第二，除主要品种外，其他证券种类范围不明。现实生活中，证券品种发展迅速，除股票、债券和基金份额外，期货、期权、互换和权证等新型证券品种已日渐成熟，在资本市场中占有一席之地。此外，上述法律法规中的证券仅指资本证券，是否包括商品证券（如提货单、运货单等）和货币证券（如汇票、本票等）并不明确。但由于《物权法》和《担保法》的相关规定已将商品证券和货币证券作为权利质权标的物单独列出，证券质押中的"证券"仅指资本证券。但资本证券的种类应结合经济发展逐步扩大，判断标准不应过于僵化。比如，美国法律中的证券种类十分多样①。

据此，本报告认为在现有条件下，证券质押标的物的认定应以《证券法》中"证券"的定义为基础，紧扣"可转让财产权"这一要件。只要证券用以证明或设定的权利是"可转让财产权"，即可作为证券质押标的物。为以正视听，国务院应及时颁布行政法规确立新型证券种类的地位，即采取"列举+兜底条款"方式列出目前较为成熟的新型证券，并设置兜底条款为将来"证券"种类的增加预留空间。从长远看，应统一不同法律法规中"证券"的定义，同时规定各类"证券"的判断标准。

四 证券质押的设定

根据物权法基本原理，设定证券质押需满足以下条件：①当事人必须订立书面的证券质押合同；②出质人必须交付证券、转移占有②。这些条件在证券质押语境下，需要进行深入探讨。

（一）质押合同

质押合同的当事人是出质人与质权人。其中，出质人是证券的处分权人，如证券持有人。由于出质人在质押合同中具有债务人地位，根据《合

---

① 美国1933年《证券法》第2节（a）（1）。
② 王利明：《物权法研究（第三版）》，中国人民大学出版社，2013，第1319页。

同法》的规定,其转让债务时应经质权人(即债权人)同意。但证券交易的快速进行使证券不断换手,证券持有人(即出质人)不断发生变动,以该证券为标的物的质押合同处于不断终止、订立的状态,无法于每次转让债务时均征得质权人(即债权人)同意。对此,本报告认为突破口在于对"同意"一词的解释。"同意"既可以明示表示,也可以默示表示①;既可以单方的、需受领的意思表示为之,也可通过可推断的行为发出。因此,当事人签订证券质押合同时,即可推断质权人(即债权人)已知晓证券交易中债务转让的特殊性,并以默示的意思表示对出质人(即债务人)转让债务的"同意"。

(二)证券交付

证券质押的设定还需交付证券、转移占有。根据《物权法》的规定,设质证券应在证券登记结算机构办理出质登记②。登记目的是进行公示,将权利质权存在的事实表现于外部而使他人可以知晓,以防止第三人因不知而受不利后果③。"交付"包括现实交付和观念交付,其中,观念交付又包括简易交付、占有改定和指示交付,但这些方式并非完全适用于证券质押。目前,我国证券主要采取直接持有制度,而非间接持有制度④。换言之,在证券无纸化条件下,由中国证券登记结算公司以投资者名义开立账户,将证券实际持有人(而非名义持有人)的名称直接登记在股东名册上。因此,办理出质登记仅能在证券实际持有人的证券账户中进行操作。根据《证券公司股票质押贷款管理办法》(以下简称《质押贷款办法》)第 18 条、第 28 条和第 19 条的规定,证券质押中的"交付"是指设质证券应被足额、及时转移至质权人特别账户下存放,并对质押情况加以标记,从而排除了占有改定的交付方式。

---

① 郑玉波:《民法总则》,中国政法大学出版社,2003,第 334 页。
② 本报告暂不讨论以其他股权出质,在工商行政管理部门办理出质登记的情形。
③ 梁慧星:《中国物权法研究》,法律出版社,1998,第 977 页。
④ 彭冰:《中国证券法学(第二版)》,高等教育出版社,2007,第 246 页。

（三）质押合同与证券交付的关系

对于质押合同效力与证券交付的关系，《担保法》第64条第2款将二者结合，奉行质押合同生效时质权设立的思想，证券交于质权人占有是质押合同的生效要件。此举不利于保护质权人利益。因为出质人可通过拒绝交付证券的方式使合同不生效，从而避免承担合同债务，而仅承担缔约过失责任，赔偿损失计算难度较大的信赖利益。为解决这一问题，《物权法》第15条和第212条将二者进行区分，明确规定证券的交付不再影响质押合同效力。但实践中，《担保法》的规定仍有较大适用空间①，一些金融法规范和教材在介绍质权制度时仍以《担保法》为蓝本，对《物权法》只字未提。因此，设立证券质押时应着力明确质押合同效力与证券交付之间的区分关系，严格按照《物权法》行事。

五　证券质押的效力

（一）所担保债权范围

权利质权所担保债权范围主要包括主债权及利息、违约金、损害赔偿金、质物保管费用和实现质权费用。质物保管费用是质权人的固有利益损失。证券质押中，质物保管费用实际上就是证券保管费用。由于证券托管、存管制度的采用，在证券公司开立资金账户一般不收管理费，开立沪深股市证券账户要收取管理费，转托管也要收取一定费用。但这些费用均由证券持有人（即出质人）承担，非由质权人承担，不属于质权人的固有利益损失。因此，证券质押所担保债权范围不应包括质物保管费用。

---

① 比如，在因质押合同导致的民事纠纷中，一方当事人会主张质物尚未交付，因此质押合同未生效，质权并未设立。参见大鹏证券有限责任公司清算组上诉上海市企业年金发展中心质押合同纠纷案，（2004）沪一中民三（商）初字第486号；民生证券有限责任公司与广东发展银行股份有限公司郑州郑汴路支行质押合同纠纷上诉案，（2005）民二终字第40号。

（二）证券质押的标的物范围

证券质押的标的物范围与前文探讨的标的物种类不同。标的物种类是指何种民事客体能作为质权标的物，研究的是"质"的问题；标的物范围是指对每一种类标的物，质权能在其上产生效力的边界，研究的是"量"的问题。一般来说，权利质权的标的物范围包括从物、孳息、代位物和添附物。但在证券质押中则需要具体分析。

1. 分红派息

证券质押的标的物范围涉及分红派息。本质上，分红派息是因某种法律关系所产生的收益，属于证券的法定孳息。根据《物权法》213条的规定，除合同另有约定外，质权人有权收取质押财产的孳息。但实际情况并非如此。虽然设质证券应转移至质权人特别席位下存放，但股东名册上的实际持有人仍为购买该证券的出质人。根据证交所规则，上市公司的董事会根据股东大会审议的分红派息方案，向社会公告，并规定股权登记日。随后向中国结算公司位于上海、深圳的分公司以及上海、深圳证券交易所提交申请材料和公告申请日。分红派息主要通过中国结算公司的交易清算系统进行，投资者领取现金红利和股票红利无须办理其他申请手续，将由交易清算系统自动派发到股东名册记载的投资者账户上。若T日为公告刊登日，则A股现金股利于T+8日发放，B股现金股利于T+11日发放，A股股票股利于T+3日发放，B股股票股利于T+6日发放。因此，按照现有规则，分红派息根据股东名册进行发放，证券质押中的法定孳息（分红派息）直接进入出质人账户，而非质权人账户。

对于这一矛盾，可采用以下思路解决。第一，证交所的分红派息规则无疑属于格式条款，证券质押合同属于商业性合同，双方当事人均为资本市场的主要参与者，具有一定的经营经验及知识，有足够的注意能力和交涉能力，当然知晓证交所规则的存在，因此满足《物权法》第213条中的"合同另有约定"。第二，《物权法》第116条的适用。该条规定："法定孳息，当事人有约定的，按照约定取得；没有约定或者约定不明确的，按照交易习惯取得。"其中，"取得"一词表明该条规定的是法定孳息的所有权人，而

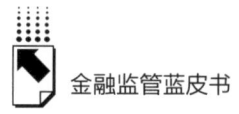

第213条中的用语是"收取",与"取得"的含义显然不同。因此,可将证交所的规则视为对法定孳息所有权人的规定,而非对收取权人的规定,制定规则依据为《物权法》第116条,而非第213条,从而解决上述矛盾。

当然,为明确分红派息的归属,将来应同时从两方面对法律进行修订。第一,在《证券法》中明确"证券设质的,该证券产生的分红派息由出质人收取";第二,将《物权法》第213条第1款"除合同另有约定外"修改为"除法律另有规定或合同另有约定外"。

2. 配股

配股是上市公司向原股东发行新股、筹集资金的行为。配股以股东已经持有的股份为基础。配股所得股份并非原有股份的代位物。同时,由于配股所得股份未常助原有股份之效用,因此不是原有股份的从物。配股所得股份并非依照原有股份的自然性能或变化规律而取得,与原有股份缺乏从属性法律关系,并非让渡原有股份一定期限内的使用权而得到的收益,因此不是原有股份的孳息。最后,配股所得股份与原有股份之间缺乏结合为一个物或共同因加工而成为新物的情形,因此不是原有股份的添附物。总之,配股不属于证券质押的标的物范围。

(三)预行拍卖质物权

证券质押的效力还包括出质人与质权人的权利义务。其中,《物权法》第216条规定了质权人的质物变价权,又称预行拍卖质物权。该权利行使的前提之一是"因不能归责于质权人的事由可能使质物损毁或者价值明显减少,足以危害质权人权利"。证券质押中,证券价值表现为证券价格,由于证券价格实时变动,因此如何确定"价值明显减少"便存在问题[①]。

[①] 对此,《质押贷款办法》第33条规定:"用于质押股票的市值处于本办法第二十七条规定的平仓线以下(含平仓线)的,贷款人有权无条件处分该质押股票,所得的价款直接用于清偿所担保的贷款人债权。"第27条规定的警戒线比例(质押股票市值/贷款本金×100%)最低为135%,平仓线比例(质押股票市值/贷款本金×100%)最低为120%。但上述条文有待进一步解释。

首先，应当确定"价值"的含义。证券是虚拟资本的载体，本身并无价值，其交换价值或市场价格来源于其产生未来收益的能力①。因此，证券的市场价格反映了市场参与者对该证券未来收益能力的评估。市场价格基本围绕证券的内在价值形成。在证券市场完全有效②的情况下，证券的市场价格和内在价值一致，但现实中证券市场并非完全有效③，因此市场价格总是高于或者低于内在价值。证券的市场价格低于其内在价值的部分，被称为"安全边际（Margin‐of‐Safety）"，是任何投资活动的基础④。

仅以市场价格衡量证券价值不完全可靠，因为有些情况下，某种证券可能没有活跃的市场价格（如停牌股票）；有些情况下，即使发生交易，交易价格也未必真实。鉴于此，估值模型被引入证券价值评估中。但仅以模型定价衡量证券价值也不完全可靠，因为估值模型千差万别，变量和假设各异，导致证券价值不具有唯一性。因此，应在衡量证券价值时将市场价格和模型定价相结合，并引入公允价值⑤。

其次，应当明确"明显减少"的衡量标准。《质押贷款办法》以质押股票市值和贷款本金之间的比率为衡量标准，但证券自身价值的减少也可能损害质权人权利，因此也应被纳入"明显减少"范畴。对此，可区分两种情况。证券交易一般能够正常进行，但也可能发生异常，应采取不同的衡量方

---

① William Sharpe, "Capital Asset Price: A Theory of Market Equilibrium under Conditions of Risk", *Journal of Finance* (425) 1964.
② 证券市场的有效性表现为证券价格能否反映所有相关信息。在一个完善的市场、交易成本为零的情况下，证券市场的价格一定会反映所有的相关信息。按照证券价格对信息的反映程度，可分为弱势有效市场（即证券价格反映所有历史价格信息），准强势有效市场（即证券价格反映所有公开信息），强势有效市场（即证券价格反映所有信息，无论是否公开）。所谓证券市场完全有效是指强势有效市场 [Eugene Fama, "Efficient Capital Markets: A Review of Theory and Empirical Work", *Journal of Finance* (283) 1970]。
③ 检验证明，美国纽约交易所和纳斯达克市场基本达到了准强势有效市场。对于我国证券市场是否达到弱势有效，目前还有争议（胡亦春、周颖刚：《中国股市弱势有效吗？》，《金融研究》2001年第3期；张兵：《中国股票市场有效性分析》，南京大学出版社，2004）。
④ 〔美〕本杰明·格雷厄姆、戴维·多德：《证券分析（第六版）》，巴曙松、陈剑等译，中国人民大学出版社，2013，第267页。
⑤ 详言之，如果设质证券存在活跃交易市场，则以市场报价为其公允价值；否则，采用模型定价确定公允价值。

法。第一,正常交易时,由于证券价格处于不断变化之中,不应对每个交易日的价格进行比对,而应当计算平均价格的变化幅度。比如,可规定当某一证券上一个月全部交易日的交易均价与本月全部交易日的交易均价相比,下降幅度达到一定比例时,视为"明显减少"。第二,在证券交易异常波动时,可以收盘价格涨跌幅偏离值为判断基准。比如,可规定连续多少个交易日内日收盘价格涨跌幅偏离值累计达到 -20% 或者 ST 和 *ST 股票达到 -15% 时,视为"明显减少"。

(四)证券质押的转质

《物权法》第 217 条规定了质权人的转质权。所谓转质,是指质权人在质权存续期间,为担保自己或者他人的债务,将质物移交给第三人,在该质物上设立新质权的行为,包括责任转质和承诺转质两种。但无论何种转质,本质上都是质权人将其直接支配的交换价值赋予转质权人,故转质权人取得的是质权人所得支配交换价值内的另一优先支配权,实际上是质押物再次出质[①]。据此,证券质押中的转质应就该证券在证券登记结算机构再次进行出质登记。但《证券质押登记业务实施细则》(以下简称《实施细则》)第 12 条规定,"证券一经质押登记,在解除质押登记前不得重复设置质押",似乎对证券质押的转质持否定态度。对此,本报告认为应从以下角度进行理解。

首先,应明确转质的性质是在质物质权上再度设定质权,因此,证券质押的转质是在设质证券上再度设定之质权。

其次,应对"重复设置质押"进行限缩解释。《实施细则》第 12 条中的"重复设置质押"可包含两种情形,第一类是出质人重复设置质押,即出质人就设质证券对质权人以外的人再度设质,如甲将自己持有的证券向乙设质后,再就该证券向丙、丁……设质;第二类是质权人转质,即甲将自己

[①] 〔日〕我妻荣:《民法讲义 III·新订担保物权法》,申政武、封涛、郑芙蓉译,中国法制出版社,2008,第 136~140 页。

持有的证券向乙设质后,乙再就该证券向丙、丁……设质。第12条是否完全禁止上述两种情况,不得而知。因此,若对第12条进行限缩解释,即仅禁止第一类情况,则证券质押可以转质。由此也可以说明即便存在《实施细则》第12条的规定,证券质押转质仍存在解释空间。

最后,应当允许证券质押转质。实际上,《实施细则》第12条的规定主要是为了避免多重设质情况下由于证券价格不断变化,担保物价值显著低于债权总额,无法发挥担保功效。但出质人重复设置质押与质权人转质毕竟不同。出质人重复设置质押时,其原本已受限制的权利进一步受到限制,担保负担加重;而转质情况下,原质权人(而非出质人)利用原质权所支配的同一担保价值的一部分为自身债务进行担保,是在未受限权利上附加限制,担保负担是从无到有的过程。据此,后者出质人的担保负担小于前者。同时,转质权人在订立质押合同时也知晓其取得占有的是转质物,应承担因自己选择而带来的不利。因此,证券质押转质不应禁止,但由于证券价格的不稳定性,证券质押中出质人重复设置质押应受到限制。当然,从长远看,应对《实施细则》第12条进行修改,明确证券质押转质的合法性。

实践中,质权人如何将其特别席位下存放的设质证券足额、及时转移至转质权人的特别席位,并保证原有质权不消灭,需要证交所和证券登记结算机构出台具体的业务规则予以明确。

六 证券质押的实现

(一)基本规定

证券质押实现的条件包括债务履行期限届满,债务人不履行债务以及发生当事人约定实现质权的情形。实现方式包括折价、拍卖和变卖证券三种。若为无记名证券,其实现与一般质权类似。若为记名证券,其实现也适用一般质权的方法。但需要注意的是,由于拍卖、变卖本质上属于转让,记名证券质押实现时,如果其他法律对转让有特殊规定,则为实现证券质押而进行

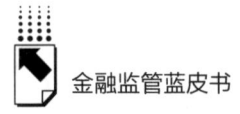

的转让必须遵守这些特殊规定①。日本商法对记名证券的规定则较为特殊，将其区分为股份略式证券和股份登记证券。主要区别在于对于前者允许流质条款，从而允许债权到期后，质权人依与出质人之前达成的协议取得设质股份或就设质股份折价受偿，并退回超过债权的部分②。由于我国《物权法》明确禁止流质条款，上述区分在我国无实践意义。此种规定是否有助于金融创新则有待进一步考察。

有观点认为，若质权人在证券质押实现前已从公司取得一定的分红、股息等财产，则应在拍卖或变卖证券时从清偿额中扣除③。本报告认为，该观点从理论上讲无可厚非，但从实际情况着眼，公司的分红派息进入的是出质人（而非质权人）的资金账户或者证券账户，质权人无法在证券质押实现前取得分红、股息，因此不会发生清偿额扣除问题。

（二）实现方式

证券是一种特殊的标的物，在证券质押实现时，应确保设质证券估值定价的公允性。除遵循公允价值的定价方法外，应明确以拍卖为优先适用的实现方式，同时允许当事人理性协议定价。《物权法》第219条将折价、拍卖和变卖三种方式并列，但拍卖的特点在于公开竞价，折价、变卖的特点在于非公开竞价的买卖方式（如多家询价、竞争性谈判和单一买主出卖等）④。"鹬蚌相争，渔翁得利"。拍卖方式作为公开市场竞价手段，有助于发现证券的最优价格，使出质人获得最高卖价，同时大幅提高质权人的优先受偿率，堪称"一举三得"。因此，除非出质人和质权人合意采取其他方式，否则证券质押的实现方式原则上应为拍卖。

即使采用拍卖以外的方式，质权人也有权聘请具有法定资质的资产评估机构对设质证券的价值进行公允评估，以发现合理转让价格，实现出质人与

---

① 徐海燕、李莉：《物权担保前沿理论与实务探讨》，中国法制出版社，2012，第347页。
② 胡开忠：《权利质权制度研究》，中国政法大学出版社，2004，第321页。
③ 林建伟：《股权质押制度研究》，法律出版社，2005，第220页。
④ 刘俊海：《现代公司法》（第三版），法律出版社，2015，第334页。

质权人利益共赢。世界上没有绝对公平、绝对合理的价格，资产评估机构的估价也未必绝对公允。公允价值作为买卖双方的心理感受，由买卖双方在信息对称、谈判平等的基础上协商确定。因此，应允许买卖双方在设质证券公允价值的基础上协商确定转让价格。

（三）证券的结算

证券的结算包括清算与交收。清算不发生财产实际转移，仅确定应转移数额；而交收则发生财产实际转移。证券质押实现时，需变更股东名册，同时将设质证券从质权人特别席位登记过户至买受人①证券账户。此过程中需要注意以下问题。

第一，我国证券交易的结算时间安排采用滚动交收方式，即要求某一交易日成交的所有交易有计划地安排距成交日相同营业日天数的某一营业日进行交收。我国的A股、基金、债券、回购交易等实行T+1制度；而B股实行T+3制度②。在上述"1"个或"3"个营业日中，公司可能分红派息。对于此分红派息的归属，本报告认为，由于股东名册未进行变更登记，所以分红派息进入出质人的资金账户或者证券账户，但该分红派息毕竟是设质证券的法定孳息，属于担保物的范围，质押实现后，应归买受人所有，因此，在股东名册的"锁定期"结束后，应划转或过户至买受人名下。

第二，证券结算需要遵循净额清算、货银对付（Delivery Versus Payment，DVP）和分级结算等原则③。证券质押实现时，出质人所得资金额应为卖出设质证券的对价+卖出其他证券的对价－购买证券的对价；买受人

---

① 这里的买受人是指折价、拍卖和变卖等实现方式中的买受人，既可以是出质人、质权人，也可以是第三人。
② 《公司法》第139条第2款规定公司决定分配股利的基准日前五日内，不得进行股份转让的股东名册的变更登记，但未禁止股份转让。
③ 净额清算原则是指在一个清算期中，对于每个交易结算人价款的清算，只计其各笔应收、应付款项相抵后的净额；对于证券的清算，只计其每一种证券应收、应付相抵后的净额。目前，证交所多采用多边净额清算方式，即将结算参与人所有达成交易的应收、应付证券或资金予以充抵轧差，计算出该相对人相对于所有交收对手方累计的应收、应付证券或资金的净额。

所得证券数额为买入设质证券的数额＋通过其他方式买入该类证券的数额－卖出该类证券的数额。因此，证券质押实现当天出质人获得的价款可能大于、小于或等于卖出设质证券的对价；买受人获得的证券可能大于、小于或等于买入设质证券的数额。而在一般质权实现时，出质人所得资金额为卖出设质标的物的对价；买受人取得设质标的物的所有权。因此，二者实现效果不同①。以老品种证券为标的物的证券质押实现时，应当在证券交收日（T＋1日或T＋3日）通过银行转账给付价款，而不应先行转账，从而实现"货银对付"，避免对方违约风险。同时，守约方还应有效利用同时履行抗辩权制度，积极主张自身合法权益。

分级结算等原则是指证券登记结算机构负责办理证券登记结算机构与结算参与人之间的集中清算交收，结算参与人负责办理结算参与人与客户之间的集中清算交收。证券质押实现时，资金和证券并非直接进入客户的账户，而要通过证券公司这一"结算中介"。此举增加了证券公司挪用客户资金或证券的风险，也容易造成出质人与买受人怀疑对方尚未履行合同债务的误解。因此，证券质押实现时，客户彼此之间应充分沟通，及时关注证券与资金的到账情况，证券登记结算机构与证券公司也应及时进行信息披露，保障客户知情权。

七 余论：代结语

证券质押是金融创新的表现形式之一。但正是这种创新，使证券质押与我国《物权法》《担保法》的相关规定产生了矛盾。本报告针对这些矛盾在现有法律法规框架内，从解释论和立法论的角度提出解决思路。但若要彻底解决问题，则需要从以下三个方面进一步研究。第一，建立证券间接持有制度。证券间接持有制度以间接占有制度为基础，质权人无疑当属间接占有人。在目前证券直接持有制度下，质权人在设质证券的占有、孳息的收取和

---

① 谢在全：《民法物权论》，中国政法大学出版社，2011，第1047～1050页。

质权的实现等方面存在诸多不便，因此，质权人名义持有制度势在必行。第二，完善非典型性担保。在物权法定原则下，物权的种类和内容只能由法律规定。由于我国《物权法》规定的物权种类较少，相关条文与证券质押实践并不相符，从而阻碍了证券质押制度的融资功能。因此，应在现有物权种类的基础上完善非典型性担保物权，规定满足证券质押需要的非典型性担保物权制度。第三，金融创新理念与金融风险防范的平衡协调。证券质押是市场发挥资源配置作用的结果，来源于市场主体为满足自身融资需要而进行的金融创新，值得提倡。但同时，证券质押也存在质押率设定不合理、风险系数高、审查不严格和金融机构内控机制不健全等风险。如何在有效预防风险的基础上发挥证券质押的制度优势，是重要的研究课题。

B.13
全面落实金融账户实名制
——一项推进金融监管的基础性工程

吴 亮*

摘　要： 中国虽然已有关于个人存款账户实名制的法规，但还未能对全部金融账户的身份证件进行全面有效的核实。缺乏核实及惩罚措施，金融账户实名制就无法完全落实。多年来，一些金融洗钱分子经常利用金融账户实名制核实及其他方面的漏洞开立假名、匿名和虚假账户进行违法犯罪活动。金融账户实名制是现代金融监管的基础性工作，金融账户实名制一天不彻底落实，潜藏的制度漏洞就可能导致资本外逃、风险底数不清、监管错位等一系列问题。落实金融账户实名制是一项系统工程，需要中央政府进行总体部署，推动部门协作，完善配套法规与技术措施。本报告对金融账户实名制当前发展状况和落实工作存在的问题进行分析，进而提出落实金融账户实名制的政策建议，并就落实中可能引起的风险拟出应对预案。

关键词： 账户实名制　金融监管　金融风险

企事业单位和居民个人金融账户实名制是国家准确了解资金流动和货币

---

* 吴亮，管理学（金融监管方向）博士，哈佛大学访问学者，中国社会科学院金融法律与金融监管研究基地特邀研究员。

财产变化的基本渠道,是国家制度建设中的基础设施工作。实行金融账户实名制有利于反偷税漏税、反洗钱、预防社会犯罪,有利于公平纳税、征税一体化,有利于规范金融交易秩序、防范金融风险,有利于稳定现代金融市场秩序。

实行金融账户实名制是一项系统工程,最近十多年来,我国通过有关法律法规、行政规章以及核查技术初步建立起实行金融账户实名制的基本框架。但是,由于金融账户实名制影响面广、有效核实难、现有法规政策还不够完善、部门协作也存在不足等,金融账户实名制在我国尚未全面落实,还有不少漏洞。多年来金融犯罪分子经常利用这些漏洞开设各种假名、匿名或虚假账户,藏匿、转移巨额非法资金或进行非法洗钱活动。有的地方甚至出现近18.6%的个人账户为假名、匿名、虚假或无法核实账户;近年来,公安机关侦破的多起经济犯罪案件中,违法分子从事违法犯罪活动开立的银行账户中90%也都是假名、匿名或虚假账户[①]。可以说,金融账户实名制一天不彻底落实,潜藏的制度漏洞就可能导致资本外逃、风险底数不清、监管错位等一系列问题。

一 金融账户实名制现状

十多年来我国已经通过法律法规、制度建设及技术手段推进金融账户实名制,直接相关的法规包括:2000年4月国务院第285号令《个人存款账户实名制规定》(国务院行政法规)、中国人民银行于2003年9月实施的《人民币银行结算账户管理办法》(部门规章)、2006年10月全国人大常委会通过的《中华人民共和国反洗钱法》(国家法律)。2008年5月中共中央《建立健全惩治和预防腐败体系2008~2012年工作规划》将"依法落实金融账户实名制"列为重要内容。

近年来,中国人民银行会同相关部门努力推动金融账户实名制的落实,

---

① 源自有关部门的个别地方调查资料。

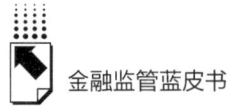

不断完善相关政策措施，付出许多艰苦努力。2005年2月中国人民银行开始全国推行人民币银行结算账户管理系统，2007年6月中国人民银行会同公安部建成运行联网核查公民身份信息系统。并且，中国人民银行已要求在2013年底前完成存量个人人民币银行存款账户相关身份信息真实性核实工作。2015年12月25日，中国人民银行下发了《中国人民银行关于改进个人银行账户服务加强账户管理的通知》，将原来定义不清且业务范围交叉重复的个人结算账户、强实名电子账户、弱实名电子账户、电子现金账户等，统一调整为Ⅰ类银行账户、Ⅱ类银行账户和Ⅲ类银行账户，不同类别的银行账户享受的服务范围和权限均有区别。然而，迄今假名、匿名、虚假账户现象仍屡禁不止，金融账户实名制尚未全面落实，账户风险事件层出不穷[1]。2010年中国人民银行在北方某市和南方某市组织开展个人银行账户真实性核实试点工作，共核查约1400万个账户，共发现虚假及无法核实账户[2]约260万个，占应核实个人银行账户的18.6%。近年来，公安机关侦破的多起经济犯罪案件中，违法分子从事违法犯罪活动开立的银行账户中90%是假名、匿名或虚假账户。

在证券领域，《证券法》关于证券账户实名制有法律要求，《证券公司监督管理条例》第二十八条对证券账户实名制也有具体规定，要求证券公司在为客户开立证券账户时，对客户申报的姓名或者名称、身份的真实性进行审查，保证同一客户开立的资金账户和证券账户的姓名或者名称一致，证券公司不得将客户的资金账户、证券账户提供给他人使用。然而在新型场外市场杠杆融资中，证券账户实名制并没有得到充分落实，大量非实名资金通过场外配资账户进入证券市场，对市场产生了助长助跌的影响。2015年8月证券业协会统计数据显示，单独由场外市场三大配资软件接入股市的客户资产规模就达5000亿元，其中，恒生HOMS系统约4400亿元，同花顺系统

---

[1] 中国人民银行支付结算管理办公室：《人民币银行结算账户管理办法学习实用手册》，新华出版社，2003，第81页。
[2] 无法核实账户是指存款人身份信息存在疑义，但是在核实期间由于无法联系存款人，或存款人无法在规定时间前来核实等原因，存款人身份信息尚未核实为真实的账户。

约 60 亿元，上海铭创约 360 亿元。这些资金进入股市很多都是通过伞形信托方式，在这种模式下，只要求母账户不违背信托资产持有单个股票价值不超过总资产净值 20% 的规定，子账户对股票投资并没有明确规模限制，可以多元投资包括主板、创业板、ST 股票在内的证券以及部分封闭式基金，投资标的十分灵活。伞形信托中广泛存在下设子账户、分账户、虚拟账户等交易行为，游离于正常的证券账户实名制监管外，令配资的投融资双方的风险底数无法被清晰确定，令市场资金流动无法被准确追踪，令市场股价波动时更加容易出现集中抛售和集中平仓的流动性风险。这些行为均违背了金融账户实名制的要求，在现实中对于 2015 年的股市异常波动也有助长助跌作用，值得监管者重视。

二 金融账户实名制落实不力的现实障碍

虽然中国人民银行、中国证监会等部委发布了一系列部门规章督促各类金融机构严格落实账户实名制，但是从整体金融市场顶层设计角度推动金融账户实名制的有效制度建设仍有不足，使得当前金融账户管理呈现标准不一、规则不严、监管碎片化等问题。2015 年 7 月 13 日，中国证监会发布《关于加强证券公司信息系统外部接入管理的通知》，要求各证券公司严格规范信息系统外部接入行为，落实证券账户实名制。2015 年 7 月 31 日，《非银行支付机构网络支付业务管理办法（征求意见稿）》历经三年终于被颁布，支付账户实名制被作为重点部分纳入其中。2015 年 12 月 25 日，中国人民银行下发了《中国人民银行关于改进个人银行账户服务加强账户管理的通知》，对个人银行账户实名制也做出了更加严格的要求。2015 年各部委集中发布一系列关于金融账户实名制管理的部门规定，体现了当前金融账户管理中仍然存在诸多漏洞和不足，这其中既有新技术、新产品、新市场联动带来的监管不及时问题，也有长期以来的法律、制度等体制机制性问题。综合看来，金融账户实名制未得到全面贯彻落实，有多方面的原因，但迫切需要解决的，有以下四方面障碍。

1. 存量核实障碍：核实工作影响范围广，牵涉层面多，需要下大决心推进

现实中因假名、代名、无名或借名账户进行的金融活动常常引发偷逃税款、公款私存、贩毒、走私、洗钱、诈骗、贪污贿赂、非法金融投机等行为，甚至恐怖组织、非法邪教组织、跨国犯罪集团和本土犯罪分子也经常利用非实名的金融账户来进行各种犯罪行为。可见，违法犯罪分子千方百计利用金融账户实名制中的漏洞进行非法资金活动。但是，商业银行出于吸储盈利的需要，对非实名制账户的核实工作并不积极，而现有法规对非实名开户人也缺乏惩罚措施，这就造成中国人民银行和公安部对非实名制的核查工作量很大，工作难度很高。

金融账户实名制的关键在于开户身份证件的核实工作。而核实工作牵涉面广，利害冲突极大，在我国现行体制下只有通过党政合力、总体部署才能有效实施。目前我国是以中国人民银行单部门为主推动金融账户实名制的，但中国人民银行只是国务院组成部门之一，难以有效协调其他相关政府部门，如监察部、公安部等，更无法协调中纪委、中组部等党务部门。为此，要严格落实金融账户实名制，需要党中央和国务院从党风廉政建设和宏观经济与社会稳定等关键制度建设的战略高度看待，下定决心，进行总体部署。

2. 法律层级障碍：金融账户实名制的法规层级不高，缺乏配套措施

当前关于金融账户实名制相关制度的法律层级较低。直接规定实行账户实名制的《个人存款账户实名制规定》（2000年）和《人民币银行结算账户管理办法》（2003年）分别只是国务院行政法规和部门规章性质，法律约束力不足，影响落实力度。《证券法》对于证券账户实名制有要求，但对违法行为的惩罚量刑并不明确，使得证券账户实名制在新的场外市场伞形信托中没有得到很好落实。《证券公司监督管理条例》关于证券账户实名制有细化要求，但对于新产品创新中金融账户实名制的监管存在一定薄弱环节。

同时，现有关于账户实名制的法律法规对于银行金融机构履行识别客户身份义务进行明确规定，但是对于社会公众不配合或不履行账户实名制的行为缺乏处罚措施，特别是对于开立假名和匿名账户、小额账户、久悬账户的资金归属问题违法处罚问题缺乏明确的法律规定。

此外，关于金融账户实名制并没有统一的金融账户实名法立法，导致银行业、证券业、保险业中的账户管理呈现碎片化格局，缺乏统一的监管标准和协调的监管尺度，使得非实名资金容易在银行业、证券业、保险业中进行监管套利。如果金融账户没有全面遵守账户实名制，将会导致一个行业领域的账户实名制形同虚设。

3. 证据管理障碍：金融开户身份证件种类管理分散、混乱

根据现行账户管理制度，存款人开立账户可出具的证明文件包括居民身份证、临时身份证、护照、军官证、警官证、港澳通行证、户口簿、村民委员会证明以及学校的证明等。种类复杂、证出多门的身份证明文件使得银行缺乏有效的信息渠道和技术调查手段来识别，审核开户证明文件的真实性存在现实难度。

与此同时，个人证件并没有跟个人信用记录进行很好的绑定，导致个人信用制度没有全面建立和充分发挥作用，未来金融账户实名制也应被纳入个人信用体系建设之中，确保开户、销户等经济活动在信用制度健全的社会体系下进行。

4. 信息共享障碍：各部门间的协调合作与信息共享仍有不足

金融账户实名制应该以全国电脑联网为前提，由金融机构、户籍管理机构、税务部门等共同参与，使一个人的名字汇总所有金融存款。目前我国金融机构主要是通过联网核查公民身份信息系统进行核实，但是由于公安部门联网核查数据库信息存在误差，部门间的各项信息不能够实时更新共享，银行等金融机构不能即时对存款人提交的有效身份证件的真实性进行核实。

与此同时，中国人民银行、银监会、证监会和保监会之间也应加强金融账户信息分享机制的建设。当前对于部分违法违规证券账户的持有人，证券监管部门很难充分获取其银行账户的资金流向，对于其整体资产信用状况和资金变动情况难以把握，容易导致违法违规嫌疑人转移资产和犯罪证据。对于部分贪污腐败分子，其不仅持有大量的银行存款，还持有各种有价证券，而当前银行存款账户、股票账户、债券账户、基金账户等各种金融账户之间

尚未形成统一账户持有人汇总识别，导致无法查清部分贪污腐败分子的资产总数，也不利于金融账户实名制的有效落实。

三 其他国家和地区实行金融账户实名制的经验

金融账户业务是一项基础性的金融业务，其发展受一国的经济体制、法律环境、诚信体系、金融创新及行业发展等多种因素的综合影响。从美国、英国、法国、德国、澳大利亚、日本、韩国、新加坡、中国香港、中国台湾的金融账户业务发展情况看，各国家和地区在金融账户业务管理机构、管理方式、管理内容等方面均呈现不同的特点。

1. 金融账户管理主体为多机构或单一机构

金融账户业务是金融机构开展经营活动的前提，也是金融机构创新金融业务的重要平台，各个国家和地区的金融管理机构都重视金融机构办理金融账户业务的情况，将金融机构办理金融账户业务作为金融机构一项重要的金融活动进行管理。

根据各个国家和地区金融业务管理体制设置情况，对金融账户业务的管理分为多机构共同管理和单一机构管理两种模式。

多机构共同管理模式下，金融账户业务由两个以上机构根据法定职责从不同角度进行管理，管理机构之间强调协商合作，管理结果及相关信息通过签订《谅解备忘录》在不同管理机构间进行共享，对于金融账户业务活动中存在的问题共同协商解决。这种模式要求管理机构具有较高的协商能力，且职责分工比较明确，管理重点突出。例如，法国对金融账户业务的监管机构主要包括：法兰西银行、法国银行与保险监管机构、法国金融市场管理局、法国银行业联合会、经济部、审慎控制管理局。法兰西银行行使中央银行的基本职能；法国银行与保险监管机构负责监控境内金融机构是否符合法律规定，监控银行客户权益的保障情况；法国金融市场管理局管理和控制上市公司及投资公司的经营情况，负责监管投资行为和金融市场运作，负责市场运作的规范性，并确保给予投资者信息的正确性；经济部也行使对银行的金融监管权利，但通常会征询立法机构和金融市场监管咨询委员会的意见；审慎控制管理局定期进驻银行进行全面内控合规审核。美国对金融账户业务进行管理的机构主要包括美国财政部、美国联邦储备委员会、州银行局、美国联邦存款保险会公司、美国货币监理署、美国国家信用社管理局、美国联邦金融机构检查委员会。澳大利亚对金融账户业务的管理机构有澳大利亚储备银行、反洗钱反恐监管局、澳大利亚审慎监管局、澳大利亚证券和投资委员会以及澳大利亚交易报告和分析中心。

单一机构模式下，该国家和地区金融账户业务活动一般由一个金融管理机构依法独立管理。例如，中国香港、中国台湾。中国香港金融账户业务管理主要由香港金融管理局承担，该部门对中国香港地区金融账户业务开展情况进行集中管理。相对于多机构共同管理模式，更强调金融账户业务的行政管理，管理力度加强。

无论是法国式多机构共同管理模式，还是中国香港式单一机构管理模式，金融账户管理与各国（地区）金融业的宏观监管体制和货币体制有重要关联，要充分结合各国（地区）金融市场实际，整合本国（地区）金融监管资源，探索符合自身情况的金融账户实名制监管道路。

2. 金融账户管理以法律为基础

市场经济即为法治经济。在市场经济发展中，各类经济主体从事经济活动，都必须在法律体系的规范下进行。金融账户业务作为单位、个人、金融机构从事经济金融活动的基础也不例外，各个国家和地区基本上以法律为基础，通过协约方式构建金融账户制度框架，作为金融账户业务管理的依据。

各个国家和地区金融账户制度框架主要分为三个层次。

第一层次为法律法规。如美国国会通过的《美国爱国者法》《银行保密法》《金融隐私保护法》，要求金融机构对客户身份进行识别验证，对客户基本信息进行收集；根据客户及产品风险进行客户尽职调查，对可疑的账户交易提交可疑交易报告；对客户隐私严格保护，维护客户的合法权益。德国主要将《银行法》及《民法》作为规范金融账户业务的基本法律。日本制定《犯罪收益转移防止法》，对客户本人确认身份、上报可疑交易等方面做出规定,颁布《外汇法》,规定开户时应对客户本人进行确认及确认的方法。澳大利亚制定了《金融交易报告法》《犯罪收益法》《反洗钱反恐融资法令》《公司法》《票据法》《支票法》《电子转账法》等。上述金融账户业务相关的法律,充分尊重金融机构与客户平等的经济主体地位,在遵循法律基本原则的基础上,通过协约方式界定银行与客户之间的权利、义务和责任,建立较为清晰的民事关系,规范银行与客户的金融账户业务行为。

第二层次为金融管理机构制定的相关管理手册。例如,美国监管部门的两本检查手册——《银行保密法及反洗钱检查手册》和《外资银行驻美机构检查手册》,成为银行制定自身规章制度的依据;韩国金融管理机构制定的《银行业监察业务施行细则》及《关于金融实名交易及保密有关法律施行规则》。

第三层次为金融机构内部管理制度。各个国家和地区大部分银行经过几十年,甚至上百年的发展,金融体系比较健全,在风险管理、内控机制等方面比较成熟,能够依据基本法律制度,自行制定金融账户管理制度,作为金融账户管理制度框架的组成部分。在正常情况下,金融机构内部制定的金融账户管理制度不需要将银行内部管理制度向金融管理部门备案,但要作为金融管理部门检查金融账户业务活动的依据。

金融账户实名制是一套系统的法律制度体系,不仅包括立法机构和监管部门制定的法律、法规,也包括监管部门具体执行过程中遵照的各类细化管理手册,还包括金融机构自身的内部管理规定。金融账户实名制不仅强调对个人账户实名的约束和要求,也强调对个人金融账户隐私的保护,二者是相辅相成、互为补充的。推动金融账户实名制是一个系统性的法律规则制度建设,需要统筹兼顾、协调推进。

3. 金融账户管理方式坚持市场自律监管和政府行政监管并重

各个国家和地区对金融机构与单位、个人之间的金融账户业务的管理坚持市场原则,尊重金融机构和单位、个人之间的市场经济关系,通过金融机构与单位、个人签订契约合同、金融账户管理协议的方式,规范金融机构和单位、个人的金融账户业务行为,并在此基础上根据市场经济开展的需要及双方资金管理和使用的需求，不断创新金融账户产品。各个国家和地区的金融管理部门不需要对金融账户业务进行行政许可和备案，而将金融账户活动作为市场经济活动的重要组成部分，由市场经济主体根据市场经济发展规律自行调节。

金融账户活动与资金转移相关，不法分子可能会通过金融账户转移非法资金，从事各类违法犯罪活动，扰乱市场经济发展的秩序，并严重影响金融体系的合法经营，威胁银行体系的健康发展，进而影响金融稳定，因此，各个国家和地区的金融管理部门必须进行适度的管理。管理方式主要以风险指导和事后检查为主，提示银行机构注重高风险客户带来的风险隐患，并依据与金融账户业务相关的法律法规以及银行自己制定的内部管理制度，对银行开展金融账户业务情况进行事后检查，如发现金融机构存在违规行为，可以采取责令修改制度、警告、罚款、赔偿、取消某些业务权限和吊销营业执照等方式。例如，美国金融监管部门对银行机构金融活动的监管方式主要是检查和处罚。美国对银行的监管检查是风险导向的，美国在对银行监管检查前会对银行进行风险评估，针对风险高的产品或经营活动，或后台管理进行检查，所以没有固定的检查范围。通常情况下，银行的保密法、反洗钱、OFAC三大项是必检内容。美国监管机构来银行现场检查时，也会针对不同银行的客户群、产品类型来判定该银行的制度规定是否能够有效保证其健康稳定发展。美国对银行的监管检查非常注重银行是否严格执行了自己的各项制度与政策。一般情况下，如果制度不完善，监管机构会出具整改意见并要求金融机构进行整改；但是，如果银行对自身的制度政策执行不力，监管机构会做出较严厉的处罚。

从各国经验来看，在市场经济发展中，金融机构之间对金融账户业务竞争加剧，金融账户资金管理运用的价格逐渐被一个或几个金融机构控制，造成不完全竞争的垄断，形成市场扭曲，不可能实现金融账户资源的合理配置。第一，金融账户风险管理具有公共性，维护经济金融正常运行不能通过单位、个人和金融机构之间的自愿交换来实现。例如，多个单位、个人通过银行账户从事逃税、逃贷、逃债、洗钱、腐败、金融诈骗等违法犯罪活动，转移非法资金,风险会通过资金链在多个单位、个人和银行机构之间传递,引起社会经济金融秩序的混乱,进而影响经济金融发展的稳定性。第二,在金融账户业务风险管理外部效应很强的领域,市场机制不可能有效进行社会资源的配置,金融账户业务的经济外部性无法内在化,只有政府出面干预,金融账户业务的经济外部性才可能内在化。第三,在市场经济发展中,相对于金融机构而言,单位、个人与银行机构在办理金融账户业务方面的信息不对称,会损害单位、个人的合法权益,政府需要对金融账户业务进行适度的管理。由于上述金融账户市场活动缺陷的存在,金融账户资源的合理配置不可能完全通过市场机制来实现。这就需要发挥政府的作用,进行政府干预。

四 落实金融账户实名制的政策建议

目前,落实金融账户实名制已经具备了有利的政治动力、经济条件和社会契机。时机已经成熟,制度和技术手段已经具备,应该下定决心,总体部署,切实推进。

当前,我国落实金融账户实名制具备以下有利的宏观经济条件:①我国经济结构之中消费需求不足,金融账户的交易使用频率处于较低水平,此时落实金融账户实名制,可减轻不正当消费对消费物价的冲击;②我国目前外汇储备充足,落实金融账户实名制,可减轻潜在的资金外逃对人民币带来的贬值压力;③我国人民币尚未实现充分可自由兑换,落实金融账户实名制,可以在资本账户管制的条件下,避免资本账户下的资金外流;金融账户实名制还可以进一步预警和防范境内资金的外逃;④我国已清理了大量非法金融机构,金融业运行总体稳健,落实金融账户实名制后可以避免部分资金由合法金融机构流向非法金融机构刺激金融"黑市"的发展。

不过,在具体推进实施金融账户实名制时,仍然要尊重我们的具体国情,以下是笔者综合考虑我国金融账户实际情况提出的政策建议。

1. 中央总体部署,加强部门协调,促进全面核实金融账户实名制

建议中共中央和国务院高度重视加快落实金融账户实名制的重要性和紧

迫性，进行总体部署，加强部门协调。中组部、中纪委、监察部、国家工商总局、财政部、公安部、人力资源和社会保障部、中国人民银行、银监会、证监会和保监会应加强协调与配合，共享个人和单位身份信息、税务信息，落实金融账户实名制。同时，鉴于二代身份证已经普及，军人身份证开始使用，身份证件防伪性得到大幅度提升，建议明确将身份证作为开立账户的唯一依据，以解决身份证件种类繁多、管理混乱的问题。

建议国务院尽快向全社会公布全面核实金融账户实名制的时间点（如自公布日期起三个月后开始全面核实），规定单位和个人若在三个月内到银行和相关金融机构将有关的未实名账户实名化，则不予追究非实名问题的责任；否则，三个月后国家将冻结所有核查出来的非实名账户，并根据有关法律法规进行处罚，再过三个月如果被冻结账户仍无人核实认领，账户内资金将全部收归国家所有。

2.提升法律层级，加强制度建设，明确实名制实施中各有关部门的权力与责任，明确公民的权利与义务及违法处罚措施

建议修改完善《个人存款账户实名制规定》（行政法规），明确规定存款人、商业金融机构关于强制实行实名制的权利和义务，明确规定中国人民银行及相关金融监管部门及其他有关机构（如组织部门、纪律监察部门、公安部门、税务部门、人力资源和社会保障部门等）在实名制落实中的权限和责任，增补对于违反实名制的单位和个人的处罚条款。同时，提高银行账户管理的法律地位，推动将《人民币银行账户管理条例》作为行政法规出台，人民银行应从全面落实实名制的角度，进一步完善其实施细则。

3.加强对商业银行的监管，明确银行机构在落实实名制中的职责和核实工作

银行机构是社会资金流动的主要部门，客观上容易成为金融犯罪分子隐匿非法收入、转移资金的主要途径。因此，加强对银行等金融机构落实账户实名制的监督管理，鼓励引导其关注个人和家庭财产的异常变动，及时发现犯罪线索，积极配合相关部门调查、追踪银行账户交易记录。如果查实金融机构因未切实履行金融账户实名制而便利于犯罪行为，致使国家、集体或他

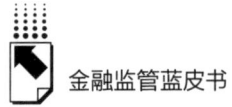

人受到经济损失的,应追究金融机构的连带责任。建议规定各银行主动稳妥地开展各类金融账户身份真实性核实工作,核实 2007 年 6 月 30 日以前开立且尚未通过联网核查身份信息系统核查的账户或未得到身份证件发证部门核实的账户①,核实股票市场上的伞形信托等场外配资账户的实际情况,核实期货市场上实际关联账户的真实情况。

参考文献

[1] Anderson, Ross Gilbert: "Security over Bank Accounts in Scots Law", *Law and Financial Markets Review*, 2010.
[2] Jopie Pretorius: "Combining Bank Accounts", *Juta's Business Law*, 2008.
[3] Martin Brown, Barbara Döbeliand, Philip Sauré: "Swiss Bank Accounts", 2011.
[4] 肖钢编著《中央银行服务与百姓生活》,中国金融出版社,2003。
[5] 谢众:《改进银行账户管理办法适应市场经济发展需要》,《中国金融(半月刊)》,2003。
[6] 李前伦:《论银行账户资金的权利》,《大连海事大学学报》2008 年第 1 期。
[7] 王芳、王丽娟:《浅谈我国的银行账户管理》,《金融会计》2001 年第 4 期。
[8] 童雪琼:《银行账户管理问题研究》,《金融会计》2002 年第 12 期。
[9] 李金龙:《浅议银行账户管理与反洗钱》,《河北金融》2010 年第 3 期。
[10] 张玉琴:《当前人民币银行结算账户管理制度存在的问题及建议》,《山西财经大学学报》2008 年第 S2 期。
[11] 杨志强:《人民币银行结算账户管理中存在的问题应予关注》,《内蒙古金融研究》2010 年第 3 期。

---

① 中国人民银行(银发〔2011〕254 号文件)对这部分工作已有部署,要求在 2013 年底前完成存量个人人民币银行存款账户相关身份信息真实性核实工作。

B.14
私募基金管理机构新三板挂牌融资的监管问题研究

费文颖*

摘　要： 我国私募基金行业近些年发展迅猛，在为市场提供资金流动性和服务小微企业方面发挥了重要作用。允许私募基金管理机构在新三板挂牌，能够迅速提升私募基金的定增能力，扩大私募基金的规模。但自律监管框架下私募基金管理机构的投融资行为尚缺乏有效约束机制，而且新三板的明星私募机构频繁大规模定向增发，引发了市场对"私募基金公募化""新三板的'抽血'效应"等问题的热议。本报告依托我国私募基金行业爆发式增长的背景，在分析私募基金管理机构挂牌新三板的融资现状基础上，系统梳理了私募基金管理机构挂牌新三板的隐藏风险和监管难点，并结合我国当前的监管实际，提出了明确监管目标、原则，完善监管制度和创新监管机制的政策建议。

关键词： 私募基金　新三板　融资监管

一　我国私募基金的发展及监管现状

私募基金是以非公开的方式向特定投资者发起的集合基金。按照私募基金的具体投向，其可被进一步分为私募股权基金和私募证券基金。现代意义

---

* 费文颖，中国证监会博士后，中证金融研究院助理研究员。

的私募基金兴起于20世纪中期的美国,至今大概经历了创始(1950~1956年)、初步发展(1957~1968年)、低潮(1969~1974年)、恢复(1975~1985年)、高速发展(1986~1998年)、转变调整(1998年后)六个发展阶段。目前私募基金已发展成为美国金融市场继银行贷款与IPO融资之后的重要的企业融资方式。我国私募基金发展较晚,20世纪末随着我国证券市场的发展,一些将非公开募集资金投向二级市场的机构形成了我国私募证券基金公司的雏形。我国对私募股权投资的探索和发展始于风险投资,1985年政府筹建了第一个风险投资机构,之后国外私募股权投资基金开始大量涌入中国,在国内掀起私募股权投资热潮。受益于我国多层次股权市场的不断完善,中国私募股权投资行业正逐渐走向成熟。

我国政府对私募基金的监管一直强调行业自律。长期以来并没有法规明确私募基金的市场地位,对于私募基金的监管也没有一套针对性的法律法规体系。直到2014年2月,随着《私募投资基金管理人登记和基金备案办法(试行)》正式实施,私募基金正式明确由中国证监会进行监管,由基金业协会对私募基金进行登记备案的工作。宽松的政策环境推动私募行业迅猛发展。截至2015年底,基金业协会已登记私募基金管理人25005家,已备案私募基金24054只,认缴规模为5.07万亿元,实缴规模为4.05万亿元。据普华永道数据,2015年国内私募股权基金参与投资交易金额达到1921亿美元,同比增长169%。全年私募股权及风险投资交易金额占全球交易总额的48%,而同期全球交易总额仅增长18%。

从私募基金管理人备案类别看,主要为"股权投资基金"和"证券投资基金",截至2015年底,全部25005家私募基金管理人中,"股权投资基金"类型和"证券投资基金"类型二者合计占比达90.97%。而"创业投资基金"类型和"其他投资基金"类型分别仅为1463家和801家(见图1)。

我国私募行业在各地区发展极不平衡,区域集中度高。从私募基金管理人注册地看,私募基金管理人数量前六名分别是北京、上海、深圳、浙江、江苏、广东(除深圳外),数量分别达5495家、5407家、4899家、1395家、1115家、1097家,合计占比达77.48%(见图2)。其余地区均少于500家。

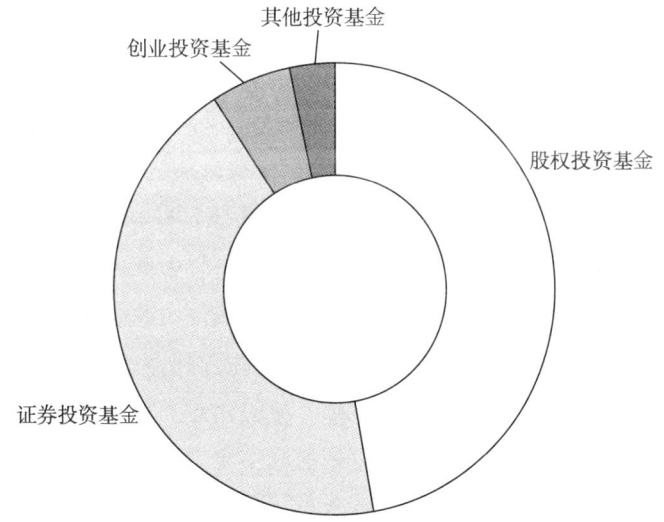

图 1　私募基金管理人备案类别情况

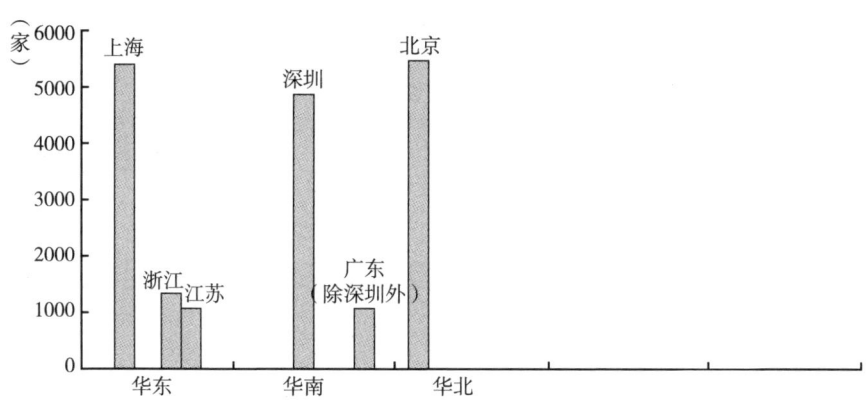

图 2　私募基金管理人注册地情况

为进一步释放私募基金的活力和引导私募基金行业健康发展，中国证监会于 2014 年 8 月 21 日发布并实施《私募投资基金监督管理暂行办法》，进一步确立了私募基金"重在行业自律"的监管原则，对私募基金管理人和私募基金不设置前置审批，仅基于协会登记备案的基本信息进行事后统计和风险监测，对私募基金的日常运作，特别是投资方向、持仓比例等投资活动

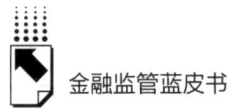

不作限制①。但私募基金规模短期内在全国范围的迅速扩张，为有些监管力量相对薄弱的地方证监局实施依法监管、严格监管和全面监管提出了严峻挑战。从中国证监会2015年对140余家私募基金管理人和私募基金销售机构开展现场检查的结果来看，部分私募基金管理机构突破了"诚信守法、不变相公募、面向合格投资者募集资金"三条底线，存在以下违法违规问题：登记备案信息失真、向非合格投资者募集资金、夸大或虚假宣传、违规保本保收益、投资者人数超过法定人数限制、挪用或侵占基金财产、将固有财产与基金财产混同、违反合同约定列支费用、进行利益输送、披露信息不充分、涉嫌非法吸收公众存款或集资诈骗、操纵市场、内幕交易等②。亟须相关部门在募、投、管、退各个环节对私募基金进行有效监管。2016年2月，中国证监会为加强对私募基金的监管打出"组合拳"。为提高私募基金管理人风险防范能力，保证其业务合法合规稳健运行，证监会正式对外发布《私募投资基金管理人内部控制指引》；为保护私募基金投资者合法权益，规范私募投资基金的信息披露活动，发布《私募投资基金信息披露管理办法》；为防止一些机构滥用登记备案信息非法自我增信，督促私募基金管理人履行诚实信用、谨慎勤勉的受托人义务，发布《关于进一步规范私募基金管理人登记若干事项的公告》。

二 私募基金管理机构挂牌新三板融资的现状

全国中小企业股份转让系统（以下简称新三板）的定位主要是中小微企业与产业资本的服务媒介，不以交易为主要目的，而为企业发展、资本投入与退出服务。私募股权基金投资回收期长、风险高，抬高了债权融资的成本。私募基金管理机构挂牌新三板后，拓宽了融资渠道，可缓解资金压力，增加私募股权投资市场的活力。已经在新三板挂牌的私募基金管理机构共

---

① 资料来源：证监会官网。
② 资料来源：http://www.csrc.gov.cn/pub/newsite/zjhxwfb/xwdd/201601/t20160115_289930.html。

25家；已拿到挂牌同意函但尚未公开转让的私募基金管理机构2家；已报送材料的拟挂牌私募基金管理机构26家（见表1）。

表1 2015年新三板挂牌私募基金管理机构已完成融资情况

代码	名称	机构类型	增发公告日	增发价格(元)	增发数量（万股）	实际募资总额(万元)
834401.OC	激创投资	投资型孵化器	2015年11月20日	50	34	1715
834089.OC	浙商创投	私募股权投资机构	2015年11月5日	4	5300	21200
835075.OC	清源投资	私募股权投资机构	—	—	—	—
833838.OC	美世联合	—				
833979.OC	天图投资	专注于消费行业私募股权投资机构	2015年12月23日	22.86	5239	119739
	天图投资	专注于消费行业私募股权投资机构	2015年11月14日	22.86	11739	268313
833998.OC	久银控股	私募股权投资机构、私募证券投资机构	2015年11月17日	7.8	1923	14999
833858.OC	信中利	私募股权投资机构	2015年10月23日	16	360	5760
833780.OC	昌润创业	聊城市国有资产营运机构	—	—	—	—
832924.OC	明石创新	直投为主的私募股权投资机构	2015年7月22日	3.88	23804	92359
833502.OC	联创永宣	私募股权投资机构				
832168.OC	中科招商	私募股权投资机构	2015年8月5日	18	19500	351000
	中科招商	私募股权投资机构	2015年5月15日	18	27958	503237
	中科招商	私募股权投资机构	2015年3月20日	18	10261	184698
	中科招商	私募股权投资机构	2015年3月20日	10.83	4571	49500
833044.OC	硅谷天堂	私募股权投资机构	2015年10月31日	30	10238	307140
834502.OC	富海银涛	私募股权投资机构				
835006.OC	金晟硕业	私募股权投资机构				
834606.OC	拥湾资产	青岛市人民政府设立的创业投资机构	2015年12月12日	12	400	4800
834395.OC	博信鑫元	私募股权投资机构	—	—	—	—
832793.OC	同创伟业	私募股权投资机构	2015年7月15日	166.25	211	35000

续表

代码	名称	机构类型	增发公告日	增发价格(元)	增发数量(万股)	实际募资总额(万元)
833565.OC	协和资产	房地产信托管理、私募股权投资机构	—	—	—	—
833689.OC	架桥资本	私募股权投资机构	—	—	—	—
430719.OC	九鼎集团	私募股权投资机构	2015年11月3日	20	50000	1000000

资料来源：全国中小企业股份转让系统官网。

新三板数据显示，2015年实际募集资金总额为1216.45亿元，已融资的挂牌私募基金管理机构合计募集资金约占1/4。融资额最大的是九鼎集团，累计融资超过120亿元；其次是中科招商，累计融资近90亿元。两家公司合计融资额在挂牌私募基金管理机构融资总额中的占比高于70%。国家允许私募基金管理机构挂牌新三板融资，目的是鼓励其提高当前国内直接融资比例，助力实体经济发展。这些私募基金管理机构新增融资如果是为创新型、创业型、成长型中小微企业发展服务的，则与新三板定位相一致。因私募基金管理机构挂牌后，虽遵守更为严格的监管和信息披露制度，但并不需对其资金投向做强制性信息披露，所以这些机构融资后，将一半以上的资金用于资本运作，甚至有的私募管理机构频频举牌A股公司，不但没有引导合格投资者进行价值投资，反而引发了新三板市场和投资者的恐慌。于是中国证监会紧急叫停私募基金管理机构在新三板挂牌融资，进一步加强对私募管理机构募资的监管。

三 私募基金管理机构挂牌新三板融资的监管问题

证监会在2015年底通过抽查的方式对私募基金管理机构进行了检查，并在2016年1月15日的例行记者会上，通报了当前私募基金运作存在的主要问题以及对包括中科招商在内的数十家私募基金管理机构采取了行政监管或处罚措施。我们认为,我国私募基金管理机构挂牌新三板存在的问题主要体现在以下方面。

(一) 政策目标存在模糊性

相较公募基金,私募基金的投资方式更加灵活,投资策略更为隐蔽,而受到的政府监管也相对宽松。这些优势都为私募基金提供了可能的更高收益率回报。然而,在我国私募基金市场高速发展的同时,对于如何引导和建设私募基金市场秩序,将我国私募基金市场建设成一个既能服务中小企业,为实体经济注入活力,又能对投资者进行有效保护的专业性市场,仍然缺乏系统性和一致性的认识。私募基金市场在我国的发展时间并不长,其在各个地区的发展也并不均衡。例如,天津私募股权是国家金融改革的"先行试点",在私募基金市场的发展方面走在全国的前列,其暴露出很多问题。相关数据显示,天津两千多家私募基金中,曾有数十家被查,涉案金额高达上千亿元,受害者达到上百万人,遍及全国各个省级行政区。而另外一些地区的私募基金市场发展则相对稳定。这也直接导致了不同地区政府部门以及基层监管机关对私募基金市场发展所持态度的截然不同。由于大量金融诈骗案件背后都牵扯到私募基金管理机构,所以有的地方政府和基层监管机关认为私募基金扰乱了金融市场秩序,是导致这些社会影响极为恶劣的金融诈骗案件的罪魁祸首,应该对私募基金进行严格的约束限制;而另外一些地方政府和基层监管机关则认为私募基金的发展是金融创新的必然路径,私募基金市场的良性发展不但有利于缓解我国大量中小企业融资难问题,满足投资者逐渐多元化的投资需求,而且也能鼓励科技创新,助力产业升级,应该对私募基金市场的发展给予大力支持。总体而言,无论是各个地方政府还是基层监管机关,对于我国私募基金市场的发展都尚未形成统一的认识和结论,依然处于结合我国国情"摸着石头过河"的探索阶段。

(二) 风险认识有待深入

私募基金管理机构的业务相较于其他企业具有一定的特殊性。从资金的来源和投向方面来看，私募基金管理机构往往需要通过非公开的方式对特定的合格投资者进行路演来吸引资金，并将这些资金连同自有资金一起投向私下议价的非上市公司股权，或者直接通过专业化的投资策略投向二级市场。而从私募基金管理机构运作方面来看，其募资、投资、管理、退出等各个环节都具有一定的隐蔽性，其项目评估技术、投资策略也大都属于商业机密。这些特点既是私募基金运作较其他金融机构灵活性的体现，同时也为私募基金管理机构挂牌新三板带来了新的风险。首先，对于所有的挂牌公司而言，其所需要满足的强制性信息披露都与自身商业机密之间具有天然的矛盾，而这种矛盾对于以运营隐蔽性为竞争力支撑的私募基金管理机构而言显得尤为突出。虽然，在金融市场发展成熟且市场自律性较好的西方国家可以通过机制设计在一定程度上规避这种矛盾，例如，为避免强制性信息披露对公司业务构成威胁，黑石在合伙协议中规定：尽管有限合伙人有权检查有关记录，但是如果某一事项因法律原因或者因与第三方协议规定属于保密事项，或普通合伙人认为披露该事项并不符合全体单位持有人最大利益，则可以拒绝单位持有人的查询，然而，这种突出的矛盾仍然对私募公司挂牌新三板后的投资者保护提出了重大的挑战。到底哪些信息是必须对所有投资者披露的，哪些信息披露可以出于商业机密的考虑得以豁免，豁免期限和范围是多少，信息披露的豁免又会给投资者带来何种程度的风险。对于这些问题，我们还需要进一步明晰。其次，私募基金有"以合规之名，行违规之实"的风险。私募基金在监管上应该守住的基本红线就是"私募"。而所谓"私募"，与"公募"相对应，即非公开募集资金。证监会《私募投资基金监督管理暂行办法》第十四条也规定："私募基金管理人、私募基金销售机构不得向合格投资者之外的单位和个人募集资金，不得通过报刊、电台、电视、互联网等公众传播媒体或者讲座、报告会、分析会和布告、传单、手机短信、微信、博客和电子邮件等方式，向不特定对象宣传推介"，然而从在新三板挂牌的私募基金管理机构行为来看，这些公司挂牌以后通过二级市场融资，又将资金投向早期投资、天使投资，让投资者成为股东，这就在实质上改变了合格投资者的标准，并且部分体量较大的私募基金管理机构在新三板融资后在 A

股市场频频举牌，俨然变身金融控股平台，跨越了"私募"底线，放大了投资者面临的风险。最后，非公开募资能力本身就是私募基金管理机构重要的核心竞争力之一，而私募基金管理机构在新三板挂牌一定程度上扭曲了私募基金管理机构市场竞争的公平性。这样就催生了部分私募基金管理机构爆发式的增长，部分扰乱了市场秩序，同时容易积累私募基金市场的系统性风险。

（三）监管制度尚未完善

新三板肩负建设我国多层次资本市场、规范治理、便利中小高新科技企业融资等重要使命。在金融市场发达的西方国家，对场外市场的监管往往采用以自律监管为主、政府监管为辅的监管模式。我国在对新三板市场监管的态度上基本沿用了西方发达市场国家的做法，实施以自律监管为主的监管方式。然而由于我国场外市场发展时间不长，市场参与者的市场化意识尚未完全建立，自律监管的文化和市场氛围也未完全形成，所以对"新三板"市场的监管水平较西方发达国家还有一定的差距。

第一，宏观法律层面上，一致性的挂牌监管制度依然存在缺陷。对新三板挂牌私募基金管理机构进行监管的主要依据来源于《证券法》《公司法》《非上市公众公司监督管理办法》《全国中小企业股权转让系统有限责任公司管理暂行办法》《私募投资基金监督管理暂行办法》等相关法律法规。然而，这些已有的法律法规在适用于具体监管时，仍存在一些缺陷。一方面，现有的交易制度设计使得新三板系统几乎成为仅仅提供交易确认的一个平台，而具体交易都需要企业或者被委托券商私下寻找交易对手，市场交易活跃程度较低，尚不能通过价格这个"无形之手"对其实施投资者市场化监管；另一方面，新三板主要实施自律监管，然而《证券法》规定证监会是唯一全国性证券市场的法定监管机构，并没有赋予新三板实质行政处罚权力，在我国自律监管意识尚未完全形成的市场环境下，很多时候监管缺乏约束力。

第二，微观管理层面上，私募基金管理机构业务的特殊性使得对其挂牌新三板的监管更为复杂,而我国尚缺失差异化的监管制度。在高阶立法的层面上,我国在新三板挂牌的准入、交易、监管等方面对私募基金管理机构并没有特殊要求,而是与其他企业保持一致。这就要求在微观管理上对私募基金管理机构这类特殊的企业进行差异化的监管,然而新三板无论是在申请挂牌审核的事前监管,还是在挂牌后的事后监管上,都没有体现出对私募基金管理机构的差异化监管。由于私募基金管理机构的特殊性,这种形式上的公平性导致了监管的实质非公平性。

(四)监管方式需要创新

私募基金市场是一个金融创新层出不穷的市场。从国外的经验来看,对冲基金和股权投资基金在投资策略和技术的创新、新金融工具的开发和运用方面都走在其他金融机构的前列。新三板市场原本就是建设多层次资本市场、促进创新的重要力量。因此,对私募基金管理机构挂牌新三板的监管不但需要强化"两维护,一促进"的核心监管职能,而且肩负着鼓励金融创新,引导私募基金市场健康有序发展的重要使命。

第一,对私募基金管理机构挂牌新三板的监管效率较低,具有一定的滞后性。首先,对私募基金管理机构挂牌新三板的监管仅限于与其他企业相同的合规性审核,并没有考虑到私募基金管理机构利用新三板挂牌绕开"私募"限制的潜在可能性,而证券业协会作为对私募基金管理机构挂牌直接进行自律监督的机构,也并没有根据私募基金管理机构的特点进行高效的、有针对性的监管。其次,我国借鉴西方金融市场成熟国家的监管模式,以自律监管为主,以政府监管为辅。但由于自律监管不具有行政强制性,而且市场自律监管氛围尚未形成,其效率不高。最后,间接监管的政府权力机构——证监会出于培育市场等目的,不会实时对市场参与者进行实时监管,往往只有当自律监管出现失灵,或者少数市场参与者对市场冲击过大的时候,证监会才不得不"出手",这就导致了监管的滞后性。例如,证监会在2015年私募基金检查执法中,一次性对50多家私募基金管理人采取了行政监督措施,或者根据涉嫌违法犯罪的情况移送公安机关或地方政府。而这些违规或违法行为有很多却发生在证监会执法检查之前半年之久。

第二，目前对私募基金挂牌新三板的监管方式不能适应不断创新的私募基金管理机构，因而监管方式需要创新。首先，对私募基金挂牌新三板的监管相对独立，整合性不强。虽然《证券法》规定中国证监会是唯一合法的监管机构，私募基金管理机构也被纳入证监会统一监管，然而对私募基金管理机构的监管仍然遵循以业务为导向的监管方式。即募、投、管、退、分环节按照《公司法》《私募投资基金监督管理暂行办法》等相关法律法规监管，对私募基金管理机构申请挂牌新三板也是审核归审核、信息披露归信息披露，各个环节分别监管。这没有充分考虑到私募基金管理机构运营的整合性，也忽略了私募基金管理机构从二级市场融资与其业务之间的联动关系。其次，对私募基金挂牌新三板后的融资和投资行为监管方式有限。由于私募基金管理机构业务不同于一般企业，传统的监管方式不能适应私募基金管理机构的运作监管，现场监管仅凭业务流程和票据监管已经形同虚设，而又缺乏行之有效的非现场监管方式，这就使得私募基金管理机构在二级市场的融资和投资行为缺乏实质监管，难以保证私募基金管理机构在"私募"过程中的合规性，也导致了私募基金管理机构屡屡出现金融欺诈。最后，私募基金管理机构的金融创新十分迅速，而对其的监管方式却不能迅速创新，以满足私募基金市场的需求。例如，私募证券基金操纵大量资金进出二级市场，然而对于私募证券基金在二级市场的投资策略却没有任何量化监管措施；另外，对于私募股权基金募资投向以及对风险项目的评价也没有合理的监管方式。

四 关于私募基金管理机构挂牌新三板融资的政策建议

对私募基金管理机构挂牌新三板的监管应当着重考虑两个方面，一方面是要考虑到私募基金管理机构的特点，将事前监管和事后监管与私募基金管理机构自身特点相结合，对私募基金的融资投资行为进行有效监管；另一方面则要考虑到私募基金管理机构挂牌新三板对于整个新三板的影响，为建设我国多层次金融市场以及新三板市场健康有序发展保驾护航。

（一）明确私募基金新三板挂牌的监管原则，完善私募基金监管制度

我国目前在对私募基金的监管方面没有专门的法律，仅有证监会《私募投资基金监督管理暂行办法》（以下简称《暂行办法》）作为部门规章对其行为进行约束，且《暂行办法》也仅仅是框架性的，还缺乏实务中具体的操作细则。因此，我国私募基金的监管主要还是以《合同法》《公司法》《信托法》等法律法规为依据的。而对私募基金新三板挂牌的监管也是采用事前证券业协会审核、事后合规督查的方式，并没有考虑私募基金的特质性对市场的影响。我们认为，对私募基金新三板挂牌的监管需要确立基本原则，并进一步全面完善私募基金监管的各项制度建设。

第一，对私募基金挂牌新三板的监管应该确立几个一般原则。首先是规范性原则。明确私募基金挂牌新三板对私募基金市场以及对新三板市场的影响，并根据促进私募基金市场健康发展和新三板市场建设目标来确立对于私募基金挂牌新三板的审核标准和事后监管细则。其次是一致性、公平性原则。公平、公正、公开是市场经济的基本原则，因此法律法规在对私募基金管理机构上市审核和日常监管的流程方面与其他公司保持一致。也就是说，在宏观合规的政策性要求上，应该采取一致的方式对待各个挂牌企业。最后则是对私募基金挂牌新三板的监管适应性原则。即需要考虑私募基金管理机构的特质性，在具体监管措施和细则方面有所差异性对待。比如，由于私募基金管理机构在新三板挂牌申请公司中的相对体量，在新三板对私募基金管理机构材料进行事前审核时，应该有不同的细则标准和总体宏观目标；在挂牌以后的日常监管时，也应该体现出具体方式的适应性。

第二，全面完善私募基金监管制度。长远来看，私募基金监管的不断完善要求监管制度的不断完善。首先，需要对相关立法进行完善，推动我国私募基金管理机构在募、投、管、退的各个环节有具体的法律法规进行指引，

做到具体运作有法可依。其次，在完善相关法律法规的基础上，应对私募基金市场有明晰的认识和总体的发展规划，将私募基金管理机构各个阶段的分层融资机制有序化，完善证券市场不同的准入机制，避免私募基金管理机构"野蛮生长"的掠夺式发展。最后，由于融资能力本身就是私募基金重要的市场化核心竞争力，所以对于私募基金融资过程中的投资者保护，首先应当制定保护投资者的基本原则，再根据这些基本原则制定针对私募基金管理机构不同融资方式的具体制度。

（二）创新私募基金管理机构挂牌新三板监管方式，防范挂牌风险

私募证券基金在二级市场上主要采取对冲的交易手段，而私募股权基金也多是将募集资金投向风险较大的高新技术企业，因此无论是私募证券基金还是私募股权基金都放大了投资风险，并极大地依赖于私募基金管理机构的投资策略和技术，而私募基金管理机构的投资策略和技术往往是不公开的，私募基金管理机构的操作也缺乏透明度，再加上私募基金管理机构通常都会大规模运用财务杠杆扩大资金规模以追求利益最大化，因此私募基金本身就具有较高的自身固有风险。此外，由于我国私募基金市场尚处于发展阶段，并未成熟，涉及私募基金运作和监管的各个方面的法律环境也并不健全，包括法律风险、基金管理人道德风险等在内的我国私募基金的特有风险也尤为突出。这些突出的风险使得私募基金管理机构挂牌以后对投资者保护问题更加紧迫。我们认为，在现有环境下对我国私募基金管理机构挂牌进行监管，并防范其风险，保护投资者权益，除了完善相关法律法规，引导市场有序发展以外，关键在于监管方式的创新，具体而言可以通过以下两个方面对监管方式进行创新。

一方面是创新以自律监管为主的监管机制；另一方面则是利用大数据和互联网技术对私募基金运作进行监管。在创新自律监管方面，我们认为首先，对私募基金挂牌新三板的监管应该实施差异化的自律监管，所谓差异化即根据"当前新三板市场发展状况""私募基金市场结构""特定私募基金管理机构的具体情况"这三个方面的特征来采取差异化的监管措施,这种差异化既体现为对私募基金管理机构新三板挂牌的事前审核的差异化,也体现为对私募基金管理机构挂牌以后的事后日常监管的差异化。其次,自律监管应该常态化地发布建议性指引给投资者。例如,对于私募股权基金投资的项目,可以给出第三方立场的评价和建议。最后是自律监管主体的多元化,除了新三板之外,也鼓励发展其他第三方的行业自律机构,引导投资者重视自律监管、创建自律监管的市场氛围。另一方面,面对私募基金市场快速的金融创新步伐,传统监管方式的适应性和有效性较弱。因此,创新地通过互联网基于大数据对私募基金管理机构进行监管,将提高监管的有效性。例如,对于私募证券基金操纵大量资本进出二级市场,设计有效的动态量化监管策略、制定具体交易监管细则、实现基于大数据的智能监管可大大降低私募证券基金违规操作的可能。

B.15
论将"保证业务"列入保险公司业务范围的合理性基础

喻华峰 曹顺明*

摘　要： 保证保险法律性质长期争论不止、辩而不明，原因在于我国《保险法》未将保证业务列为我国保险公司的业务范围，而市场对此类业务又有巨大需求，于是我国保险公司"创新性"地推出相关保证保险产品以满足市场对保证业务日益增长的需求。实际上，明确将保证业务列为我国保险公司的业务范围，不仅不存在理论与立法上的障碍，而且是我国保险行业简捷、合理、高效地满足市场需要的有效途径，是立法科学构建我国保险公司业务范围的必然选择，也可根本解决我国保证保险法律性质争议、化解相关纠纷。我国保险业有能力控制好经营保证业务可能引发的风险。

关键词： 保证保险　保证业务　经营范围

　　保险公司可开展哪些业务即保险公司的业务范围，既关系保险公司的经营与管理，也直接影响保险行业的产品创新与服务社会的能力，更是保险业科学监管的核心与基础。我国《保险法》关于保险公司业务范围的规定主要为第95条、第96条，总体较为简单，与我国保险业持续健康发展对保险

---

* 喻华峰，中国社会科学院研究生院博士研究生；曹顺明，法学博士，中国行为法学会常务理事，中国社会科学院金融法律与金融监管研究基地特邀研究员。

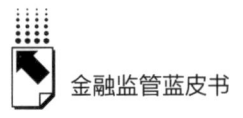

业务范围的要求并不十分吻合,特别是缺乏保险公司可经营保证业务的规定,给我国保险业的健康发展及实现社会对保险业的期许带来了不少困惑和障碍。因此,有必要就保险公司业务范围增加保证业务的合理性基础进行认真研究。

一 问题的提出:辩而不明的贷款保证保险法律性质之争

在我国,贷款保证保险产品最早出现于20世纪90年代后期,其法律性质引起实务界与理论界的广泛关注与热烈争论则开始于2003年左右,主要原因在于当时相关保险公司推出的机动车消费贷款保证保险业务发生了大量的法律纠纷,对贷款保证保险法律性质的理解或认定不同,诉讼结果也大相径庭。

梳理关于贷款保证保险法律性质的争论,主要有三种观点:保险说、保证说、折衷说。

保险说认为,贷款保证保险虽然与一般财产保险相比具有某些特点,但它依然符合保险法的基本原理,是"本来意义的保险合同",而非担保法意义上的担保①。

保证说认为,所谓保证保险合同,形式和实质是不一致的,是采取保险形式的一种担保手段②。无论是在存在原因、责任还是在运作上,保证保险都应当属于一种担保方式③。

折衷说认为,保证保险属于保险的一个险种,同时也是保险人对债权人提供的一种担保,即兼有保险与保证两种性质④。此种观点也为监管机关与

---

① 参见樊启荣、李娟《保证保险性质之探讨——兼论我国保证保险之误区》,《云南财贸学院学报》2005年10月;李记华《再谈保证保险——兼与梁慧星先生商榷》,《中国保险报》2006年3月1日。
② 梁慧星:《保证保险合同纠纷案件的法律适用》,《人民法院报》2006年3月1日。
③ 樊启荣、李娟:《保证保险性质之探讨——兼论我国保证保险之误区》,《云南财贸学院学报》2005年10月。
④ 李玉泉、卞江生:《论保证保险》,《保险研究》2004年第5期。

司法机关所采纳。例如,中国保监会《关于保证保险合同纠纷案的复函》(保监法〔1999〕第16号)①、最高人民法院《关于中国工商银行郴州市苏仙区支行与中保财产保险有限公司湖南省郴州市苏仙区支公司保证保险合同纠纷一案的请示报告的复函》(1999经监字第266号)② 均持类似立场。

常言曰,真理越辩越明。但是,关于保证保险的法律性质,虽然已经争论了十余年,相关论著可谓汗牛充栋,监管机构、司法机关甚至立法机关也都有不同形式的表态③,但截至目前,对于该问题的认识仍难有公论。特别是,1999年全国人大常委会将保证保险写入《保险法》,本应给这种争议画上句号,但事实上盖棺定论的局面并未出现。这不禁让人深思,原因为何?

我们认为,保证保险法律性质的争论不止、结论的辩而不明,归根结底在于《保险法》未将保证业务列为保险公司的业务范围,从而导致保险公司无法以"保证"形式开展此类业务,而市场对此类业务又有巨大的需求,于是保险公司"创新性"地推出相关保证保险产品以满足市场的此类需求。基于前述保险业务现实,不可避免地引致认识上的模糊,强化理论上的分歧甚至阻碍理论对此问题的清晰解释。因此,为避免出现保证保险法律性质继续不明,促进保险业的持续健康发展,有必要正本清源,在认真研究和全面分析的基础上,科学判断保险公司的业务范围是否需包括保证业务。

二 境外发达国家和地区关于保险公司开展保证业务、保证保险的立法与实践

(一)美国

在美国,从事担保业务的公司主要是保险公司和专业的担保公司。每

---

① 该复函规定,"保证保险是财产保险的一种,是保险人提供担保的一种形式。"
② 该复函指出,"保证保险虽是保险人开办的一个险种,其实质是保险人对债权人的一种担保行为"。
③ 《保险法》在1999年修改时专门增加了保证保险的规定,即第95条规定,"保险公司的业务范围:……(二)财产保险业务,包括财产损失保险、责任保险、信用保险、保证保险等保险业务"。

年,美国财政部金融管理服务局都会根据"部门参考570"(Department Circular 570)公布一批可以向联邦政府提供担保服务的担保公司、保险公司和再保险公司名单,以及它们的业务规模。每一家合格公司提供的担保业务规模如果超过财政部公布的业务规模上限,超出部分必须由合格的再保险公司提供再保险①。为更好地规范和服务保证业务发展,美国提供确实保证与诚实保证业务的保险公司成立了美国保证协会(The Surety & Fidelity Association of America,SFAA)。在美国,保险业监管权属于州,因此全国既不存在统一的联邦保险监管机构,也不存在统一的保险法,而是由各州分别进行保险业立法。在纽约州和加州,保证保险(surety bonds)被作为保险业务的一种,需要获得保险监管机构的批准方可经营②。

(二)日本

日本《保险业法》第三条规定,"除获得内阁总理大臣的许可的人之外,不得从事保险业。""前项的许可,即指生命保险业许可及损害保险业许可两种。"第九十七条规定,"保险公司可以开展第三条第二项所列的许可的保险业务。""保险公司收取的作为保险费用的金钱及其他资产的运用,必须依照有价证券取得及其他内阁府令规定的方法。"第九十七条之二规定,"保险公司关于资产的运用,不得超过根据内阁府令规定计算的资产额度。""除前项规定之外,保险公司的同一人(此同一人包括内阁府令规定的特殊关系者,下一项规定亦同)的资产运用,不得超过内阁府令规定的资产运用限额。""当保险公司拥有子公司及其他内阁府令规定的特殊关系

---

① 孙弢:《国外担保行业监管体系》,《金融世界》2012年第10期。
② 《纽约州保险法》第1113条规定,保证保险除了适用于工程保证保险之外,也用于担保任何合同的执行。该法也对抵押贷款保证保险、财务保证保险作了特别的规定。该法第6501条规定,抵押贷款保证保险旨在为被保险人提供保险,当被保险人的债务人未按合同约定履行不动产留置权担保的还款义务时,保险人将对被保险人遭受的财务损失予以赔偿。第6901条规定,财务保证保险指保险公司签发履约保证函、保险单、保证合同或其他类似的文件,对于被保险人因不履行债务、利率汇率变化等原因遭受的财务损失予以赔偿。参见:李玉泉、卞江生《论保证保险》,《保险研究》2004年第5期。

者（以下简称子公司等）时，该保险公司及该子公司等或者该子公司等的同一人的资产运用，合并计算后不得超过内阁府令规定的限额。"第九十八条规定，"保险公司除根据第九十七条规定从事业务之外，可以从事下列及其他附随该业务的业务：……二 债的保证；……"

可见，在日本，保险公司除可经营保险业务及保险资金运用业务外，还可以从事债务的保证等业务。

（三）我国台湾地区

我国台湾地区"保险法"（2015年修订）将保证保险规定为财产保险之一种①。同时，该法于第三章"财产保险"中，专列一节规定保证保险，即"第四节之一保证保险"，该节包括第95-1条、第95-2条、第95-3条。第95-1条规定，"保证保险人于被保险人因其受雇人之不诚实行为或其债务人之不履行债务所致损失，负赔偿之责。"第95-2条规定，"以受雇人之不诚实行为为保险事故之保证保险契约，除记载第五十五条规定事项外，并应载明左列事项：一、被保险人之姓名及住所。二、受雇人之姓名、职称或其他得以认定为受雇人之方式。"第95-3条规定，"以债务人之不履行债务为保险事故之保证保险契约，除记载第五十五条规定事项外，并应载明左列事项：一、被保险人之姓名及住所。二、债务人之姓名或其他得以认定为债务人之方式。"

从前述规定可以看出，我国台湾地区"保险法"规定的"保证保险"包括"诚实保证保险"与"履约保证保险"两种样态，其中，前者系保险人承担被保险人受雇员工之不诚实行为（如侵占财务等）致被保险人财务损失之危险；后者则是承保被保险人之债务人不履行债务所致损失。前者系被保险人担心员工之不诚实行为而投保，后者则是债权人担心债务人未能履行清偿债务而投保②。可见，从台湾地区保险理论界关于投保保证保险的动机及投保主体的表述看，履行保证保险的投保主体是债权人。在实务中，大

---

① 该法第13条规定，"保险分为财产保险及人身保险。""财产保险，包括火灾保险、海上保险、陆空保险、责任保险、保证保险及经主管机关核准之其他保险。"
② 卓俊雄：《论保险经纪人保证保险》，《台湾法学》2013年第222期。

体也是如此。因此,事实上,可以认为,我国台湾地区"保险法"中的履约保证保险,与我国大陆地区《保险法》中的"信用保险"应属于一类保险,这也可能就是为何我国台湾地区"保险法"第13条仅规定了"保证保险"而未规定"信用保险"的原因吧。

需指出的是,我国台湾地区于2011年6月修订"保险法"时,于第163条规定,"保险代理人、经纪人、公证人应经主管机关许可,缴存保证金并投保相关保险,领有执业证照后,始得经营或执行业务""前项所定相关保险,于保险代理人、公证人为责任保险;于保险经纪人为责任保险及保证保险",从而产生了保险经纪人作为潜在债务人投保保证保险的情形,在该情形下,该保证保险在性质上不属于我国大陆地区"信用保险"的范畴,而属于大陆地区"保证保险"的范畴。但该规定也引发了我国台湾地区理论界与实务界对于此保险经纪人保证保险的性质、是否具有适法性等产生诸多争论①。此种争论,类似于我国大陆地区对于贷款保证保险的争论。考虑其背景,有两点非常相似:一是经济与社会现实中对由债务人支付费用、由保险公司作为保证人对债权人的债权提供保证的需求;二是法律禁止保险公司直接对外提供保证。我国大陆地区《保险法》虽未明文规定禁止保险公司对外提供担保,但监管规定却对此有明文;我国台湾地区"保险法"第143条规定,"保险业不得向外借款、为保证人或以其财产提供为他人债务之担保。"

三 将"保证业务"列为我国保险公司业务范围的必要性

(一)是我国保险行业简捷、合理、高效地满足市场需要的有效途径

社会主义市场经济是法治经济、契约经济、信用经济。交易安全与交易效率是市场经济的关键与支柱。在市场经济生活中,为确保交易安全,交易

---

① 卓俊雄:《论保险经纪人保证保险》,《台湾法学》2013年第222期。

一方往往因对方信用不够充分、资产不够雄厚、信息不够对称等原因而要求提供担保。虽然法定的担保形式有多种，但保证这种形式以其提供方式简便、成本低廉、提升信用效果显著而被广泛运用。

根据合同双方权利义务有无关联性，可将合同分为双务合同与单务合同。当事人双方都承担一定义务的合同，叫作双务合同；当事人一方只承担义务不享有权利，另一方只享有权利而无须承担义务的合同是单务合同。保证合同属于单务合同，保证人一方承担保证义务而不享有权利，主债权人只享有权利而无须承担义务。因此，保证合同不以保证人是否收取对价为有效的要件。虽然如此，但现实生活丰富多彩，保证人提供保证，既有收取费用的，也有不收取费用的，既有偶尔为之的，也有以此为业的。按照保证人提供保证是否收取费用划分，保证分为有偿的保证与无偿的保证；按照保证人是否将提供保证作为营业行为划分，保证可分为商业保证与民事保证。在现代市场经济社会，虽然无偿保证、民事保证仍然大量存在，但有偿保证、商业保证大量发生也是不争的事实，而且商业保证因其提供主体的规范化、规模化、信用等级高而日益为作为债权人的被保证人所青睐。从世界范围看，作为营业的商业保证的提供主体主要有专业担保公司、银行、保险公司。在我国，由于专业担保公司尚处于起步阶段，总体规模较小、信用等级需要提升、运用规范性需要加强，所以在接受度上受到一定限制；银行虽然在信用等级、规范性等方面均无问题，但其收费普遍较高，而且银行在债务人选择及提供保证的反担保条件（如有的要求提供等额现金或存款作为反担保）方面较为苛刻，因此许多经济关系中当事人因各种原因无法获得银行提供的保证。而保险公司一方面因为其资信高、管理规范而为债权人广泛认可，另一方面由于其独特的风险管理技术与能力在债务人选择及提供保证的前提方面较银行大为宽松且费用通常更为低廉，因此也更为债务人接受。正因如此，研究表明，在国外，保险公司或其附属机构对外提供保证已然成为公司保证的典型形式[1]。

---

[1] Jeffrey S. Russell, *Surety Bonds for Construction Contracts* (ASCE Press, 1999)，转引自：李玉泉、卞江生《论保证保险》，《保险研究》2004年第5期。

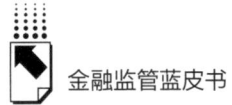

相反，由于我国禁止保险公司提供保证业务，保险公司为事实上满足市场的此种需求，一种方式是以保证保险的形式提供事实上的保证，如以贷款保证保险形式；一种是以责任保险（或同时加保函）形式提供事实上的保证，如以诉讼保全责任保险形式。前者引发的当事人间争议及理论上的争论已如前所述，不仅会引发理论上的混乱，而且由于易产生争议、交易过程中除投保单和保险单外通常还需签署合作协议和/或保险协议、结果的不确定性等，事实上妨碍了保险业简洁、合理、高效地满足市场对此类业务的需要。后者是以责任保险形式实现事实上的担保功能，不少地方法院除要求有诉讼保全责任保险合同外，还要求保险公司出具保函或担保书，不仅手续烦琐，而且由于诉讼保全责任保险合同承保了投保人故意行为造成的保险事故，所以事实上可能"突破"保险法的基本"底线"，由于有时保险公司在出具保险单的同时也需根据业务需要出具保函或担保书，所以其自身会处于违反不得对外提供担保之禁令的风险中。可以设想，如果允许保险公司经营保证业务，一切都将更为便捷、合理、高效，也不存在制造各种理论"突破"的需要与风险。

（二）是立法科学构建我国保险公司业务范围的必然选择

我国《保险法》关于保险公司业务范围的规定主要在第95、96条[①]。根据前述法条规定，保险公司只能经营保险业务、经国务院保险监督管理机构批准的与保险有关的其他业务、保险业务的再保险业务。就科学构建我国保险公司的业务范围而言，前述规定至少存在以下不足：一是仅规定了保险公司可以从事的保险业务范围，除"国务院保险监督管理机构批准的与保

[①] 《保险法》第95条规定，"保险公司的业务范围：（一）人身保险业务，包括人寿保险、健康保险、意外伤害保险等保险业务；（二）财产保险业务，包括财产损失保险、责任保险、信用保险、保证保险等保险业务；（三）国务院保险监督管理机构批准的与保险有关的其他业务。保险人不得兼营人身保险业务和财产保险业务。但是，经营财产保险业务的保险公司经国务院保险监督管理机构批准，可以经营短期健康保险业务和意外伤害保险业务。保险公司应当在国务院保险监督管理机构依法批准的业务范围内从事保险经营活动。"第96条规定，"经国务院保险监督管理机构批准，保险公司可以经营本法第九十五条规定的保险业务的下列再保险业务：（一）分出保险；（二）分入保险。"

有关的其他业务"外,没有对保险公司可从事的非保险业务范围进行任何规定。二是对于一些重要的保险公司可从事的非保险业务范围,如资金运用业务,宜由《保险法》进行直接规定,而不宜由保险监管机构进行个案批准。事实上,保险监督管理机构在核准保险公司经营范围时,均会包括保险资金运用业务。在此类业务范围中,笔者认为,也宜包括财产保险公司可从事保证业务。同时,为避免监管机构厚此薄彼,减少行政允许的随意性,建议将"国务院保险监督管理机构批准的与保险有关的其他业务"改为"国务院保险监督管理机构制定的行政规章中规定的与保险有关的其他业务"。三是未对一些重要术语进行界定,例如,何谓保险业务?何谓信用保险?何谓保证保险?等等。需指出的是,"保险业务"作为保险法规范的重要对象、保险监管机构监管的重要业务,不仅《保险法》未有明文规定,保险监管规定也未作界定,但现实中却经常产生某一业务(如延保服务、快递保价业务、癌症公社等)是否属于保险业务的争议。这不仅易引起混淆与混乱,而且妨碍了大众创业与万众创新,妨碍了对保险消费者利益的保护。四是采取例举保险业务范围的立法方法也易挂一漏万,如年金保险未被列入保险业务范围。

因此,笔者建议,我国宜借鉴日本《保险业法》的做法,在《保险法》中将"保证业务"明确列入保险公司的业务范围,以构建科学合理的保险公司业务范围。

(三)是根本解决我国贷款保证保险法律性质争议、化解相关纠纷的一锤定音之举

如前所述,自从贷款保证保险产品推出以来,理论界与实务界关于其法律性质是保险还是保证的纠纷就一直未断,当事人之间的争议也此起彼伏,对稳定经济社会对保险公司的预期,促进保险业持续健康发展带来了不少负面影响。究其根源,在于经济社会对保险业提供保证有需求,而监管机构又禁止保险公司提供担保业务,因此"创新性"地推出了贷款保证保险这种特殊保险产品,曲折婉转地、形式合法地满足经济社会的此种现实需求。

即使是那些认为保证保险在法律性质上为保险的专家，也认为保证保险是一种特殊的保险产品。究其原因，在于保证保险的特殊性太明显，或者说太特殊，诸如承保投保人故意行为引发的事故、保险人有权向投保人追偿、风险未从投保人一方转移，等等。而前述特殊性，也是另外一些人主张保证保险法律性质应当为保证的主要原因所在。因此，如果在《保险法》中将保证业务明确规定为保险公司的业务范围，将保险公司提供保证业务阳光化、合法化，则相信相关的贷款保证保险产品将退出市场，皮之不存，毛将附焉？故能从根本上解决我国贷款保证保险法律性质争议、化解相关纠纷。

四 将保证业务列为保险公司业务范围的可行性

（一）将保证业务列为保险公司业务范围不存在理论与《保险法》上的障碍

从理论上讲，保险业务、保险公司的业务是两个不同的概念。其中，保险业务应符合危险显著转移与危险承担、非依附性与独立法律请求权、给付的射幸性与补偿性、对价性与金钱给付四个实质判定标准[1]，保险公司的业务是指保险公司可以经营的业务。此二者为属种关系，前者为种，后者为属，即前者范围能够为后者所包含[2]。因此，虽然保险业务有其严格的实质

---

[1] 曹顺明、赵鹏：《论"保险业务"的实质判定标准——兼析延保、救援服务是否构成非法经营保险业务》，《保险研究》2015年第12期。

[2] 例如，我国《保险法》第95条规定，"保险公司的业务范围：（一）人身保险业务，包括人寿保险、健康保险、意外伤害保险等保险业务；（二）财产保险业务，包括财产损失保险、责任保险、信用保险、保证保险等保险业务；（三）国务院保险监督管理机构批准的与保险有关的其他业务。"第6条规定，"保险业务由依照本法设立的保险公司以及法律、行政法规规定的其他保险组织经营，其他单位和个人不得经营保险业务。"第159条规定，"违反本法规定，……非法经营商业保险业务的，由保险监督管理机构予以取缔，没收违法所得，并处……。"依《保险法》第6条、第159条规定，保险业务仅能由保险公司和法律、行政法规允许的其他机构经营，但保险公司除经营保险业务外，仍可经营经批准的非保险业务，如投资与资产管理。

判定标准,保证业务因不能符合保险业务的实质判定标准而不属于保险业务,但将保险业务作为保险公司业务范围则既不与《保险法》规定相冲突,在理论上也不存在任何障碍。

(二)将保证业务列为保险公司业务范围在立法上有先例可循

此种立法先例,一是境外有的国家和地区保险法明确将保证业务列为保险公司的业务范围。其典型立法如日本《保险业法》,具体条文已如前所述。再如,爱尔兰1936年保险法将保证保险定义为签发保函或保证合同①。二是我国其他金融立法明确规定某类金融机构除经营其所在行业的特定业务外,经批准还可经营其他业务。例如,商业银行业务仅可由商业银行经营,除非经国务院银行监督管理机构批准;商业银行除可经营银行业务外,经批准可经营担保业务②。

(三)保险公司开展保证业务的风险管理技术成熟且我国保险业已积累了一定经验

在我国,保险业在2003年左右经历了汽车消费贷款保证保险风险集中爆发,充分认识到贷款保证保险等保证保险产品与普遍保险产品的不同,对贷款保证保险类产品采取了不同于其他保险产品的管理与风险控制技术,如特别强调对债务人的尽职调查与风险评估、有效安排对债务人的追偿等,相关的风险管理技术比较成熟。另外,在原则禁止保险业对外担保的同时,我

---

① Attacta O'Regan Cazabon, *Insurance law in Iceland* (Round Hall, Sweet&Maxwell, 1999), P197. 转引自:李玉泉、卞江生《论保证保险》,《保险研究》2004年第5期。
② 我国《商业银行法》第2条规定,"本法所称的商业银行是指依照本法和《中华人民共和国公司法》设立的吸收公众存款、发放贷款、办理结算等业务的企业法人。"第11条规定,"未经国务院银行业监督管理机构批准,任何单位和个人不得从事吸收公众存款等商业银行业务……"但第3条规定,"商业银行可以经营下列部分或者全部业务:(一)吸收公众存款;(二)发放短期、中期和长期贷款;(三)办理国内外结算;……(十一)提供信用证服务及担保;(十二)代理收付款项及代理保险业务;……(十四)经国务院银行业监督管理机构批准的其他业务。""经营范围由商业银行章程规定,报国务院银行业监督管理机构批准。""商业银行经中国人民银行批准,可以经营结汇、售汇业务。"

国保险监管机构还基于经济生活和保险业经营难以替代的现实需要，例外允许保险公司在正常经营管理活动中的一些担保行为，如诉讼中的担保、出口信用保险公司经营的与出口信用保险相关的信用担保、海事担保[①]。就性质而言，海事担保、出口信用保险公司经营的与出口信用保险相关的信用担保，应属于保险公司经营的担保业务。在开展这些业务过程中，保险公司积累了较丰富的经验。特别是在海事担保业务方面，有的公司近年来通过科学评估债务人的风险及合理安排反担保等方式，基本上做到损失率为零的良好业绩录。因此，从历史经验与现实情况看，我国保险业具备科学经营保证业务的能力，应允许保险公司经营担保业务，无须担心出现大面积风险事件的情形[②]。

[①] 见《中国保监会关于规范保险机构对外担保有关事项的通知》（保监发〔2011〕5号）。

[②] 感谢中国政法大学研究生院郭平安先生提供的宝贵资料。

附 录
Appendix

B.16
2015年金融监管大事记

星焱 吕志成*

2015年1月

1. 央行降准释放流动性

中国人民银行于2月4日宣布降准。央行发布的公告显示,自2015年2月5日起普降存准率0.5个百分点。同时,对小微企业贷款占比达到定向降准标准的城商行、非县域农商行额外定向降准0.5个百分点,对农发行额外定向降准4个百分点。

2. 央行加强移动金融规范化管理

1月13日,央行印发《关于推动移动金融技术创新健康发展的指导意

---

* 星焱,经济学博士,中国社会科学院金融研究所博士后;吕志成,经济学硕士,中国社会科学院马克思主义研究院工作人员。

见》。该指导意见强调，移动金融是丰富金融服务渠道、创新金融产品和服务模式、发展普惠金融的有效途径和方法。推动移动金融在各领域的广泛应用，有利于拓展金融业服务实体经济的深度和广度。

3. **银监会启动重大组织架构改革以适应经济新常态**

银监会正式启动组织架构重大改革，并获中央有关部门批准通过。此次改革按照党中央、国务院关于本届政府不新增机构和人员编制的要求，着眼于经济新常态下银行业改革发展和为民监管，拟于2月新老架构混合试运营，3月依照新架构运行。

4. **银监会修订《指引》，加强商业银行的并表管理**

为进一步加强商业银行的并表管理，适应新形势下商业银行跨业跨境经营出现的新变化和新趋势，银监会对2008年颁布的《银行并表监管指引（试行）》进行全面修订，形成了《商业银行并表管理与监管指引》。

5. **两部委发布财政政策，解决融资难**

财政部、国家税务总局联合发布《关于金融企业涉农贷款和中小企业贷款损失准备金税前扣除有关问题的通知》和《关于金融企业贷款损失准备金企业所得税税前扣除有关政策的通知》，决定将涉农和中小企业贷款损失准备金税前扣除政策延长5年。

6. **车险费率改革将深刻影响车险业务模式**

在1月26日举行的全国保险监管工作会议上，保监会主席项俊波表示，2015年将稳步推进车险、万能险、分红险等费率改革。"经过近几年的准备，商业车险改革时机已基本成熟，示范条款修订、费率测算和新旧产品转换等准备工作已基本就绪。"项俊波表示，改革方案经国务院批准后，将先启动黑龙江等6个省市试点，条件成熟时在全国范围内推开。

2015年2月

1. **央行继续推出货币宽松政策**

继2014年11月下旬非对称降息、2015年2月初降准后，中国人民银行继续推出货币宽松政策，公布自3月1日起下调存贷款基准利率各0.25%

个百分点，同时推进利率市场化改革，将存款利率上限由 1.2 倍调整为 1.3 倍。此次降息符合预期，并进一步强化了市场对调控节奏的判断。

2. 银监会加强杠杆率监管，严控风险

2月12日，银监会发布了修订后的《商业银行杠杆率管理办法》，自 2015 年 4 月 1 日起正式实施。商业银行杠杆率水平将有所提升，但未提高银行资本要求。修订后的《办法》主要对承兑汇票、保函、跟单信用证、贸易融资等表外项目的计量方法进行了调整，不再要求其均采用 100% 的信用转换系数，而是根据具体项目，分别采用 10%、20%、50% 和 100% 的信用转换系数。

3. 发改委整治银行乱收费，降低企业融资负担

从国家发改委了解到，针对企业反映突出的"融资贵、融资难"问题，国家发改委自 2013 年 10 月到 2014 年底，对各类商业银行的 150 家分支机构收费情况进行了检查，实施经济制裁 15.85 亿元。

4. 保监会明确我国保险信用体系建设时间表

保监会与国家发改委于 2 月 26 日发布了《中国保险业信用体系建设规划（2015~2020 年）》，提出当前最急迫的工作一是要建立保险业统一信用信息平台，二是健全守信激励、失信惩戒机制，其中就包括建立红名单和黑名单制度。

5. 财政部加强收费基金管理，打击乱收费现象

财政部 2 月 28 日下发《关于进一步加强行政事业性收费和政府性基金管理的通知》，强调对不合法、不合理的收费项目要坚决取消，对收费标准超过服务成本的要切实降低，对体现特定受益者负担原则、补偿非普遍性公共服务成本的收费予以保留，并严格实行收支两条线管理。

2015年3月

1. 央行批准温州金改"新12条"

浙江省起草的《关于进一步深化温州金融综合改革试验区建设的意见》（"新 12 条"）获得中国人民银行批准。在温州成立全国首家金融综合改革试验区 3 年后，"新 12 条"设定了深入金融改革的新领域。

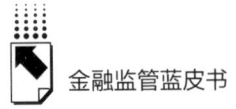

2. 证监会加强对互联网证券业务的监管

证券业协会发布修订后的《证券公司网上证券信息系统技术指引》，指出证券公司不得向第三方运营的客户端提供网上证券服务端与证券交易相关的接口，证券交易指令必须在证券公司自主控制的系统内全程处理。

3. 证监会发文引导公募基金参与沪港通

证监会发布《公开募集证券投资基金参与沪港通交易指引》，明确基金管理人可以募集新基金，通过沪港通机制投资香港市场上的股票，不需具备合格境内机构投资者（QDII）资格。

4. 保监会发文拓宽保险机构境外投资范围

3月31日，保监会发布《中国保监会关于调整保险资金境外投资有关政策的通知》，适当拓宽保险机构境外投资范围，给予保险机构更多的自主配置空间。保监会负责人称，人民币国际化趋势日益明显，"一带一路"建设需要保险资金更多地海外布局。

5. 保监会发文规范保险公司关联交易

保监会印发《关于进一步规范保险公司关联交易有关问题的通知》。该通知规定在保险公司投资未上市权益类资产、不动产类资产、其他金融资产的账面余额中，对关联方的投资金额分别不得超过该类资产投资限额的50%；保险公司对关联方中单一法人主体的投资余额，合计不得超过保险公司上季末总资产的15%与该法人主体上季末总资产的5%，二者孰高；保险公司对关联方的全部投资余额，合计不得超过保险公司上季末总资产的30%，并不得超过保险公司上季末净资产。

6. 财政部出台地方政府专项债券预算管理办法

财政部3月24日印发《2015年地方政府专项债券预算管理办法》。该办法明确指出，本办法所称2015年地方政府专项债券，包括为2015年1月1日起新增专项债务发行的新增专项债券、为置换截至2014年12月31日存量专项债务发行的置换专项债券。省、自治区、直辖市政府为专项债券的发行主体，具体发行工作由省级财政部门负责。

2015年4月

1. 央行实施史上最强降准

央行宣布自2015年4月20日起,下调各类存款类金融机构人民币存款准备金率1个百分点。此外,为进一步增强金融机构支持结构调整的能力,加大对小微企业、"三农"以及重大水利工程建设等的支持力度,自4月20日起对农信社、村镇银行等农村金融机构额外降低人民币存款准备金率1个百分点,并统一下调农村合作银行存款准备金率至农信社水平。

2. 地方平台等11类企业被列入私募债负面清单

中国证券业协会4月23日正式下发《非公开发行公司债券项目承接负面清单指引》,以负面清单的形式,对新版非公开发行债券(私募债)项目的发行人范围做出限制。其中,对11类企业关上私募发行公司债的大门。

3. 财政部发文要求加快财税体制改革

为了加快推进地方政府债券的发行,应对经济增速下滑对财政收入造成的不利影响,财政部4月28日发布《关于推动地方财政部门履职尽责奋力发展全面完成各项财税改革管理任务的意见》。该意见要求地方财政部门履职尽责、奋力发展,全面完成各项财税改革管理任务。

4. 三部委发布清理规范涉企收费的通知

财政部、发改委、工信部联合发布《关于开展涉企收费专项清理规范工作的通知》。该通知明确,清理规范的目标为取消、降低一批涉企收费,切实减轻企业负担;加快建立完善监管机制,坚决遏制各种乱收费;对确需保留的涉企收费基金项目,建立依法有据、科学规范、公开透明的管理制度。

5. 国家发改委支持PPP项目发展

5月5日,国家发改委就《基础设施和公用事业特许经营管理办法》有关情况举行发布会,国家发改委秘书长李朴民表示,按照国务院的要求,从2014年下半年开始,国家发改委迅速行动,积极地推广PPP模式,主要做了四个方面的工作。

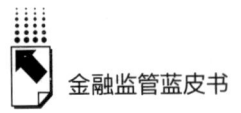

2015年5月

1. 央行允许境外银行回购债券用于境外投资

在推动人民币国际化的大背景下,为了促进人民币跨境投资,并吸引境外机构进入国内债券市场,中国人民银行将允许境外银行通过回购操作借入人民币,在海外使用。中国人民银行公布,准许境外人民币业务清算行及参加行进行银行间债券回购交易。

2. 城商行境内外投资审批权限下放至银监局

银监会发布《中资商业银行行政许可事项实施办法》。与修订前的规定相比,该办法的主要变化在于对城市商业银行对内和对外投资的审批权的变化,银监会将城市商业银行境内和境外投资的审批权下放至地方银监局。

3. 银监会加强对"非标"资产监管力度

在国内资本市场日趋火爆的当下,银监会进一步加强了对银行"非标"资产的监管力度并加急下发关于《商业银行资本管理办法(试行)》实施情况调查评估的通知,要求各银监局在6月末进行调查评估。

2015年6月

1. 央行实施定向降准

中国人民银行决定,自2015年6月28日起有针对性地对金融机构实施定向降准,以进一步支持实体经济发展,促进结构调整。①对"三农"贷款占比达到定向降准标准的城市商业银行、非县域农村商业银行降低存款准备金率0.5个百分点。②对"三农"或小微企业贷款达到定向降准标准的国有大型商业银行、股份制商业银行、外资银行降低存款准备金率0.5个百分点。③降低财务公司存款准备金率3个百分点,进一步鼓励其发挥好提高企业资金运用效率的作用。

2. 民营银行正式开业

首批试点的5家民营银行均正式开业。6月26日,中国银监会主席尚福林在国新办新闻发布会上表示，首批试点的5家民营银行的股东都具有良好的声誉，发起设立民营银行，服务对象主要是小微企业和社会公众，也都有不为股东企业贷款的承诺，没有设定急功近利的盈利目标。

3. 民营银行门槛出台

国务院办公厅正式转发《关于促进民营银行发展的指导意见》。民营资本进入银行业的具体"门槛"已经"水落石出"。按照该指导意见，准入条件包括资本、股东、拟设银行和机制4个方面的要求，其中，明确民营企业必须以自由资金投资，应满足"最近3个会计年度连续盈利，年终分配后净资产达到总资产30%以上，权益性投资余额不超过净资产50%"的条件。

4. 中央设立中国保险投资基金

6月24日，国务院召开常务会议，会议确定设立中国保险投资基金，以金融创新更好地服务实体经济。会议认为，改革商业保险资金运用方式，对接国家重大战略和市场需求，有利于保险业创新增效，也可以带动社会有效投资，支持实体经济发展。

5. 预算法实施条例明确政府举债细节

国务院法制办公布《中华人民共和国预算法实施条例（修订草案征求意见稿）》。在最受关注的政府债务方面，征求意见稿对预算法中的一些概念做出了解释。比如，预算法第35条中提出，经国务院批准的省、自治区、直辖市的预算中必需的建设投资的部分资金，可以在国务院确定的限额内，通过发行地方政府债券举借债务的方式筹措。

2015年7月

1. 央行网络支付管理办法对第三方支付金额设限

央行在7月31日公布了网络支付征求意见稿。其中，第三方支付单个客户单日累计金额应不超过5000元、支付账户需进行多种方式交叉验证等规定成为关注焦点。各家平台和网站虽然没有进行官方表态，但都表达了自己的担忧，称该办法一旦实施，将严重影响到消费者网络支付的日常生活，同时也会阻碍行业的创新和用户体验的提升。

2. 中国放宽境外央行等金融组织进入银行间市场

为加快建设更加开放透明、具有广度和深度的债券市场，以更好地发挥市场资源配置的功能，中国人民银行发布了《中国人民银行关于境外央行、国际金融组织、主权财富基金运用人民币投资银行间市场有关事宜的通知》，将相关申请程序简化为备案制，取消了对上述机构的额度限制，将其投资范围从现券扩展至债券回购、债券借贷、债券远期、利率互换、远期利率协议等交易，并允许其自主选择中国人民银行或银行间市场结算代理人为其代理交易和结算。

3. 互联网金融野蛮生长时代将终结

中国人民银行、工业和信息化部、公安部、财政部、国家工商总局、国务院法制办、中国银行业监督管理委员会、中国证券监督管理委员会、中国保险监督管理委员会、国家互联网信息办公室日前联合印发了《关于促进互联网金融健康发展的指导意见》。

4. 证监会就清理整顿违法从事证券活动进行指导

证监会公布《关于清理整顿违法从事证券业务活动的意见》。该意见指出，一段时期以来，部分机构和个人借助信息系统为客户开立虚拟证券账户，借用他人证券账户、出借本人证券账户等，代理客户买卖证券，违反了《证券法》《证券公司监督管理条例》关于证券账户实名制、未经许可不得从事证券业务的规定，损害了投资者的合法权益，严重扰乱了股票市场秩序。

2015年8月

1. 中国人民银行再次"双降"稳定经济

中国人民银行8月25日决定，自2015年8月26日起，下调金融机构人民币贷款和存款基准利率，以进一步降低企业融资成本。其中，金融机构一年期贷款基准利率下调0.25个百分点至4.6%；一年期存款基准利率下调0.25个百分点至1.75%；其他各档次贷款及存款基准利率、个人住房公积金存贷款利率相应调整。

2. 央行发布非存款类放贷组织新规

中国人民银行发布了《非存款类放贷组织条例（征求意见稿）》，旨在规范小贷公司及没有明确监督管理部门的其他非存款类放贷组织，由有关部门监管的典当行、证券期货经营机构、消费金融公司、汽车金融公司、贷款公司等非存款类放贷组织不适用该条例。

3. 国内房地产市场接连迎来政策利好

住房城乡建设部、财政部及中国人民银行发布《关于调整住房公积金个人住房贷款购房最低首付款比例的通知》。该通知称，为进一步完善住房公积金个人住房贷款政策，支持缴存职工合理住房需求，对拥有1套住房并已结清相应购房贷款的居民家庭，为改善居住条件再次申请住房公积金委托贷款购买住房的，最低首付款比例由30%降低至20%。

4. 银监会与发改委联手推动银行服务重大工程项目

中国银监会、发改委印发《关于银行业支持重点领域重大工程建设的指导意见》，要求银行业做好重大工程项目建设金融服务。该指导意见提出，对于重大工程项目建设的信贷政策，要综合考虑项目特点，实施精细化、差别化的分类管理；并要求各类银行业金融机构根据自身定位和优势特点，有区别、有侧重地对重大工程项目建设予以支持。

5. 监管层设定清除违规配资时间表

证监会于8月31日给各地证监局下发了关于进一步落实《关于清理整顿违法从事证券业务活动的意见》有关事项的通知，要求各证监局应在前期核实工作的基础上，监督辖区券商限期完成利用信息系统外部接入开展违反证券业务活动的清理整顿工作。

7. 证监会对股权众筹进行专项检查

继P2P和第三方支付相继出台监管指导意见后，股权众筹也逐渐被纳入监管体系。证监会发布《关于对通过互联网开展股权融资活动的机构进行专项检查的通知》，并部署启动对通过互联网开展股权融资活动的平台进行专项检查。

8. 国务院提高融资担保公司设立门槛

国务院法制办于8月12日发布了《融资担保公司管理条例（征求意见稿）》，对融资担保公司的设立、变更和终止，业务规则及监督管理等作了新的规定。该征求意见稿将融资担保业务定义为"担保人为被担保人进行债务融资提供担保的活动"，设立融资担保公司及分支机构仍需监管部门批准，不过在公司设立门槛上有所提高。

2015年9月

1. 人民币跨境支付系统正式上线运行

由中国人民银行组织建设的人民币跨境支付系统（CIPS）一期于10月8日在上海上线运行，为境内外金融机构人民币跨境和离岸业务提供资金清算、结算服务，是重要的金融基础设施。

2. 商业银行流动性监管新规出台

9月22日，银监会发布公告称，修改后的《商业银行流动性风险管理办法（试行）》已经银监会主席会议通过，于2015年10月1日起施行。该办法规定，在废除存贷比以后，银监会加强了对商业银行流动性的监管。根据监管部门修订后的规定，流动性风险监管指标主要包括"流动性覆盖率"和"流动性比例"。

3. 证监会将推出同时投资于境内外的 QDII 基金

中国证监会证券基金机构监管部9月22日表示，证监会正在抓紧修订《合格境内机构投资者境外证券投资管理办法》，推出同时投资于境内外市场的 QDII 基金。此外，配合新《基金法》的实施，整合公募基金管理机构的有关规定，修订《公募证券投资基金管理人监督管理办法》，促进公募基金投资顾问业务健康发展；规范基金投资顾问机构行为，起草《投资顾问机构业务管理办法》。

4. 保监会将重启保险中介机构行政许可审批

9月23日，保监会召开新闻发布会，正式对外发布《关于深化保险中介市场改革的意见》。该意见提出，支持发展保险中介行业组织，尽快推动成立中国保险中介行业协会。

5. 监管部门发文进一步规范融资业务

为规范报价系统私募股权融资业务的开展，根据《机构间私募产品报价与服务系统管理办法（试行）》，中证机构间报价系统股份有限公司制定了《机构间私募产品报价与服务系统私募股权融资业务指引（试行）》，并经中国证券业协会同意予以发布。

6. 外汇局出台措施减少外汇流出

国家外汇局9月28日发布《关于进一步加强银联人民币卡境外提现管理的通知》，该通知称，为遏制部分持卡人在境外大额提现，防范洗钱风险，银联系统自2015年10月1日起，对境内银联人民币卡在境外（含港澳台）的自动柜员机（ATM）取现交易生效实施累计限额控制。

2015年10月

1. 上海自贸区新金改具体方案出炉

中国人民银行及证监会、保监会、银监会、商务部、外汇局与上海市政府共同印发的《进一步推进中国（上海）自由贸易试验区金融开放创新试点加快上海国际金融中心建设方案》于10月30日午后面世。

2. 国内证券投保基金的融资渠道将增加

已经实行十年之久的《证券投资者保护基金管理办法》将从六方面进行修订，并向社会公开征求意见。证监会相关负责人指出，为了进一步强化投保基金公司在构建金融安全网中的作用，本次修订增加了将央行再贷款作为融资渠道，投保基金公司因履行职责需要流动性支持时，在证监会会同央行报请国务院批准后，可以向央行申请再贷款。

3. 深交所规范上市公司股票停复牌业务

为进一步规范上市公司股票停复牌业务，维护市场效率，保护投资者的交易权、知情权等合法权益，在总结监管实践的基础上，针对市场出现的新情况，深交所制定《上市公司停复牌业务备忘录》。

4. 保监会推进保险小额理赔服务便利化

中国保监会发布《保险小额理赔服务指引（试行）》，选定消费者关注度最高的车险与个人医疗保险小额理赔为突破口，以单证简化为重点，以流程优化为主线，以服务创新为引领，突破目前行业理赔服务的短板和瓶颈，对全行业加强和改进保险小额理赔服务工作给出了明确的监管导向。

2015年11月

1. 证监会发文规范发行审核权力运行

证监会发布的《关于进一步规范发行审核权力运行的若干意见》，将监督目标瞄准发行审核，首次对发审委委员提出了五个"是否"的监督检测标准。证监会介绍，该意见是在对发行审核权力运行过程中可能存在权力寻租和腐败风险的事项和环节进行全面梳理排查的基础上，采取的有针对性的完善和改进措施。

2. 央行加快"利率走廊"的形成

11月27日，央行对11家金融机构开展中期借贷便利操作（MLF）共1000亿元，期限6个月，利率3.25%。而在早前的11月19日，央行已经分别下调了常备借贷便利（SLF）利率，隔夜、7天的SLF利率分别调整为2.75%、3.25%。

3. 证监会证实取消券商自营股票每天净买入要求

证监会下发了《关于取消证券公司自营股票每天净买入要求的通知》。该通知是在股票市场逐步企稳的背景下做出的恢复证券经营机构常规监管的举措，有利于充分发挥市场机制的自我调节作用，有利于证券经营机构的正常经营，有利于资本市场的长期稳定健康发展。

2015年12月

1. 人民币被纳入特别提款权（SDR）的货币篮子

北京时间12月1日凌晨1点，代表188个成员的国际货币基金组织（IMF）执行董事会在华盛顿宣布，经投票决定，人民币满足了可广泛使用的标准，IMF 将人民币纳入特别提款权（SDR）的货币篮子。

2. 京津冀保险公司跨区域经营获批

为满足京津冀协同发展对保险业的现实需求，中国保监会于 12 月 5 日发布《中国保监会关于保险业服务京津冀协同发展的指导意见》，允许京津冀保险公司打破经营区域限制，支持三地交通一体化，加快建立三地一体化的车险快赔机制。

3. 央行实施"宏观审慎评估体系"

央行 2015 年 12 月 29 日宣布，从 2016 年起将现有的差别准备金动态调整和合意贷款管理机制升级为"宏观审慎评估体系"（Macro Prudential Assessment，MPA），以进一步完善宏观审慎政策框架，更加有效地防范系统性风险，发挥逆周期调节作用。

4. 央行要求银行建立账户分类管理机制

12 月 25 日，央行发布《关于改进个人银行账户服务加强账户管理的通知》要求，银行应建立银行账户分类管理机制，按照"了解你的客户"原则，根据开户申请人身份信息核验方式及风险评级，审慎确定银行账户功能、支付渠道和支付限额，并进行分类管理和动态管理。

5. 央行将对网络支付业务实施扶优限劣

中国人民银行日前公告发布《非银行支付机构网络支付业务管理办法》，于 2016 年 7 月 1 日起施行。该办法清晰界定了支付机构网络支付业务的内涵和边界，明确了监管标准和规则，从业务和风险管理、系统和信息安全、信息披露和风险提示、客户权益保护和法律责任等方面做出系统性制度安排，对互联网金融跨市场风险建立了必要的隔离机制，统筹把握现阶段便捷和安全的合理均衡。

6. 国内 P2P 监管细则正式公开征求意见

2015 年 12 月 28 日，银监会会同工业和信息化部、公安部、国家互联网信息办公室等部门研究起草了《网络借贷信息中介机构业务活动管理暂行办法（征求意见稿）》，征求了相关部门的意见，并向社会公开征求意见。

7. 银监会要求商业银行定期披露流动性覆盖率

为了防范流动性风险,银监会12月21日下发《关于商业银行流动性覆盖率信息披露办法的通知》,要求商业银行定期披露流动性覆盖率。该办法自2015年12月31日起施行。

8. 央地税种收入划分的调整已开始

2015年12月31日,国务院印发《关于调整证券交易印花税中央与地方分享比例的通知》。该通知提出,为妥善处理中央与地方的财政分配关系,国务院决定,从2016年1月1日起,将证券交易印花税由现行按中央97%、地方3%比例分享全部调整为中央收入。

Contents

I General Reports

B. 1 The Development and Regulation of the National Equities
Exchange and Quotation System   *Hu Bin , Zheng Liansheng* / 001

Abstract: Being an important part of China's multi-level capital market, The National Equities Exchange and Quotations System (NEEQ, or the New Third Board) has become the country's largest securities market based on the number of listed companies since 2015. The NEEQ system has played a comprehensive role in development and transformation, financing, and share transfer of small and micro enterprises in China, and served as an effective and efficiency tool to support the real economy. However, due to the short development period, imperfect micro structure and the related institutional arrangements, The NEEQ system has five challenges to be addressed in the near future, following as its basic function, liquidity problem, market maker mechanism, transferring arrangement to another board, and the standards for appropriated investors respectively. The problems led by the rapid development might be resolved in the new promotion stage of the NEEQ system. The regulatory authorities have five main tasks in the future: 1) to strengthen the fundamental function of the system which is to support the small and micro companies and real economy, 2) to match the real demand of the companies, 3) to establish a sounder liquidity framework to the NEEQ system, 4) to build up the existing mechanism, and 5) to enhance the coordination and cooperation among the enterprises, the NEEQ system and the regulators. A comprehensive NEEQ system

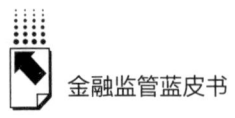

with clear perspective, well-defined function and effective regulation contributes a lot to the sustainable development of small and micro enterprises and China's economy.

Keywords: NEEQ; Financing; Share Transfer; Liquidity; Regulation

B.2 Financial Supervision of China: Significant Events in 2015

Yin Zhentao, Yang Kai / 027

Abstract: Reform has been a main theme of financial sector in China for a long time, one of the driving force is regulatory authority. In 2015, many basic or new rules of financial market have been built or enforced. Firstly, we studied the set up of deposit insurance system and interest rate liberalization, both of which are regarded as the basic system of financial market. And the regulation of the exchange rate of RMB has also been relaxed significantly. Then, we found the regulatory method of banking and insurance sector had all been optimized either. Next, we were interested in the intense discussion on the reform of financial supervision in China, which was raised by the impressive volatility of stock market. Finally, the rules of private banks、internet finance were included, and the outlook of 2016 as well.

Keywords: Market-oriented Reform; Basic Rules; Financial Supervision Framework

Ⅱ Sub－reports

B.3 Annual Report of Banking Regulation

Li Yufeng, Ba Jinsong and Kuang Keke / 044

Abstract: In 2015, the banking regulatory took consolidating supervision basis and improving the effectiveness of regulation as the main line, while paid attention on guiding banking to strongly support the real economy and preventing systemic and regional risks effectively. At the same time, the banking regulatory steadily promoted the reform of the banking sector, promulgated new rules and policies, and diversified financial market participant. In 2016, facing the change of economic situation, the development of Internet finance, the marketization of financial factors and the deepening of economic and financial globalization, the banking regulation also must adapt to the new normal by constantly adjusting and optimizing supervision idea, perfecting the regulatory framework.

Keywords: Banking; Effective Regulation; System Construction; Risk Prevention

B. 4 Annual Report of Securities Regulation

Li Peipei, Wu Liang, Yang Guang and An Bangkun / 063

Abstract: China's securities market had experienced an abnormal turmoil in 2015 due to both internal and external influences. This gets China's securities regulatory system and securities trading rules under broad attention. China's securities market regulation in 2015 continues its past reforms, but has some new traits. For instance, CSRC promotes the reform of IPO from approval-based system to registration-based system (although currently not launched); National Equities Exchange and Quotations (NEEQ) experienced a booming development; new corporate bond market grew several times larger; CSRC strengthened its law investigation and enforcement team; Securities regulation was simplified and private fund got regulated more tightly. In the future, we forecast that China's securities market regulation will become stricter and more comprehensive, and more accordance with the law. CSRC will be more likely to transform from institution regulation to functional regulation, and the macro prudential regulation will be strengthened in China's securities market.

Keywords: Abnormal Turmoil of Securities Market; Securities Regulatory System; Securities Trading Rules

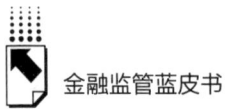

B.5 Annual Report of Insurance Supervision

Sun Caihua, Zhang Kun / 091

Abstract: In 2015, the insurance market in China appears a good development trend, property insurance grows steadily, personal insurance grows quickly, and the insurance fund yield keep high degree, the insurance companies make a record profit, increases XX%. The year of 2015 is the first full year to implement New No. 10 National notice. In this year, the government implement related policies according to New No. 10 National notice to take advantage of insurance funds, the reform of premium rate policy makes a great breakthrough, at the same time, the regulations about China Risk Oriented Solvency System (C-ROSS) launches officially, CIRC adjusts the work gravity of insurance fund supervision from "open channel" to "supervise risk". In 2016, CIRC will continue to propel market reform, promote New No. 10 Order and C-ROSS to implement, concern highly about the risk of insurance funds.

Keywords: Insurance; Market Oriented Reform; New No. 10 National Notice; China Risk Oriented Solvency System (C-ROSS)

B.6 Annual Report of Trust Regulation   *Yuan Zengting / 122*

Abstract: In 2014 – 2015, Trust industry supervision shows the characteristics of a new stage. The new regulatory framework with clear idea and methods has shaped initially. And Some favorable conditions for the industry operation have been created by regulation actions. Trust industry has been in the slow and stable growth path. Setting some basic and matched laws and rules has already entered into the agenda. However, the trust regulation transformation and upgrade will face more barriers, since the umbrella trust regulation problem has been exposed in the stock market crash event in the mid – 2015, and the institutional conflicts between the mixed operation and the separate supervision. In the same time, it's necessary to reinforce the micro foundation of trust industry supervision, and to avoid some appear in some regulatory limbo.

Keywords: Trust Industry; Umbrella Trust; Financial Supervision

B.7　Annual Report of Foreign Exchange Management

Tang Liu / 136

Abstract: This Chapter outlines main activities of China's administration of foreign exchange in 2014. Based on the past reforms, it focuses on the three main aspects in the administrative actions of foreign exchange in 2015, which includes the reform in capital accounts liberalization, reform in RMB exchange rate formation mechanism, the reforms aiming at building 'One Belt And One Road'. The chapter concludes that China's administration of foreign exchange will focus on how to implement the administrative power in accordance with laws, how to improvemacro-prudential framework of foreign debt and cross-border capital flow management and to support the new 'One Belt And One Road' Initiative and RMB internationalization.

Keywords: FX Administration; Reform; Balance of Payment

Ⅲ　Special Topics

B.8　The Development and Supervision of Interbank Business
　　　in Commercial Banks　　　*Zhu Yuanqian, Xu Chao* / 154

Abstract: Abstract: China's commercial banks interbank business have been developing rapidly recently. For better understanding of the current situation of commercial banks, this paper has carried on the related researches to the international and domestic interbank business, combed the development process of

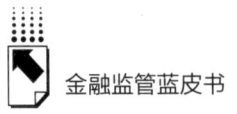

the international interbank business and the supervision reform after the crises, and analyzed the current situation and the main risk of the development of China's commercial banks interbank business. Based on this, this paper also put forward the relevant policy recommendations.

Keywords: Interbank Business; Financial Supervision; Financial Risk; Special Purpose Vehicle

B. 9 Make the Regulatory Framework Clear to Develop the Business of Investment & Loan Linkage

Wang Gang, Yin Ting, Ding Ding and Wang Yu / 171

Abstract: In essential, emerging business of investment and loan linkage in bank in recent years, compensates losses from the risk of loan in technology-based start-ups at the expense of equity investment profits.

As an innovation of financing forms to resolve the difficulty in obtaining loans of technology-based small and medium-sized enterprises, investment and loan linkage is a positive initiative required by "transformation development driven by scientific and technological innovation" policy. It is also a key breakthrough to promote integrated managements pilot and achieve self-transformation development in banking industry on the premise of compliance with laws and regulations. On the basis of comparison with and reference to the laws and regulatory regimes involved with equity investment in banks in USA and Japan, this paper clarifies the current relevant laws and regulatory constraints of the business of investment and loan linkage in domestic banks. Subsequently, after comparison and analysis of primary modes to establish that business in domestic commercial banks, this paper indicates that in order to implement regulations to aforementioned business, following principles should be abode by: firstly, establishing and promoting deliberately directional pilot; secondly, managing specialization; thirdly, persisting in principle of risk compensation by compensating loan which is fundamental with investment profits; fourthly, fulfilling isolation of risk and risk management effectively. The report ultimately enumerates 4 specific proposals regarding with the institutional arrangements and implementation processes to supervise the business of investment and loan linkage.

Keywords: Investment and Loan Linkage; Regulatory Regime; Risk Compensation; Risk Isolation

B. 10 The Study on Program Trading Regulatory and Risk Control Mechanism *Wang Hua, Ma Xueying and Jiang Peng* / 180

Abstract: With the rapid development and expansion of the development of international financial markets and computer technology, program trading (algorithm trading) has become a very important trading pattern and plays an active role for mature financial markets, to promote price discovery and enhance market efficiency. For Chinese financial market development and internationalization process, program trading will be an integral part. Combined with the characteristics of China's financial markets and the lessons from program trading history during the development of mature financial market, it is crucial to gradually improve program trading's the regulatory mode and risk control mechanism in order to maintain China's financial market stay stable and develop healthily. For the structure of this article, firstly the article summarizes the concept of program trading and states the need for program trading in Chinese market participants. Secondly we analyze the international program trading cases and identify the risks associated with trading markets. Thirdly we categorize the hierarchical program trading models and their regulatory development process, also summarize the program trading risk control mechanisms from multiple angles. Finally, combining with the characteristics of Chinese financial markets, we propose program trading regulatory model and specific risk control mechanisms for development of program trading in China.

Keywords: Program Trading; Regulatory; Risk Control Mechanism

B. 11 The Application and Regulatory of the Encryption Currency and Block Chain Technology / Liu Liang / 206

Abstract: This paper analyzes the characteristics, development status and regulatory status of the money and encryption block chain technology. Encryption currency is the usage of free currency theory of Austrians doctrine online, which uses a technique to remove the central block chain node and the third-party intermediaries, and it's decentralized, disintermediation Internet thinking will have a profound impact in various financial levels. Currently, considering the Encryption currency as the financial assets has become mainstream awareness of each country. Tax legislation will replace the financial regulatory legislation, as the most important part of governments' regulation of Encryption currency in the next period of time. Block chain technology will be considerable for the application layer and it deeds more attention.

Keywords: Encryption Currency; Block Chain Technology; The Elimination of Centralization

B. 12 The Study on the Defects and Improvements of Pledge of Securities System / Yang Guang / 223

Abstract: The pledge of securities, as a main pattern of financial innovation, owns distinctive functions such as reflecting the value of securities, broadening the financing channels, enlarging the credit of corporation, promoting the complementation between different industries and increasing the gain of investment. The improvements of pledge of securities shall make the law and the practices of securities transaction convergent tightly. Besides, the focuses shall be put on the categories of object, the establishment of contract, the delivery of possession of securities, the scope of object and obligation pledged, the pre-execution of action right, the transference of pledge right, the fashions of execution the pledge and the settlement of securities transaction. The fundamental paths are establishing the indirect holding of securities system, revising the non-typical guarantee system and keeping balance between financial innovation and risk prevention.

Keywords: Pledge of Securities; Defects of the System; Improvements of the System; Financial Innovation

B. 13 The Comprehensive Implementation of Financial Accounts System with Real Identity
—*An Important Construction of Financial Infrastructure*

Wu Liang / 240

Abstract: Abstract: Although China has a System of Personal Savings Account with Real Identity, but failed to establish the System of all financial accounts with real identity financial effectively. Without fully verification and punitive measures, the financial account of the real name system can't implement. Over the years some financial money launderers often open kana, anonymous and false account illegally and do criminal activities. The financial account with Real Identity system is the basic work of the modern financial supervision. If the financial account with real identity system not thoroughly implement a day, the hidden loopholes in the system may cause a series of capital flight, regulatory dislocation and other issues. The implementation of the financial account with real identity is a systematic engineering, there is still a long way to go. More cooperation and deployment are needed, more supporting laws and regulations are needed, more policy feedback and evaluation are needed. This paper try to analyze the status quo of the financial account with real identity system in China, put forward policy suggestions on the implementation of the work and propose contingency plans for possible risks.

Keywords: Financial Accounts System with Real Identity; Financial Supervision; Financial Risk

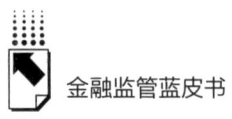

B.14 The Regulatory Issues Study of Private Equity Fund Management Institutions Listed on the National Equities Exchange and Quotations (NEEQ)

Fei Wenying / 253

Abstract: Private equity industry has developed rapidly in recent years in China, which provides the market with liquidity and plays an important role for servicing small businesses. Private equity fund management institutions listed on the NEEQ can quickly upgrade private equity fund's private placement, and expand the size of private equity fund. But in a self-regulatory framework, it is still a lack of systematic and effective regulatory system for private equity funds raising, investing, managing, quitting. If the regulation is not in place, private equity funds are likely to cause "drawing blood" behavior from the NEEQ. According to the explosive growth of the private equity industry, and based on the analysis of the status quo financing for private equity fund management institutions listed on the NEEQ, this paper reviews the hidden risks and regulatory difficulties of the private equity fund management institutions listed on the NEEQ. Combining with the current actual regulation, this paper put s forward clear regulatory objectives, principles and policy recommendations to improve the regulatory system and innovative regulatory mechanisms.

Keywords: Private Equity; NEEQ; Financial Regulation

B.15 On the Rationale of Classifying the 'Guarantee Business' into the Business Scope of Chinese Insurance Companies

Yu Huafeng, Cao Shunming / 267

Abstract: The legal nature of surety bond has long been a subject of endless argument while has not yet been developed a clear conclusion, the reason is that the Chinese insurance law has not classified the 'guarantee business' into the scope of business which Chinese insurance companies are permitted to carry out, whereas the market has huge demand of this kind of business, consequently the Chinese insurance companies creatively introduce a series of "surety bond" products to meet the rapidly rising demand of the market for guarantee business. In fact, it will not trigger any theoretical obstacles with the existing Chinese insurance law to expressly permit insurance companies to carry out guarantee business as the insurance companies' scope of business, instead it is the effective approach for China insurance industry to meet the market demand in a straightforward, reasonable and productive way, moreover from the legislature perspective it is the inevitable choice to scientifically constitute the Chinese insurance companies' business scope, thus fundamentally resolve the controversial understanding of the legal nature of surety bond and settle the relevant dispute. China insurance industry is capable of well managing the risks that arise from conducting guarantee business.

Keywords: Surety Bond; Business of Guarantee; Scope of Business

Ⅳ Appendix

B. 16 Financial Regulation Memorabilia in 2015

Xing Yan, Lyu Zhicheng / 279

《中国金融监管报告（2017）》征稿启事

中国社会科学院金融法律与金融监管研究基地主要从事金融法律与金融监管的理论研究、教学以及咨询、培训、学术交流等工作，致力于从监管的角度跟踪研究我国金融领域的各方面问题，并向社会公布其研究成果。该基地整合中国社会科学院院内院外多学科专家、学者的研究力量，并与我国金融监管部门、相关金融机构及研究机构建立稳定的合作关系。自2005年起，基地每年组织编写《中国金融监管报告》，作为该领域的年鉴性出版物，集中、系统、全面、持续地反映中国金融监管的现状、发展和改革进程。

《中国金融监管报告》的定位是"记载事实"、"客观评论"以及"金融和法律交叉研究"。资料翔实、系统，评论客观、准确，金融学和法学的多视角分析，是我们要达到的基本要求。

目前，《中国金融监管报告（2017）》一书的编写工作将于2016年9月开始，我们欢迎金融领域的专家、学者和其他专业人士赐稿。来稿形式不拘，字数10000～15000字。稿件可以用纸面或者电子邮件方式发出。来稿应具有一定的理论高度或者具有重要的现实意义，文献引注规范，并且未曾公开发表。来稿请注明作者的姓名、单位、职务、职称和联系方式。稿件发出后2个月如无回复可另投其他刊物。

中国社会科学院金融法律与金融监管研究基地期待着以《中国金融监管报告》为媒介和平台，与社会各界进行广泛的合作和交流，共同为中国金融法治和监管事业而努力。

来稿请寄：
联系地址：北京市朝阳区曙光西里28号中冶大厦1101室
　　　　　中国社会科学院金融研究所
邮政编码：100028　　　　　　　　　联系人：尹振涛
联系电话：(010) 59868205　　　　　电子信箱：flr-cass@cass.org.cn

中国社会科学院金融法律与金融监管研究基地
2016年5月

社会科学文献出版社　皮书系列

❖ 皮书起源 ❖

"皮书"起源于十七、十八世纪的英国，主要指官方或社会组织正式发表的重要文件或报告，多以"白皮书"命名。在中国，"皮书"这一概念被社会广泛接受，并被成功运作、发展成为一种全新的出版形态，则源于中国社会科学院社会科学文献出版社。

❖ 皮书定义 ❖

皮书是对中国与世界发展状况和热点问题进行年度监测，以专业的角度、专家的视野和实证研究方法，针对某一领域或区域现状与发展态势展开分析和预测，具备原创性、实证性、专业性、连续性、前沿性、时效性等特点的公开出版物，由一系列权威研究报告组成。

❖ 皮书作者 ❖

皮书系列的作者以中国社会科学院、著名高校、地方社会科学院的研究人员为主，多为国内一流研究机构的权威专家学者，他们的看法和观点代表了学界对中国与世界的现实和未来最高水平的解读与分析。

❖ 皮书荣誉 ❖

皮书系列已成为社会科学文献出版社的著名图书品牌和中国社会科学院的知名学术品牌。2011年，皮书系列正式列入"十二五"国家重点出版规划项目；2012~2015年，重点皮书列入中国社会科学院承担的国家哲学社会科学创新工程项目；2016年，46种院外皮书使用"中国社会科学院创新工程学术出版项目"标识。

中国皮书网
www.pishu.cn

发布皮书研创资讯，传播皮书精彩内容
引领皮书出版潮流，打造皮书服务平台

栏目设置：

- □ 资讯：皮书动态、皮书观点、皮书数据、皮书报道、皮书发布、电子期刊
- □ 标准：皮书评价、皮书研究、皮书规范
- □ 服务：最新皮书、皮书书目、重点推荐、在线购书
- □ 链接：皮书数据库、皮书博客、皮书微博、在线书城
- □ 搜索：资讯、图书、研究动态、皮书专家、研创团队

中国皮书网依托皮书系列"权威、前沿、原创"的优质内容资源，通过文字、图片、音频、视频等多种元素，在皮书研创者、使用者之间搭建了一个成果展示、资源共享的互动平台。

自2005年12月正式上线以来，中国皮书网的IP访问量、PV浏览量与日俱增，受到海内外研究者、公务人员、商务人士以及专业读者的广泛关注。

2008年、2011年中国皮书网均在全国新闻出版业网站荣誉评选中获得"最具商业价值网站"称号；2012年，获得"出版业网站百强"称号。

2014年，中国皮书网与皮书数据库实现资源共享，端口合一，将提供更丰富的内容，更全面的服务。

法 律 声 明

"皮书系列"(含蓝皮书、绿皮书、黄皮书)之品牌由社会科学文献出版社最早使用并持续至今,现已被中国图书市场所熟知。"皮书系列"的LOGO(　)与"经济蓝皮书""社会蓝皮书"均已在中华人民共和国国家工商行政管理总局商标局登记注册。"皮书系列"图书的注册商标专用权及封面设计、版式设计的著作权均为社会科学文献出版社所有。未经社会科学文献出版社书面授权许可,任何使用与"皮书系列"图书注册商标、封面设计、版式设计相同或者近似的文字、图形或其组合的行为均系侵权行为。

经作者授权,本书的专有出版权及信息网络传播权为社会科学文献出版社享有。未经社会科学文献出版社书面授权许可,任何就本书内容的复制、发行或以数字形式进行网络传播的行为均系侵权行为。

社会科学文献出版社将通过法律途径追究上述侵权行为的法律责任,维护自身合法权益。

欢迎社会各界人士对侵犯社会科学文献出版社上述权利的侵权行为进行举报。电话:010-59367121,电子邮箱:fawubu@ssap.cn。

社会科学文献出版社

权威报告·热点资讯·特色资源

皮书数据库
ANNUAL REPORT(YEARBOOK) DATABASE

当代中国与世界发展高端智库平台

WWW.PISHU.COM.CN

皮书俱乐部会员服务指南

1. 谁能成为皮书俱乐部成员？
  ● 皮书作者自动成为俱乐部会员
  ● 购买了皮书产品（纸质书/电子书）的个人用户

2. 会员可以享受的增值服务
  ● 免费获赠皮书数据库100元充值卡
  ● 加入皮书俱乐部，免费获赠该纸质图书的电子书
  ● 免费定期获赠皮书电子期刊
  ● 优先参与各类皮书学术活动
  ● 优先享受皮书产品的最新优惠

3. 如何享受增值服务？
（1）免费获赠100元皮书数据库体验卡
  第1步 刮开附赠充值的涂层（右）；
  第2步 登录皮书数据库网站（www.pishu.com.cn），注册账号；
  第3步 登录并进入"会员中心"—"在线充值"—"充值卡充值"，充值成功后即可使用。

（2）加入皮书俱乐部，凭数据库体验卡获赠该书的电子书
  第1步 登录社会科学文献出版社官网（www.ssap.com.cn），注册账号；
  第2步 登录并进入"会员中心"—"皮书俱乐部"，提交加入皮书俱乐部申请；
  第3步 审核通过后，再次进入皮书俱乐部，填写页面所需图书、体验卡信息即可自动兑换相应电子书。

4. 声明
  解释权归社会科学文献出版社所有

皮书俱乐部会员可享受社会科学文献出版社其他相关免费增值服务，有任何疑问，均可与我们联系。

图书销售热线：010-59367070/7028
图书服务QQ：800045692
图书服务邮箱：duzhe@ssap.cn

数据库服务热线：400-008-6695
数据库服务邮箱：database@ssap.cn
兑换电子书服务热线：010-59367204

欢迎登录社会科学文献出版社官网
（www.ssap.com.cn）
和中国皮书网（www.pishu.cn）
了解更多信息

社会科学文献出版社 皮书系列
SOCIAL SCIENCES ACADEMIC PRESS (CHINA)

卡号：686934574166
密码：

子库介绍
Sub-Database Introduction

中国经济发展数据库

涵盖宏观经济、农业经济、工业经济、产业经济、财政金融、交通旅游、商业贸易、劳动经济、企业经济、房地产经济、城市经济、区域经济等领域，为用户实时了解经济运行态势、把握经济发展规律、洞察经济形势、做出经济决策提供参考和依据。

中国社会发展数据库

全面整合国内外有关中国社会发展的统计数据、深度分析报告、专家解读和热点资讯构建而成的专业学术数据库。涉及宗教、社会、人口、政治、外交、法律、文化、教育、体育、文学艺术、医药卫生、资源环境等多个领域。

中国行业发展数据库

以中国国民经济行业分类为依据，跟踪分析国民经济各行业市场运行状况和政策导向，提供行业发展最前沿的资讯，为用户投资、从业及各种经济决策提供理论基础和实践指导。内容涵盖农业，能源与矿产业，交通运输业，制造业，金融业，房地产业，租赁和商务服务业，科学研究，环境和公共设施管理，居民服务业，教育，卫生和社会保障，文化、体育和娱乐业等 100 余个行业。

中国区域发展数据库

以特定区域内的经济、社会、文化、法治、资源环境等领域的现状与发展情况进行分析和预测。涵盖中部、西部、东北、西北等地区，长三角、珠三角、黄三角、京津冀、环渤海、合肥经济圈、长株潭城市群、关中－天水经济区、海峡经济区等区域经济体和城市圈，北京、上海、浙江、河南、陕西等 34 个省份。

中国文化传媒数据库

包括文化事业、文化产业、宗教、群众文化、图书馆事业、博物馆事业、档案事业、语言文字、文学、历史地理、新闻传播、广播电视、出版事业、艺术、电影、娱乐等多个子库。

世界经济与国际政治数据库

以皮书系列中涉及世界经济与国际政治的研究成果为基础，全面整合国内外有关世界经济与国际政治的统计数据、深度分析报告、专家解读和热点资讯构建而成的专业学术数据库。包括世界经济、世界政治、世界文化、国际社会、国际关系、国际组织、区域发展、国别发展等多个子库。

权威·前沿·原创

社会科学文献出版社

皮书系列

2016年

盘点年度资讯 预测时代前程

社长致辞

我们是图书出版者，更是人文社会科学内容资源供应商；

我们背靠中国社会科学院，面向中国与世界人文社会科学界，坚持为人文社会科学的繁荣与发展服务；

我们精心打造权威信息资源整合平台，坚持为中国经济与社会的繁荣与发展提供决策咨询服务；

我们以读者定位自身，立志让爱书人读到好书，让求知者获得知识；

我们精心编辑、设计每一本好书以形成品牌张力，以优秀的品牌形象服务读者，开拓市场；

我们始终坚持"创社科经典，出传世文献"的经营理念，坚持"权威、前沿、原创"的产品特色；

我们"以人为本"，提倡阳光下创业，员工与企业共享发展之成果；

我们立足于现实，认真对待我们的优势、劣势，我们更着眼于未来，以不断的学习与创新适应不断变化的世界，以不断的努力提升自己的实力；

我们愿与社会各界友好合作，共享人文社会科学发展之成果，共同推动中国学术出版乃至内容产业的繁荣与发展。

社会科学文献出版社社长
中国社会学会秘书长

2016年1月

社会科学文献出版社
SOCIAL SCIENCES ACADEMIC PRESS (CHINA)

社会科学文献出版社成立于1985年，是直属于中国社会科学院的人文社会科学专业学术出版机构。

成立以来，特别是1998年实施第二次创业以来，依托于中国社会科学院丰厚的学术出版和专家学者两大资源，坚持"创社科经典，出传世文献"的出版理念和"权威、前沿、原创"的产品定位，社科文献立足内涵式发展道路，从战略层面推动学术出版五大能力建设，逐步走上了智库产品与专业学术成果系列化、规模化、数字化、国际化、市场化发展的经营道路。

先后策划出版了著名的图书品牌和学术品牌"皮书"系列、"列国志"、"社科文献精品译库"、"全球化译丛"、"全面深化改革研究书系"、"近世中国"、"甲骨文"、"中国史话"等一大批既有学术影响又有市场价值的系列图书，形成了较强的学术出版能力和资源整合能力。2015年社科文献出版社发稿5.5亿字，出版图书约2000种，承印发行中国社科院院属期刊74种，在多项指标上都实现了较大幅度的增长。

凭借着雄厚的出版资源整合能力，社科文献出版社长期以来一直致力于从内容资源和数字平台两个方面实现传统出版的再造，并先后推出了皮书数据库、列国志数据库、"一带一路"数据库、中国田野调查数据库、台湾大陆同乡会数据库等一系列数字产品。数字出版已经初步形成了产品设计、内容开发、编辑标引、产品运营、技术支持、营销推广等全流程体系。

在国内原创著作、国外名家经典著作大量出版，数字出版突飞猛进的同时，社科文献出版社从构建国际话语体系的角度推动学术出版国际化。先后与斯普林格、博睿、牛津、剑桥等十余家国际出版机构合作面向海外推出了"皮书系列""改革开放30年研究书系""中国梦与中国发展道路研究丛书""全面深化改革研究书系"等一系列在世界范围内引起强烈反响的作品；并持续致力于中国学术出版走出去，组织学者和编辑参加国际书展，筹办国际性学术研讨会，向世界展示中国学者的学术水平和研究成果。

此外，社科文献出版社充分利用网络媒体平台，积极与中央和地方各类媒体合作，并联合大型书店、学术书店、机场书店、网络书店、图书馆，逐步构建起了强大的学术图书内容传播平台。学术图书的媒体曝光率居全国之首，图书馆藏率居于全国出版机构前十位。

上述诸多成绩的取得，有赖于一支以年轻的博士、硕士为主体，一批从中国社科院刚退出科研一线的各学科专家为支撑的300多位高素质的编辑、出版和营销队伍，为我们实现学术立社，以学术品位、学术价值来实现经济效益和社会效益这样一个目标的共同努力。

作为已经开启第三次创业梦想的人文社会科学学术出版机构，我们将以改革发展为动力，以学术资源建设为中心，以构建智慧型出版社为主线，以"整合、专业、分类、协同、持续"为各项工作指导原则，全力推进出版社数字化转型，坚定不移地走专业化、数字化、国际化发展道路，全面提升出版社核心竞争力，为实现"社科文献梦"奠定坚实基础。

经济类

经 济 类

经济类皮书涵盖宏观经济、城市经济、大区域经济，提供权威、前沿的分析与预测

经济蓝皮书
2016年中国经济形势分析与预测

李　扬 / 主编　　2015年12月出版　　定价:79.00元

◆ 本书为总理基金项目，由著名经济学家李扬领衔，联合中国社会科学院等数十家科研机构、国家部委和高等院校的专家共同撰写，系统分析了2015年的中国经济形势并预测2016年我国经济运行情况。

世界经济黄皮书
2016年世界经济形势分析与预测

王洛林　张宇燕 / 主编　　2015年12月出版　　定价:79.00元

◆ 本书由中国社会科学院世界经济与政治研究所的研究团队撰写，2015年世界经济增长继续放缓，增长格局也继续分化，发达经济体与新兴经济体之间的增长差距进一步收窄。2016年世界经济增长形势不容乐观。

产业蓝皮书
中国产业竞争力报告（2016）NO.6

张其仔 / 主编　　2016年12月出版　　定价:98.00元

◆ 本书由中国社会科学院工业经济研究所研究团队在深入实际、调查研究的基础上完成。通过运用丰富的数据资料和最新的测评指标，从学术性、系统性、预测性上分析了2015年中国产业竞争力，并对未来发展趋势进行了预测。

皮书系列重点推荐

经济类

G20国家创新竞争力黄皮书
二十国集团（G20）国家创新竞争力发展报告（2016）

李建平 李闽榕 赵新力/主编　　2016年11月出版　估价:138.00元

◆ 本报告在充分借鉴国内外研究者的相关研究成果的基础上，紧密跟踪技术经济学、竞争力经济学、计量经济学等学科的最新研究动态，深入分析G20国家创新竞争力的发展水平、变化特征、内在动因及未来趋势，同时构建了G20国家创新竞争力指标体系及数学模型。

国际城市蓝皮书
国际城市发展报告（2016）

屠启宇/主编　　2016年2月出版　　定价:79.00元

◆ 本书作者以上海社会科学院从事国际城市研究的学者团队为核心，汇集同济大学、华东师范大学、复旦大学、上海交通大学、南京大学、浙江大学相关城市研究专业学者。立足动态跟踪介绍国际城市发展实践中，最新出现的重大战略、重大理念、重大项目、重大报告和最佳案例。

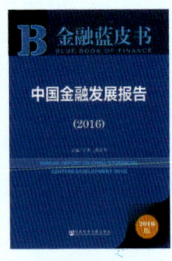

金融蓝皮书
中国金融发展报告（2016）

李扬 王国刚/主编　　2015年12月出版　　定价:79.00元

◆ 本书由中国社会科学院金融研究所组织编写，概括和分析了2015年中国金融发展和运行中的各方面情况，研讨和评论了2015年发生的主要金融事件。本书由业内专家和青年精英联合编著，有利于读者了解掌握2015年中国的金融状况，把握2016年中国金融的走势。

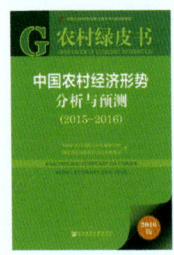

农村绿皮书
中国农村经济形势分析与预测（2015～2016）

中国社会科学院农村发展研究所　国家统计局农村社会经济调查司/著
2016年4月出版　估价:69.00元

◆ 本书描述了2015年中国农业农村经济发展的一些主要指标和变化，以及对2016年中国农业农村经济形势的一些展望和预测。

经济类　皮书系列 重点推荐

西部蓝皮书

中国西部发展报告（2016）

姚慧琴 徐璋勇/主编　2016年7月出版　估价：89.00元

◆ 本书由西北大学中国西部经济发展研究中心主编，汇集了源自西部本土以及国内研究西部问题的权威专家的第一手资料，对国家实施西部大开发战略进行年度动态跟踪，并对2016年西部经济、社会发展态势进行预测和展望。

民营经济蓝皮书

中国民营经济发展报告 NO.12（2015～2016）

王钦敏/主编　2016年4月出版　估价：75.00元

◆ 改革开放以来，民营经济从无到有、从小到大，是最具活力的增长极。本书是中国工商联课题组的研究成果，对2015年度中国民营经济的发展现状、趋势进行了详细的论述，并提出了合理的建议。是广大民营企业进行政策咨询、科学决策和理论创新的重要参考资料，也是理论工作者进行理论研究的重要参考资料。

经济蓝皮书夏季号

中国经济增长报告（2015～2016）

李扬/主编　2016年8月出版　估价：69.00元

◆ 中国经济增长报告主要探讨2015~2016年中国经济增长问题，以专业视角解读中国经济增长，力求将其打造成一个研究中国经济增长、服务宏微观各级决策的周期性、权威性读物。

中三角蓝皮书

长江中游城市群发展报告（2016）

秦尊文/主编　2016年10月出版　估价：69.00元

◆ 本书是湘鄂赣皖四省专家学者共同研究的成果，从不同角度、不同方位记录和研究长江中游城市群一体化，提出对策措施，以期为将"中三角"打造成为继珠三角、长三角、京津冀之后中国经济增长第四极奉献学术界的聪明才智。

5

皮书系列 重点推荐

社会政法类

社会政法类

社会政法类皮书聚焦社会发展领域的热点、难点问题，
提供权威、原创的资讯与视点

社会蓝皮书

2016年中国社会形势分析与预测

李培林　陈光金　张　翼/主编　2015年12月出版　定价:79.00元

◆ 本书由中国社会科学院社会学研究所组织研究机构专家、高校学者和政府研究人员撰写，聚焦当下社会热点，对2015年中国社会发展的各个方面内容进行了权威解读，同时对2016年社会形势发展趋势进行了预测。

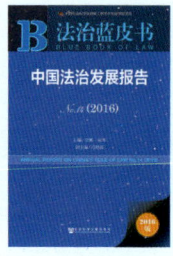

法治蓝皮书

中国法治发展报告NO.14（2016）

李　林　田　禾/主编　2016年3月出版　定价:118.00元

◆ 本年度法治蓝皮书回顾总结了2015年度中国法治发展取得的成就和存在的不足，并对2016年中国法治发展形势进行了预测和展望。

反腐倡廉蓝皮书

中国反腐倡廉建设报告NO.6

李秋芳　张英伟/主编　2017年1月出版　估价:79.00元

◆ 本书抓住了若干社会热点和焦点问题，全面反映了新时期新阶段中国反腐倡廉面对的严峻局面，以及中国共产党反腐倡廉建设的新实践新成果。根据实地调研、问卷调查和舆情分析，梳理了当下社会普遍关注的与反腐败密切相关的热点问题。

社会政法类　　皮书系列 重点推荐

生态城市绿皮书

中国生态城市建设发展报告（2016）

刘举科　孙伟平　胡文臻 / 主编　2016 年 6 月出版　估价 :98.00 元

◆ 报告以绿色发展、循环经济、低碳生活、民生宜居为理念，以更新民众观念、提供决策咨询、指导工程实践、引领绿色发展为宗旨，试图探索一条具有中国特色的城市生态文明建设新路。

公共服务蓝皮书

中国城市基本公共服务力评价（2016）

钟君　吴正杲 / 主编　2016 年 12 月出版　估价 :79.00 元

◆ 中国社会科学院经济与社会建设研究室与华图政信调查组成联合课题组，从 2010 年开始对基本公共服务力进行研究，研创了基本公共服务力评价指标体系，为政府考核公共服务与社会管理工作提供了理论工具。

教育蓝皮书

中国教育发展报告（2016）

杨东平 / 主编　2016 年 4 月出版　定价 :79.00 元

◆ 本书由国内的中青年教育专家合作研究撰写。深度剖析 2015 年中国教育的热点话题，并对当下中国教育中出现的问题提出对策建议。

生态文明绿皮书

中国省域生态文明建设评价报告（ECI 2016）

严耕 / 主编　2016 年 12 月出版　估价 :85.00 元

◆ 本书基于国家最新发布的权威数据，对我国的生态文明建设状况进行科学评价，并开展相应的深度分析，结合中央的政策方针和各省的具体情况，为生态文明建设推进，提出针对性的政策建议。

皮书系列
重点推荐

行业报告类

行业报告类

行业报告类皮书立足重点行业、新兴行业领域，
提供及时、前瞻的数据与信息

房地产蓝皮书

中国房地产发展报告 NO.13（2016）

魏后凯　李景国 / 主编　　2016年5月出版　　估价：79.00元

◆ 蓝皮书秉承客观公正、科学中立的宗旨和原则，追踪2015年我国房地产市场最新资讯，深度分析，剖析因果，谋划对策，并对2016年房地产发展趋势进行了展望。

旅游绿皮书

2015～2016年中国旅游发展分析与预测

宋　瑞 / 主编　　2016年4出版　　定价：89.00元

◆ 本书中国社会科学院旅游研究中心组织相关专家编写的年度研究报告，对2015年旅游行业的热点问题进行了全面的综述并提出专业性建议，并对2016年中国旅游的发展趋势进行展望。

互联网金融蓝皮书

中国互联网金融发展报告（2016）

李东荣 / 主编　　2016年8月出版　　估价：79.00元

◆ 近年来，许多基于互联网的金融服务模式应运而生并对传统金融业产生了深刻的影响和巨大的冲击，"互联网金融"成为社会各界关注的焦点。本书探析了2015年互联网金融的特点和2016年互联网金融的发展方向和亮点。

行业报告类　　皮书系列重点推荐

资产管理蓝皮书
中国资产管理行业发展报告（2016）

智信资产管理研究院 / 编著　　2016 年 6 月出版　　估价：89.00 元

◆ 中国资产管理行业刚刚兴起，未来将中国金融市场最有看点的行业，也会成为快速发展壮大的行业。本书主要分析了 2015 年度资产管理行业的发展情况，同时对资产管理行业的未来发展做出科学的预测。

老龄蓝皮书
中国老龄产业发展报告（2016）

吴玉韶　党俊武 / 编著
2016 年 9 月出版　　估价：79.00 元

◆ 本书着眼于对中国老龄产业的发展给予系统介绍，深入解析，并对未来发展趋势进行预测和展望，力求从不同视角、不同层面全面剖析中国老龄产业发展的现状、取得的成绩、存在的问题以及重点、难点等。

金融蓝皮书
中国金融中心发展报告（2016）

王　力　黄育华 / 编著　　2017 年 11 月出版　　估价：75.00 元

◆ 本报告将提升中国金融中心城市的金融竞争力作为研究主线，全面、系统、连续地反映和研究中国金融中心城市发展和改革的最新进展，展示金融中心理论研究的最新成果。

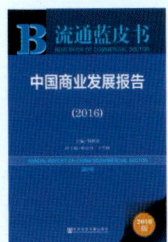

流通蓝皮书
中国商业发展报告（2016）

荆林波 / 编著　　2016 年 5 月出版　　估价：89.00 元

◆ 本书是中国社会科学院财经院与利丰研究中心合作的成果，从关注中国宏观经济出发，突出了中国流通业的宏观背景，详细分析了批发业、零售业、物流业、餐饮产业与电子商务等产业发展状况。

国别与地区类

国别与地区类皮书关注全球重点国家与地区，提供全面、独特的解读与研究

美国蓝皮书

美国研究报告（2016）

黄平 郑秉文/主编　2016年7月出版　估价：89.00元

◆ 本书是由中国社会科学院美国所主持完成的研究成果，它回顾了美国2015年的经济、政治形势与外交战略，对2016年以来美国内政外交发生的重大事件以及重要政策进行了较为全面的回顾和梳理。

拉美黄皮书

拉丁美洲和加勒比发展报告（2015~2016）

吴白乙/主编　2016年5月出版　估价：89.00元

◆ 本书对2015年拉丁美洲和加勒比地区诸国的政治、经济、社会、外交等方面的发展情况做了系统介绍，对该地区相关国家的热点及焦点问题进行了总结和分析，并在此基础上对该地区各国2016年的发展前景做出预测。

日本经济蓝皮书

日本经济与中日经贸关系研究报告（2016）

王洛林 张季风/编著　2016年5月出版　估价：79.00元

◆ 本书系统、详细地介绍了2015年日本经济以及中日经贸关系发展情况，在进行了大量数据分析的基础上，对2016年日本经济以及中日经贸关系的大致发展趋势进行了分析与预测。

国别与地区类 皮书系列 重点推荐

俄罗斯黄皮书
俄罗斯发展报告（2016）
李永全 / 编著　2016年7月出版　估价:79.00元

◆ 本书系统介绍了2015年俄罗斯经济政治情况，并对2015年该地区发生的焦点、热点问题进行了分析与回顾；在此基础上，对该地区2016年的发展前景进行了预测。

国际形势黄皮书
全球政治与安全报告（2016）
李慎明　张宇燕 / 主编　2015年12月出版　定价:69.00元

◆ 本书旨在对本年度全球政治及安全形势的总体情况、热点问题及变化趋势进行回顾与分析，并提出一定的预测及对策建议。作者通过事实梳理、数据分析、政策分析等途径，阐释了本年度国际关系及全球安全形势的基本特点，并在此基础上提出了具有启示意义的前瞻性结论。

德国蓝皮书
德国发展报告（2016）
郑春荣　伍慧萍 / 主编　2016年6月出版　估价:69.00元

◆ 本报告由同济大学德国研究所组织编撰，由该领域的专家学者对德国的政治、经济、社会文化、外交等方面的形势发展情况，进行全面的阐述与分析。

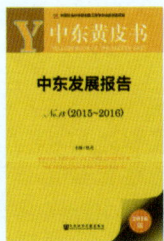

中东黄皮书
中东发展报告 NO.18（2015～2016）
杨光 / 主编　2016年10月出版　估价:89.00元

◆ 报告回顾和分析了一年来多以来中东地区政治经济局势的新发展，为跟踪中东地区的市场变化和中东研究学科的研究前沿，提供了全面扎实的信息。

皮书系列 重点推荐　地方发展类

地方发展类

地方发展类皮书关注中国各省份、经济区域，提供科学、多元的预判与资政信息

北京蓝皮书
北京公共服务发展报告（2015~2016）

施昌奎 / 主编　　2016年2月出版　　定价:79.00元

◆ 本书是由北京市政府职能部门的领导、首都著名高校的教授、知名研究机构的专家共同完成的关于北京市公共服务发展与创新的研究成果。

河南蓝皮书
河南经济发展报告（2016）

河南省社会科学院 / 编著　　2016年3月出版　　定价:79.00元

◆ 本书以国内外经济发展环境和走向为背景，主要分析当前河南经济形势，预测未来发展趋势，全面反映河南经济发展的最新动态、热点和问题，为地方经济发展和领导决策提供参考。

京津冀蓝皮书
京津冀发展报告（2016）

文　魁　祝尔娟 / 编著　　2016年4月出版　　估价:89.00元

◆ 京津冀协同发展作为重大的国家战略，已进入顶层设计、制度创新和全面推进的新阶段。本书以问题为导向，围绕京津冀发展中的重要领域和重大问题，研究如何推进京津冀协同发展。

 文化传媒类

皮书系列
重点推荐

文 化 传 媒 类

文化传媒类皮书透视文化领域、文化产业，
探索文化大繁荣、大发展的路径

新媒体蓝皮书

中国新媒体发展报告 NO.7（2016）

唐绪军 / 主编　　2016 年 6 月出版　　估价 : 79.00 元

◆ 本书是由中国社会科学院新闻与传播研究所组织编写的关于新媒体发展的最新年度报告，旨在全面分析中国新媒体的发展现状，解读新媒体的发展趋势，探析新媒体的深刻影响。

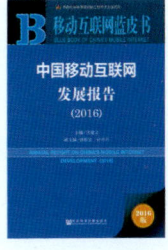

移动互联网蓝皮书

中国移动互联网发展报告（2016）

官建文 / 编著　　2016 年 6 月出版　　估价 : 79.00 元

◆ 本书着眼于对中国移动互联网 2015 年度的发展情况做深入解析，对未来发展趋势进行预测，力求从不同视角、不同层面全面剖析中国移动互联网发展的现状、年度突破以及热点趋势等。

文化蓝皮书

中国文化产业发展报告（2015~2016）

张晓明　王家新　章建刚 / 主编　　2016 年 2 月出版　　定价 : 79.00 元

◆ 本书由中国社会科学院文化研究中心编写。从 2012 年开始，中国社会科学院文化研究中心设立了国内首个文化产业的研究类专项资金——"文化产业重大课题研究计划"，开始在全国范围内组织多学科专家学者对我国文化产业发展重大战略问题进行联合攻关研究。本书集中反映了该计划的研究成果。

经济类

皮书系列 2016全品种 经济类

G20国家创新竞争力黄皮书
二十国集团（G20）国家创新竞争力发展报告（2016）
著（编）者：李建平 李闽榕 赵新力
2016年11月出版 / 估价:138.00元

产业蓝皮书
中国产业竞争力报告（2016）NO.6
著（编）者：张其仔 2016年12月出版 / 估价/98.00元

城市创新蓝皮书
中国城市创新报告（2016）
著（编）者：周天勇 旷建伟 2016年8月出版 / 估价:69.00元

城市竞争力蓝皮书
中国城市竞争力报告（1973~2015）
著（编）者：李小林 2016年1月出版 / 定价:128.00元

城市蓝皮书
中国城市发展报告 NO.9
著（编）者：潘家华 魏后凯 2016年9月出版 / 估价:69.00元

城市群蓝皮书
中国城市群发展指数报告（2016）
著（编）者：刘士林 刘新静 2016年10月出版 / 估价:69.00元

城乡一体化蓝皮书
中国城乡一体化发展报告（2015~2016）
著（编）者：汝信 付崇兰 2016年7月出版 / 估价:85.00元

城镇化蓝皮书
中国新型城镇化健康发展报告（2016）
著（编）者：张占斌 2016年5月出版 / 估价:79.00元

创新蓝皮书
创新型国家建设报告（2015~2016）
著（编）者：詹正茂 2016年11月出版 / 估价:69.00元

低碳发展蓝皮书
中国低碳发展报告（2015~2016）
著（编）者：齐晔 2016年3月出版 / 定价:98.00元

低碳经济蓝皮书
中国低碳经济发展报告（2016）
著（编）者：薛进军 赵忠秀 2016年6月出版 / 估价:85.00元

东北蓝皮书
中国东北地区发展报告（2016）
著（编）者：马克 黄文艺 2016年8月出版 / 估价:79.00元

发展与改革蓝皮书
中国经济发展和体制改革报告NO.7
著（编）者：邹东涛 王再文
2016年1月出版 / 估价:98.00元

工业化蓝皮书
中国工业化进程报告（2016）
著（编）者：黄群慧 吕铁 李晓华 等
2016年11月出版 / 估价:89.00元

管理蓝皮书
中国管理发展报告（2016）
著（编）者：张晓东 2016年9月出版 / 估价:98.00元

国际城市蓝皮书
国际城市发展报告（2016）
著（编）者：屠启宇 2016年2月出版 / 定价:79.00元

国家创新蓝皮书
中国创新发展报告（2016）
著（编）者：陈劲 2016年9月出版 / 估价:69.00元

金融蓝皮书
中国金融发展报告（2016）
著（编）者：李扬 王国刚 2015年12月出版 / 定价:79.00元

京津冀产业蓝皮书
京津冀产业协同发展报告（2016）
著（编）者：中智科博（北京）产业经济发展研究院
2016年6月出版 / 估价:69.00元

京津冀蓝皮书
京津冀发展报告（2016）
著（编）者：文魁 祝尔娟 2016年4月出版 / 估价:89.00元

经济蓝皮书
2016年中国经济形势分析与预测
著（编）者：李扬 2015年12月出版 / 定价:79.00元

经济蓝皮书·春季号
2016年中国经济前景分析
著（编）者：李扬 2016年5月出版 / 估价:79.00元

经济蓝皮书·夏季号
中国经济增长报告（2015~2016）
著（编）者：李扬 2016年8月出版 / 估价:99.00元

经济信息绿皮书
中国与世界经济发展报告（2016）
著（编）者：杜平 2015年12月出版 / 定价:89.00元

就业蓝皮书
2016年中国本科生就业报告
著（编）者：麦可思研究院 2016年6月出版 / 估价:98.00元

就业蓝皮书
2016年中国高职高专生就业报告
著（编）者：麦可思研究院 2016年6月出版 / 估价:98.00元

临空经济蓝皮书
中国临空经济发展报告（2016）
著（编）者：连玉明 2016年11月出版 / 估价:79.00元

民营经济蓝皮书
中国民营经济发展报告 NO.12（2015~2016）
著（编）者：王钦敏 2016年5月出版 / 估价:75.00元

农村绿皮书
中国农村经济形势分析与预测（2015~2016）
著（编）者：中国社会科学院农村发展研究所
国家统计局农村社会经济调查司
2016年4月出版 / 估价:69.00元

农业应对气候变化蓝皮书
气候变化对中国农业影响评估报告 NO.2
著（编）者：矫梅燕 2016年8月出版 / 估价:98.00元

皮书系列 2016全品种

经济类

企业公民蓝皮书
中国企业公民报告 NO.4
著(编)者：邹东涛　2016年5月出版 / 估价：79.00元

气候变化绿皮书
应对气候变化报告（2016）
著(编)者：王伟光　郑国光　2016年11月出版 / 估价：98.00元

区域蓝皮书
中国区域经济发展报告（2015～2016）
著(编)者：梁昊光　2016年5月出版 / 估价：79.00元

全球环境竞争力绿皮书
全球环境竞争力报告（2016）
著(编)者：李建平　李闽榕　王金南
2016年12月出版 / 估价：198.00元

人口与劳动绿皮书
中国人口与劳动问题报告 NO.17
著(编)者：蔡昉　张车伟　2016年11月出版 / 估价：69.00元

商务中心区蓝皮书
中国商务中心区发展报告 NO.2（2015）
著(编)者：魏后凯　单菁菁　2016年1月出版 / 定价：79.00元

世界经济黄皮书
2016年世界经济形势分析与预测
著(编)者：王洛林　张宇燕　2015年12月出版 / 定价：79.00元

世界旅游城市绿皮书
世界旅游城市发展报告（2015）
著(编)者：宋宇　2016年1月出版 / 定价：128.00元

西北蓝皮书
中国西北发展报告（2016）
著(编)者：孙发平　苏海红　鲁顺元
2016年3月出版 / 定价：79.00元

西部蓝皮书
中国西部发展报告（2016）
著(编)者：姚慧琴　徐璋勇　2016年7月出版 / 估价：89.00元

县域发展蓝皮书
中国县域经济增长能力评估报告（2016）
著(编)者：王力　2016年10月出版 / 估价：69.00元

新型城镇化蓝皮书
新型城镇化发展报告（2016）
著(编)者：李伟　宋敏　沈体雁　2016年11月出版 / 估价：98.00元

新兴经济体蓝皮书
金砖国家发展报告（2016）
著(编)者：林跃勤　周文　2016年7月出版 / 估价：79.00元

长三角蓝皮书
2016年全面深化改革中的长三角
著(编)者：张伟斌　2016年10月出版 / 估价：69.00元

中部竞争力蓝皮书
中国中部经济社会竞争力报告（2016）
著(编)者：教育部人文社会科学重点研究基地
　　　　　南昌大学中国中部经济社会发展研究中心
2016年10月出版 / 估价：79.00元

中部蓝皮书
中国中部地区发展报告（2016）
著(编)者：宋亚平　2016年12月出版 / 估价：78.00元

中国省域竞争力蓝皮书
中国省域经济综合竞争力发展报告（2014～2015）
著(编)者：李建平　李闽榕　高燕京
2016年2月出版 / 定价：198.00元

中三角蓝皮书
长江中游城市群发展报告（2016）
著(编)者：秦尊文　2016年10月出版 / 估价：69.00元

中小城市绿皮书
中国中小城市发展报告（2016）
著(编)者：中国城市经济学会中小城市经济发展委员会
　　　　　中国城镇化促进会中小城市发展委员会
　　　　　《中国中小城市发展报告》编纂委员会
　　　　　中小城市发展战略研究院
2016年10月出版 / 估价：98.00元

中原蓝皮书
中原经济区发展报告（2016）
著(编)者：李英杰　2016年6月出版 / 估价：88.00元

自贸区蓝皮书
中国自贸区发展报告（2016）
著(编)者：王力　王吉培　2016年10月出版 / 估价：69.00元

社会政法类

北京蓝皮书
中国社区发展报告（2016）
著(编)者：于燕燕　2017年2月出版 / 估价：79.00元

殡葬绿皮书
中国殡葬事业发展报告（2016）
著(编)者：李伯森　2016年5月出版 / 估价：158.00元

城市管理蓝皮书
中国城市管理报告（2016）
著(编)者：谭维克　刘林　2017年2月出版 / 估价：118.00元

城市生活质量蓝皮书
中国城市生活质量报告（2016）
著(编)者：张连城　张平　杨春学　郎丽华
2016年7月出版 / 估价：89.00元

城市政府能力蓝皮书
中国城市政府公共服务能力评估报告（2016）
著(编)者：何艳玲　2016年7月出版 / 估价：69.00元

创新蓝皮书
中国创业环境发展报告（2016）
著(编)者：姚凯　曹祎遐　2016年5月出版 / 估价：69.00元

皮书系列 2016全品种 社会政法类

慈善蓝皮书
中国慈善发展报告（2016）
著(编)者：杨团　2016年6月出版 / 估价:79.00元

地方法治蓝皮书
中国地方法治发展报告 NO.2（2016）
著(编)者：李林　田禾　2016年3月出版 / 定价:108.00元

党建蓝皮书
党的建设研究报告 NO.1（2016）
著(编)者：崔建民　陈东平　2016年1月出版 / 定价:89.00元

法治蓝皮书
中国法治发展报告 NO.14（2016）
著(编)者：李林　田禾　2016年3月出版 / 定价:118.00元

反腐倡廉蓝皮书
中国反腐倡廉建设报告 NO.6
著(编)者：李秋芳　张英伟　2017年1月出版 / 估价:79.00元

非传统安全蓝皮书
中国非传统安全研究报告（2015～2016）
著(编)者：余潇枫　魏志江　2016年5月出版 / 估价:79.00元

妇女发展蓝皮书
中国妇女发展报告 NO.6
著(编)者：王金玲　2016年9月出版 / 估价:148.00元

妇女教育蓝皮书
中国妇女教育发展报告 NO.3
著(编)者：张李玺　2016年10月出版 / 估价:78.00元

妇女绿皮书
中国性别平等与妇女发展报告（2016）
著(编)者：谭琳　2016年12月出版 / 估价:99.00元

公共服务蓝皮书
中国城市基本公共服务力评价（2016）
著(编)者：钟君　吴正匡　2016年12月出版 / 估价:79.00元

公共管理蓝皮书
中国公共管理发展报告（2016）
著(编)者：贡森　李国强　杨维富　2016年4月出版 / 估价:69.00元

公共外交蓝皮书
中国公共外交发展报告（2016）
著(编)者：赵启正　雷蔚真　2016年5月出版 / 估价:89.00元

公民科学素质蓝皮书
中国公民科学素质报告（2015～2016）
著(编)者：李群　陈雄　马宗文　2016年1月出版 / 估价:89.00元

公益蓝皮书
中国公益发展报告（2016）
著(编)者：朱健刚　2016年5月出版 / 估价:78.00元

国际人才蓝皮书
海外华侨华人专业人士报告（2016）
著(编)者：王辉耀　苗绿　2016年8月出版 / 估价:69.00元

国际人才蓝皮书
中国国际移民报告（2016）
著(编)者：王辉耀　2016年5月出版 / 估价:79.00元

国际人才蓝皮书
中国海归发展报告（2016）NO.3
著(编)者：王辉耀　苗绿　2016年10月出版 / 估价:69.00元

国际人才蓝皮书
中国留学发展报告（2016）NO.5
著(编)者：王辉耀　苗绿　2016年10月出版 / 估价:79.00元

国家公园蓝皮书
中国国家公园体制建设报告（2016）
著(编)者：苏杨　张玉钧　石金莲　刘锋　等　2016年10月出版 / 估价:69.00元

海洋社会蓝皮书
中国海洋社会发展报告（2016）
著(编)者：崔凤　宋宁而　2016年7月出版 / 估价:89.00元

行政改革蓝皮书
中国行政体制改革报告（2016）NO.5
著(编)者：魏礼群　2016年4月出版 / 估价:98.00元

华侨华人蓝皮书
华侨华人研究报告（2016）
著(编)者：贾益民　2016年12月出版 / 估价:98.00元

环境竞争力绿皮书
中国省域环境竞争力发展报告（2016）
著(编)者：李建平　李闽榕　王金南　2016年11月出版 / 估价:198.00元

环境绿皮书
中国环境发展报告（2016）
著(编)者：刘鉴强　2016年5月出版 / 估价:79.00元

基金会蓝皮书
中国基金会发展报告（2015~2016）
著(编)者：中国基金会发展报告课题组　2016年4月出版 / 定价:75.00

基金会绿皮书
中国基金会发展独立研究报告（2016）
著(编)者：基金会中心网　中央民族大学基金会研究中心　2016年6月出版 / 估价:88.00元

基金会透明度蓝皮书
中国基金会透明度发展研究报告（2016）
著(编)者：基金会中心网　清华大学廉政与治理研究中心　2016年9月出版 / 估价:85.00元

教师蓝皮书
中国中小学教师发展报告（2016）
著(编)者：曾晓东　鱼霞　2016年6月出版 / 估价:69.00元

教育蓝皮书
中国教育发展报告（2016）
著(编)者：杨东平　2016年4月出版 / 定价:79.00元

科普蓝皮书
中国科普基础设施发展报告（2015）
著(编)者：郑念　任嵘嵘　2016年4月出版 / 定价:98.00元

社会政法类 — 皮书系列 2016全品种

科学教育蓝皮书
中国科学教育发展报告（2016）
著（编）者：罗晖 王康友 2016年10月出版 / 估价：79.00元

劳动保障蓝皮书
中国劳动保障发展报告（2016）
著（编）者：刘燕斌 2016年8月出版 / 估价：158.00元

老龄蓝皮书
中国老年宜居环境发展报告（2015）
著（编）者：党俊武 周燕珉 2016年1月出版 / 定价：79.00元

连片特困区蓝皮书
中国连片特困区发展报告（2016）
著（编）者：游俊 冷志明 丁建军
2016年5月出版 / 估价：98.00元

民间组织蓝皮书
中国民间组织报告（2016）
著（编）者：黄晓勇 2016年12月出版 / 估价：79.00元

民调蓝皮书
中国民生调查报告（2016）
著（编）者：谢耘耕 2016年5月出版 / 估价：128.00元

民族发展蓝皮书
中国民族发展报告（2016）
著（编）者：郝时远 王延中 王希恩
2016年4月出版 / 估价：98.00元

女性生活蓝皮书
中国女性生活状况报告 NO.10（2016）
著（编）者：韩湘景 2016年4月出版 / 估价：79.00元

汽车社会蓝皮书
中国汽车社会发展报告（2016）
著（编）者：王俊秀 2016年5月出版 / 估价：69.00元

青年蓝皮书
中国青年发展报告（2016）NO.4
著（编）者：廉思 等 2016年4月出版 / 估价：69.00元

青少年蓝皮书
中国未成年人互联网运用报告（2016）
著（编）者：李文革 沈杰 季为民
2016年11月出版 / 估价：89.00元

青少年体育蓝皮书
中国青少年体育发展报告（2016）
著（编）者：郭建军 杨桦 2016年9月出版 / 估价：69.00元

区域人才蓝皮书
中国区域人才竞争力报告 NO.2
著（编）者：桂昭明 王辉耀
2016年6月出版 / 估价：69.00元

群众体育蓝皮书
中国群众体育发展报告（2016）
著（编）者：刘国永 杨桦 2016年10月出版 / 估价：69.00元

群众体育蓝皮书
中国社会体育指导员发展报告（1994~2014）
著（编）者：刘国永 王欢 2016年4月出版 / 定价：78.00元

人才蓝皮书
中国人才发展报告（2016）
著（编）者：潘晨光 2016年9月出版 / 估价：85.00元

人权蓝皮书
中国人权事业发展报告 NO.6（2016）
著（编）者：李君如 2016年9月出版 / 估价：128.00元

社会保障绿皮书
中国社会保障发展报告（2016）NO.8
著（编）者：王延中 2016年4月出版 / 估价：99.00元

社会工作蓝皮书
中国社会工作发展报告（2016）
著（编）者：民政部社会工作研究中心
2016年8月出版 / 估价：79.00元

社会管理蓝皮书
中国社会管理创新报告 NO.4
著（编）者：连玉明 2016年11月出版 / 估价：89.00元

社会蓝皮书
2016年中国社会形势分析与预测
著（编）者：李培林 陈光金 张翼
2015年12月出版 / 定价：79.00元

社会体制蓝皮书
中国社会体制改革报告（2016）NO.4
著（编）者：龚维斌 2016年4月出版 / 估价：79.00元

社会心态蓝皮书
中国社会心态研究报告（2016）
著（编）者：王俊秀 杨宜音 2016年10月出版 / 估价：69.00元

社会责任管理蓝皮书
中国企业公众透明度报告（2015~2016）NO.2
著（编）者：黄速建 熊梦 肖红军 2016年1月出版 / 定价：98.00元

社会组织蓝皮书
中国社会组织评估发展报告（2016）
著（编）者：徐家良 廖鸿 2016年12月出版 / 估价：69.00元

生态城市绿皮书
中国生态城市建设发展报告（2016）
著（编）者：刘举科 孙伟平 胡文臻
2016年9月出版 / 估价：148.00元

生态文明绿皮书
中国省域生态文明建设评价报告（ECI 2016）
著（编）者：严耕 2016年12月出版 / 估价：85.00元

世界社会主义黄皮书
世界社会主义跟踪研究报告（2015～2016）
著（编）者：李慎明 2016年3月出版 / 定价：248.00元

水与发展蓝皮书
中国水风险评估报告（2016）
著（编）者：王浩 2016年9月出版 / 估价：69.00元

体育蓝皮书
长三角地区体育产业发展报告（2016）
著（编）者：张林 2016年4月出版 / 估价：79.00元

皮书系列 2016全品种 — 社会政法类·行业报告类

体育蓝皮书
中国公共体育服务发展报告（2016）
著（编）者：戴健　2016年12月出版 / 估价：79.00元

土地整治蓝皮书
中国土地整治发展研究报告 NO.3
著（编）者：国土资源部土地整治中心
2016年5月出版 / 估价：89.00元

土地政策蓝皮书
中国土地政策发展报告（2016）
著（编）者：高延利　李宪文　2015年12月出版 / 定价：89.00元

危机管理蓝皮书
中国危机管理报告（2016）
著（编）者：文学国　范正青　2016年8月出版 / 估价：89.00元

形象危机应对蓝皮书
形象危机应对研究报告（2016）
著（编）者：唐钧　2016年6月出版 / 估价：149.00元

医改蓝皮书
中国医药卫生体制改革报告（2016）
著（编）者：文学国　房志武　2016年11月出版 / 估价：98.00元

医疗卫生绿皮书
中国医疗卫生发展报告 NO.7（2016）
著（编）者：申宝忠　韩玉珍　2016年4月出版 / 估价：75.00元

政治参与蓝皮书
中国政治参与报告（2016）
著（编）者：房宁　2016年7月出版 / 估价：108.00元

政治发展蓝皮书
中国政治发展报告（2016）
著（编）者：房宁　杨海蛟　2016年5月出版 / 估价：88.00元

智慧社区蓝皮书
中国智慧社区发展报告（2016）
著（编）者：罗昌智　张辉德　2016年7月出版 / 估价：69.00元

中国农村妇女发展蓝皮书
农村流动女性城市生活发展报告（2016）
著（编）者：谢丽华　2016年12月出版 / 估价：79.00元

宗教蓝皮书
中国宗教报告（2016）
著（编）者：邱永辉　2016年5月出版 / 估价：79.00元

行业报告类

保健蓝皮书
中国保健服务产业发展报告 NO.2
著（编）者：中国保健协会　中共中央党校
2016年7月出版 / 估价：198.00元

保健蓝皮书
中国保健食品产业发展报告 NO.2
著（编）者：中国保健协会
　　　　　中国社会科学院食品药品产业发展与监管研究中心
2016年7月出版 / 估价：198.00元

保健蓝皮书
中国保健用品产业发展报告 NO.2
著（编）者：中国保健协会
　　　　　国务院国有资产监督管理委员会研究中心
2016年5月出版 / 估价：198.00元

保险蓝皮书
中国保险业创新发展报告（2016）
著（编）者：项俊波　2016年12月出版 / 估价：69.00元

保险蓝皮书
中国保险业竞争力报告（2016）
著（编）者：项俊波　2016年12月出版 / 估价：99.00元

采供血蓝皮书
中国采供血管理报告（2016）
著（编）者：朱永明　耿鸿武　2016年8月出版 / 估价：69.00元

彩票蓝皮书
中国彩票发展报告（2016）
著（编）者：益彩基金　2016年4月出版 / 估价：98.00元

餐饮产业蓝皮书
中国餐饮产业发展报告（2016）
著（编）者：邢颖　2016年4月出版 / 估价：69.00元

测绘地理信息蓝皮书
测绘地理信息转型升级研究报告（2016）
著（编）者：库热西·买合苏提　2016年12月出版 / 估价：98.00元

茶业蓝皮书
中国茶产业发展报告（2016）
著（编）者：杨江帆　李闽榕　2016年10月出版 / 估价：78.00元

产权市场蓝皮书
中国产权市场发展报告（2015～2016）
著（编）者：曹和平　2016年5月出版 / 估价：89.00元

产业安全蓝皮书
中国出版传媒产业安全报告（2015~2016）
著（编）者：北京印刷学院文化产业安全研究院
2016年3月出版 / 定价：79.00元

产业安全蓝皮书
中国文化产业安全报告（2016）
著（编）者：北京印刷学院文化产业安全研究院
2016年4月出版 / 估价：89.00元

行业报告类 皮书系列 2016全品种

产业安全蓝皮书
中国新媒体产业安全报告（2016）
著(编)者：北京印刷学院文化产业安全研究院
2016年5月出版 / 估价：69.00元

大数据蓝皮书
网络空间和大数据发展报告（2016）
著(编)者：杜平　2016年5月出版 / 估价：69.00元

电子商务蓝皮书
中国电子商务服务业发展报告 NO.3
著(编)者：荆林波　梁春晓　2016年5月出版 / 估价：69.00元

电子政务蓝皮书
中国电子政务发展报告（2016）
著(编)者：洪毅　杜平　2016年11月出版 / 估价：79.00元

杜仲产业绿皮书
中国杜仲橡胶资源与产业发展报告（2016）
著(编)者：杜红岩　胡文臻　俞锐
2016年5月出版 / 估价：85.00元

房地产蓝皮书
中国房地产发展报告 NO.13（2016）
著(编)者：魏后凯　李景国　2016年5月出版 / 估价：79.00元

服务外包蓝皮书
中国服务外包产业发展报告（2016）
著(编)者：王晓红　刘德军
2016年6月出版 / 估价：89.00元

服务外包蓝皮书
中国服务外包竞争力报告（2016）
著(编)者：王力　刘春生　黄育华
2016年11月出版 / 估价：85.00元

工业和信息化蓝皮书
世界网络安全发展报告（2016）
著(编)者：洪京一　2016年4月出版 / 估价：69.00元

工业和信息化蓝皮书
世界信息化发展报告（2016）
著(编)者：洪京一　2016年4月出版 / 估价：69.00元

工业和信息化蓝皮书
世界信息技术产业发展报告（2016）
著(编)者：洪京一　2016年4月出版 / 估价：79.00元

工业和信息化蓝皮书
世界制造业发展报告（2016）
著(编)者：洪京一　2016年4月出版 / 估价：69.00元

工业和信息化蓝皮书
移动互联网产业发展报告（2016）
著(编)者：洪京一　2016年4月出版 / 估价：79.00元

工业设计蓝皮书
中国工业设计发展报告（2016）
著(编)者：王晓红　于炜　张立群
2016年9月出版 / 估价：138.00元

黄金市场蓝皮书
中国商业银行黄金业务发展报告（2015~2016）
著(编)者：平安银行　2016年3月出版 / 定价：98.00元

互联网金融蓝皮书
中国互联网金融发展报告（2016）
著(编)者：李东荣　2016年8月出版 / 估价：79.00元

会展蓝皮书
中外会展业动态评估年度报告（2016）
著(编)者：张敏　2016年5月出版 / 估价：78.00元

节能汽车蓝皮书
中国节能汽车产业发展报告（2016）
著(编)者：中国汽车工程研究院股份有限公司
2016年12月出版 / 估价：69.00元

金融监管蓝皮书
中国金融监管报告（2016）
著(编)者：胡滨　2016年4月出版 / 估价：89.00元

金融蓝皮书
中国金融中心发展报告（2016）
著(编)者：王力　黄育华　2017年11月出版 / 估价：75.00元

金融蓝皮书
中国商业银行竞争力报告（2016）
著(编)者：王松奇　2016年5月出版 / 估价：69.00元

经济林产业绿皮书
中国经济林产业发展报告（2016）
著(编)者：李芳东　胡文臻　乌云塔娜　杜红岩
2016年12月出版 / 估价：69.00元

客车蓝皮书
中国客车产业发展报告（2016）
著(编)者：姚蔚　2016年5月出版 / 估价：85.00元

老龄蓝皮书
中国老龄产业发展报告（2016）
著(编)者：吴玉韶　党俊武　2016年9月出版 / 估价：79.00元

流通蓝皮书
中国商业发展报告（2016）
著(编)者：荆林波　2016年5月出版 / 估价：89.00元

旅游安全蓝皮书
中国旅游安全报告（2016）
著(编)者：郑向敏　谢朝武　2016年5月出版 / 估价：128.00元

旅游绿皮书
2015~2016年中国旅游发展分析与预测
著(编)者：宋瑞　2016年4月出版 / 定价：89.00元

煤炭蓝皮书
中国煤炭工业发展报告（2016）
著(编)者：岳福斌　2016年12月出版 / 估价：79.00元

皮书系列 2016全品种
行业报告类

民营企业社会责任蓝皮书
中国民营企业社会责任年度报告（2016）
著（编）者：中华全国工商业联合会
2016年7月出版 / 估价：69.00元

民营医院蓝皮书
中国民营医院发展报告（2016）
著（编）者：庄一强　2016年10月出版 / 估价：75.00元

能源蓝皮书
中国能源发展报告（2016）
著（编）者：崔民选　王军生　陈义和
2016年8月出版 / 估价：79.00元

农产品流通蓝皮书
中国农产品流通产业发展报告（2016）
著（编）者：贾敬敦　张东科　张玉玺　张鹏毅　周伟
2016年5月出版 / 估价：89.00元

期货蓝皮书
中国期货市场发展报告(2016)
著（编）者：李群　王在荣　2016年11月出版 / 估价：69.00元

企业公益蓝皮书
中国企业公益研究报告（2016）
著（编）者：钟宏武　汪杰　顾一　黄晓娟　等
2016年12月出版 / 估价：69.00元

企业公众透明度蓝皮书
中国企业公众透明度报告（2016）NO.2
著（编）者：黄速建　王晓光　肖红军
2016年5月出版 / 估价：98.00元

企业国际化蓝皮书
中国企业国际化报告（2016）
著（编）者：王辉耀　2016年11月出版 / 估价：98.00元

企业蓝皮书
中国企业绿色发展报告NO.2（2016）
著（编）者：李红玉　朱光辉　2016年8月出版 / 估价：79.00元

企业社会责任蓝皮书
中国企业社会责任研究报告（2016）
著（编）者：黄群慧　钟宏武　张蒽　等
2016年11月出版 / 估价：79.00元

企业社会责任能力蓝皮书
中国上市公司社会责任能力成熟度报告（2016）
著（编）者：肖红军　王晓光　李伟阳
2016年11月出版 / 估价：69.00元

汽车安全蓝皮书
中国汽车安全发展报告（2016）
著（编）者：中国汽车技术研究中心
2016年7月出版 / 估价：89.00元

汽车电子商务蓝皮书
中国汽车电子商务发展报告（2016）
著（编）者：中华全国工商业联合会汽车经销商商会
　　　　　　北京易观智库网络科技有限公司
2016年5月出版 / 估价：128.00元

汽车工业蓝皮书
中国汽车工业发展年度报告（2016）
著（编）者：中国汽车工业协会　中国汽车技术研究中心
　　　　　　丰田汽车（中国）投资有限公司
2016年4月出版 / 估价：128.00元

汽车蓝皮书
中国汽车产业发展报告（2016）
著（编）者：国务院发展研究中心产业经济研究部
　　　　　　中国汽车工程学会　大众汽车集团（中国）
2016年8月出版 / 估价：158.00元

清洁能源蓝皮书
国际清洁能源发展报告（2016）
著（编）者：苏树辉　袁国林　李玉斋
2016年11月出版 / 估价：99.00元

人力资源蓝皮书
中国人力资源发展报告（2016）
著（编）者：余兴安　2016年12月出版 / 估价：79.00元

融资租赁蓝皮书
中国融资租赁业发展报告（2015～2016）
著（编）者：李光荣　王力　2016年5月出版 / 估价：89.00元

软件和信息服务业蓝皮书
中国软件和信息服务业发展报告（2016）
著（编）者：洪京一　2016年12月出版 / 估价：198.00元

商会蓝皮书
中国商会发展报告NO.5（2016）
著（编）者：王钦敏　2016年7月出版 / 估价：89.00元

上市公司蓝皮书
中国上市公司社会责任信息披露报告（2016）
著（编）者：张旺　张杨　2016年11月出版 / 估价：69.00元

上市公司蓝皮书
中国上市公司质量评价报告（2015～2016）
著（编）者：张跃文　王力　2016年11月出版 / 估价：118.00元

设计产业蓝皮书
中国设计产业发展报告（2016）
著（编）者：陈冬亮　梁昊光　2016年5月出版 / 估价：89.00元

食品药品蓝皮书
食品药品安全与监管政策研究报告（2016）
著（编）者：唐民皓　2016年7月出版 / 估价：69.00元

世界能源蓝皮书
世界能源发展报告（2016）
著（编）者：黄晓勇　2016年6月出版 / 估价：99.00元

水利风景区蓝皮书
中国水利风景区发展报告（2016）
著（编）者：兰思仁　2016年8月出版 / 估价：69.00元

私募市场蓝皮书
中国私募股权市场发展报告（2016）
著（编）者：曹和平　2016年12月出版 / 估价：79.00元

皮书系列 2016全品种
行业报告类

碳市场蓝皮书
中国碳市场报告（2016）
著(编)者：宁金彪　2016年11月出版 / 估价:69.00元

体育蓝皮书
中国体育产业发展报告（2016）
著(编)者：阮伟 钟秉枢　2016年7月出版 / 估价:69.00元

土地市场蓝皮书
中国农村土地市场发展报告（2015~2016）
著(编)者：李光荣　2016年3月出版 / 定价:79.00元

网络空间安全蓝皮书
中国网络空间安全发展报告（2016）
著(编)者：惠志斌 唐涛　2016年4月出版 / 估价:79.00元

物联网蓝皮书
中国物联网发展报告（2016）
著(编)者：黄桂田 龚六堂 张全升
2016年5月出版 / 估价:69.00元

西部工业蓝皮书
中国西部工业发展报告（2016）
著(编)者：方行明 甘犁 刘方健 姜凌 等
2016年9月出版 / 估价:79.00元

西部金融蓝皮书
中国西部金融发展报告（2016）
著(编)者：李忠民　2016年8月出版 / 估价:75.00元

协会商会蓝皮书
中国行业协会商会发展报告（2016）
著(编)者：景朝阳 李勇　2016年4月出版 / 估价:99.00元

新能源汽车蓝皮书
中国新能源汽车产业发展报告（2016）
著(编)者：中国汽车技术研究中心
　　　　日产（中国）投资有限公司 东风汽车有限公司
2016年8月出版 / 估价:89.00元

新三板蓝皮书
中国新三板市场发展报告（2016）
著(编)者：王力　2016年6月出版 / 估价:69.00元

信托市场蓝皮书
中国信托业市场报告（2015~2016）
著(编)者：用益信托工作室
2016年1月出版 / 定价:198.00元

信息安全蓝皮书
中国信息安全发展报告（2016）
著(编)者：张晓东　2016年5月出版 / 估价:69.00元

信息化蓝皮书
中国信息化形势分析与预测（2016）
著(编)者：周宏仁　2016年8月出版 / 估价:98.00元

信用蓝皮书
中国信用发展报告（2016）
著(编)者：章政 田侃　2016年4月出版 / 估价:99.00元

休闲绿皮书
2016年中国休闲发展报告
著(编)者：宋瑞
2016年10月出版 / 估价:79.00元

药品流通蓝皮书
中国药品流通行业发展报告（2016）
著(编)者：佘鲁林 温再兴
2016年8月出版 / 估价:158.00元

医院蓝皮书
中国医院竞争力报告（2016）
著(编)者：庄一强 曾益新　2016年3月出版 / 定价:128.00元

医药蓝皮书
中国中医药产业园战略发展报告（2016）
著(编)者：裴长洪 房书亭 吴滌心
2016年5月出版 / 估价:89.00元

邮轮绿皮书
中国邮轮产业发展报告（2016）
著(编)者：汪泓　2016年10月出版 / 估价:79.00元

智能养老蓝皮书
中国智能养老产业发展报告（2016）
著(编)者：朱勇　2016年10月出版 / 估价:89.00元

中国SUV蓝皮书
中国SUV产业发展报告（2016）
著(编)者：靳军　2016年12月出版 / 估价:69.00元

中国金融行业蓝皮书
中国债券市场发展报告（2016）
著(编)者：谢多　2016年7月出版 / 估价:69.00元

中国上市公司蓝皮书
中国上市公司发展报告（2016）
著(编)者：中国社会科学院上市公司研究中心
2016年9月出版 / 估价:98.00元

中国游戏蓝皮书
中国游戏产业发展报告（2016）
著(编)者：孙立军 刘跃军 牛兴侦
2016年5月出版 / 估价:69.00元

中国总部经济蓝皮书
中国总部经济发展报告（2015~2016）
著(编)者：赵弘　2016年9月出版 / 估价:79.00元

资本市场蓝皮书
中国场外交易市场发展报告（2014~2015）
著(编)者：高峦　2016年3月出版 / 定价:79.00元

资产管理蓝皮书
中国资产管理行业发展报告（2016）
著(编)者：智信资产管理研究院
2016年6月出版 / 估价:89.00元

文化传媒类

传媒竞争力蓝皮书
中国传媒国际竞争力研究报告（2016）
著（编）者：李本乾 刘强
2016年11月出版 / 估价：148.00元

传媒蓝皮书
中国传媒产业发展报告（2016）
著（编）者：崔保国 2016年5月出版 / 估价：98.00元

传媒投资蓝皮书
中国传媒投资发展报告（2016）
著（编）者：张向东 谭云明
2016年6月出版 / 估价：128.00元

动漫蓝皮书
中国动漫产业发展报告（2016）
著（编）者：卢斌 郑玉明 牛兴侦
2016年7月出版 / 估价：79.00元

非物质文化遗产蓝皮书
中国非物质文化遗产发展报告（2016）
著（编）者：陈平 2016年5月出版 / 估价：98.00元

广电蓝皮书
中国广播电影电视发展报告（2016）
著（编）者：国家新闻出版广电总局发展研究中心
2016年7月出版 / 估价：98.00元

广告主蓝皮书
中国广告主营销传播趋势报告 NO.9
著（编）者：黄升民 杜国清 邵华冬 等
2016年10月出版 / 估价：148.00元

国际传播蓝皮书
中国国际传播发展报告（2016）
著（编）者：胡正荣 李继东 姬德强
2016年11月出版 / 估价：89.00元

纪录片蓝皮书
中国纪录片发展报告（2016）
著（编）者：何苏六 2016年10月出版 / 估价：79.00元

科学传播蓝皮书
中国科学传播报告（2016）
著（编）者：詹正茂 2016年7月出版 / 估价：69.00元

两岸创意经济蓝皮书
两岸创意经济研究报告（2016）
著（编）者：罗昌智 董泽平 2016年12月出版 / 估价：98.00元

两岸文化蓝皮书
两岸文化产业合作发展报告（2016）
著（编）者：胡惠林 李保宗 2016年7月出版 / 估价：79.00元

媒介与女性蓝皮书
中国媒介与女性发展报告（2015~2016）
著（编）者：刘利群 2016年8月出版 / 估价：118.00元

媒体融合蓝皮书
中国媒体融合发展报告（2016）
著（编）者：梅宁华 宋建武 2016年7月出版 / 估价：79.00元

全球传媒蓝皮书
全球传媒发展报告（2016）
著（编）者：胡正荣 李继东 唐晓芬
2016年12月出版 / 估价：79.00元

少数民族非遗蓝皮书
中国少数民族非物质文化遗产发展报告（2016）
著（编）者：肖远平（彝） 柴立（满）
2016年6月出版 / 估价：128.00元

视听新媒体蓝皮书
中国视听新媒体发展报告（2016）
著（编）者：国家新闻出版广电总局发展研究中心
2016年7月出版 / 估价：98.00元

文化创新蓝皮书
中国文化创新报告（2016）NO.7
著（编）者：于平 傅才武 2016年7月出版 / 估价：98.00元

文化建设蓝皮书
中国文化发展报告（2016）
著（编）者：江畅 孙伟平 戴茂堂
2016年4月出版 / 估价：108.00元

文化科技蓝皮书
文化科技创新发展报告（2016）
著（编）者：于平 李凤亮 2016年10月出版 / 估价：89.00元

文化蓝皮书
中国公共文化服务发展报告（2016）
著（编）者：刘新成 张永新 张旭 2016年10月出版 / 估价：98.00

文化蓝皮书
中国公共文化投入增长测评报告（2016）
著（编）者：王亚南 2016年4月出版 / 定价：79.00元

文化蓝皮书
中国少数民族文化发展报告（2016）
著（编）者：武翠英 张晓明 任乌晶
2016年9月出版 / 估价：69.00元

文化蓝皮书
中国文化产业发展报告（2015~2016）
著（编）者：张晓明 王家新 章建刚
2016年2月出版 / 估价：79.00元

文化蓝皮书
中国文化产业供需协调检测报告（2016）
著（编）者：王亚南 2016年5月出版 / 估价：79.00元

文化蓝皮书
中国文化消费需求景气评价报告（2016）
著（编）者：王亚南 2016年5月出版 / 估价：79.00元

文化传媒类·地方发展类

文化品牌蓝皮书
中国文化品牌发展报告（2016）
著(编)者：欧阳友权　2016年4月出版 / 估价：89.00元

文化遗产蓝皮书
中国文化遗产事业发展报告（2016）
著(编)者：刘世锦　2016年5月出版 / 估价：89.00元

文学蓝皮书
中国文情报告（2015～2016）
著(编)者：白烨　2016年5月出版 / 估价：69.00元

新媒体蓝皮书
中国新媒体发展报告NO.7（2016）
著(编)者：唐绪军　2016年7月出版 / 估价：79.00元

新媒体社会责任蓝皮书
中国新媒体社会责任研究报告（2016）
著(编)者：钟瑛　2016年10月出版 / 估价：79.00元

移动互联网蓝皮书
中国移动互联网发展报告（2016）
著(编)者：官建文　2016年6月出版 / 估价：79.00元

舆情蓝皮书
中国社会舆情与危机管理报告（2016）
著(编)者：谢耘耕　2016年8月出版 / 估价：98.00元

地方发展类

安徽经济蓝皮书
芜湖创新型城市发展报告（2016）
著(编)者：张志宏　2016年4月出版 / 估价：69.00元

安徽蓝皮书
安徽社会发展报告（2016）
著(编)者：程桦　2016年4月出版 / 估价：89.00元

安徽社会建设蓝皮书
安徽社会建设分析报告（2015～2016）
著(编)者：黄家海　王开玉　蔡宪
2016年4月出版 / 估价：89.00元

澳门蓝皮书
澳门经济社会发展报告（2015～2016）
著(编)者：吴志良　郝雨凡　2016年5月出版 / 估价：79.00元

北京蓝皮书
北京公共服务发展报告（2015～2016）
著(编)者：施昌奎　2016年2月出版 / 定价：79.00元

北京蓝皮书
北京经济发展报告（2015～2016）
著(编)者：杨松　2016年6月出版 / 估价：79.00元

北京蓝皮书
北京社会发展报告（2015～2016）
著(编)者：李伟东　2016年7月出版 / 估价：79.00元

北京蓝皮书
北京社会治理发展报告（2015～2016）
著(编)者：殷星辰　2016年6月出版 / 估价：79.00元

北京蓝皮书
北京文化发展报告（2015～2016）
著(编)者：李建盛　2016年4月出版 / 定价：79.00元

北京旅游绿皮书
北京旅游发展报告（2016）
著(编)者：北京旅游学会　2016年7月出版 / 估价：88.00元

北京人才蓝皮书
北京人才发展报告（2016）
著(编)者：于淼　2016年12月出版 / 估价：128.00元

北京社会心态蓝皮书
北京社会心态分析报告（2015～2016）
著(编)者：北京社会心理研究所
2016年8月出版 / 估价：79.00元

北京社会组织管理蓝皮书
北京社会组织发展与管理（2015～2016）
著(编)者：黄江松　2016年4月出版 / 估价：78.00元

北京体育蓝皮书
北京体育产业发展报告（2016）
著(编)者：钟秉枢　陈杰　杨铁黎
2016年10月出版 / 估价：79.00元

北京养老产业蓝皮书
北京养老产业发展报告（2016）
著(编)者：周明明　冯喜良　2016年4月出版 / 估价：69.00元

滨海金融蓝皮书
滨海新区金融发展报告（2016）
著(编)者：王爱俭　张锐钢　2016年9月出版 / 估价：79.00元

城乡一体化蓝皮书
中国城乡一体化发展报告·北京卷（2015～2016）
著(编)者：张宝秀　黄序　2016年5月出版 / 估价：79.00元

创意城市蓝皮书
北京文化创意产业发展报告（2016）
著(编)者：张京成　王国华　2016年12月出版 / 估价：69.00元

创意城市蓝皮书
青岛文化创意产业发展报告（2016）
著(编)者：马达　张丹妮　2016年6月出版 / 估价：79.00元

创意城市蓝皮书
青岛文化创意产业发展报告（2016）
著(编)者：马达　张丹妮　2016年6月出版 / 估价：79.00元

皮书系列 2016全品种 — 地方发展类

创意城市蓝皮书
台北文化创意产业发展报告（2016）
著(编)者：陈耀竹 邱琪瑄　2016年11月出版 / 估价：89.00元

创意城市蓝皮书
无锡文化创意产业发展报告（2016）
著(编)者：谭军 张鸣年　2016年10月出版 / 估价：79.00元

创意城市蓝皮书
武汉文化创意产业发展报告（2016）
著(编)者：黄永林 陈汉桥　2016年12月出版 / 估价：89.00元

创意城市蓝皮书
重庆创意产业发展报告（2016）
著(编)者：程宇宁　2016年4月出版 / 估价：89.00元

地方法治蓝皮书
南宁法治发展报告（2016）
著(编)者：杨维超　2016年12月出版 / 估价：69.00元

福建妇女发展蓝皮书
福建省妇女发展报告（2016）
著(编)者：刘群英　2016年11月出版 / 估价：88.00元

福建自由贸易区蓝皮书
中国（福建）自由贸易区实验区发展报告（2015~2016）
著(编)者：黄茂兴　2016年4月出版 / 定价：108.00元

甘肃蓝皮书
甘肃经济发展分析与预测（2016）
著(编)者：朱智文 罗哲　2016年1月出版 / 定价：79.00元

甘肃蓝皮书
甘肃社会发展分析与预测（2016）
著(编)者：安文华 包晓霞 谢增虎　2016年1月出版 / 定价：79.00元

甘肃蓝皮书
甘肃文化发展分析与预测（2016）
著(编)者：安文华 周小华　2016年1月出版 / 定价：79.00元

甘肃蓝皮书
甘肃县域和农村发展报告（2016）
著(编)者：刘进军 柳民 王建兵
2016年1月出版 / 定价：79.00元

甘肃蓝皮书
甘肃舆情分析与预测（2016）
著(编)者：陈双梅 张谦之　2016年1月出版 / 定价：79.00元

甘肃蓝皮书
甘肃商贸流通发展报告（2016）
著(编)者：杨志武 王福生 王晓芳
2016年1月出版 / 定价：79.00元

广东蓝皮书
广东全面深化改革发展报告（2016）
著(编)者：周林生 涂成林　2016年11月出版 / 估价：69.00元

广东蓝皮书
广东社会工作发展报告（2016）
著(编)者：罗观翠　2016年6月出版 / 估价：89.00元

广东蓝皮书
广东省电子商务发展报告（2016）
著(编)者：程晓 邓顺国　2016年7月出版 / 估价：79.00元

广东社会建设蓝皮书
广东省社会建设发展报告（2016）
著(编)者：广东省社会工作委员会
2016年12月出版 / 估价：99.00元

广东外经贸蓝皮书
广东对外经济贸易发展研究报告（2015~2016）
著(编)者：陈万灵　2016年5月出版 / 估价：89.00元

广西北部湾经济区蓝皮书
广西北部湾经济区开放开发报告（2016）
著(编)者：广西北部湾经济区规划建设管理委员会办公室 广西社会科学院 广西北部湾发展研究院
2016年10月出版 / 估价：79.00元

巩义蓝皮书
巩义经济社会发展报告（2016）
著(编)者：丁同民　2016年4月出版 / 估价：58.00元

广州蓝皮书
2016年中国广州经济形势分析与预测
著(编)者：庾建设 沈奎 谢博能　2016年6月出版 / 估价：79.00元

广州蓝皮书
2016年中国广州社会形势分析与预测
著(编)者：张强 陈怡霓 杨秦　2016年6月出版 / 估价：79.00元

广州蓝皮书
广州城市国际化发展报告（2016）
著(编)者：朱名宏　2016年11月出版 / 估价：69.00元

广州蓝皮书
广州创新型城市发展报告（2016）
著(编)者：尹涛　2016年10月出版 / 估价：69.00元

广州蓝皮书
广州经济发展报告（2016）
著(编)者：朱名宏　2016年7月出版 / 估价：69.00元

广州蓝皮书
广州农村发展报告（2016）
著(编)者：朱名宏　2016年8月出版 / 估价：69.00元

广州蓝皮书
广州汽车产业发展报告（2016）
著(编)者：杨再高 冯兴亚　2016年9月出版 / 估价：69.00元

广州蓝皮书
广州青年发展报告（2015～2016）
著(编)者：魏国华 张强　2016年7月出版 / 估价：69.00元

广州蓝皮书
广州商贸业发展报告（2016）
著(编)者：李江涛 肖振宇 荀振英
2016年7月出版 / 估价：69.00元

广州蓝皮书
广州社会保障发展报告（2016）
著(编)者：蔡国萱　2016年10月出版 / 估价：65.00元

地方发展类 | **皮书系列 2016全品种**

广州蓝皮书
广州文化创意产业发展报告（2016）
著(编)者：甘新　2016年8月出版 / 估价：79.00元

广州蓝皮书
中国广州城市建设与管理发展报告（2016）
著(编)者：董皞　陈小钢　李江涛　2016年7月出版 / 估价：69.00元

广州蓝皮书
中国广州科技和信息化发展报告（2016）
著(编)者：邹采荣　马正勇　冯元　2016年8月出版 / 估价：79.00元

广州蓝皮书
中国广州文化发展报告（2016）
著(编)者：徐俊忠　陆志强　顾涧清　2016年7月出版 / 估价：69.00元

贵阳蓝皮书
贵阳城市创新发展报告·白云篇（2016）
著(编)者：连玉明　2016年10月出版 / 估价：89.00元

贵阳蓝皮书
贵阳城市创新发展报告·观山湖篇（2016）
著(编)者：连玉明　2016年10月出版 / 估价：89.00元

贵阳蓝皮书
贵阳城市创新发展报告·花溪篇（2016）
著(编)者：连玉明　2016年10月出版 / 估价：89.00元

贵阳蓝皮书
贵阳城市创新发展报告·开阳篇（2016）
著(编)者：连玉明　2016年10月出版 / 估价：89.00元

贵阳蓝皮书
贵阳城市创新发展报告·南明篇（2016）
著(编)者：连玉明　2016年10月出版 / 估价：89.00元

贵阳蓝皮书
贵阳城市创新发展报告·清镇篇（2016）
著(编)者：连玉明　2016年10月出版 / 估价：89.00元

贵阳蓝皮书
贵阳城市创新发展报告·乌当篇（2016）
著(编)者：连玉明　2016年10月出版 / 估价：89.00元

贵阳蓝皮书
贵阳城市创新发展报告·息烽篇（2016）
著(编)者：连玉明　2016年10月出版 / 估价：89.00元

贵阳蓝皮书
贵阳城市创新发展报告·修文篇（2016）
著(编)者：连玉明　2016年10月出版 / 估价：89.00元

贵阳蓝皮书
贵阳城市创新发展报告·云岩篇（2016）
著(编)者：连玉明　2016年10月出版 / 估价：89.00元

贵州房地产蓝皮书
贵州房地产发展报告NO.3（2016）
著(编)者：武廷方　2016年6月出版 / 估价：89.00元

贵州蓝皮书
贵州册亨经济社会发展报告(2016)
著(编)者：黄德林　2016年3月出版 / 定价：79.00元

贵州蓝皮书
贵安新区发展报告（2016）
著(编)者：马长青　吴大华　2016年4月出版 / 估价：69.00元

贵州蓝皮书
贵州法治发展报告（2016）
著(编)者：吴大华　2016年5月出版 / 估价：79.00元

贵州蓝皮书
贵州民航业发展报告（2016）
著(编)者：申振东　吴大华　2016年10月出版 / 估价：69.00元

贵州蓝皮书
贵州民营经济发展报告（2016）
著(编)者：杨静　吴大华　2016年3月出版 / 定价：79.00元

贵州蓝皮书
贵州人才发展报告（2016）
著(编)者：于杰　吴大华　2016年9月出版 / 估价：69.00元

贵州蓝皮书
贵州社会发展报告（2016）
著(编)者：王兴骥　2016年5月出版 / 估价：79.00元

海淀蓝皮书
海淀区文化和科技融合发展报告（2016）
著(编)者：陈名杰　孟景伟　2016年5月出版 / 估价：75.00元

海峡西岸蓝皮书
海峡西岸经济区发展报告（2016）
著(编)者：福建省人民政府发展研究中心
　　　　　福建省人民政府发展研究中心咨询服务中心
2016年9月出版 / 估价：65.00元

杭州都市圈蓝皮书
杭州都市圈发展报告（2016）
著(编)者：董祖德　沈翔　2016年5月出版 / 估价：89.00元

杭州蓝皮书
杭州妇女发展报告（2016）
著(编)者：魏颖　2016年4月出版 / 估价：79.00元

河北经济蓝皮书
河北省经济发展报告（2016）
著(编)者：马树强　金浩　刘兵　张贵
2016年5月出版 / 估价：89.00元

河北蓝皮书
河北经济社会发展报告（2016）
著(编)者：郭金平　2016年1月出版 / 定价：79.00元

河北食品药品安全蓝皮书
河北食品药品安全研究报告（2016）
著(编)者：丁锦霞　2016年6月出版 / 估价：79.00元

河南经济蓝皮书
2016年河南经济形势分析与预测
著(编)者：胡五岳　2016年2月出版 / 定价：79.00元

河南蓝皮书
2016年河南社会形势分析与预测
著(编)者：刘道兴　牛苏林　2016年4月出版 / 定价79.00元

皮书系列 2016全品种 — 地方发展类

河南蓝皮书
河南城市发展报告（2016）
著（编）者：谷建全 王建国　2016年5月出版 / 估价：79.00元

河南蓝皮书
河南法治发展报告（2016）
著（编）者：丁同民 闫德民　2016年6月出版 / 估价：79.00元

河南蓝皮书
河南工业发展报告（2016）
著（编）者：龚绍东 赵西三　2016年5月出版 / 估价：79.00元

河南蓝皮书
河南金融发展报告（2016）
著（编）者：河南省社会科学院　2016年6月出版 / 估价：69.00元

河南蓝皮书
河南经济发展报告（2016）
著（编）者：张占仓　2016年3月出版 / 定价：79.00元

河南蓝皮书
河南农业农村发展报告（2016）
著（编）者：吴海峰　2016年4月出版 / 估价：69.00元

河南蓝皮书
河南文化发展报告（2016）
著（编）者：卫绍生　2016年3月出版 / 定价：78.00元

河南商务蓝皮书
河南商务发展报告（2016）
著（编）者：焦锦淼 穆荣国　2016年4月出版 / 估价：88.00元

黑龙江产业蓝皮书
黑龙江产业发展报告（2016）
著（编）者：于渤　2016年10月出版 / 估价：79.00元

黑龙江蓝皮书
黑龙江经济发展报告（2016）
著（编）者：朱宇　2016年1月出版 / 定价：79.00元

黑龙江蓝皮书
黑龙江社会发展报告（2016）
著（编）者：谢宝禄　2016年1月出版 / 定价：79.00元

湖南城市蓝皮书
区域城市群整合（主题待定）
著（编）者：童中贤 韩未名　2016年12月出版 / 估价：79.00元

湖南蓝皮书
2016年湖南产业发展报告
著（编）者：梁志峰　2016年5月出版 / 估价：98.00元

湖南蓝皮书
2016年湖南电子政务发展报告
著（编）者：梁志峰　2016年5月出版 / 估价：98.00元

湖南蓝皮书
2016年湖南经济展望
著（编）者：梁志峰　2016年5月出版 / 估价：128.00元

湖南蓝皮书
2016年湖南两型社会与生态文明发展报告
著（编）者：梁志峰　2016年5月出版 / 估价：98.00元

湖南蓝皮书
2016年湖南社会发展报告
著（编）者：梁志峰　2016年5月出版 / 估价：88.00元

湖南蓝皮书
2016年湖南县域经济社会发展报告
著（编）者：梁志峰　2016年5月出版 / 估价：98.00元

湖南蓝皮书
湖南城乡一体化发展报告（2016）
著（编）者：陈文胜 刘祚祥 邝奕轩 等　2016年7月出版 / 估价：89.00元

湖南县域绿皮书
湖南县域发展报告 NO.3
著（编）者：袁准 周小毛　2016年9月出版 / 估价：69.00元

沪港蓝皮书
沪港发展报告（2015～2016）
著（编）者：尤安山　2016年4月出版 / 估价：89.00元

京津冀金融蓝皮书
京津冀金融发展报告（2015）
著（编）者：王爱俭 李向前　2016年3月出版 / 定价：89.00元

吉林蓝皮书
2016年吉林经济社会形势分析与预测
著（编）者：马克　2015年12月出版 / 定价：79.00元

吉林省城市竞争力蓝皮书
吉林省城市竞争力报告（2015）
著（编）者：崔岳春 张磊　2016年3月出版 / 定价：69.00元

济源蓝皮书
济源经济社会发展报告（2016）
著（编）者：喻新安　2016年4月出版 / 估价：69.00元

健康城市蓝皮书
北京健康城市建设研究报告（2016）
著（编）者：王鸿春　2016年4月出版 / 估价：79.00元

江苏法治蓝皮书
江苏法治发展报告 NO.5（2016）
著（编）者：李力 龚廷泰　2016年9月出版 / 估价：98.00元

江西蓝皮书
江西经济社会发展报告（2016）
著（编）者：张勇 姜玮 梁勇　2016年10月出版 / 估价：79.00元

江西文化产业蓝皮书
江西文化产业发展报告（2016）
著（编）者：张圣才 汪春翔　2016年10月出版 / 估价：128.00元

经济特区蓝皮书
中国经济特区发展报告（2016）
著（编）者：陶一桃　2016年12月出版 / 估价：89.00元

地方发展类

皮书系列 2016全品种

辽宁蓝皮书
2016年辽宁经济社会形势分析与预测
著(编)者：曹晓峰　梁启东
2016年1月出版 / 定价:79.00元

拉萨蓝皮书
拉萨法治发展报告（2016）
著(编)者：车明怀　2016年7月出版 / 估价:79.00元

洛阳蓝皮书
洛阳文化发展报告（2016）
著(编)者：刘福兴　陈启明　2016年7月出版 / 估价:79.00元

南京蓝皮书
南京文化发展报告（2016）
著(编)者：徐宁　2016年12月出版 / 估价:79.00元

内蒙古蓝皮书
内蒙古反腐倡廉建设报告 NO.2
著(编)者：张志华　无极　2016年12月出版 / 估价:69.00元

浦东新区蓝皮书
上海浦东经济发展报告（2016）
著(编)者：沈开艳　周奇　2016年1月出版 / 定价:69.00元

青海蓝皮书
2016年青海经济社会形势分析与预测
著(编)者：陈玮　2015年12月出版 / 定价:79.00元

人口与健康蓝皮书
深圳人口与健康发展报告（2016）
著(编)者：陆杰华　罗乐宣　苏杨
2016年11月出版 / 估价:89.00元

山东蓝皮书
山东经济形势分析与预测（2016）
著(编)者：李广杰　2016年11月出版 / 估价:89.00元

山东蓝皮书
山东社会形势分析与预测（2016）
著(编)者：涂可国　2016年6月出版 / 估价:89.00元

山东蓝皮书
山东文化发展报告（2016）
著(编)者：张华　唐洲雁　2016年6月出版 / 估价:98.00元

山西蓝皮书
山西资源型经济转型发展报告（2016）
著(编)者：李志强　2016年5月出版 / 估价:89.00元

陕西蓝皮书
陕西经济发展报告（2016）
著(编)者：任宗哲　白宽犁　裴成荣
2015年12月出版 / 定价:69.00元

陕西蓝皮书
陕西社会发展报告（2016）
著(编)者：任宗哲　白宽犁　牛昉
2015年12月出版 / 定价:69.00元

陕西蓝皮书
陕西文化发展报告（2016）
著(编)者：任宗哲　白宽犁　王长寿
2015年12月出版 / 定价:69.00元

陕西蓝皮书
丝绸之路经济带发展报告（2015~2016）
著(编)者：任宗哲　白宽犁　谷孟宾
2015年12月出版 / 定价:75.00元

上海蓝皮书
上海传媒发展报告（2016）
著(编)者：强荧　焦雨虹　2016年1月出版 / 定价:79.00元

上海蓝皮书
上海法治发展报告（2016）
著(编)者：叶青　2016年5月出版 / 定价:69.00元

上海蓝皮书
上海经济发展报告（2016）
著(编)者：沈开艳　2016年1月出版 / 定价:79.00元

上海蓝皮书
上海社会发展报告（2016）
著(编)者：杨雄　周海旺　2016年1月出版 / 定价:79.00元

上海蓝皮书
上海文化发展报告（2016）
著(编)者：荣跃明　2016年1月出版 / 定价:79.00元

上海蓝皮书
上海文学发展报告（2016）
著(编)者：陈圣来　2016年5月出版 / 定价:69.00元

上海蓝皮书
上海资源环境发展报告（2016）
著(编)者：周冯琦　汤庆合　任文伟
2016年1月出版 / 定价:79.00元

上饶蓝皮书
上饶发展报告（2015～2016）
著(编)者：朱寅健　2016年5月出版 / 估价:128.00元

社会建设蓝皮书
2016年北京社会建设分析报告
著(编)者：宋贵伦　冯虹　2016年7月出版 / 估价:79.00元

深圳蓝皮书
深圳法治发展报告（2016）
著(编)者：张骁儒　2016年5月出版 / 估价:69.00元

深圳蓝皮书
深圳经济发展报告（2016）
著(编)者：张骁儒　2016年6月出版 / 估价:89.00元

深圳蓝皮书
深圳劳动关系发展报告（2016）
著(编)者：汤庭芬　2016年6月出版 / 估价:79.00元

深圳蓝皮书
深圳社会建设与发展报告（2016）
著(编)者：张骁儒　陈东平　2016年6月出版 / 估价:79.00元

皮书系列 2016全品种
地方发展类·国家国别类

深圳蓝皮书
深圳文化发展报告(2016)
著(编)者:张骁儒　2016年5月出版／估价:69.00元

四川法治蓝皮书
四川依法治省年度报告 NO.2（2016）
著(编)者:李林　杨天宗　田禾
2016年3月出版／定价:108.00元

四川蓝皮书
2016年四川经济形势分析与预测
著(编)者:杨钢　2016年1月出版／定价:98.00元

四川蓝皮书
四川城镇化发展报告（2016）
著(编)者:侯水平　陈炜　2016年4月出版／定价:75.00元

四川蓝皮书
四川法治发展报告（2016）
著(编)者:郑泰安　2016年5月出版／定价:69.00元

四川蓝皮书
四川企业社会责任研究报告（2015～2016）
著(编)者:侯水平　盛毅　2016年4月出版／定价:79.00元

四川蓝皮书
四川社会发展报告（2016）
著(编)者:郭晓鸣　2016年4月出版／估价:79.00元

四川蓝皮书
四川生态建设报告（2016）
著(编)者:李晟之　2016年4月出版／估价:79.00元

四川蓝皮书
四川文化产业发展报告（2016）
著(编)者:向宝云　张立伟　2016年4月出版／定价:79.00元

体育蓝皮书
上海体育产业发展报告（2015～2016）
著(编)者:张林　黄海燕　2016年10月出版／估价:79.00元

体育蓝皮书
长三角地区体育产业发展报告（2015～2016）
著(编)者:张林　2016年4月出版／估价:79.00元

天津金融蓝皮书
天津金融发展报告（2016）
著(编)者:王爱俭　孔德昌　2016年9月出版／估价:89.00元

图们江区域合作蓝皮书
图们江区域合作发展报告（2016）
著(编)者:李铁　2016年4月出版／估价:98.00元

温州蓝皮书
2016年温州经济社会形势分析与预测
著(编)者:潘忠强　王春光　金浩　2016年4月出版／估价:69.00元

扬州蓝皮书
扬州经济社会发展报告（2016）
著(编)者:丁纯　2016年12月出版／估价:89.00元

长株潭城市群蓝皮书
长株潭城市群发展报告（2016）
著(编)者:张萍　2016年10月出版／估价:69.00元

郑州蓝皮书
2016年郑州文化发展报告
著(编)者:王哲　2016年9月出版／估价:65.00元

中医文化蓝皮书
北京中医药文化传播发展报告（2016）
著(编)者:毛嘉陵　2016年5月出版／估价:79.00元

珠三角流通蓝皮书
珠三角商圈发展研究报告（2016）
著(编)者:王先庆　林至颖　2016年7月出版／估价:98.00元

遵义蓝皮书
遵义发展报告（2016）
著(编)者:曾征　龚永育　2016年12月出版／估价:69.00元

国别与地区类

阿拉伯黄皮书
阿拉伯发展报告（2015～2016）
著(编)者:罗林　2016年11月出版／估价:79.00元

北部湾蓝皮书
泛北部湾合作发展报告（2016）
著(编)者:吕余生　2016年10月出版／估价:69.00元

大湄公河次区域蓝皮书
大湄公河次区域合作发展报告（2016）
著(编)者:刘稚　2016年9月出版／估价:79.00元

大洋洲蓝皮书
大洋洲发展报告（2015～2016）
著(编)者:喻常森　2016年10月出版／估价:89.00元

德国蓝皮书
德国发展报告（2016）
著(编)者:郑春荣　伍慧萍
2016年5月出版／估价:69.00元

东北亚黄皮书
东北亚地区政治与安全（2016）
著(编)者:黄凤志　刘清才　张慧智　等
2016年5月出版／估价:69.00元

东盟黄皮书
东盟发展报告（2016）
著(编)者:杨晓强　庄国土　2016年3月出版／定价:89.00元

国家国别类 皮书系列重点推荐

东南亚蓝皮书
东南亚地区发展报告（2015～2016）
著(编)者:厦门大学东南亚研究中心　王勤
2016年4月出版 / 估价:79.00元

俄罗斯黄皮书
俄罗斯发展报告（2016）
著(编)者:李永全　2016年7月出版 / 估价:79.00元

非洲黄皮书
非洲发展报告NO.18（2015～2016）
著(编)者:张宏明　2016年9月出版 / 估价:79.00元

国际形势黄皮书
全球政治与安全报告（2016）
著(编)者:李慎明　张宇燕
2015年12月出版 / 定价:69.00元

韩国蓝皮书
韩国发展报告（2016）
著(编)者:牛林杰　刘宝全
2016年12月出版 / 估价:89.00元

加拿大蓝皮书
加拿大发展报告（2016）
著(编)者:仲伟合　2016年4月出版 / 估价:89.00元

拉美黄皮书
拉丁美洲和加勒比发展报告（2015～2016）
著(编)者:吴白乙　2016年5月出版 / 估价:89.00元

美国蓝皮书
美国研究报告（2016）
著(编)者:郑秉文　黄平
2016年6月出版 / 估价:89.00元

缅甸蓝皮书
缅甸国情报告（2016）
著(编)者:李晨阳　2016年8月出版 / 估价:79.00元

欧洲蓝皮书
欧洲发展报告（2015～2016）
著(编)者:周弘　黄平　江时学
2016年7月出版 / 估价:89.00元

日本经济蓝皮书
日本经济与中日经贸关系研究报告（2016）
著(编)者:王洛林　张季风
2016年5月出版 / 估价:79.00元

日本蓝皮书
日本研究报告（2016）
著(编)者:李薇　2016年5月出版 / 估价:69.00元

上海合作组织黄皮书
上海合作组织发展报告（2016）
著(编)者:李进峰　吴宏伟　李伟
2016年7月出版 / 估价:98.00元

世界创新竞争力黄皮书
世界创新竞争力发展报告（2016）
著(编)者:李闽榕　李建平　赵新力
2016年5月出版 / 估价:148.00元

土耳其蓝皮书
土耳其发展报告（2016）
著(编)者:郭长刚　刘义　2016年7月出版 / 估价:69.00元

亚太蓝皮书
亚太地区发展报告（2016）
著(编)者:李向阳　2016年5月出版 / 估价:69.00元

印度蓝皮书
印度国情报告（2016）
著(编)者:吕昭义　2016年5月出版 / 估价:89.00元

印度洋地区蓝皮书
印度洋地区发展报告（2016）
著(编)者:汪戎　2016年5月出版 / 估价:89.00元

英国蓝皮书
英国发展报告（2015～2016）
著(编)者:王展鹏　2016年10月出版 / 估价:89.00元

越南蓝皮书
越南国情报告（2016）
著(编)者:广西社会科学院　罗梅　李碧华
2016年8月出版 / 估价:69.00元

越南蓝皮书
越南经济发展报告（2016）
著(编)者:黄志勇　2016年10月出版 / 估价:69.00元

以色列蓝皮书
以色列发展报告（2016）
著(编)者:张倩红　2016年9月出版 / 估价:89.00元

中东黄皮书
中东发展报告NO.18（2015～2016）
著(编)者:杨光　2016年10月出版 / 估价:89.00元

中亚黄皮书
中亚国家发展报告（2016）
著(编)者:孙力　吴宏伟　2016年8月出版 / 估价:89.00元

社会科学文献出版社　　皮书系列

❖ 皮书起源 ❖

"皮书"起源于十七、十八世纪的英国，主要指官方或社会组织正式发表的重要文件或报告，多以"白皮书"命名。在中国，"皮书"这一概念被社会广泛接受，并被成功运作、发展成为一种全新的出版形态，则源于中国社会科学院社会科学文献出版社。

❖ 皮书定义 ❖

皮书是对中国与世界发展状况和热点问题进行年度监测，以专业的角度、专家的视野和实证研究方法，针对某一领域或区域现状与发展态势展开分析和预测，具备原创性、实证性、专业性、连续性、前沿性、时效性等特点的公开出版物，由一系列权威研究报告组成。

❖ 皮书作者 ❖

皮书系列的作者以中国社会科学院、著名高校、地方社会科学院的研究人员为主，多为国内一流研究机构的权威专家学者，他们的看法和观点代表了学界对中国与世界的现实和未来最高水平的解读与分析。

❖ 皮书荣誉 ❖

皮书系列已成为社会科学文献出版社的著名图书品牌和中国社会科学院的知名学术品牌。2011年，皮书系列正式列入"十二五"国家重点出版规划项目；2012~2015年，重点皮书列入中国社会科学院承担的国家哲学社会科学创新工程项目；2016年，46种院外皮书使用"中国社会科学院创新工程学术出版项目"标识。

中国皮书网
www.pishu.cn

发布皮书研创资讯，传播皮书精彩内容
引领皮书出版潮流，打造皮书服务平台

栏目设置：

- □ 资讯：皮书动态、皮书观点、皮书数据、皮书报道、皮书发布、电子期刊
- □ 标准：皮书评价、皮书研究、皮书规范
- □ 服务：最新皮书、皮书书目、重点推荐、在线购书
- □ 链接：皮书数据库、皮书博客、皮书微博、在线书城
- □ 搜索：资讯、图书、研究动态、皮书专家、研创团队

　　中国皮书网依托皮书系列"权威、前沿、原创"的优质内容资源，通过文字、图片、音频、视频等多种元素，在皮书研创者、使用者之间搭建了一个成果展示、资源共享的互动平台。

　　自 2005 年 12 月正式上线以来，中国皮书网的 IP 访问量、PV 浏览量与日俱增，受到海内外研究者、公务人员、商务人士以及专业读者的广泛关注。

　　2008 年、2011 年，中国皮书网均在全国新闻出版业网站荣誉评选中获得"最具商业价值网站"称号；2012 年，获得"出版业网站百强"称号。

　　2014 年，中国皮书网与皮书数据库实现资源共享，端口合一，将提供更丰富的内容，更全面的服务。

权威报告　热点资讯　海量资源
当代中国与世界发展的高端智库平台

皮书数据库 www.pishu.com.cn

　　皮书数据库是专业的人文社会科学综合学术资源总库,以大型连续性图书——皮书系列为基础,整合国内外相关资讯构建而成。包含六大子库,涵盖两百多个主题,囊括了近十几年间中国与世界经济社会发展报告,覆盖经济、社会、政治、文化、教育、国际问题等多个领域。

　　皮书数据库以篇章为基本单位,方便用户对皮书内容的阅读需求。用户可进行全文检索,也可对文献题目、内容提要、作者名称、作者单位、关键字等基本信息进行检索,还可对检索到的篇章再做二次筛选,进行在线阅读或下载阅读。智能多维度导航,可使用户根据自己熟知的分类标准进行分类导航筛选,使查找和检索更高效、便捷。

　　权威的研究报告,独特的调研数据,前沿的热点资讯,皮书数据库已发展成为国内最具影响力的关于中国与世界现实问题研究的成果库和资讯库。

皮书俱乐部会员服务指南

1. 谁能成为皮书俱乐部成员?
● 皮书作者自动成为俱乐部会员
● 购买了皮书产品(纸质书/电子书)的个人用户

2. 会员可以享受的增值服务
● 免费获赠皮书数据库100元充值卡
● 加入皮书俱乐部,免费获赠该纸质图书的电子书
● 免费定期获赠皮书电子期刊
● 优先参与各类皮书学术活动
● 优先享受皮书产品的最新优惠

3. 如何享受增值服务?
(1)免费获赠100元皮书数据库体验卡
第1步 刮开皮书附赠充值的涂层(右下);
第2步 登录皮书数据库网站
(www.pishu.com.cn),注册账号;
第3步 登录并进入"会员中心"—"在线充值"—"充值卡充值",充值成功后即可使用。

(2)加入皮书俱乐部,凭数据库体验卡获赠该书的电子书
第1步 登录社会科学文献出版社官网(www.ssap.com.cn),注册账号;
第2步 登录并进入"会员中心"—"皮书俱乐部",提交加入皮书俱乐部申请;
第3步 审核通过后,再次进入皮书俱乐部,填写页面所需图书、体验卡信息即可自动兑换相应电子书。

4. 声明
解释权归社会科学文献出版社所有

皮书俱乐部会员可享受社会科学文献出版社其他相关免费增值服务,有任何疑问,均可与我们联系。
图书销售热线:010-59367070/7028　图书服务QQ:800045692　图书服务邮箱:duzhe@ssap.cn
数据库服务热线:400-008-6395　数据库服务QQ:2475522410　数据库服务邮箱:database@ssap.cn
欢迎登录社会科学文献出版社官网(www.ssap.com.cn)和中国皮书网(www.pishu.cn)了解更多信息

皮书大事记
（2015）

☆ 2015年11月9日，社会科学文献出版社2015年皮书编辑出版工作会议召开，会议就皮书装帧设计、生产营销、皮书评价以及质检工作中的常见问题等进行交流和讨论，为2016年出版社的融合发展指明了方向。

☆ 2015年11月，中国社会科学院2015年度纳入创新工程后期资助名单正式公布，《社会蓝皮书：2015年中国社会形势分析与预测》等41种皮书纳入2015年度"中国社会科学院创新工程学术出版资助项目"。

☆ 2015年8月7~8日，由中国社会科学院主办，社会科学文献出版社和湖北大学共同承办的"第十六次全国皮书年会（2015）：皮书研创与中国话语体系建设"在湖北省恩施市召开。中国社会科学院副院长李培林，国家新闻出版广电总局原副总局长、中国出版协会常务副理事长邬书林，湖北省委宣传部副部长喻立平，中国社会科学院科研局局长马援，国家新闻出版广电总局出版管理司副司长许正明，中共恩施州委书记王海涛，社会科学文献出版社社长谢寿光，湖北大学党委书记刘建凡等相关领导出席开幕式。来自中国社会科学院、地方社会科学院及高校、政府研究机构的领导及近200个皮书课题组的380多人出席了会议，会议规模又创新高。会议宣布了2016年授权使用"中国社会科学院创新工程学术出版项目"标识的院外皮书名单，并颁发了第六届优秀皮书奖。

☆ 2015年4月28日，"第三届皮书学术评审委员会第二次会议暨第六届优秀皮书奖评审会"在京召开。中国社会科学院副院长李培林、蔡昉出席会议并讲话，国家新闻出版广电总局原副局长、中国出版协会常务副理事长邬书林也出席本次会议。会议分别由中国社会科学院科研局局长马援和社会科学文献出版社社长谢寿光主持。经分学科评审和大会汇评，最终匿名投票评选出第六届"优秀皮书奖"和"优秀皮书报告奖"书目。此外，该委员会还根据《中国社会科学院皮书管理办法》，审议并投票评选出2015年纳入中国社会科学院创新工程项目的皮书和2016年使用"中国社会科学院创新工程学术出版项目"标识的院外皮书。

☆ 2015年1月30~31日，由社会科学文献出版社皮书研究院组织的2014年版皮书评价复评会议在京召开。皮书学术评审委员会部分委员、相关学科专家、学术期刊编辑、资深媒体人等近50位评委参加本次会议。中国社会科学院科研局局长马援、社会科学文献出版社社长谢寿光出席开幕式并发表讲话，中国社会科学院科研成果处处长薛增朝出席闭幕式并做发言。

皮书数据库
www.pishu.com.cn

皮书数据库三期

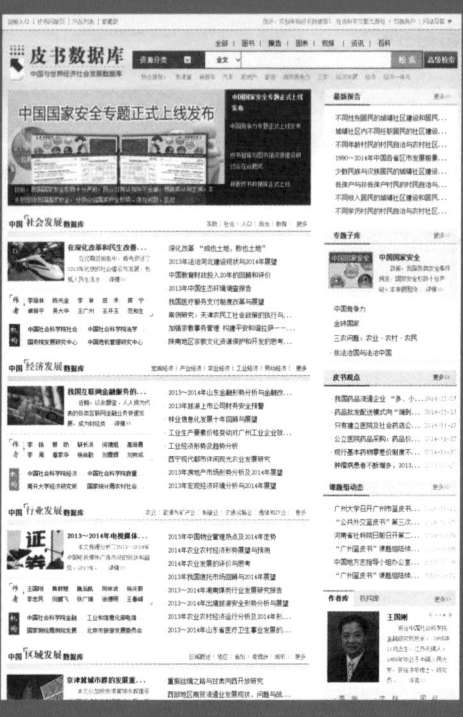

- 皮书数据库（SSDB）是社会科学文献出版社整合现有皮书资源开发的在线数字产品，全面收录"皮书系列"的内容资源，并以此为基础整合大量相关资讯构建而成。

- 皮书数据库现有中国经济发展数据库、中国社会发展数据库、世界经济与国际政治数据库等子库，覆盖经济、社会、文化等多个行业、领域，现有报告30000多篇，总字数超过5亿字，并以每年4000多篇的速度不断更新累积。

- 新版皮书数据库主要围绕存量+增量资源整合、资源编辑标引体系建设、产品架构设置优化、技术平台功能研发等方面开展工作，并将中国皮书网与皮书数据库合二为一联体建设，旨在以"皮书研创出版、信息发布与知识服务平台"为基本功能定位，打造一个全新的皮书品牌综合门户平台，为您提供更优质更到位的服务。

更多信息请登录

中国皮书网
http://www.pishu.cn

皮书微博
http://www.weibo.com/pishu

皮书博客
http://blog.sina.com.cn/pishu

皮书微信
皮书说

请到各地书店皮书专架/专柜购买，也可办理邮购

咨询/邮购电话：010-59367028　59367070　　邮　　箱：duzhe@ssap.cn
邮购地址：北京市西城区北三环中路甲29号院3号楼华龙大厦13层读者服务中心
邮　　编：100029
银行户名：社会科学文献出版社
开户银行：中国工商银行北京北太平庄支行
账　　号：0200010019200365434
网上书店：010-59367070　　qq：1265056568
网　　址：www.ssap.com.cn　　www.pishu.cn